Inhaltsverzeichnis

Mit Sachtexten umgehen

Neue Medien: Computer und Internet

Sprache und Sprachgebrauch

Rechtschreibung im Überblick

Grammatik wiederholen

Grammatik und Text

Sprache und Stil

Sprachkunde

Nachschlagen

Verzeichnis der Textsorten

Methoden lernen

Das Lernen lernen

„Liebe Zuschauerinnen und Zuschauer – erleben Sie nun den Höhepunkt des heutigen Abends: ein Meisterwerk der Körperbeherrschung und sportlicher Zusammenarbeit ...“

- Was geht jetzt wohl in den Köpfen der Akrobaten vor?
  Versuche, dich in sie hineinzuversetzen, und schreibe einzelne Gedanken oder Gedankenfetzen nieder.

Gruppenspiele *Ungenannter Verfasser*

Wie gut konzentriert ihr euch gemeinsam als Gruppe, um anspruchsvolle Aufgaben zu lösen? Dies könnt ihr bei folgenden Spielen erproben:

Klatschkreis

Alle stehen in einem großen Kreis, aber nicht zu eng nebeneinander. Der erste Spieler gibt einen Impuls durch Klatschen der Hände an seinen Nachbarn weiter und macht dazu ein Geräusch: Geht das Klatschen nach rechts, macht er *Zick*, nach links macht er *Boing*. Jeder weitere Spieler kann das Klatschen nun mit dem entsprechenden Geräusch weitergeben oder die Richtung ändern.

Die ersten Runden sollte man langsam spielen, bis alle sich an das Spiel gewöhnt haben. Später kann man das Tempo erhöhen oder sogar eine weitere Schwierigkeit einführen: Mit dem Wort *Wusch* klatscht man als dritte Richtung geradeaus zu seinem Gegenüber.

Stopp – Los

Die Spieler stehen verstreut im Raum. Sobald einer *Los* ruft, fangen alle an, zügig durch den Raum zu gehen. Ruft dann einer *Stopp*, bleiben alle sofort stehen. Zum Aufwärmen ist es sinnvoll, dass nur einer die Kommandos gibt. Später darf jeder Kommandos rufen. Aber Achtung: Wenn alle gleichzeitig rufen, bricht ein Chaos aus.

Einundzwanzig

Die Spieler stehen im Kreis mit dem Rücken nach innen. Alle schließen die Augen. Einer beginnt zu zählen und nennt die Zahl *Eins*, ein Zweiter nennt die Zahl *Zwei* usw. Es wird nicht im Kreis gezählt, sondern in beliebiger Reihenfolge. Wenn zwei Spieler gleichzeitig sprechen, muss die Gruppe wieder von vorne beginnen. Das Spiel endet, wenn die Zahl *Einundzwanzig* ohne gleichzeitiges Sprechen erreicht ist.

Lebendiger Knoten

Stellt euch in einem großen Kreis auf, streckt die Arme nach oben und schließt alle die Augen. Bewegt euch nun gleichzeitig langsam in Richtung Kreismitte und versucht dort mit jeder Hand eine andere Hand fest zu fassen. Sobald alle Hände „versorgt“ sind, dürft ihr die Augen öffnen und den entstandenen menschlichen Knoten lösen – selbstverständlich ohne dabei die Hände loszulassen.

1. Führt die Spiele nacheinander durch.
   Wie sind dabei eure Erfahrungen als Gruppe?

Verschollen in der Wüste

Könntest du als Einzelner in der Wüste überleben – könntet ihr als Gruppe in der Wüste überleben? Das findet ihr heraus, wenn ihr folgendes Überlebensspiel durchführt:

Es ist 11 Uhr morgens am 11. August 2011. Ihr befindet euch mitten in der Sahara und in einer sehr misslichen Lage, denn ihr habt gerade einen Flugzeugabsturz hinter euch.

Was ist passiert? Euer Flugzeug ist vom Weg abgekommen und der Pilot konnte vor dem Crash wohl niemandem mehr eure genaue Position mitteilen. Kurz vor der Bruchlandung sagte der Pilot über Mikrofon durch, dass euer Flugzeug etwa 120 km von der ursprünglich geplanten Flugroute abgekommen ist und dass die nächste bewohnte Siedlung, ein Tuaregdorf, in nordöstlicher Richtung in etwa 140 km Entfernung liegt.

Nun sind der Pilot und der Co-Pilot leider tot. Nur ihr in eurer Gruppe seid die einzigen Überlebenden. Euer Flugzeug ist nicht mehr flugtauglich.

Die Landschaft um euch herum ist hügelig und leicht felsig, dazwischen befinden sich immer wieder Sanddünen ohne jegliche Vegetation. Es herrschen bereits jetzt am Morgen über 40 °C.

Alle Überlebenden sind unverletzt. Ihr seid leicht gekleidet in T-Shirts, kurzen Hosen, Socken und Turnschuhen. Jeder von euch hat ein Taschentuch bei sich. Gemeinsam besitzt ihr 80 Euro in Scheinen, 2,85 Euro Münzgeld, ein Päckchen Zigaretten und einen Kugelschreiber.

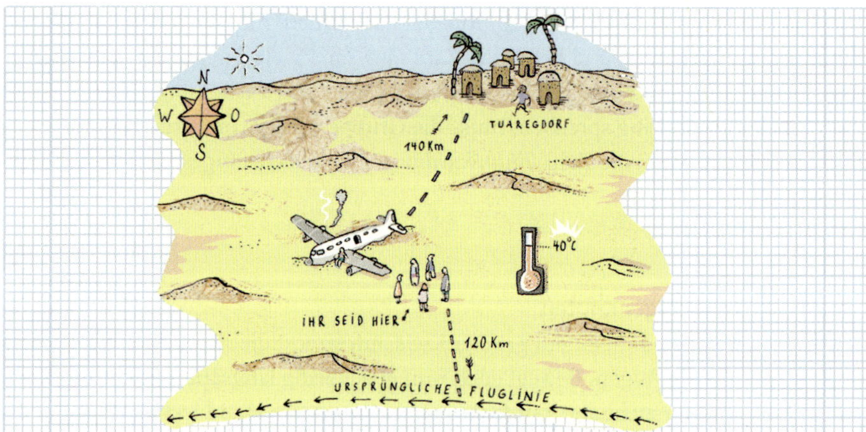

Aber es kommt noch schlimmer: Euer Flugzeugwrack fängt an zu brennen. Alles, was sich noch darin befindet, wird vermutlich innerhalb kürzester Zeit zerstört sein. Ihr müsst euch schnell entscheiden, welche der folgenden Gegenstände ihr noch unter Lebensgefahr aus dem Wrack retten wollt:

einen halben Liter Wasser pro Person – eine Taschenlampe mit vier Batterien – einen Kosmetikspiegel – eine Regenjacke aus Plastik – eine Flugkarte der Gegend – ein Messer – eine Packung Salztabletten – einen rot-gelb-gestreiften Fallschirm – einen Verbandskasten – eine Flasche weißer Rum – ein Buch „Tiere der Wüste" – eine Sonnenbrille pro Person – einen Magnetkompass – ein Gewehr mit Munition – eine Jacke pro Person

Schließlich gilt es zu entscheiden, ob ihr beim Flugzeug bleibt und auf Hilfe wartet oder ob ihr euch auf den Weg macht in die nächste Siedlung, um dort Hilfe zu finden.

1. Übertrage diese Tabelle auf ein Blatt Papier und vervollständige sie mit den oben aufgezählten Gegenständen aus dem Flugzeugwrack:

	Persönliche Rangliste	**Gruppen-rangliste**	**Offizielle Rangliste**	**Persönliche Wertung**	**Gruppen-wertung**
Beim Flugzeug bleiben/gehen?					
Gegenstände: – ½ l Wasser pro Person – Taschenlampe mit 4 Batterien – Kosmetikspiegel – …					

2. Führt das Überlebensspiel nach folgenden Spielregeln durch:

- Jeder Mitspieler entscheidet sich für 10 der oben aufgeführten Gegenstände, die er aus dem Wrack retten will, und nummeriert sie nach Wichtigkeit durch (persönliche Rangliste). Er beschließt, ob er beim Flugzeug bleiben oder weggehen will.
- Ihr vergleicht in einer Kleingruppe von 4–6 Leuten eure persönlichen Ranglisten und wählt gemeinsam 10 Gegenstände aus, die ihr nach Wichtigkeit durchnummeriert (Gruppenrangliste). Dann entscheidet ihr, ob die Gruppe beim Flugzeug bleibt oder es verlässt.
- Ihr tragt die Ergebnisse der offiziellen Rangliste auf euer Blatt ein, die Wüstenspezialisten zusammengestellt haben (Lösung S. 331).
- Ihr wertet eure persönlichen Ranglisten und eure Gruppenranglisten aus: Für jeden richtig geretteten Gegenstand gibt es einen Punkt, für jede richtige Platzierung wie in der offiziellen Rangliste gibt es auch einen Punkt und für die richtige Wahl, zu bleiben oder zu gehen, gibt es ebenfalls einen Punkt.

3. Hättest du als Einzelner (persönliche Wertung) eher in der Wüste überlebt oder als Mitglied deiner Gruppe (Gruppenwertung)?
Überlege, woran dies liegt. Denke dabei noch einmal daran, wie du / ihr die Entscheidungen im Spiel getroffen hast / habt.

Schon wieder Gruppenarbeit?!

Dies magst du bisweilen gedacht haben, wenn du im Unterricht etwas mit anderen gemeinsam erarbeiten solltest. Bestimmt hast du bereits solch unterschiedliche Erfahrungen mit Gruppenarbeit gesammelt, wie sie sich in den folgenden Beispielen widerspiegeln:

1 Isabelle, Kerstin, Imke und Corinna, die in einer Reihe sitzen, verständigen sich sofort per Handzeichen darauf, dass sie wie immer zusammenarbeiten. Während Imke und Corinna gleich damit beginnen, die Aufgabenstellung durchzulesen, unterhalten sich Kerstin und Isabelle erst einmal über die gestrige Folge ihrer Lieblingsserie. Sie lachen laut auf und reagieren sofort auf die provokativen Bemerkungen von zwei Jungen aus der Nachbargruppe. Imke, die schon ziemlich sauer ist, erklärt Corinna mittlerweile, in welchen Arbeitsschritten die Aufgabe gelöst werden kann. „Schreib mal nur auf“, sagt Corinna, „du kannst das ja nachher präsentieren“, obwohl sie für sich denkt, dass sie ganz anders an die Aufgabe herangehen würde.

2 In Kiras Gruppe wird zunächst ein Zeitwächter bestimmt. Als es darum geht, in welchen Schritten die Aufgabe erledigt werden soll, reden alle so laut durcheinander, dass Kira es überhaupt nicht mehr wagt, sich zu Wort zu melden, obwohl sie eine zündende Idee hat. Schließlich nutzt sie eine kurze Gesprächspause doch dazu, ihren Vorschlag vorzutragen. Sie wird aber bereits nach einem halben Satz durch ein genervtes Stöhnen eines der Gruppenmitglieder unterbrochen. Philipp, dem Kiras Vorgehensweise gar nicht so abwegig vorkommt, der sie aber noch nicht ganz verstanden hat, schweigt. Als dann die anderen Gruppen ihre Ergebnispräsentation beginnen, wird in Kiras Gruppe noch immer über einen Lösungsansatz gestritten.

3 David, Tobias, Jessica und Laurenz stellen rasch Gruppentische zusammen. Tobias hat den Text, den die Gruppe lesen sollte, zu Hause vergessen. Alle anderen haben den Text zwar dabei, aber man beschließt zunächst, ihn noch einmal zu lesen. Dem Text folgen vier Rechercheaufträge in verschiedenen Bänden eines vorliegenden Universallexikons. Die Gruppe beginnt mit der ersten Aufgabe. Gemeinsam brüten deren Mitglieder über einem Band. Als sie nach der zweiten Aufgabe erkennen, dass ihnen die Zeit davonläuft, bitten sie ihren Deutschlehrer um Hilfe. Laurenz versucht schnell seine Notizen für sich zu vervollständigen, damit er wenigstens den Ansatz eines Ergebnisses vortragen kann.

4 Antonia, Anna und Zacharias, die Gruppe „Ananza“, einigen sich erst einmal darauf, dass Anna die Gesprächsleitung übernimmt. Sie stellt kurz vor, welche Arbeit für die Stunde ansteht, und man einigt sich darauf, dass die drei verteilten Einzelrecherchen zu Schriftstellern des 20. Jahrhunderts bis zur nächsten Stunde fertig sein sollten. Alle Gruppenmitglieder notieren sich den Termin und die wichtigsten Arbeitsergebnisse der folgenden Phase. Anna achtet darauf, dass jeder zu Wort kommt und ausreden darf. Als der Geräuschpegel in der Nebengruppe zu hoch wird, bittet Antonia diese um Ruhe. Angesichts des schönen Wetters schweift das Gespräch kurz ab auf das nachmittägliche Freizeitprogramm, landet aber auf Annas Aufforderung hin schnell wieder beim Thema.

Die gemeinsame Formulierung der Ergebnisse auf einer Folie gestaltet sich zäh. Als die Stunde zu Ende ist, bietet Zacharias an, die Folie zu Hause fertig zu stellen, weil er seinen Rechercheauftrag bereits erledigt hat.

1. Lies die aufgeführten Fallbeispiele aufmerksam durch und fertige dazu Notizen an.
2. Tausche dich mit einem Partner aus: Welche Verhaltensweisen führen eher zum Gelingen, welche zum Misslingen der Gruppenarbeit?
3. Bildet Vierergruppen und stellt mit Hilfe der Fallbeispiele und eurer Diskussionsergebnisse Regeln für erfolgreiche Gruppenarbeit auf.
4. Fertigt ein **Wandplakat** an, auf dem ihr die Regeln übersichtlich in den Blöcken *Sozialverhalten – Gesprächsverhalten – Arbeitsorganisation* festhaltet.
5. Präsentiert eure Lernplakate in der Klasse.

Wandplakat
→ S. 329

Gruppenarbeit so und anders

Nachfolgend sind zwei typische Arbeitsaufträge aus einer Unterrichtseinheit zur Erörterung abgedruckt:

ABC-Methode
→ S. 328

Arbeitsauftrag 1
Fertigt in einer Fünfergruppe eine Stoffsammlung zum Thema „Höflichkeit? – Das ist doch etwas für Leute von gestern" nach der **ABC-Methode** auf einem DIN-A2-Plakat an. *Arbeitszeit:* 20 Minuten.

Arbeitsauftrag 2
Bildet drei Gruppen. Zum Thema „Höflichkeit? – Das ist doch etwas für Leute von gestern" sollt ihr einen Wettkampf im Debattieren vorbereiten. Eine Gruppe ist für Höflichkeit, eine Gruppe ist dagegen, eine Gruppe bildet die Jury. Jede Gruppe sollte sich zunächst einen Namen geben. Bereitet dann die Debatte nach den Regeln auf S. 77 vor. Die Mitglieder der Jury fertigen nach der Probeabstimmung eine Stoffsammlung an, mithilfe derer sie sich einen ersten Einblick in das Thema verschaffen. *Vorbereitungszeit:* 20 Minuten.

1. Untersucht die Arbeitsaufträge. Worin unterscheiden sie sich?
2. Teilt eure Klasse in zwei Großgruppen, die jeweils einen der Arbeitsaufträge bearbeiten. Geht nach den auf den Seiten *Gruppenarbeit organisieren* erarbeiteten Regeln vor.
3. Tauscht euch nach der Arbeitszeit kurz mit den Gruppen aus, die denselben Arbeitsauftrag wie ihr bearbeitet haben.
4. Ordnet nun jeder für sich folgende Aussagen den Arbeitsaufträgen 1 oder 2 zu. Diskutiert anschließend darüber im Plenum.

Schülermeinungen
- Ich finde, man kann sich so viel intensiver in eine Seite hineinversetzen.
- Jetzt habe ich fünf ähnliche Plakate gesehen. So langsam reicht's.
- Wir haben zwar unsere Argumente gesammelt, aber was die anderen dagegen sagen werden, wissen wir nicht.
- Arbeitsteilung ist doch besser, als wenn jeder alles machen muss!
- Wenn verschiedene Gruppen zum selben Thema arbeiten, kommt doch immer was anderes raus.
- Wie soll man da einen Überblick bekommen, wenn jede Gruppe was anderes macht?
- Bin ich froh, dass die anderen Gruppen auch noch da sind. Unser Ergebnis ist nämlich etwas mickrig.

Karo, Herz, Pik und Kreuz

Eine Klasse bekommt von ihrer Deutschlehrerin einen Arbeitsauftrag sowie vier Rollenkarten und soll damit eine Gruppenarbeit durchführen.

Arbeitsauftrag
Legt in Gruppen eine Stoffsammlung und -gliederung an zum Thema:
Kann die Überwachung durch Videokameras die Gewalt an Schulen eindämmen?
Präsentiert euer Ergebnis in Form eines Nachrichtenbeitrags für das Fernsehen. *Arbeitszeit:* 30 Minuten.

Rollenkarten

Moderator ♣
Er leitet das Gespräch in der Gruppe, erteilt den Mitgliedern das Wort und schlichtet bei Streit unter den Gruppenmitgliedern.
♣

Zeitwächter ♦
Er schlägt einen Arbeits- und Zeitplan für die Bewältigung der Arbeitsschritte vor und wacht darüber, dass die Gruppe in der vorgegebenen Zeit mit den einzelnen Arbeitsschritten fertig wird.
♦

Protokollant ♥
Er macht sich Notizen zu dem, was besprochen oder beschlossen wird, ordnet die Inhalte des Gruppengesprächs und formuliert das Ergebnis der Gruppenarbeit.
♥

Berichterstatter ♠
Er kontrolliert, ob die Aufgabenstellung korrekt ausgeführt wurde, und trägt später vor, was die Gruppe erarbeitet hat und wie sie vorging.
♠

5. Lost mit Hilfe eines Kartenspiels die obigen Rollen aus.
6. Führt die Gruppenarbeit zu dem angegebenen Arbeitsauftrag durch.
7. Was hat euch an eurer jeweiligen Rolle gut gefallen, was hat euch Schwierigkeiten bereitet?

Wie sag' ich's meiner Klasse?

Eine Gruppenarbeit ist dann erst vollständig erledigt, wenn die Arbeitsergebnisse der einzelnen Gruppen so ausgewertet und vermittelt worden sind, dass sich auch die Mitglieder der anderen Gruppen informiert fühlen. Wahrscheinlich kennst du vor allem die Präsentation über Einzel- oder Gruppenreferate. Dabei gibt es auch noch andere Auswertungsmöglichkeiten, wie z. B. das Simultanprotokoll, eine Mischung aus Verlaufsprotokoll und Wandzeitung:

Gruppenarbeit am 21.10.

Thema *Was kann Musik für Jugendliche bedeuten?*
Gruppe *die Ms (Melanie, Matze, Marcus, Michi)*

Zeit	8:40–8:45	8:45–9:00	9:00–9:10	9:10–9:20
zum Thema	Inhaltliches Vorgehen: 1. Brainstorming *(einzeln, schriftlich)* 2. Ideen zusammentragen *(Gruppe)* 3. …	Alle Gruppenmitglieder bringen ihr Brainstorming zu Papier	Diskussion *Welche Ideen lassen sich zu Blöcken gruppieren?* Ergebnis:	
zur Gruppe	WER macht WAS? *Michi:* Protokoll *Marcus:* Moderation *Melanie:* Zeitwächterin *Matze:* hat keinen Bock	schwierig: *Die Gruppe neben uns ist so laut. Das nervt!!!*	• alle reden durcheinander • Marcus greift erst sehr spät ein	

Simultanprotokoll
→ S.329

1. Aus welchen Teilen besteht dieses unvollständige **Simultanprotokoll**?
2. Fertigt ein vollständiges Simultanprotokoll einer Gruppenarbeit an zum Thema *Musik spielt für Jugendliche eine große Rolle. – Zeige, was Musik für Jugendliche bedeuten kann.* Bereitet in der Gruppe einen einfachen Erörterungsaufsatz bis zur Gliederung vor.
3. Vergleicht eure Protokolle und besprecht sie.
4. Wählt eine andere Form der Präsentation aus (Einzelreferat, Gruppenreferat, Diskussion oder Rollenspiel) und bereitet diese zum selben Thema vor.

Eine Gruppenbilanz ziehen

Dass Gruppenarbeit auch einmal misslingt, versteht sich. Wenn ihr aus euren Schwierigkeiten etwas lernen wollt, solltet ihr aber immer herausfinden, worin die Probleme bestanden. Ein Bilanzbogen kann euch dabei helfen.

Bilanzbogen für Gruppenarbeit

Lisa

Name der Gruppe Die Wasserflaschenfraktion
Gruppenmitglieder Katrin, Caren, Evelyn, Lisa

Kategorie	Bewertung Punkte von 0 = „sehr schlecht" bis 5 = „sehr gut"		Beispiel
	Selbsteinschätzung	Einschätzung der Gruppe	
Sozialverhalten	4	3	Ich glaube, ich habe am stärksten versucht, Caren einzubeziehen.
Gesprächsverhalten	2	4	Oft formuliere ich spontan sehr unverständlich und in zu langen Sätzen.
Arbeitsorganisation	3	4	Kati hat die Arbeitsschritte viel genauer befolgt; bin etwas sprunghaft.
Auswertung/ Präsentation (Beteiligung u. Qualität)	5	2	Die Präsentation haben Kati und ich mehr oder weniger alleine vorbereitet und bestritten.

5. Übertragt den leeren Bilanzbogen auf Papier (Format A4) und füllt ihn zu einer Gruppenarbeit, die ihr in Deutsch oder in einem anderen Fach durchgeführt habt, zunächst jeweils für euch selbst aus. Schaut euch dabei noch einmal die Regeln für Gruppenarbeit an, die ihr auf S. 15 erarbeitet habt.
6. Vergleicht und besprecht eure Einschätzungen. Was könnt ihr bei der nächsten Gruppenarbeit besser machen?

Sprechen, Zuhören, Schreiben

Praktische Rhetorik

Vortragssituationen

Vortragssituationen sind etwas Alltägliches. Ihr erlebt sie in der Schule, z. B. bei Referaten oder bei der Präsentation von Gruppenarbeitsergebnissen. Und natürlich stehen eure Lehrer fast andauernd in einer Vortragssituation. Aber auch außerhalb der Schule gibt es viele Gelegenheiten, in denen ein Vortragender vor seinem Publikum steht.

- Was fällt euch an den oben abgebildeten Vortragssituationen auf?
- Welche Vortragssituationen habt ihr schon erlebt? Sprecht darüber.

Sprechspiele

Nachschlagen → S. 312

Ihr findet auf den folgenden Seiten Sprechübungen, die ihr in eurer Klasse durchführen könnt. Achtet bei den Übungen vor allem auf die Wirkung verschiedener Sprechweisen auf die Zuhörer.

Wer bist du? Wer bin ich? – Partnerinterview

Jeweils zwei Schüler setzen sich zusammen und interviewen sich gegenseitig. Da sich die Schüler in der Regel bereits kennen, können einfache Grundfragen wie nach dem Alter ausgeklammert werden. Stattdessen sind Themenbereiche wie Mode, Freizeit, Medien, Hobbys denkbar. Denkt euch dazu Fragen aus.

Möglich sind auch Fragen allgemeiner Art: „Was ist das Unverwechselbare an dir?“ – „Welche Anstrengungen unternimmst du, um dich selbst zu ändern?“ – „Welche Stärken wissen deine Freunde an dir viel zu wenig zu schätzen?“ – „Was bringt dich zum Lachen?“

Die Interviewer notieren sich die Antworten in Stichworten. Anschließend stellt jeder Interviewer seinen Gesprächspartner der Klasse vor.

Mit geschlossenen Augen sprechen

Es werden Zweiergruppen gebildet. Die Partner einigen sich auf ein Thema, das beide interessiert. Dann verbinden sich die Teilnehmer gegenseitig die Augen und sprechen fünf Minuten lang über das vereinbarte Thema.

Der Vorteil des Spiels liegt darin, dass die Gesprächspartner sich bei geschlossenen Augen ganz auf das Sprechen konzentrieren können. Wichtig dabei ist, dass die Teilnehmer deutlich sowie artikuliert sprechen, um auf diese Weise ihrem Engagement hinsichtlich des Themas Ausdruck zu verleihen.

Die Auswertung des Gesprächs geschieht auf doppelte Weise:

a) Die Gesprächspartner äußern sich zunächst selbst über ihre Eindrücke von ihrer Sprechweise.

b) Dann äußert sich die Klasse über ihre Einschätzung der Sprechweise der beiden Sprecher.

Zahlengespräche

Die Klasse bildet Zweiergruppen, die sich im Raum verteilen. Diese Gruppen unterhalten sich ganz normal in beliebigen vierstelligen Zahlen.
So sagt A: „7293." Und B antwortet: „4126."

Die Gruppen bewegen sich im Raum und unterhalten sich. Der Moderator gibt dann folgende Anweisungen, nach denen die Schüler ihr Sprechverhalten ändern:

a) Es gefällt euch nicht, was euer Partner sagt, deshalb werdet ihr wütend.
b) Um den Streit nicht zu verschärfen, werden Versöhnungsangebote gemacht.
c) Schließlich erfolgt eine vertrauliche Absprache, z. B. flüstern.
d) Zuletzt verabschieden sich die Gesprächspartner freundlich und gehen auf ihre Plätze zurück.

Anrufbeantworter

Benötigt wird ein Kassettenrekorder mit angeschlossenem Mikrofon und möglichst langem Mikrofonkabel. In den folgenden drei Situationen soll eine Nachricht auf das Band gesprochen werden:

Situation 1

Dein Freund Martin Müller hat heute Geburtstag. Du willst ihm gratulieren und rufst an. Es meldet sich der Anrufbeantworter von Familie Müller:
„Hier ist der Anrufbeantworter von Familie Müller. Leider sind wir heute alle unterwegs. Bitte hinterlassen Sie eine Nachricht nach dem Signalton. – Piep."

Situation 2

Du bist Martin Müller und möchtest deine Freundin Julia Schmitz zu deiner Geburtstagsfeier einladen. Du rufst an, aber es meldet sich der Anrufbeantworter:
„Hallo, ich bin der Anrufbeantworter von Julia Schmitz. Sie ist mal wieder unterwegs. Was darf ich ihr ausrichten? – Piep."

Situation 3

Du bist Julia Schmitz. Du hattest deinem Freund Martin Müller zugesagt, zu seinem Geburtstag zu kommen, aber leider musst du aus einem wichtigen Grund absagen. Du rufst an, aber es meldet sich wieder der Anrufbeantworter von Familie Müller.

Eine Rolle ausfüllen

Jeder Schüler bekommt verdeckt auf einem Kärtchen eine Rolle (z. B. Arzt) zugewiesen. Er soll dann den folgenden Text so vortragen, wie es ein Arzt tun würde. Die Mitschüler versuchen herauszufinden, um welche Rolle es sich handelt.

Gerade heute, in unserer schnelllebigen Zeit, ist eine gesunde Ernährung wichtig. Selbst zubereitete Mahlzeiten aus frischen Zutaten gewährleisten eine ausgewogene Versorgung mit Nährstoffen und bieten so Schutz vor vielen Krankheiten. Wer sich nur von „Junkfood“ und Fertigprodukten ernährt, lebt gefährlich: Der Körper verfettet, innere Organe werden belastet und die Haut wird unrein.

Rollenkarten

Arzt	Kind beim Vorlesen in der Schule	Radiomoderator in der „Morningshow“
Märchenerzähler	Redner im Parlament	Computerprogramm
Nachrichtensprecher im Fernsehen	Jugendleiter im Zeltlager	Pfarrer
MTV-Moderator	Offizier vor jungen Soldaten	Marathonläufer beim Lauf
Sportreporter beim Fußball	Popstar in einem Interview	Lehrer beim Elterngespräch

1. Führt die Sprechspiele durch. – Diskutiert über eure Beobachtungen.

INFO

- Sprechübungen helfen, verschiedene **Sprechweisen** und ihre **Wirkung auf die Zuhörer** zu erproben.
- **Gestik** und **Mimik** spielen beim Sprechen eine wichtige Rolle.

Nachschlagen → S. 312

Nachschlagen → S. 312

Der Vortrag

In drei Schritten zur sicheren Vortragshaltung

Für einen überzeugenden Vortrag, bei dem ihr euch auch selbst gut fühlt, ist es wichtig, bewusst eine Vortragshaltung einzunehmen. Die folgenden Übungen sollen euch Schritt für Schritt an diese ***Grundhaltung*** *heranführen. Bevor ihr sie durchführen könnt, müsst ihr eine große freie Fläche in eurem Klassenzimmer schaffen.*

Die Grundhaltung
Die Knie sind locker, die Füße hüftbreit auseinander und stehen fest auf dem Boden. Die Fußspitzen zeigen leicht nach außen. Der Körper steht frontal zum Publikum.

1. Schritt Verschiedene Steharten ausprobieren

Ihr stellt euch in einen großen Kreis. Mit geschlossenen Augen probiert ihr verschiedene Steharten aus: Mit geschlossenen Beinen und lockeren bzw. durchgedrückten Knien, auf den Zehenspitzen oder auf den Fersen, auf einem Bein etc. Findet auch heraus, welches euer Stand- und euer Spielbein ist. Nach einer Weile nehmt ihr auf Zuruf des Lehrers die Grundhaltung ein.

2. Schritt Zum Vortragsplatz gehen

Mit Klebeband markiert ihr mit einem Kreuz vor der Tafel den Vortragsplatz und setzt euch in einem Halbkreis um diesen Punkt.

Auf Zuruf steht ihr einzeln auf, geht zum Vortragsplatz und nehmt die Grundhaltung ein. Sobald ihr sicher steht, spendet der Rest der Klasse Beifall. Nach dem Abklingen des Beifalls geht ihr zurück auf euren Platz.

3. Schritt Das Publikum erfassen

Wieder steht ihr auf Zuruf einzeln auf und nehmt am Vortragsplatz die Grundhaltung ein. Dann sucht ihr intensiven Blickkontakt mit jedem einzelnen Zuhörer. Danach nehmt ihr den Beifall der Klasse entgegen und geht zurück auf euren Platz.

1. Führt die drei Schritte aus.
2. Sprecht danach über eure Empfindungen als Vortragender und Zuschauer.
3. Warum sind eine sichere Grundhaltung und der Blickkontakt zum Publikum wichtig?

Zitate

Jeder Schüler sucht als Hausaufgabe ein möglichst originelles Zitat und schreibt es gut leserlich mit Namen des Verfassers auf ein DIN-A6-Kärtchen. Solche Zitate könnten sein:

> Die Erfindung der Currywurst war ein Kulturschock für die Sauerbratengemeinde.

> Es hat sich bewährt, an das Gute im Menschen zu glauben, aber sich auf das Schlechte zu verlassen. *Alfred Polgar*

Aus dem durchgemischten Kartenstapel zieht jeder Schüler ein Kärtchen und prägt sich das Zitat ein. Anschließend wird folgendes Verfahren durchlaufen: *Entschlossenes Aufstehen vom Platz – Vorgehen zum Rednerpult – Blickkontakt mit dem Publikum – Begrüßung – Vortrag des Zitats – Dank an das Publikum – Aushalten des Beifalls – Zurückgehen zum Platz.*

Alltagstexte

Für das Spiel benötigt man einen Stapel mit Anweisungskärtchen, auf denen steht: *nachdenklich – jubelnd – freudig – forsch – langweilig – zögernd – dynamisch – irritiert – erheitert – desinteressiert – nuschelnd.* Mit diesen Anweisungen werden Alltagstexte wie *Wetterbericht* und *Ankündigung* vorgetragen.

Die Schüler ziehen ein Sprechhaltungskärtchen aus dem Stapel. Sie tragen einen Text in der vorgegebenen Sprechhaltung vor und erproben auf Anregung von Mitschülern Alternativen.

> **Wetterbericht**
> Am Morgen teils flacher Nebel, sonst ist es heiter bis wolkig und trocken. Bis zum Nachmittag steigen die Temperaturen auf 20 bis 25 Grad, im Bergland bis auf Werte um 18 Grad. In der Nacht zieht von Frankreich her dichte Bewölkung auf und in den Frühstunden regnet es. Die Tiefsttemperaturen bewegen sich um 12 Grad. Der Südwestwind nimmt zu.

> **Ankündigung**
> Mundart und Musik im Dorfkeller. Mundart und Musik diesmal mit Alfred Baumhauer alias „Alfred Kratzbariton“. Er unterhält sein Publikum mit Mundart in Text und Lied. Ob mit frechen Liedern oder mit Texten aus dem Leben begeistert er die Zuhörer. Es gibt noch Karten für diesen Abend im Dorfkeller.

4. Probiert die beiden Übungen aus.
5. Gebt dem Vortragenden Rückmeldung über seine Stärken, aber auch über seine Schwächen.

Hilfsmittel bei einem Vortrag

Ein frei vorgetragenes Referat kann sehr überzeugend sein, es birgt aber das Risiko, den Faden zu verlieren. Auch sehr geübte Redner benutzen deshalb meist Vortragshilfen, von denen du hier einige findest.

Text mit Stichwortleiste

Ein DIN-A4-Blatt wird in Längsrichtung so gefaltet, dass 2 Spalten im Verhältnis 2:1 entstehen.	**DIN-A4-Blatt** **2 Spalten, 2:1**
In der großen Spalte wird der gesamte Redetext ausformuliert festgehalten.	**große Spalte Redetext**
In der Randspalte stehen die jeweiligen Stichwörter.	**Randspalte Stichwörter**

Stufen-Gliederung

Hauptgesichtspunkte und Nebengesichtspunkte werden in Stichworten jeweils stufenförmig versetzt angeordnet.

I …
  1 …
    2 …
      2.1 …
II …

Stichwortzettel

- Der Stichwortzettel enthält nur die Leitgedanken in ihrer logischen Abfolge und in möglichst großer Schrift.
- Die Einleitungs- und die Schlusspassage können auch wörtlich aufgeführt sein.
- Zusätzliche Informationen können als Untergliederung in einer anderen Schriftgröße auftauchen.

Kärtchen-Methode

1. Bei der Kärtchen-Methode wird eine Reihe von DIN-A6-Kärtchen verwendet, die während des Vortrags in der Hand gehalten werden.
2. Auf jedem Kärtchen ist ein Leitgedanke mit einigen zusätzlichen Stichworten enthalten.
3. Die Kärtchen sind durchnummeriert.
4. …

1. Welche dieser Vortragshilfen habt ihr schon benutzt? Sprecht über eure Erfahrungen.
2. Bringt eure Hilfsmittel von bereits gehaltenen Vorträgen mit und vergleicht sie.
3. Worin liegen die Stärken der verschiedenen Vortragshilfen?

Folien

1

2

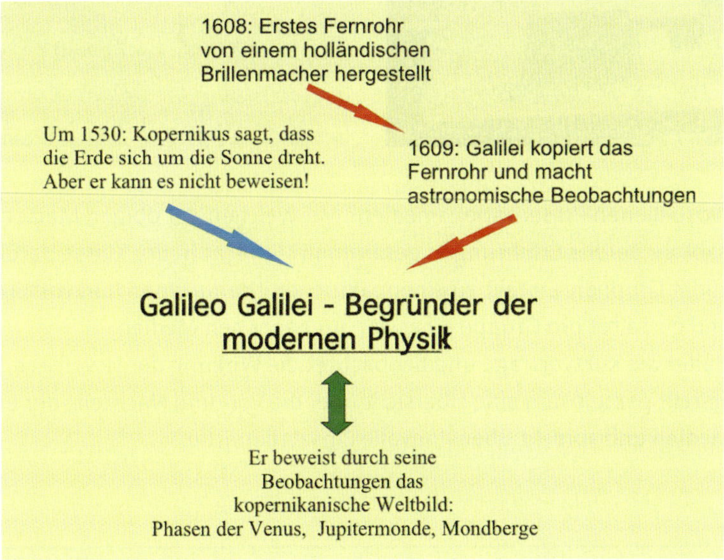

4. Welche der beiden Folien spricht dich spontan mehr an? Warum?
5. Vergleiche die beiden Folien genauer.
   Achte dabei auf Inhalt und Gestaltung. Was stellst du fest?
6. Fertigt in Partnerarbeit eine Aufstellung an,
   worauf bei der Gestaltung einer Folie zu achten ist.
7. Erstellt eine Folie, die die Schwächen der beiden Vorlagen beseitigt
   und die eure Gestaltungshinweise umsetzt.

Einsatz von verschiedenen Medien

1

2

3

4

5

8. Wozu dienen Präsentationsmedien? Mit welchen der obigen Medien habt ihr bereits Erfahrungen gesammelt? Sprecht in der Klasse darüber.
9. Bildet Gruppen. Erstellt zu einem aktuellen Thema einen Kurzvortrag und gestaltet pro Gruppe eines der angegebenen Medien.
10. Haltet die Kurzvorträge und beobachtet die Wirkung der jeweiligen Medien.
11. Erstellt gemeinsam eine Übersicht über die Vor- und Nachteile der einzelnen Medien und sprecht über sinnvolle Einsatzbereiche.

Nachschlagen → S. 312

INFO

- Die **Vortragshaltung** sollte Schritt für Schritt eingeübt werden. Wichtig sind **sicherer Stand** frontal zum Publikum und **Blickkontakt** mit allen Zuhörern.
- Hilfsmittel bei einem Vortrag sind z. B. **Stufen-Gliederung** oder **Stichwortzettel**.
- **Folien** eignen sich dafür, den Vortrag anschaulich zu machen.
- **Präsentationsmedien** unterstützen einen Vortrag wirkungsvoll, wenn sie **funktional** und **bewusst** eingesetzt werden.

Die Rolle der Zuhörer

Nachschlagen → S. 312

Thesenpapier

Ein gut aufgebautes Thesenpapier oder „Handout“ erleichtert es den Zuhörern, dem Vortrag zu folgen und die Ergebnisse zu sichern. Wie schon bei den Präsentationsmedien gibt es verschiedene Gestaltungsmöglichkeiten.

BOGY: Berufsorientierung im Gymnasium

Armin Burkhardt – 9e *3.2.20..*

Die Lorentzkraft – Thesenpapier

1. Wer war H.A. Lorentz?
2. Physikalische Grundlagen
3. Die Lorentzkraft in der Natur
   a. Die Sonne als „Teilchenschleuder“
   b. Das Polarlicht
4. Die Lorentzkraft in der Technik
   a. Der Elektromotor
   b. Die Fernsehbildröhre

BOGY-Information – Thesenpapier

Folie 1	**BOGY** Informationen der Schulleitung	
Folie 2	**Warum BOGY?** • Öffnung der Schule nach außen • Erfahrungen in einem anderen Arbeitsumfeld • Berufserkundung • Perspektiven für das Leben nach der Schule	
Folie 3	**Organisation** • Vorbereitung • Bewerbung • Durchführung • Dokumentation • Auswertungstag	

1. Vergleicht die beiden Thesenpapiere. Mit welchem würdet ihr als Zuhörer lieber arbeiten? Begründet.
2. Sammelt Thesenpapiere von Vorträgen, die in eurer Klasse gehalten wurden. Erarbeitet Kriterien für ein gelungenes Thesenpapier.
3. Ein Thesenpapier erleichtert den Zuhörern die Mitschrift: Verfasst zu einem von euch gehaltenen Vortrag mit Thesenpapier eine Mitschrift. Berücksichtigt die am Rand notierten Kriterien.

Die Mitschrift:
- Genau zuhören und aufschreiben
- Wesentliches und Unwesentliches unterscheiden
- Kürzel benutzen
- Zentrale Aussagen aufschreiben
- Visuelle Strukturen entwickeln (z.B. Kästen, Kreise) vgl. auch S. 56f.

Beobachtungs- und Bewertungskriterien

- Themenerschließung
- Gliederung
- Vortragsziel
- Interesse wecken
- Schlussfolgerungen
- Auftreten des Vortragenden
- Medieneinsatz
- Sprache (Artikulation, Lautstärke)
- Aufmerksamkeit aufrechterhalten
- Vortragshaltung
- Blickkontakt
- Ausstrahlung
- Gruppenreferat: Aufteilung auf die Vortragenden
- Vortragstechnik
- Beantwortung von Fragen
- Lockerheit

1. Sind alle diese Kriterien gerechtfertigt? Wägt ab und ergänzt die Liste.

Beobachtungsbogen

Gliederung	Klar erkennbar, hilfreich für Zuhörer	1 2 3 4	Nicht nachvollziehbar, wirr, zufällig
Sachkenntnis	Überzeugend, breites Wissen, Sicherheit bei Fragen	1 2 3 4	Falsch,verwirrend, unsicher, zu wenig vorbereitet
Vortragshaltung	Offen, selbstbewusst, dem Publikum zugewandt, Blickkontakt suchend	1 2 3 4	Ängstlich, abgewandt, verloren, unmotiviert
Sprache	Laut, deutlich, einfacher Satzbau, frei formuliert	1 2 3 4	Leise, undeutlich, abgelesen, auswendig gelernt
Bezug zum Publikum	Einladend, Interesse weckend, freundlich	1 2 3 4	Distanziert, überheblich, abweisend
Medieneinsatz	Routiniert, unaufdringlich, unterstützend, sinnvoll, gut lesbar	1 2 3 4	Aufdringlich, Selbstzweck, überladen, ablenkend
…	…	…	…

2. Vervollständigt den Beobachtungsbogen.

3. Setzt den Bogen bei einem Vortrag eurer Wahl – nicht nur im Deutschunterricht – ein. Diskutiert über eure Erfahrungen.

Ein Rückmeldungsgespräch

Oliver hat für seine Klasse einen Vortrag gehalten. Obwohl er sich viel Mühe gegeben hat und gut vorbereitet war, ist er einige Male ins Stocken gekommen und hat sich nicht besonders wohlgefühlt. Nach dem Vortrag bittet die Lehrerin die Klasse, Oliver Rückmeldung zu geben. Zunächst herrscht Stille, aber schließlich meldet sich Jana:

Jana: Also ich fand es irgendwie ganz okay.
Beate: Ich auch.
Timo: Mich hat das nicht so interessiert.
Jens: Der Oliver hat auch total leise gesprochen, und mit Blickkontakt war ja nicht so viel. Der hat immer nur in seine Zettel geguckt.
Timo: Aber das macht der ja immer so.
Beate: Stimmt. Schon in der 6. Klasse. Und die vielen Versprecher nerven echt jeden hier. Oder?
Jana: Ich fand die Folien echt gelungen. Du musst aber unbedingt darauf achten, auch mal mit Farben und Symbolen zu arbeiten.
Oliver: Ja, aber dann werden die doch schnell unübersichtlich, wenn ich zu viele Farben oder Pfeile benutze.
Jana: Ja, aber wenn das alles nur in Schwarzweiß ist, versteht man es auch nicht besser.
Oliver: Ja, aber bei deiner Folie neulich hat man doch überhaupt nicht mehr durchgeblickt, so viele Pfeile und Striche waren da drauf!
Jana: Du kannst überhaupt nicht mit Kritik umgehen!
Oliver: Aber du, oder was?
Timo: Außerdem hat man deutlich gesehen, dass dein Drucker total schlecht ist. Kauf dir mal 'ne neue Tintenpatrone oder nimm doch gleich Laptop und Beamer. Das macht mein Vater im Geschäft auch immer so. Ist viel cooler.
Frau Baumeister: Jetzt achtet doch mal darauf, dass ihr nicht nur Äußerlichkeiten kritisiert! Wie fandet ihr denn Olivers Vortrag inhaltlich?
Beate: Also ich fand es alles ganz gut ...

1. Welchen Eindruck macht dieses Rückmeldungsgespräch auf dich?
2. Welche Fehler machen die Beteiligten?
3. Welche Ziele sollen mit einem Rückmeldungsgespräch erreicht werden?
4. Formuliert in Gruppen Regeln für ein gelungenes Rückmeldungsgespräch und hängt sie im Klassenzimmer auf.

Die neue Schulmensa

Die Faktoren einer Rede lassen sich in einem Kommunikationsmodell darstellen. Neben diesem Modell findest du hier Äußerungen von Mitschülern auf Bedenken des Klassensprechers. Er soll nämlich eine Rede zur Einrichtung einer neuen Schulmensa vor den Elternvertretern halten:

Kommunikationsmodell

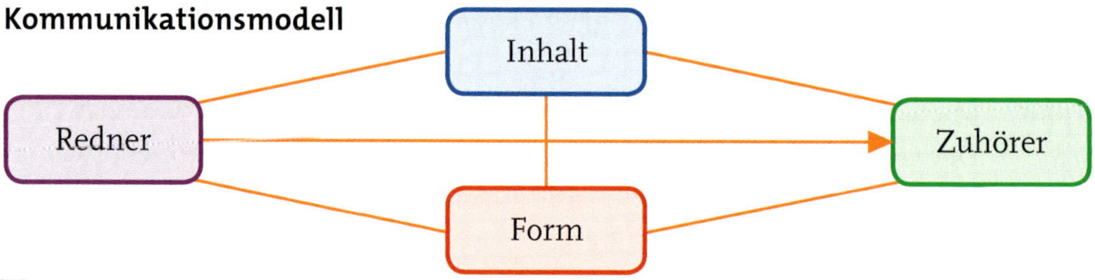

Schüleräußerungen

„Du musst sie richtig begeistern!“ • „Was sind das für Leute, die vor mir sitzen?“ • „Wie bringe ich die Dinge bloß rüber?“ • „Es ist klar, die müssen am Schluss von der Notwendigkeit einer Schulmensa überzeugt sein.“ • „Wie kriege ich die dazu, mir zuzuhören?“ • „Wir müssen einfach 'ne Menge Begründungen sammeln.“ • „Wie macht man eigentlich eine Rede spannend?“ • „Glaubt ihr, die akzeptieren mich?“ • „Irgendwo hab' ich so 'ne Übersicht von rhetorischen Mitteln gesehen.“ • „Vielleicht sollten wir auch überlegen, was man gegen eine Mensa haben kann.“ • „Du darfst nicht so schauspielern. Das muss echt wirken, wie du auftrittst.“ • „Ich glaube, wir müssen die ganz Bandbreite des Problems überdenken.“ • „Wenn ich nur wüsste, was die Elternvertreter für eine Meinung haben?“ • „Müssen wir uns eine bestimmte Abfolge der Gesichtspunkte überlegen?“ • „Martin, zieh ein Jackett an und rede bloß langsam und deutlich.“

1. Ordne die Schüleräußerungen den vier Faktoren des Kommunikationsmodells zu.
2. Versuche, das Kommunikationsmodell genauer zu erläutern. Du kannst zu den Faktoren Unterpunkte finden, etwa zur Form den Aufbau der Rede.

Nachschlagen → S. 312

INFO

- Ein **sinnvoll gestaltetes Thesenpapier** erleichtert den Zuhörern die Mitschrift.
- Ein gemeinsam erarbeiteter **Beobachtungsbogen** schärft das Bewusstsein für eine gute Vortragstechnik.
- **Rückmeldungsregeln** ermöglichen sachliche Kritik und vermeiden Konflikte bei der Auswertung eines Vortrages.
- **Kommunikationsmodelle** veranschaulichen die verschiedenen Faktoren, die einen Vortrag bestimmen.

Das Vorstellungsgespräch

Nachschlagen → S. 312 f.

Themenfelder

Du möchtest dich in einem großen Automobilunternehmen der Region bewerben. Gespräche mit Bekannten haben dir klargemacht, dass du mit einer großen Zahl von Mitbewerbern rechnen musst. Dein Bewerbungsschreiben hatte bereits Erfolg, du bist zu einem Vorstellungsgespräch eingeladen. Bei der Vorbereitung findest du eine Broschüre, die dir eine Reihe von Anregungen gibt.

Wunschberuf

Über deinen Wunschberuf solltest du dich möglichst genau informieren, um klare Vorstellungen vom Berufsbild zu erlangen. Oftmals kommt es zu großen Enttäuschungen bei Berufsanfängern, weil ihre Vorstellungen nicht mit der Berufswirklichkeit übereinstimmen. Informiere dich deshalb beim Berufsinformationszentrum (BIZ) oder den Industrie- und Handelskammern. Während einige Berufe handwerkliches Geschick verlangen, ist in anderen Kontaktfähigkeit oder Kreativität gefordert oder die Fähigkeit zur präzisen sprachlichen, zeichnerischen oder rechnerischen Darstellung verlangt. Fast überall spielen Offenheit und Interesse für neue Entwicklungen eine große Rolle.

Qualifikationen

Viele Berufe setzen bestimmte Kenntnisse und Fertigkeiten voraus. Du solltest dir also überlegen, welche Qualifikationen, z.B. Fremdsprachen, du bisher erworben hast.

Bedenke dabei auch spezielle schulische Arbeitsgruppen, Tätigkeiten im Jugendbereich oder Volkshochschulkurse.

Schlüsselqualifikationen

Bei vielen Berufen werden spezielle Kenntnisse und Erfahrungen vorausgesetzt. Dazu gehören die Beherrschung von Lerntechniken und die Fähigkeit, Informationen zu sammeln und auszuwerten. Außerdem ist Teamarbeit wichtig. Bedeutsam ist auch die Fähigkeit, Ergebnisse zu präsentieren.

Persönlichkeitsprofil

Versuche dir klar zu werden, wer du bist, welche Eigenschaften du hast. Kann man sich auf dich verlassen, hast du Ausdauer, willst du Leistung bringen, bist du pünktlich, kannst du selbstständig arbeiten? Kannst du Widerspruch ertragen, gut zuhören, Ordnung halten, dich begeistern? Stelle dir selbstkritisch Fragen nach deinen Stärken und Schwächen.

Fragen für einen Vorbereitungsbogen

- Was will ich? – Berufsbild
- Was habe ich gelernt? – Qualifikationen
- Was kann ich? – Schlüsselqualifikationen
- Wer bin ich? – Persönlichkeitsprofil

1. Aus den Informationen der Broschüre lässt sich ein Vorbereitungsbogen für das Vorstellungsgespräch entwickeln. Fertige für dich einen solchen Vorbereitungsbogen an.
2. Tragt eure Entwürfe vor. Diskutiert darüber, inwieweit sie gelungen sind.
3. Spielt auf der Grundlage eurer Vorbereitung ein Vorstellungsgespräch. Achtet dabei auch auf die Aspekte *Auftreten, Begrüßung, Verhalten.*

Kurt Matz beim Vorstellungsgespräch

Kurt Matz hat es geschafft und ist zu einem Vorstellungsgespräch in einem großen Automobilunternehmen eingeladen worden. Seine Gesprächspartnerin ist Frau Dr. Christine Kurtz von der Personalabteilung.

Frau Kurtz Guten Tag, Herr Matz. Nehmen Sie doch Platz. Haben Sie den Weg zu uns gleich gefunden?

Herr Matz Ja, schon.

Frau Kurtz Aus Ihrem Bewerbungsschreiben entnehme ich, dass Sie ein großes Interesse an einer Tätigkeit im Werbebereich unseres Automobilunternehmens haben. Was erwarten Sie sich eigentlich von einer solchen Tätigkeit?

Herr Matz Ja, ich finde es halt spitze, wenn man für so tolle Autos Werbung machen kann. Man trifft da sicher auch super Typen von Fotografen, Models – und halt so. Und es ist sicher ganz super, wenn man seine Werbesprüche auf einem Plakat lesen kann.

Frau Kurtz Sie formulieren in Ihrem Bewerbungsschreiben, dass Sie unbedingt bei uns, bei einem „global player“, arbeiten wollen. Können Sie das etwas näher erläutern?

Herr Matz Also das ist so: Ich glaub', es macht wenig Spaß in so 'ner kleinen Klitsche zu arbeiten. Die braucht ja fast keine Werbung und wenn, dann bloß für so kleine Anzeigenblätter oder die Lokalzeitung. Das halt' ich für ziemlich langweilig.

Frau Kurtz Was haben Sie für einen Eindruck, welches Image unsere Firma vermitteln möchte?

Herr Matz Ja, also Image ist heute fast alles. Und das Image von dem Konzern ist, dass es um Reichtum, Zuverlässigkeit und super Arbeitsbedingungen so mit Aktien und Jahreswagen geht.

Frau Kurtz Herr Matz, Sie wollen in der Werbeabteilung arbeiten. Dort benötigt man viel Kreativität. Glauben Sie, dass Sie kreativ sind?

Herr Matz Also Kreativität meint doch, dass einem ab und zu was Gutes einfällt. Ich glaub schon, dass ich das kann, weil mich meine Clique immer lobt, dass ich super Ideen hätte.

Frau Kurtz In Ihrem letzten Zeugnis steht im Fach Deutsch die Note 3, sonst haben Sie ja recht ordentliche Noten. Gibt es irgendein Problem in diesem Fach?

Herr Matz Eigentlich nicht. Ich bin ganz gut im Rechtschreiben und wenn wir diskutieren, bin ich auch immer dabei. Aber wenn man dann so alte Literatur lesen muss oder so komische Theaterstücke in den gelben Heften, da hab' ich halt gar keinen Spaß dran.

Frau Kurtz Haben Sie ein Hobby, das Sie regelmäßig ausüben?

Herr Matz Also – am liebsten gehe ich in die Disco, so richtig zum Abtanzen.

Frau Kurtz Gut, vielen Dank für Ihre Ausführungen. Haben Sie noch irgendwelche Fragen an mich?

Herr Matz Ja, eigentlich schon. Also könnten Sie mir sagen, ob meine Freundin auch vielleicht hier anfangen könnte? Und was mich auch noch wahnsinnig interessieren würde, was verdient eigentlich so der Chef von der ganzen Werbeabteilung? – Ich glaube, das wär' so das Wichtigste. Da war zwar noch was, aber das fällt mir jetzt nicht ein.

(...)

1. Warum wird dieses Vorstellungsgespräch voraussichtlich nicht zum Erfolg führen?
2. Erarbeitet in Gruppen Verbesserungsvorschläge zu den einzelnen Antworten.
3. Überlegt sinnvolle Fragen, die Kurt hätte stellen können.
4. Spielt das Gespräch in der überarbeiteten Fassung.

INFO

Nachschlagen → S. 312 f.

- Für ein **Vorstellungsgespräch** sollten klare Vorstellungen über das Berufsbild, die eigenen Qualifikationen und Persönlichkeitsmerkmale bestehen.
- Beim Vorstellungsgespräch spielen folgende Aspekte eine wichtige Rolle: Auftreten, Kleidung, Sprechverhalten, Aufmerksamkeit, klare Aussagen zu den Berufsvorstellungen, Interesse an weitergehenden Informationen zum Beruf und zum Unternehmen.
- Am Schluss sollten Qualifikation und Eignung für den Gesprächspartner deutlich geworden sein.

Sprechen, Zuhören, Schreiben

Das Schreiben lernen

Zum Bild:
Friederike Mayröckers Arbeitszimmer

Schreiborte

„Ich brauche nichts mehr als ein Schlafzimmer, das sogleich mein Schreibzimmer sein kann … und dann möchte ich auch durchaus nicht die Aussicht auf einen Kirchhof haben. Ich liebe die Menschen und also auch ihr Gedränge." *(Friedrich Schiller, 1759–1805)*

„Ich bin gewohnt, im Zimmer zu arbeiten. Offener Himmel, meine ich, zerstreut die Gedanken. Im Sommer brauche ich wenigstens die Decke einer Veranda, eines Gartenhauses über dem Kopf, ein Gehäuse, das sozusagen die Atmosphäre des Werkes schützt." *(Thomas Mann, 1875–1955)*

- Welche Schreibumgebung würde dir behagen?

Schreiberfahrungen

Nachschlagen → S. 313

Schreiborte

„... Aber es muss immer irgendwo innegehalten werden, um etwas zur Sprache zu bringen, und dazu bedarf es natürlich eines geschützten, eines stillen Ortes und einer sehr genau strukturierten Zeit, auch eines Stundenplans und einer großen Disziplin ...“
Christoph Ransmayr, dt. Schriftsteller, geb. 1954 in Oberösterreich, verbringt seit 1988 die Hälfte des Jahres auf Reisen, lebt in West Cork/Irland

Peter Handkes Schreibplatz

„Vielleicht klingt das komisch, aber die Lust zum Schreiben ist bei mir dann ganz besonders intensiv, wenn ich mich an ungewöhnlichen Orten aufhalte, z. B. auf einem ...“
Carla, Schülerin

Stimmen von Menschen, die ich kenne, stören mich beim Schreiben. Das lenkt mich ab. Andere Geräusche eigenartigerweise nicht. Nur ein einziger Satz von meinem Vater aus dem Flur – und schon ist es vorbei. In meinem Zimmer, am geöffneten Fenster, da ist es schön, das Schreiben. Ich vergesse dabei völlig die Zeit!
Simon, Schüler

„Ich kann überall schreiben. Man muss dafür bereit sein, wenn es kommt, sonst geht es wieder weg.“ ...
Hilde Domin, dt. Schriftstellerin, geb. 1909 in Köln, lebte in Heidelberg, schrieb Gedichte seit 1951, gestorben 2006

1. Schreibe in ähnlicher Weise einen Text über deine Erfahrungen mit Schreiborten.
2. Tauscht euch in kleinen Gruppen über eure Texte aus: Inwiefern wirkt sich die Schreibumgebung auf das Schreiben aus?

Augenblickstexte

Die Temperatur steigt

Warten auf den Knall

Abendkleid

EINKAUFSWAGEN

Anreise im Schneesturm

Einfach ätzend

Die Zeit geht um

Ein Baum auf der Flucht

Traum von Freiheit

Grinsen

Handy, Hupe und eine Vollbremsung

Mein Gedicht
Anreise im Abendkleid
Schneesturm
Handy, Hupe – Vollbremsung
Warten auf den großen Knall
Nichts – die Zeit geht um
Nur ein Baum auf der Flucht
Vor mir?
Stille
Sitze fest im Schnee
Im Abendkleid
Das Grinsen der Bäume
Warten
Bis die Temperatur steigt

1. Gestalte aus diesen Zeitungsschnipseln einen Text aus dem Augenblick heraus: z. B. eine Collage, ein Gedicht, eine Kurzgeschichte oder eine Szene. Du kannst Wörter oder Wortzeilen weglassen und/oder neue dazunehmen.
2. Tauscht euch in kleinen Gruppen über eure Schreiberfahrungen aus. – Was haben die entstandenen Texte mit euch zu tun?
3. Schneidet aus Zeitschriften und Zeitungen weitere Schlagzeilen, Wörter oder Sätze aus und gestaltet damit Augenblickstexte.

Nachschlagen → S. 313

INFO

- Die **Schreibumgebung** spielt eine wichtige Rolle beim Schreiben. Sie gehört zur Individualität des Schreibenden.
- Beim **Schreiben aus dem Augenblick** heraus kann man sich anders wahrnehmen und Erfahrungen über sich selbst machen.

Schreibstrategien

Nachschlagen → S. 313

Methoden der Textüberarbeitung

Die detaillierte Kommentierung eines Textes ist ein Mittel der Textüberarbeitung. Im Folgenden werden einige Methoden der Textüberarbeitung aufgeführt.

Expertenrunde

Drei – vom Schreiber des Textes ausgewählte – „Experten“ sitzen mit dem Schreiber in einem Innenkreis, die übrige Klasse im Außenkreis. Im Innenkreis hat jeder den Text des Schreibers in der Hand. Dort befindet sich außerdem ein freier Stuhl, den jeder aus dem Außenkreis für einen kurzen Gesprächsbeitrag einnehmen kann. Die Experten diskutieren über den Text, der Autor kann Stellung dazu nehmen bzw. Fragen beantworten.

Pyramide

Jeder Schüler stellt seinen Text in einer Kleingruppe (4–6 Teilnehmer) vor. Die Gruppe bespricht die Texte und wählt den besten aus, der dann in der Klasse vorgetragen wird. Gemeinsam vergleichen die Schüler die im Plenum vorgestellten Texte und wählen den „Klassentext“.

Pressekonferenz

Der Text eines Verfassers wird in der Gruppe zur Kommentierung ausgewählt und laut vorgelesen. Dann notiert jeder Schüler eine Frage. Die Fragen werden von einem vorher gewählten Pressesprecher-Team eingesammelt, sortiert, gebündelt und dann dem Verfasser des Textes gestellt. Dieser beantwortet sie. Spontane Zurufe von anderen Gruppenmitgliedern sind erlaubt.

Schreibkonferenz

1. In der Klasse werden Gruppen mit jeweils drei Teilnehmern gebildet.
2. Jeder Teilnehmer legt in der Gruppe seinen Text vor.
3. Jeder in der Gruppe liest nacheinander die zwei Texte der anderen.
4. Auf einem Blatt, auf dem der Name des Verfassers/der Verfasserin des Textes steht, notiert jeder Leser/jede Leserin alles, was ihm/ihr beim Lesen des Aufsatzes aufgefallen ist. Am Ende unterschreibt man mit seinem Namen.

Zettellawine

Jeder Schüler hat einen Text geschrieben, der in einer gut lesbaren Fassung in einer Kleingruppe (4–6) reihum geht. Jeder Leser schreibt zu dem Text auf einem Extrablatt seinen Kommentar oder eine Frage, eine Idee, ein Urteil. Dieses Blatt läuft mit dem dazugehörigen Text zum nächsten Leser, der auf die Bemerkungen des ersten Lesers eingeht. So entsteht die Zettellawine.

1. Lest die verschiedenen Methoden durch.
2. Entscheidet euch für eine, die ihr bei der Kommentierung des Schülertextes auf der nächsten Seite ausprobieren könnt.

Andri: Eine Charakteristik

Fehlertext! – Fehlertext! – Fehlertext! – Fehlertext! – Fehlertext! – Fehlertext!

fehlende Einleitung

Fehler im gedanklichen Aufbau

Beziehungen der Figuren zu verkürzt dargestellt

Mängel in der Recht-schreibung

unbegründete Behauptung

Andri hat zu seinem Vater eigentlich ein gutes Verhältnis die Ausnahme ist wenn sein Vater betrunken mit ihm redet. Zumindestens anfangs ist sein Verhältnis zu seinem Vater gut. Dann verbietet der Vater die Heirat mit Barblin und Andri denkt, sein Vater hält ihn für nicht gut genug für Barblin. Darum distanziert er sich vom Vater. Andri verkörpert den Hass (Ungerechtigkeit) der Gesellschaft gegen das anders sein, auch wenn man es von aussen nicht sieht, er ist für die Bewohner Andorras anders weil sie meinen er ist ein Jude. Er ändert im Verlauf der Handlung allmählich sein gesamtes Verhalten und passt sich der Meinung anderer an. Zunächst macht er sich ungeheuer viele Gedanken darüber, was die anderen von ihm denken, eben über das Vorgeworfene und vergleicht sein Verhalten mit den Vorurteilen. Am Ende ist er so, wie die anderen ihn sehen. Er wirkt insgesamt sehr passiv und auch etwas depressiv. Das sieht man an dem Verhalten in der Tischlerwerkstatt. Da sieht man aber auch, dass er kameradschaftlich ist. Er überlegt ständig wer er ist und wie er sein soll. Am Ende gibt er auf und nimmt die Rolle an. Vorher zeigt er aber auch ziemliche Trotzreaktionen, z. B. im Gespräch mit dem Pater.

Als er merkt, das der Soldat Peider seine Barblin haben möchte, ist er verletzt und zieht sich immer mehr zurück. Er ist nämlich voll enttäuscht von ihr, weil er nicht erwartet hat, dass sie ihn gut findet. Er kloppt sich dann sogar mit dem Peider aus lauter männlichem Stolz aber er ist der unterlegene. Ich finde, das Andri insgesamt ein etwas egoistischer Jugendlicher ist, der sich und denen an denen ihm was liegt verteidigt wenn er/sie schlecht gemacht werden, sonst ist er eher zurückhaltend.

einseitige Deutung

falscher Satzbau

passendes Zitat fehlt

Schwächen im Ausdruck (Wortwahl)

Merkmale der Charakteristik
- Aussehen (Gestalt, Größe, Kleidung, Körperhaltung, Gang, Mimik, Gestik)
- Verhalten (anderen gegenüber)
- Eigenschaften/Eigenarten
- Sprache

3. Kommentiert den Text. Bildet dazu Gruppen und wendet eine der Methoden der Textüberarbeitung (S. 39) an.

Inhaltsangabe zu Hermann Hesses Roman „Unterm Rad“

Fehlertext! – Fehlertext! – Fehlertext! – Fehlertext! – Fehlertext! – Fehlertext!

Vgl. dazu auch das Kapitel „Schülerromane“ S. 174 ff.

Der vierzehnjährige Hans Giebenrath kommt aus kleinen Verhältnissen. Er soll was Besseres werden, denn er ist sehr begabt. Er soll er auf das evangelische Seminar des Klosters Maulbronn gehen. Doch dafür muss er eine schwere Aufnahmeprüfung machen, die er auch besteht Nur dass er nicht mehr genügend Freizeit hat, bedauert er sehr, denn er kann nicht mehr angeln gehen, dabei nachdenken und sich entspannen. Der Schuster im Dorf findet auch, dass Hans zu viel hinter den Büchern hockt. Er meint, dass das nicht gut gehen kann, womit er schon auf das Ende verweist, das ja bekanntlich kein Gutes ist. In Maulbronn ist er zunächst ein guter Schüler und alle mögen ihn. Besonders schließt er sich seinem Mitschüler Hermann Heilner an, der gar nicht fleißig ist. Dieser Hermann geht gern spazieren, schwärmt von allen schönen Dingen wie Gedichten oder Architektur. Hans wird allmählich von seinen Studien weggelockt. Hermann, der das strenge Regiment der Lehrer nicht mehr aushält, flieht sogar, was schon vor ihm andere Schüler getan haben wie z. B. der Mitschüler Hindinger, der in einer Winternacht im Rossweiher ertrank. Heilner blieb zwei Tage verschwunden. Als man ihn wieder eingefangen hatte – dies ist ein ganz konkreter Hinweis auf des Autors eigene Lebensgeschichte, der ja auch geflohen ist und dann von der Polizei wieder zurückgebracht wurde – wurde er von der Schule gewiesen. Nun war Hans Giebenrath völlig allein. Seine Leistungen wurden immer schlechter, ständig klagte er über Kopfschmerzen Und so richtig kümmert sich keiner um ihn. Nur der Direktor der Schule führt einmal ein längeres Gespräch mit ihm, aber nur, um ihn wieder zu einem fleißigen Schüler zu machen und ihn von seinem Freund Heilner fernzuhalten, weil dieser einen schlechten Einfluss auf ihn habe. Und er ermuntert ihn: „Nur nicht matt werden, sonst kommt man unters Rad.“ Diese zentrale Aussage ist auch der Titel von Hesses Roman. Schließlich wird Hans nervenkrank und man schickt ihn zur Erholung nach Hause, was aber nur ein Vorwand ist, denn allen Beteiligten ist bewusst, dass Hans bestimmt nicht wiederkommen wird. Dort findet Hans nur seinen Vater vor, denn er ist ohne Mutter aufgewachsen, die schon lange tot ist. Er beginnt eine Lehre. Hans Giebenrath hat auch in seinem Heimatdorf keine Freunde. Nach einer Zechtour mit den neuen Arbeitskollegen kommt er nicht zu Hause an. Man findet seine Leiche im Fluss.

Thorsten

Merkmale der Inhaltsangabe
- Einleitungssatz
- Präsens
- Indirekte Rede
- Geraffte Zusammenfassung der wichtigsten Ereignisse
- Aufbau/Reihenfolge

4. Welche Mängel weist dieser Text auf? Orientiert euch an den Kriterien einer Inhaltsangabe in der Spalte.

5. Überarbeitet den Text in Gruppen. Ihr könnt arbeitsteilig vorgehen.

Schüler als Schreibberater

In manchen Schulen haben sich Schreibzentren gebildet, wo ältere Schüler als Schreibberater jüngeren Schülern bei der Bearbeitung ihrer Texte helfen. Lena aus der 9. Klasse hatte die Aufgabe, zu der Kurzgeschichte „Arbeiterehe“ von Italo Calvino (s. Extra: Lesen, S. 157) eine Inhaltsangabe zu schreiben. Sie braucht dringend Hilfe. Julius aus der 10. Klasse berät sie bei der Überarbeitung.

Lenas Text

In der Geschichte geht es um ein Ehepaar, das in der Fabrik arbeitet. Sie sehen sich wenig. Die Frau ärgert sich, dass er im Haushalt nicht gut arbeitet. Wenn er morgens nach Hause kommt, fragt sie ihn: „Wie ist das Wetter?“ Im Badezimmer stoßen sie sich öfters in die Seite, wenn sie sich morgens waschen. Trotzdem umarmen sie sich. Dann sagt die Frau: „Lieber Gott, wie spät es schon ist!“ Dann geht sie und er schaut ihr nach. Sie kommt dann abends heim und sie essen noch gemeinsam Abendbrot. Dann aber muss er schon weg. Sie streiten sich auch manchmal und sagen sich böse Worte. Sie ist so müde und sagt dann: „Na, als dann!“ Dann guckt sie, was der Mann so im Haushalt gemacht hat. Sie geht ins Bett und macht das Licht aus. Vorher steckt sie noch ein Bein in sein warmes Bett. Das ist wärmer als ihr eigenes Bett.

1. Kann Julius, der die Geschichte noch nicht kennt, verstehen, um was es in dieser Geschichte geht? Wo und was muss er nachfragen?
2. Versetze dich in die Rolle des Schreibberaters Julius: Lies zunächst die Kurzgeschichte. – Was ist Lena nicht gelungen (welche Merkmale bzw. Regeln der Inhaltsangabe hat sie nicht beachtet)?

Nachschlagen → S. 313

INFO

- Verschiedene Methoden der **Textüberarbeitung** geben konkrete Hinweise für die **Vorgehensweise.**
- Bei der Textüberarbeitung ist auf die Korrektur der sprachlichen, vor allem aber der inhaltlichen Fehler zu achten. Dabei sollten die Merkmale oder Regeln der Textsorte bzw. der Aufsatzart (z. B. Inhaltsangabe) berücksichtigt werden.

Schreibprozesse

Nachschlagen → S. 313

Auf einer Parkbank

Die Schreibaufgabe zu diesem Thema lautet: „Auf einer Parkbank sitzen und schauen: Halte in einem Tagebuch Beobachtungen und Erfahrungen im Verlauf einer Woche fest.“ Hier sind zwei Fassungen (A und B) von Katharina.

A **Mittwoch**: Schon wieder hängen die Wolken grau da. Sie sehen ganz zerfetzt aus vom Wind. Der See wirkt wie aufgepeitscht, Wellen klatschen. Seine Farbe ähnelt dem Blau des Himmels. Kahl ragen die blattlosen Bäume in den Himmel. Alles sieht farblos aus. Nur zwei weitere Menschen sind im Park: ein Jogger und ein Mann. Er füttert die Schwäne, die sehr elegant nach den Brotkanten schnappen. Ich betrachte den alten Mann näher. Er hat einen gekrümmten Rücken und sehr knochige Hände. Wenn er geht, zittern seine Beine. Er geht an einer Frau vorbei, die einen Kinderwagen vor sich her schiebt. Weiter hinten spielen Kinder, laut und fröhlich. Wahrscheinlich wartet zu Hause die Mutter mit dem Essen auf sie.

Donnerstag: Alles ist grau um mich herum. Ich habe schlechte Laune. Heute geht alles schief. Meine Bank ist besetzt von einer dicken älteren Frau, ungefähr 60, schätze ich. Der Mantel ist ihr zu klein und spannt über ihrem Bauch.

B **Mittwoch**: Graue Wolkenfetzen jagen Kräuselwellen auf dem See. Stahlblau der Wind. Bläst Farben von den Bäumen. Fährt in meine Jacke. Ich sitze auf einer Bank. Vor mir der See. Neben mir die Bäume. Ein Jogger auf dem Pfad. Sieht sich nicht um. Atmet in den Bauch. Verbissener Zug um den Mund. Kinn hochgereckt. Ein alter Mann wirft Brotkanten ins Wasser. Die Schwäne schnappen elegant. Die Enten gründeln. Der Mann betrachtet die Vögel. Die knorrigen Hände mit dem Stock verwurzelt. Den Rücken tief gebeugt. Der Wind reißt die Altlasten von den Bäumen. Wirbelt sie hoch. Farbenreigen. Schulkinder springen. Lachen. Kreischen. Mutter wartet. Nun lauft schon. Und die junge Frau schiebt den Kinderwagen.

Donnerstag: Tief hängen die grauen Wolken über dem See. Grau ist auch die Luft. Grau meine Stimmung. Meine Bank ist besetzt. Die Tanne versperrt meinen Blick. Sie sitzt auf meiner Bank. Aufgequollen sitzt sie da. Der Wintermantel spannt über den schweren Altfrauenbrüsten. Schlägt Wellen am Bauch.

1. Worin unterscheiden sich jeweils die beiden Texte A und B?
2. Probiere selbst einmal diese Schreibaufgabe aus und entwirf zwei verschiedene Fassungen, die sich im Stil deutlich unterscheiden.
3. Welcher Stil entspricht dir mehr?

Gefühle

Ihr findet hier drei Textausschnitte, die Gefühlszustände beschreiben, ohne sie zu benennen. Text 1 ist ein Auszug aus Arthur Schnitzlers Buch „Leutnant Gustl", die beiden anderen Texte stammen von Schülern.

1

Wie lange wird denn das noch dauern? Ich muss auf die Uhr schauen ... schickt sich wahrscheinlich nicht in so einem ernsten Konzert. Aber wer sieht's denn? Wenn's einer sieht, so passt er geradeso wenig auf wie ich, und vor dem brauch' ich mich nicht zu genieren. ... Erst Viertel auf zehn? ... Mir kommt vor, ich sitz' schon drei Stunden in dem Konzert. Ich bin's halt nicht gewohnt ... Was ist es denn eigentlich? Ich muss das Programm anschauen ... Ja, richtig: Oratorium? Ich hab' gemeint: Messe. Solche Sachen gehören doch nur in die Kirche. Die Kirche hat auch das Gute, dass man jeden Augenblick fortgehen kann. – Wenn ich wenigstens einen Ecksitz hätt'! – Also Geduld, Geduld!

2

Die Stunde wollte kein Ende nehmen. Ihr Blick glitt nach draußen, wo eintönig der Regen rauschte. In der Klasse war es still, nur die Stimme des Lehrers zog sich im gleichmäßigen Fluss ohne Unterbrechung durch den Raum. Sie hatte schon lange aufgehört ihm zuzuhören. Eine bleierne Müdigkeit umfing sie, lag auf ihr wie eine schwere Decke, die sich nicht abschütteln ließ. Nur der Kampf gegen den Schlaf hielt sie noch wach und die Sehnsucht nach dem erlösenden Pausenzeichen. ...

3

Tor! Das erlösende Tor! Hoch die Arme, die Welt umarmen, Bier schwappt mir ins Gesicht! Egal! Ich brülle im Chor mit allen. Ich reiße immer wieder die Arme hoch, weiß nicht wohin mit meinen Händen, umarme den neben mir Stehenden, er mich. Wir haben gewonnen!

Leitfaden: Stilschulung

Konkret schreiben
- Anschaulich, bildhaft (Metaphern und Vergleiche) und abwechslungsreich schreiben

Verbalstil bevorzugen
- Unnötige Substantivierungen (=Nominalstil) oder Anhäufungen von Substantiven vermeiden

Füllwörter und Floskeln vermeiden
- Füllwörter wie *auch, doch, eigentlich* blähen einen Text auf, ohne etwas mitzuteilen
- Floskeln sind gestanzte, abgedroschene Wendungen

Adjektive bewusst verwenden
- Eigenschaftswörter sind Farbtupfer, wenn sie an der richtigen Stelle eingesetzt werden

Hauptsätze ausreizen
- Kurze Sätze lesen sich in der Regel angenehmer als lange Schachtelsätze

4. Welche Gefühlszustände werden in den drei Texten jeweils beschrieben?
5. Wie werden sie im Einzelnen sprachlich gestaltet?
6. Sammle im Alltag Beobachtungen zu verschiedenen Gefühlszuständen. Wähle einen aus und schreibe dazu einen Text (z. B. zu Angst, Spannung oder Eile).
7. Arbeitet zu zweit weiter: Lest euch gegenseitig die Texte vor und untersucht genauer, wie der jeweilige Gefühlszustand sprachlich gestaltet wurde.
8. Überarbeitet eure Texte zu den Gefühlszuständen mit Hilfe des Leitfadens.

Vorkommnis* *Max Frisch*

* Text in alter Rechtschreibung

Kein Grund zur Panik. Eigentlich kann gar nichts passieren. Der Lift hängt zwischen dem 37. und 38. Stockwerk. Alles schon vorgekommen. Kein Zweifel, daß der elektrische Strom jeden Augenblick wieder kommen wird. Humor der ersten Minute, später Beschwerden über die Hausverwaltung allgemein. Jemand macht kurzes Licht mit seinem Feuerzeug, vielleicht um zu sehen, wer in der finsteren Kabine steht. Eine Dame mit Lebensmitteltaschen auf beiden Armen hat Mühe zu verstehen, daß es nichts nützt, wenn man auf den Alarm-Knopf drückt. Man rät ihr vergeblich, ihre Lebensmitteltaschen auf den Boden der Kabine zu stellen; es wäre Platz genug. Kein Grund zur Hysterie; man wird in der Kabine nicht ersticken, und die Vorstellung, daß die Kabine plötzlich in den Schacht hinunter saust, bleibt unausgesprochen; das ist technisch wohl nicht möglich. Einer sagt überhaupt nichts. Vielleicht hat das ganze Viertel keinen elektrischen Strom, was ein Trost wäre; dann kümmern sich jetzt viele, nicht bloß der Hauswart unten in der Halle, der vielleicht noch gar nichts bemerkt hat. Draußen ist Tag, sogar sonnig. Nach einer Viertelstunde ist es mehr als ärgerlich, es ist zum Verzagen langweilig. Zwei Meter nach oben oder zwei Meter nach unten, und man wäre bei einer Türe, die sich allerdings ohne Strom auch nicht öffnen ließe; eigentlich

eine verrückte Konstruktion. Rufen hilft auch nichts, im Gegenteil, nachher kommt man sich verlassen vor. Sicher wird irgendwo alles unternommen, um die Panne zu beheben; dazu verpflichtet ist der Hauswart, die Hausverwaltung, die Behörde, die Zivilisation. Der Scherz, schließlich werde man nicht verhungern mit den Lebensmitteltaschen der Dame, kommt zu spät; es lacht niemand. Nach einer halben Stunde versucht ein jüngeres Paar sich zu unterhalten, so weit das unter fremden Zuhörern möglich ist, halblaut über Alltägliches. Dann wieder Stille; manchmal seufzt jemand, die Art von betontem Seufzer, der Vorwurf und Unwillen bekundet, nichts weiter. Der Strom, wie gesagt, muß jeden Augenblick wieder kommen. Was sich zu dem Vorkommnis sagen läßt, ist schon mehrmals gesagt. Daß der Strom-Ausfall zwei Stunden dauert, sei schon vorgekommen, sagt jemand. Zum Glück ist der Jüngling mit Hund vorher ausgestiegen; ein winselnder Hund in der finsteren Kabine hätte noch gefehlt. Der Eine, der überhaupt nichts sagt, ist vielleicht ein Fremder, der nicht genug Englisch versteht. Die Dame hat ihre Lebensmitteltaschen inzwischen auf den Boden gestellt. Ihre Sorge, daß Tiefkühlwaren tauen, findet wenig Teilnahme.

Jemand anders vielleicht müßte auf die Toilette. Später, nach zwei Stunden, gibt es keine Empörung mehr, auch keine Gespräche, da der elektrische Strom jeden Augenblick kommen muß; man weiß: So hört die Welt nicht auf. Nach drei Stunden und elf Minuten (laut späteren Berichten in Presse und Fernsehen) ist der Strom wieder da: Licht im ganzen Viertel, wo es inzwischen Abend geworden ist, Licht in der Kabine, und schon genügt ein Druck auf die Taste, damit der Lift steigt wie üblich, wie üblich auch das langsame Aufgehen der Türe. Gott sei Dank! Es ist nicht einmal so, daß jetzt alle beim ersten Halt sofort hinaus stürzen; jedermann wählt wie üblich sein Stockwerk –

Was durch einen Schreibplan vermieden werden kann:
- Ungegliedertes Schreiben
- Zusammenhanglose Einzelteile
- Unübersichtliche Textgestaltung
- Mangelnde Unterscheidung von Wesentlichem und Unwesentlichem
- Gefahr, den roten Faden zu verlieren

1. Lies den Text von Max Frisch.
2. Schreibe auf der Grundlage dieses Textes eine Umgestaltung. Wähle eine dieser Möglichkeiten:
   a) eine Szene,
   b) ein Interview,
   c) einen bzw. mehrere innere Monologe.
3. Berücksichtige bei deiner Umgestaltung die inhaltlichen Vorgaben des Textes von Max Frisch (etwa die innere Verfassung der Figuren).

Benjamins Schreibplan

Nachdem Benjamin den Text gelesen hat, entscheidet er sich für die Gestaltung einer Szene. Er entwirft zunächst einen Schreibplan:

1. Ausgangssituation

Stromausfall zwingt mehrere Personen, über drei Stunden in einer dunklen (!) Kabine auszuharren. Die Handlung findet auf engstem Raum statt. Zugleich muss die innere Situation der Figuren gestaltet werden (Angst wird in Gesprächen verdrängt).

2. Vorgaben der Textsorte

Szenische Gestaltung bedeutet: Dialog im Haupttext/Angaben zu Ort, Zeit, Personen und Regieanweisungen im Nebentext.

3. Mein Ziel

Ich möchte in der szenischen Gestaltung deutlich machen, wie fünf Personen im Fahrstuhl in den Dialogen einerseits ihre Panik verbergen, andererseits aber doch durch die Art des Sprechens ihre unterschwellige Angst zum Ausdruck kommt. Ich werde mich dabei auf die im Text enthaltenen Hinweise beziehen.

4. Wie ich vorgehe

a) Vorarbeiten

- Die Zeitangaben im Text markieren und als Gerüst für den Aufbau nutzen (Nach einer Viertelstunde ... Nach einer halben Stunde ...)
- Was ist an Handlung im Text vorgegeben? Markieren und für den Inhalt der Dialoge nutzen (z. B. Feuerzeug, Alarmknopf, Beschwichtigung, Ärger)
- Ideen mit Mind-Map entwickeln (unterschiedliche Typen berücksichtigen: Banker, Hausfrau, Rentner (stumm), Student, seine Freundin; Verhaltensweisen der Figuren, ihre Beziehung zueinander)

b) Schreiben

- Erster Entwurf: Figuren und Dialoge gestalten
- Überarbeiten und ergänzen (Sind die Dialoge lebendig?)
- Reinschrift
- Noch einmal überarbeiten (R-/Z-Fehler korrigieren)

5. Zeitplan im Auge behalten

3 bis 4 Stunden

Schreibplan:
- Allgemein: Notizen zu Einzelheiten der Aufgabenstellung machen
- Ziele formulieren
- Ideen zum Schreibthema entwickeln, dabei Methoden der Ideenfindung nutzen (Brainstorming, Mind-Map usw.)
- Überarbeitungsphasen einplanen
- Zeitliche Einteilung berücksichtigen

TIPP

Überarbeitung
- auf inhaltlicher Ebene
- auf sprachlich-stilistischer Ebene

4. Prüfe den Schreibplan: Welche Elemente enthält er? Du kannst dich an den Kriterien in der Randspalte orientieren.

5. Entwirf deinen persönlichen Schreibplan zu der Umgestaltung, die du ausgewählt hast, und gestalte nach diesem Entwurf einen Text.

Eingeschlossen *Auszug aus Benjamins szenischer Gestaltung*

Ort: Fahrstuhl in einem New Yorker Gebäude
Personen: Hausfrau (H), Banker (B), Student (S), seine Freundin (F), Rentner (R)

Man sieht fünf gelangweilt wirkende Personen auf engem Raum stehen. Zu hören ist das surrende Fahrgeräusch des Aufzugs. Plötzlich ein Ruckeln und Schütteln, das Licht geht aus, der Fahrstuhl bleibt stehen. Man hört einen leichten Aufschrei. Es ist stockdunkel.

B: *(mit gespielter Leichtigkeit)* Na, das kann ja heiter werden.

H: *(mit hoher Stimme)* Wie meinen Sie das? *(Pause)* Kann vielleicht mal jemand auf den Alarmknopf drücken?

S: Wie denn bei der Dunkelheit? *(Man hört, wie Hände die Wand abtasten)*

F: *(aufgeregt)* Ich glaube, hier ist er. Hoffentlich ist das auch der richtige und nicht der, der die Kabine runtersausen lässt. *(Verkrampftes Lachen – Pause)*

H: *(nervös)* Ja, warum tut sich denn nichts? Hören Sie was? So sagen Sie doch mal was.

F: Die Leitung ist tot. *(Pause)* Aber das sagt noch gar nichts. – Kein Grund zur Panik!

S: Der Hauswart hat wohl gerade seine Mittagspause. *(Angedeutetes Lachen. – Pause)*

B: Hat zufällig jemand ein Feuerzeug dabei? *(Stille)* Keine Angst, ich bin Nichtraucher. *(Ein leichtes Klicken. Mattes Licht erhellt kurz die Kabine. Man sieht, wie eine ältere Frau krampfhaft zwei Einkaufstaschen vor ihrer Brust gepresst hält.)*

S: Au! Verdammt! Hab mir den Finger verbrannt! *(Das Licht erlöscht wieder)*

B: *(zu der Hausfrau gewandt)* Stellen Sie doch Ihre Einkaufstaschen ab. Das kann schon noch eine Zeitlang dauern, bis die den Fehler gefunden haben.

H: *(vorwurfsvoll)* Aber das wäre ja schlimm. Ich habe die Taschen voller Tiefkühlsachen.

S: *(leise zu seiner Freundin)* Die hat Sorgen! *(Pause)* 'n Bier wäre jetzt schön. *(Kichern)*

F: *(flüstert ihm ins Ohr)* Was meinst du, ob wir noch rechtzeitig zur Eröffnung kommen?

S: *(leise)* Ist irgendwie wie im Kinofilm das Ganze hier, findest du nicht? *(laut)* Wenn in dem ganzen Bezirk Stromausfall ist, werden sich noch andere darum kümmern, dass das schnell behoben wird. Sonst hagelt's Kritik! *(leise)* Klar kommen wir rechtzeitig, Schatz!

H: Na, in einer halben Stunde wird der Spuk ja wohl vorbei sein, nicht wahr?

B: *(gespielt freundlich)* Ich will Sie keinesfalls ängstigen, aber wenn der Hauswart nach 15 Minuten noch nicht reagiert hat, dann kann das schon noch länger dauern. *(Pause)* Verhungern werden wir schon nicht, Proviant ist ja vorhanden. *(Künstliches Gelächter)*

S: Kennt eigentlich jemand den Hauswart persönlich? *(Gemurmel, Schweigen)*

1. Wie hat der Verfasser seinen Schreibplan im Einzelnen umgesetzt?
2. Lasse deinen eigenen Text von einem Partner/einer Partnerin lesen und im Hinblick auf die Umsetzung deines Schreibplans beurteilen.

Selbstdiagnose

Benjamin hat nach der Fertigstellung der szenischen Gestaltung seine Arbeit mit Hilfe eines Selbstdiagnosebogens bewertet:

1 Die im Text enthaltenen Impulse zur Handlung sind in meiner szenischen Gestaltung berücksichtigt.

	+3	+2	+1		−1	−2	−3	
trifft voll zu	X							trifft gar nicht zu

2 Die innere Verfassung der Personen konnte ich treffend charakterisieren.

	+3	+2	+1		−1	−2	−3	
trifft voll zu		X						trifft gar nicht zu

3 Der Leser wird durch den Nebentext (Regieanweisungen, Einführung) in die Situation hineinversetzt.

	+3	+2	+1		−1	−2	−3	
trifft voll zu		X						trifft gar nicht zu

4 Ich habe den Text inhaltlich kritisch überarbeitet und dabei überprüft, ob ich meine Interpretationshypothese umgesetzt habe.

	+3	+2	+1		−1	−2	−3	
trifft voll zu		X						trifft gar nicht zu

5 Ich habe mich an meine im Schreibplan festgelegte Vorgehensweise gehalten.

	+3	+2	+1		−1	−2	−3	
trifft voll zu					X			trifft gar nicht zu

Meine Stärken
Besonders gelungen ist mir meiner Meinung nach, dass ich die Sprechweise der Personen durch Regieanweisungen und verschiedene Sprechstile anschaulich gemacht habe.

Meine Schwächen
Ich bin noch zu unsicher in der Rechtschreibung und brauche viel Zeit, um die richtige Schreibweise herauszufinden. Ich halte mich zu wenig an meinen Schreibplan, weil ich mich vor lauter Ideen oft verzettle.

1. Ist Benjamins Selbstdiagnose deiner Ansicht nach zutreffend?
2. Führe für deine eigene Arbeit eine ähnliche Selbstdiagnose durch. Du kannst diese anschließend mit deinem Nebensitzer besprechen.

INFO

Nachschlagen → S. 313

- Durch gezielte **Schreibübungen** kann der wirkungsvolle Einsatz sprachlicher Mittel erprobt und damit der eigene Stil verbessert werden.
- Ein **Schreibplan** trägt dazu bei, die eigenen Gedanken zu ordnen und sich auf die einzelnen Schritte beim Schreiben eines Textes zu konzentrieren.
- Die ehrliche **Selbstdiagnose** schärft den Blick für Stärken, aber auch für Schwächen beim Schreiben eines Textes.

Sprechen, Zuhören, Schreiben

Informieren

1815 begründete Nathan Mayer Rothschild den Ruhm und Reichtum seiner Familie, als er per Pferdestafette als Erster die Nachricht von der Niederlage Napoleons erhielt. Während sich die englischen Börsenmakler an Gerüchten orientierten, die ein Fiasko ihres Herzogs von Wellington und seiner preußischen Verbündeten prophezeiten, und panisch verkauften, kaufte Rothschild an der Londoner Börse alles, was sie zu Schleuderpreisen auf den Markt warfen. So erlebte Rothschild – im Unterschied zu Napoleon – kein Waterloo, sondern demonstrierte nachdrücklich, was schnelle Information und entschlossene Bewertung zu leisten vermögen ... *(unbek. Verf.)*

Bildung im zwanzigsten Jahrhundert erfordert vor allem und zunächst die instinktsichere Abwehr überzähliger Informationen.

(Hans Kasper)

- Was sagen die beiden Zitate über Informationen und Informationsbeschaffung aus?
- Diskutiert darüber, inwieweit ihr ihnen zustimmen könnt.

Bewerbung und Lebenslauf

Nachschlagen → S. 314

Stellenangebote

„HIER MACHT DIE AUSBILDUNG SPASS"

Spaß und Abwechslung in der Ausbildung zur/zum

Kauffrau/Kaufmann im Einzelhandel
oder
Handelsassistent/in (Abiturientenausbildung)

Durch den direkten Kundenkontakt, Ihr freundliches und aufgeschlossenes Auftreten, das Interesse an unserem Sortiment und die Freude an der Teamarbeit können Sie bei uns Profi oder sogar Führungskraft im Verkauf werden. Wollen Sie mit dabei sein? Dann schicken Sie Ihre Bewerbung an unsere Zentrale.

Azubi in moderner, internistischer Arztpraxis (Nähe HBF) zu sofort gesucht.
✉ unter Z57697 an den Verlag

Lehrstelle im Steuerbüro (Steuerfachangestellte/r)
für Herbst 2006 zu vergeben. Schriftliche Bewerbungen unter Z57167 an den Verlag.

Für unseren Standort Lüneburg bieten wir noch einen

Ausbildungsplatz Industriekauffrau/-mann

Sie haben die mittlere Reife erfolgreich abgeschlossen, sind flexibel und ehrgeizig und bringen idealerweise bereits erste PC-Kenntnisse mit, dann wartet eine hervorragende und interessante Ausbildung auf Sie! Ein junges, dynamisches Team erwartet Sie in einem professionell organisierten Unternehmen.
Interesse? Handeln Sie schnell und senden Sie uns noch heute Ihre Bewerbungsunterlagen zu.

Auszubildende
zum/zur Gärtner/in mit der Fachrichtung Garten- und Landschaftsbau

Wir bieten:
- 3-jährige Ausbildung im Betrieb
- Blockunterricht an der Berufsschule
- ausbildungsbegleitende Lehrgänge
- überbetriebliche Ausbildung in unseren Partnerfirmen

Wir erwarten:
- Realschulabschluss
- Lernbereitschaft
- Freude an der Arbeit im Freien
- Engagement und Teamfähigkeit

Wir freuen uns auf Ihre Bewerbung.

Wir sind eine bundesweit tätige Steuerberatungsgesellschaft mit mehr als 600 Mitarbeitern und suchen mehrere

Auszubildende zur/m Steuerfachangestellte/n
und eine/n
Auszubildende/n zur/m Kauffrau/mann für Bürokommunikation

Wir bieten:
→ eine dreijährige anspruchsvolle Ausbildung
→ berufsbegleitenden internen Unterricht
→ überdurchschnittliche Entwicklungsmöglichkeiten: zum Steuerfachwirt bis hin zum Steuerberater
→ Gleitzeitregelung und moderne Büroräume

Sie bieten:
→ Spaß am Lernen und Einsatzbereitschaft
→ den Abschluss einer Real- oder Handelsschule bzw. einer Fachoberschule für Wirtschaft oder Abitur
→ überdurchschnittliche Zeugnisnoten
→ Interesse an EDV-Anwendertätigkeit

---

1. Wie unterscheiden sich die Stellenanzeigen?
2. Welches Stellenangebot interessiert dich? Schreibe dazu eine Bewerbung.

Merkmale einer Bewerbung

Das Bewerbungsschreiben ist ein standardisierter Geschäftsbrief. Bei der inhaltlichen und formalen Gestaltung werden meist die vom Deutschen Institut für Normung e.V. aufgestellten Regeln beachtet. Hier findest du einige dieser Regeln und auf der nächsten Seite eine Bewerbung, die sich daran orientiert:

1 Name und Anschrift des Schreibers
Absenderangaben werden untereinander geschrieben. Dazu gehören alle Angaben, die wichtig sind, um den Absender zu erreichen. Sinnvolle Ergänzungen sind neben der Telefonnummer auch Faxnummer oder E-Mail-Adresse.

2 Datum des Schreibens
Durch die neueste Änderung der DIN-Vorschrift wird das Datum mit einem Bindestrich und in umgekehrter Reihenfolge, entsprechend amerikanischem Vorbild, gestaltet (z. B. 2006–10–22).
Wem diese Schreibweise nicht gefällt oder wer sie zu umständlich findet, der kann die herkömmliche Schreibweise (22. 10. 2006) benutzen, die ebenfalls erlaubt ist. Der Bestimmungsort muss nicht dazu, er kann.

3 Name und Anschrift des Empfängers
Die Stadt bei der Anschrift des Empfängers wird durch eine Leerzeile abgehoben.

4 Betreff
In der Betreffzeile wird das Wort „Betreff" nicht erwähnt. Die Zeile kann deutlich hervorgehoben werden.

5 Anredeformel
Die Anredeformel schließt mit einem Komma ab. Die Anredeformel ist allgemein „Sehr geehrte Damen und Herren“, es sei denn, Personalchef oder Personalchefin sind persönlich bekannt.

6 Text
Bewerbungsformel: Aussage, dass der Schreiber sich um die in der Betreffzeile ausgeschriebene Stelle bewirbt. Sie kann auch einen Hinweis auf die Gründe enthalten, die zur Bewerbung geführt haben.
Eignungsvoraussetzungen: Hinweise auf besondere Kenntnisse und Fertigkeiten.
Erwartungen: Vorstellungen, die der Bewerber mit der neuen Stelle verbindet, z. B. Arbeitsklima, Gehaltswünsche. Diese Aussagen können fehlen, wenn ein Vorstellungsgespräch zu erwarten ist.

7 Gruß
Der Gruß am Ende des Briefes ist individuell gestaltbar. Zwei Dinge sollte man beachten: die Floskel „Hochachtungsvoll" ist genauso veraltet wie den letzten Satz in den Gruß zu ziehen.

Zur Form des Briefes
Im gesamten Brief sind bestimmte Abstände einzuhalten. Keinen Konjunktiv verwenden.

Rebecca Wunderlich
Kastanienweg 21
38116 Braunschweig
Tel.: 0531 / 1 23 45 67
E-Mail: r_wunderlich@web. de

Braunschweig, 1. März 2006

M. U.-Computer
Geschäftsleitung
Herrn Marc Schneider
Berliner Straße 2

38104 Braunschweig

Bewerbung um einen Ausbildungsplatz als IT-System-Kauffrau

Sehr geehrter Herr Schneider,
in der Braunschweiger Zeitung vom 29. Februar 2006 suchen Sie für das nächste Jahr eine Auszubildende für den Beruf der IT-System-Kauffrau. Bitte lassen Sie mich im Folgenden kurz erläutern, warum ich für diese Stelle die geeignete Bewerberin bin.

Zurzeit besuche ich die neunte Klasse des Wilhelm-Gymnasiums. Nach der zehnten Klasse werde ich die Schule mit einem sehr guten bis guten Abschluss verlassen. Ich beschäftige mich seit der siebten Klasse mit PCs, bin seitdem in der Computer-AG und habe Grundkenntnisse im Programmieren erworben.
Privat habe ich mich in ein Textverarbeitungsprogramm (Word) und die Tabellenkalkulation (Excel) eingearbeitet.

Erste Einblicke in den Beruf habe ich bereits zu Beginn des Jahres während meines Praktikums bei der Firma „ICT-Computer GmbH" bekommen. Mir hat besonders gut gefallen, dass man nicht nur am Computer arbeitet, sondern auch Kundenkontakte hat und Ideen im Team entwickelt und umsetzt.

Da sich Ihr Unternehmen auf die individuelle Betreuung mittelständischer Unternehmen spezialisiert hat, sehe ich die Chance, die Kundenbetreuung von Grund auf zu lernen.

Über die Gelegenheit eines persönlichen Vorstellungsgesprächs würde ich mich sehr freuen.

Mit freundlichen Grüßen
Rebecca Wunderlich

Anlagen
Lebenslauf
Letztes Schulzeugnis
Zeugnis der ICT-Computer GmbH
Teilnahmebescheinigung des Kurses „Computer-Grundlagen"

1. Wie wurden in der Bewerbung die inhaltlichen und formalen Merkmale umgesetzt?

Der Lebenslauf

Der tabellarische Lebenslauf hat sich längst als einzig richtige Form durchgesetzt. Nur sehr wenige Unternehmen wünschen heute noch einen handgeschriebenen Lebenslauf. Also in der Regel den Lebenslauf am PC gestalten und nur dann von Hand schreiben (in sauberer gut leserlicher Schrift ohne Ausbesserungen!), wenn es ausdrücklich verlangt wird.

Lebenslauf

Zur Person

Name:	**Rebecca Wunderlich**
Geboren am:	20. Oktober 1991
Geburtsort:	Braunschweig
Anschrift:	Kastanienweg 21 38116 Braunschweig Tel.: 0531 / 123 45 67 E-Mail: r_wunderlich@web.de
Eltern:	Thomas Wunderlich, Drucktechniker Marlies Wunderlich, geb. Meier, Zahnarzthelferin
Geschwister:	Lena, 10 Jahre

Schulbildung

Grundschule:	1995–1999 Lehndorf-Grundschule in Braunschweig
Gymnasium:	Seit 1999 Besuch des Wilhelm-Gymnasiums in Braunschweig
Lieblingsfächer:	Englisch, Mathematik, Sport

Besondere Interessen und Tätigkeiten

Kenntnisse:	Computer-AG: Grundkenntnisse im Programmieren, Textverarbeitung und Tabellenkalkulation
Hobbys:	Computer, Lesen, Sport
Praktikum:	Im Januar 2005 zwei Wochen bei der Firma ICT-Computer GmbH in Braunschweig

Braunschweig, 1. März 2006

Rebecca Wunderlich

1. Verfasse deinen persönlichen Lebenslauf. Achte dabei auf die Vorgaben.

Bewerbungsmappe
Üblich geworden sind heute Mappen, bei denen eine (oder mehrere) Klemmschienen die Blätter in der richtigen Reihenfolge festhalten.

Papierwahl / Umschlag
Papier im DIN-A4-Format wählen. Es sollte auf keinen Fall liniertes Papier, Recycling-Papier oder handgeschöpftes Papier aus Asien sein. Das Papier sollte möglichst griffig und hochwertig sein (100–120 g). Das übliche 80-g-Kopierpapier wirkt billig und knittert leicht.
Der Umschlag für die Bewerbungsunterlagen sollte aus festem Papier bestehen und einen Papprücken haben. Er muss neu sein und genau passen. In der Regel ist das Format C4 richtig. Bitte den Brief ausreichend frankieren.

Bewerbungsfoto
Die Bedeutung und Wirkung des Bewerbungsfotos sollte man nicht unterschätzen. Auf keinen Fall Urlaubsfotos oder Bilder aus dem Automaten verwenden. Das Format sollte etwas größer sein als ein normales Passbild, etwa 4,5 mal 6,5 Zentimeter. Auf der Rückseite sollte man mit einem weichen Stift Name und Anschrift vermerken. Das Foto mit schmalem Klebestreifen von einem Klebestift, Hafties oder Fotoecken befestigen.

Zeitplan
Die Bewerbung um einen Ausbildungsplatz ist Teil eines längeren Prozesses, dessen zeitlicher Umfang von vielen Jugendlichen häufig unterschätzt wird. Wer nach der 10. Klasse eine Ausbildung beginnen möchte, sollte sich ab Beginn der 9. Klasse gezielt informieren und seine Bewerbung nach Beendigung der Klasse 9 abschicken.

Häufig gemachte Fehler
- „Schmuddelunterlagen“ – Kaffeeflecken oder Eselsohren auf den Unterlagen, zerknittertes Papier und / oder zerknautschte Plastikmappen
- Urlaubsbilder oder schlechte Automatenbilder statt Passfoto vom Fotografen
- Unvollständige Unterlagen – Zeugnis(se) und/oder Lebenslauf fehlen
- Rechtschreibfehler; mit Tipp-Ex ausgebesserte Stellen
- Lose Blätter, die in kleine Umschläge gepresst werden
- Falsche Bezeichnung des Unternehmens oder auch des Berufes, für den man sich bewirbt
- Klar erkennbare „Serienbewerbung“ an viele Firmen gleichzeitig
- Nicht aktualisiertes Datum auf dem Lebenslauf (und dem Anschreiben)
- Anschreiben, das von einer Vorlage stur abgeschrieben wurde

INFO

Nachschlagen → S. 314

- **Bewerbung** und **Lebenslauf** sind standardisierte Schreibformen. Sie folgen inhaltlich und formal bestimmten Regeln.

Nachschlagen → S. 314

Das Protokoll

Eine SMV-Sitzung

Die SMV des Leibniz-Gymnasiums hat eine Sitzung anberaumt. Dabei wurden die folgenden Punkte als Tagesordnung festgelegt: Lehrerbeurteilung, Schulfest, Sauberkeit des Schulgeländes und Ski-Ausfahrt der SMV. Zu den einzelnen Punkten gibt es zum Teil heftige Diskussionen wie bei der Frage nach der Beurteilung von Lehrern:

Jens Ich meine, dass endlich auch Lehrer beurteilt werden sollten, nicht nur wir. Wir werden ja täglich von ihnen beurteilt.

Bernd Aber es ist doch was anderes, wenn Schüler beurteilt werden. Schließlich wollen sie ja auch etwas lernen. Deshalb ist es doch klar, dass das, was sie gelernt haben, bewertet wird.

Nathalie Ich finde, Jens hat ganz Recht. Ich meine, dass die Lehrer dadurch auch angespornt werden. Uns sagen sie ja immer, dass Noten nötig sind, um bessere Leistungen zu bringen, weil man sich dann mehr anstrengt.

Bernd Trotzdem: Die Noten müssten ja öffentlich sein. Jetzt stell dir einen Lehrer vor, der schlecht benotet wird. Der ist doch frustriert und lässt seinen Ärger an uns aus.

Svenja Damit müssen die Lehrer fertig werden. Wir müssen ja auch unsere schlechten Noten akzeptieren, und die weiß auch jeder in der Klasse.

Jens Wenn wir die Lehrer beurteilen wie sie uns, dann merken sie, wie es ist, wenn man beurteilt wird. Dann können sie sich vielleicht besser in die Situation von Schülern versetzen.

Nathalie Ich glaube auch, dass es dann in der Schule gerechter zugeht. Wer beurteilt, muss sich gefallen lassen, dass man auch ihn beurteilt. Wenn so etwas nur einseitig geschieht, ist das in meinen Augen nicht ganz gerecht.

Bernd Nochmal: Seid euch darüber im Klaren, dass es in der Schule nicht so gerecht wie in der Gesellschaft zugehen kann. Ich meine, die Lehrer haben ja nicht selbst beschlossen, dass sie uns beurteilen. Das liegt nun mal im System.

Svenja Du hast nicht ganz Unrecht. Doch ein bisschen mehr Demokratie tut auch der Schule gut. Es ist doch Tatsache, dass manche Lehrer ihre Machtstellung ausnutzen. Darum geht es doch auch. Wenn wir die Lehrer beurteilen dürfen, sind wir nicht so ihrer Willkür ausgesetzt.

[...]

1. Worum geht es in diesem Gespräch?
   Gib die wichtigsten Gedanken mit deinen Worten wieder.
2. Schreibt ein ähnliches Gespräch zu einem der weiteren Punkte der Tagesordnung. – Ihr könnt das Gespräch auch vorher spielen.

Mitschrift

Patrick muss das Verlaufsprotokoll der SMV-Sitzung schreiben. Er hat deshalb eine Mitschrift der Diskussion zu TOP 1 verfasst.

anwesend: Luisa, 5 c; Liane, 7 b; Kemal, 8 d; Alexander, 9 a; Nathalie, 10 b; Patrick, 11 a; Jens, 11 b; Bernd, 12 b; Svenja, 12 a

abwesend: Gerlinde, 6 a

Jens, der SMV-Vorsitzende, leitet die Diskussion, nennt die TOP und stellt fest, wer anwesend ist und wer fehlt, und beginnt mit TOP 1.

TOP 1:

J. ganz klar dafür: wir werden auch beurt.
B. wie immer dagegen: Untersch. in der Beurt. von Sch. und L. = Sch. wollen lernen
N. typisch dafür, stimmt J. zu: L. werden motiviert wie Sch.
B. lässt nicht locker: da Noten öffentl. sind L. frustr.
S. sehr engagiert dafür: Sch. müssen ja auch schlechte Noten akzept.
J. L. können sich besser in Situat. der Sch. versetzen
N. mehr Gerechtigkeit
B. Schule = System: L. müssen Sch. beurt.
S. mehr Demokrat. in der Schule, L. nutzen Macht aus und Sch. sind der Willkür ausgesetzt

Kriterien der Mitschrift:
- genau zuhören und sich Notizen machen
- Kürzel benutzen (eigene Abkürzungen, Stichworte, Kurzsätze)
- markieren (z. B. unterstreichen)
- visuelle Strukturen entwickeln (z. B. Kästen, Kreise)
- Überarbeitung: Wesentliches und Unwesentliches unterscheiden

3. Wie hat Patrick die Mitschrift angelegt?
Orientiere dich an den Kriterien für die Mitschrift. –
Wie hättest du die Mitschrift angelegt?

Verlaufsprotokoll

Patrick verfasst auf der Basis seiner Mitschrift ein Verlaufsprotokoll. Für den ersten TOP (Lehrerbeurteilung) hat es die folgende Gestalt:

Protokoll der SMV-Sitzung
Termin: 10. November 20 ...

anwesend: Luisa, 5 c; Liane, 7 b; Kemal, 8 d; Alexander, 9 a; Nathalie, 10 b; Patrick, 11 a; Jens, 11 b; Bernd, 12 b; Svenja, 12 a

abwesend: Gerlinde, 6 a

Jens, der SMV-Vorsitzende, leitet die Sitzung. Nach der Begrüßung und der Feststellung der anwesenden sowie abwesenden SMV-Mitglieder nennt er die Tagesordnungspunkte:

Tagesordnung:
TOP 1: Lehrerbeurteilung
TOP 2: Vorbereitung des Schulfestes
TOP 3: Sauberkeit des Schulgeländes
TOP 4: Ski-Ausfahrt der SMV
TOP 5: Verschiedenes

TOP 1:
Jens eröffnet die Diskussion. Er ist für die Beurteilung der Lehrerleistungen und begründet es mit den Argumenten, dass die Schüler ja auch beurteilt würden und dass die Lehrer sich dann besser in die Schüler hineinversetzen könnten.
Bernd ist dagegen. Er weist auf den Unterschied von Schülern und Lehrern hin: Die Schüler wollten ja noch lernen. Außerdem könnte es sein, dass die Lehrer frustriert wären und ihren Ärger an den Schülern ausließen. Das Schulsystem verlange nun mal, dass die Lehrer den Schülern Noten geben.
Nathalie ist dafür. Ihrer Meinung nach würden die Lehrer zu besseren Leistungen angespornt. Es würde dadurch auch eine größere Gerechtigkeit herrschen.
Svenja ist auch dafür. Die Lehrer müssten schlechte Noten genauso akzeptieren wie die Schüler. Außerdem würde mehr Demokratie in der Schule herrschen. Denn manche Lehrer könnten dann ihre Machtsituation nicht so ausnützen und die Schüler wären ihrer Willkür nicht mehr ausgesetzt.
[...]

1. Wie hat Patrick die Notizen seiner Mitschrift im Verlaufsprotokoll umgesetzt? – Wie wird ein Verlaufsprotokoll verfasst?
2. Verfasse auch zu den anderen TOP ein Verlaufsprotokoll.

Ergebnisprotokoll

Es gibt noch eine andere Form des Protokolls, die im Folgenden dargestellt ist:

Protokoll der SMV-Sitzung
Termin: 10. November 20 …
Uhrzeit: 14 Uhr – 17 Uhr

anwesend: Luisa, 5 c; Liane, 7 b; Kemal, 8 d; Alexander, 9 a; Nathalie, 10 b; Patrick, 11 a; Jens, 11 b; Bernd, 12 b; Svenja, 12 a

abwesend: Gerlinde, 6 a (entschuldigt: krank)

Jens, der SMV-Vorsitzende, leitet die Sitzung. Nach der Begrüßung und der Feststellung der anwesenden sowie abwesenden SMV-Mitglieder nennt er die Tagesordnungspunkte:

Tagesordnung:
TOP 1: Lehrerbeurteilung
TOP 2: Vorbereitung des Schulfestes
TOP 3: Sauberkeit des Schulgeländes
TOP 4: Ski-Ausfahrt der SMV
TOP 5: Verschiedenes

TOP 1:
Nach einer heftigen Diskussion hat sich die Mehrheit für eine Benotung der Lehrerleistungen ausgesprochen: Jens, Nathalie, Svenja sind dafür, Bernd ist dagegen. Jens wird beauftragt, das Ergebnis der Schulleitung vorzutragen.
[…]

3. Wie unterscheidet sich das Ergebnisprotokoll vom Verlaufsprotokoll?
4. Verfasse auch von den anderen TOP ein Ergebnisprotokoll.

INFO

- Zur Vorbereitung eines Protokolls ist es sinnvoll, eine **Mitschrift** zu verfassen.
- Das **Verlaufsprotokoll** zeichnet die wichtigen Abschnitte, Themen und Ergebnisse in ihrem zeitlichen Ablauf genau nach. –
  Das **Ergebnisprotokoll** nennt kurz die wichtigen Themen und hält die zentralen Ergebnisse fest.

Nachschlagen → S. 314

Nachschlagen → S. 314

Das Referat

Das Jugendschutzgesetz

Für ein Referat zum Thema „Das Jugendschutzgesetz" ist es in einem ersten Schritt notwendig, sich Informationen zu beschaffen. Dazu gibt es mehrere Möglichkeiten: Du kannst in eine Bibliothek gehen und in Lexika oder in Fachbüchern nachschlagen; denkbar ist aber auch ein elektronisches Medium, etwa eine CD-ROM mit einem Lexikon; außerdem kannst du dich im Internet informieren, indem du bei einer Suchmaschine das Stichwort „Jugendschutzgesetz" eingibst. Zwei dieser Recherchemöglichkeiten findest du hier abgedruckt: einen Auszug aus einem elektronischen Medium und eine Seite aus dem Internet:

Artikel „Jugendschutz" *Microsoft Encarta*

Jugendschutz, Komplex spezieller gesetzlicher Regelungen, hauptsächlich zusammengefasst im Gesetz zum Schutz der Jugend in der Öffentlichkeit.

Danach dürfen sich Kinder (Personen unter 14 Jahren) und Jugendliche (Personen zwischen 14 und 18 Jahren) an bestimmten Orten mit Gefahren für ihr körperliches, geistiges oder seelisches Wohl nur bedingt aufhalten. Weitere Vorschriften regeln u. a. die Anwesenheit bei öffentlichen Tanz- und Filmveranstaltungen, die Abgabe von Alkohol und die Anwesenheit in Spielhallen. Verboten ist Kindern und Jugendlichen unter 16 Jahren auch das Rauchen in der Öffentlichkeit.

Das Gesetz über die Verbreitung jugendgefährdender Schriften und besondere Arbeitsschutzvorschriften komplettieren den Jugendschutz.

Jugendschutzgesetz

Internetseite des Bundesministeriums für Familie, Senioren, Frauen und Jugend

Ob Alkoholausschank, Verkauf von Tabakwaren, Abgabe von Filmen oder Computerspielen sowie der Disco-Besuch: Das Jugendschutzgesetz dient dem Schutz der Jugend in der Öffentlichkeit. Mit dem neuen Jugendschutzgesetz des Bundes wurde das Gesetz zum Schutze der Jugend in der Öffentlichkeit und das Gesetz über die Verbreitung jugendgefährdender Schriften und Medieninhalte zu einem einheitlichen Gesetz zusammengeführt.

Das Gesetz regelt den Verkauf und die Abgabe von Tabak, Alkohol, Filmen und Computerspielen sowie den Aufenthalt in Diskotheken und Gaststätten.

Wesentliche Kernpunkte des Jugendschutzgesetzes sind:

- Computerspiele und Bildschirmspielgeräte müssen wie bislang bereits Kino- und Videofilme mit einer Altersfreigabekennzeichnung versehen werden. Diese Bildträger dürfen nur an Kinder und Jugendliche abgegeben werden, die das gekennzeichnete Alter haben.

- Die Verbote für schwer jugendgefährdende Medien, insbesondere die mit Gewaltdarstellungen, werden erweitert und verschärft. So sind auch ohne Indizierung durch die Bundesprüfstelle Trägermedien (z. B. Bücher, Videos, CD, CD-ROM, DVD), die den Krieg verherrlichen, die Menschen in einer die Menschenwürde verletzenden Weise darstellen oder Jugendliche in unnatürlicher, geschlechtsbetonter Körperhaltung zeigen, mit weitreichenden Abgabe-, Vertriebs- und Werbeverboten belegt.
- Die Kompetenzen der Bundesprüfstelle für jugendgefährdende Medien (bislang: Schriften) sind erweitert worden. Sie kann jetzt neben allen herkömmlichen auch alle neuen Medien – mit Ausnahme des Rundfunks – indizieren. Des Weiteren ist das Indizierungsverfahren neu geregelt. Jetzt kann die Bundesprüfstelle auch ohne Antrag auf Anregung bestimmter Stellen tätig werden, um zu gewährleisten, dass möglichst alle jugendgefährdenden Angebote in die Liste der Bundesprüfstelle aufgenommen werden.
- Die gewerbliche Abgabe von Tabakwaren an Kinder und Jugendliche unter 16 Jahren wird verboten. Für Zigarettenautomaten gilt eine Übergangsfrist: Sie müssen bis 1. Januar 2007 technisch so umgerüstet sein, dass Kindern und Jugendlichen unter 16 Jahren die Entnahme von Zigaretten nicht möglich ist.
- Außerdem wird ein Verbot für Tabak- und Alkoholwerbung in Kinos vor 18 Uhr festgelegt.

Zuwiderhandlungen gegen die gesetzlichen Verbote des Jugendschutzgesetzes können als Straftaten oder Ordnungswidrigkeiten mit einem Bußgeld bis zu 50.000 Euro geahndet werden. Die zuständigen Behörden in den Ländern können zum Schutz der Kinder und Jugendlichen die entsprechenden Strafen insbesondere gegen die Gewerbetreibenden und Veranstalter verhängen, die den Bestimmungen des Jugendschutzgesetzes zuwiderhandeln.

Zeitgleich zum Jugendschutzgesetz trat der Jugendmedienschutz-Staatsvertrag der Länder in Kraft, der eine einheitliche Rechtsgrundlage für den Jugendschutz in den elektronischen Medien (Internet, Fernsehen, Rundfunk) schafft. Durch Verzahnungsregelungen in beiden Gesetzen ist sichergestellt, dass Bundes- und Ländereinrichtungen nach einheitlichen Schutzstandards entscheiden.

TIPP
Du kannst dich über das Thema auch in einem Gemeinschaftskundebuch informieren.

1. Welche Informationen kannst du diesen Auszügen entnehmen?
2. Informiere dich in anderen Medien und ergänze gegebenenfalls diese Informationen.

Karteikarten

Für die Auswertung empfiehlt es sich, Karteikarten oder verschiedene Dateien in einem Textverarbeitungsprogramm anzulegen. Sie können nach verschiedenen Gesichtspunkten geordnet sein. Denkbar ist etwa, sie nach Quellen zu unterscheiden, d. h. sie enthalten dann die wichtigsten Informationen, die ein bestimmtes Medium zu dem Thema enthält. Denkbar ist auch eine systematische Anordnung, d. h. nach bestimmten Begriffen, mit denen sich das Thema erschließen lässt, wie in dem folgenden Beispiel:

Aufenthalt an öffentlichen Orten

- In Gaststätten ist der Aufenthalt für Jugendliche unter 16 Jahren nur in Begleitung eines Erwachsenen erlaubt (Ausnahme: wenn zwischen 5 und 23 Uhr eine Mahlzeit eingenommen wird).
- Jugendliche über 16 Jahren dürfen bis 24 Uhr in einer Gaststätte bleiben. Gleiche Regelung gilt für öffentliche Tanzveranstaltungen (z. B. Disco). (Ausnahme: Veranstalter ist ein anerkannter Träger der Jugendhilfe)
- Anwesenheit in Spielhallen ist für Jugendliche unter 18 Jahren verboten.
- Aufenthalt in Nachtklubs ist für Jugendliche unter 18 Jahren verboten.
- Auf öffentlichen Plätzen dürfen sich Jungendliche unter 16 Jahren bis 22 Uhr aufhalten.
- Jugendlichen über 16 Jahren steht es frei, wann sie sich auf öffentlichen Plätzen aufhalten.

Alkoholische Getränke und Tabakwaren

- Abgabe und Verzehr branntweinhaltiger Getränke nicht für Jugendliche unter 18 Jahren
- …

1. Ergänze die zweite Karteikarte und lege weitere an. Alternativ kannst du die Karteikarten auch als Dateien anlegen.
2. Welche Anordnung erscheint euch für das Thema „Jugendschutz“ am geeignetsten? Diskutiert darüber.

Zitat und Exzerpt

Karteikarten oder andere Notizzettel zur Informationsauswertung lassen sich noch auf andere Weise auffüllen, und zwar mit Zitaten und Exzerpten. Du findest hier einige Beispiele:

Bundesministerium für Familie, Senioren, Frauen und Jugend
11018 Berlin;
Internet:
www.bmfsfj.de
Bezugsstelle:
Publikationsversand der Bundesregierung
Postfach 48 10 09
18132 Rostock
Tel.:
01888/8080800
Fax:
01888/108080800
E-Mail:
publikationen@bundesregierung.de
Internet:
www.bundesregierung.de

A „(1) In Gaststätten, Verkaufsstellen oder sonst in der Öffentlichkeit dürfen
1. Branntwein, branntweinhaltige Getränke oder Lebensmittel, die Branntwein in nicht nur geringfügiger Menge enthalten, an Kinder und Jugendliche,
2. andere alkoholische Getränke an Kinder und Jugendliche unter 16 Jahren weder abgegeben noch darf ihnen der Verzehr gestattet werden."

B Jugendliche ab 16 Jahren dürfen Bier, Wein, Apfelwein oder ähnliche Getränke im Laden kaufen und auch trinken. Verboten sind jedoch Branntwein oder branntweinhaltige Getränke und Lebensmittel, also Schnaps oder Mixgetränke, die überwiegend Branntwein enthalten. Wenn sie schon erkennbar betrunken sind, dann darf an Jugendliche ab 16 Jahren kein Alkohol ausgegeben werden, auch wenn sie von einem Erwachsenen begleitet werden.

C Eine Spielhalle erkennt man daran, dass ausschließlich oder überwiegend Spielgeräte mit Gewinnmöglichkeit aufgestellt sind. Es handelt sich aber auch um eine Spielhalle, wenn Unterhaltungsspielgeräte ohne Gewinnmöglichkeit aufgestellt sind, etwa Computerspiele, oder wenn in der Halle Spiele mit Gewinnmöglichkeiten veranstaltet werden, etwa ein Wettbüro. In einer solchen Halle muss der Betreiber Jugendlichen nicht nur das Spielen, sondern auch jede Anwesenheit untersagen. Es ist dann egal, wenn etwa die angebotenen Spiele eine Jugendfreigabe haben.

D „(1) Die Anwesenheit in öffentlichen Spielhallen oder ähnlichen vorwiegend dem Spielbetrieb dienenden Räumen darf Kindern und Jugendlichen nicht gestattet werden.
(2) Die Teilnahme an Spielen mit Gewinnmöglichkeit in der Öffentlichkeit darf Kindern und Jugendlichen nur auf Volksfesten, Schützenfesten, Jahrmärkten, Spezialmärkten oder ähnlichen Veranstaltungen und nur unter der Voraussetzung gestattet werden, dass der Gewinn in Waren von geringem Wert besteht."

3. Bei welchen Texten handelt es sich um Zitate? Bei welchen um Exzerpte?
Gib bei den Zitaten die genaue Quelle an.
In der Randspalte findest du Hinweise, wo der Gesetzestext zu finden ist.
4. Zu welchem Zweck werden solche Auswertungen gemacht?

Das Jugendschutzgesetz

Wichtig für ein gelungenes Referat ist eine nachvollziehbare Gliederung. Du findest hier einen Vorschlag:

1. **Merkmale des Jugendschutzgesetzes**
   a) Zweck des Gesetzes
   b) Regelungen des Gesetzes

2. **Novelle (1. April 2003)**
   a) alte Regelungen
   b) Zweck der Novelle

3. **Jugendliche in der Öffentlichkeit**
   a) Aufenthalte in Gaststätten
      - Jugendliche unter 16 Jahren
      - Jugendliche über 16 Jahren

   b) Aufenthalt bei Tanzveranstaltungen
      - Jugendliche unter 16 Jahren
      - Jugendliche über 16 Jahren

   c) Aufenthalt in Nachtklubs
   d) Aufenthalt in Spielhallen
   e) Aufenthalt an öffentlichen Orten
      - Jugendliche unter 16 Jahren
      - Jugendliche über 16 Jahren

4. **Jugendliche und Alkoholkonsum**
   a) branntweinhaltige Getränke
   b) alkoholische Getränke

5. **Konsum von Tabakwaren**
   a) Jugendliche unter 16 Jahren
   b) Jugendliche über 16 Jahren

6. **Verkauf von Videospielen und Filmen an Jugendliche**
   a) Freigabekennzeichnung

1. Überzeugt euch diese Gliederung? Diskutiert darüber.
2. Ergänze die Punkte dieser oder einer anderen Gliederung mit Informationen zu dem Thema.

Schriftliche Ausarbeitung und Vortrag

Ein Referat wird in der Regel einem Publikum vorgestellt. Nach der inhaltlichen Ausarbeitung muss es für eine solche Präsentation vorbereitet werden. Du findest hier ein paar Vorschläge dazu:

Notizen für den Vortrag

Für den Vortrag muss die schriftliche Ausformulierung zusammengefasst werden. Es empfiehlt sich, zu jedem Gliederungspunkt eine Karteikarte anzulegen und darauf die Kernsätze zu notieren. Denkbar ist, auch weitere Informationen, etwa anschauliche Beispiele, auf diesen Karteikarten zu vermerken.

Folien für den Vortrag

In der Regel ist ein guter Vortrag mediengestützt. Auf diese Weise erleichtert man dem Zuhörer den Nachvollzug. Entsprechend sollten die Folien gestaltet sein, nämlich in Anlehnung an die Gliederung des Referats. Es empfiehlt sich, für jeden Gliederungspunkt eine Folie zu gestalten. Für die beiden ersten Gliederungspunkte findest du nebenstehend die Informationen.

Schriftliche Ausformulierung

Jedes Referat sollte schriftlich ausformuliert werden. Nur so kann überprüft werden, ob das Thema zusammenhängend und für einen Zuhörer nachvollziehbar dargestellt ist.

- **Zweck des Jugendschutzgesetzes**
  Gesetz in Deutschland, dient dem Schutz von Kindern und Jugendlichen (Minderjährige) in der Öffentlichkeit

- **Regelungen des Gesetzes**
  Aufenthalt von Jugendlichen an öffentlichen Orten (Gaststätten, Diskotheken) und bei Tanzveranstaltungen, Abgabe und Verzehr von Alkohol und Tabakwaren, Abgabe von Filmen und Videospielen

1. Diskutiert, inwieweit diese Vorschläge sinnvoll erscheinen.
2. Gestaltet die Folien zu den beiden ersten Gliederungspunkten.

INFO

Nachschlagen → S. 314

- Für die Informationsbeschaffung zu einem **Referat** sollte man alle Medien nutzen.
- Bei der Auswertung kann man sich auf **Karteikarten** stützen, die nach bestimmten Kriterien hergestellt werden.
- Informationen kann man in Form von **Zitaten** oder von **Exzerpten** verwerten.
- Ein Referat sollte sinnvoll gegliedert sein.
- Zum besseren Nachvollzug sollte ein Referat mediengestützt vorgetragen werden. Entsprechend müssen die Folien gestaltet sein.

Sprechen, Zuhören, Schreiben

Argumentieren und Erörtern

Zum Bild:
Hans Holbein d. J.
(1497–1543):
Erasmus von Rotterdam

Erörterungssituationen gibt es in verschiedenen Bereichen: z. B. in der Wissenschaft, in der Politik, in der Schule und im Alltag. In der Regel wird dialektisch erörtert.

„Dialektik" kommt vom griechischen *dialégesthai* = sich unterreden. Mit demselben Wort hängt auch Dialog zusammen. Wer eine dialektische Erörterung schreibt und keinen Dialogpartner hat, führt gewissermaßen einen Dialog mit sich selbst.

Auf der Fotocollage siehst du eine schreibende Person, die als Schreibender verdoppelt ist.

- Was könnte durch die Verdoppelung ausgedrückt werden?

Wo überall erörtert wird …

1. **Vor dem Kino**
   Zwei Freunde stehen vor dem Kino, sehen sich die Filmplakate an und überlegen, in welchen Film sie gehen wollen.

2. **Zu Hause beim Mittagessen**
   Dem Sohn schmeckt das Essen nicht. Sein Vater will, dass er trotzdem den Teller leer isst.

3. **Im Klassenzimmer**
   In der nächsten Mathematikstunde soll eine Klassenarbeit geschrieben werden. Die Schülerinnen und Schüler wollen, dass der Lehrer die Arbeit verschiebt.

4. **Im Supermarkt**
   Die Mutter will für ihre Tochter die günstigen Turnschuhe aus dem Sonderangebot kaufen. Die Tochter möchte Turnschuhe aus einem Schuhgeschäft.

5. **Vor der Geburtstagsparty**
   Anne und Hannah unterhalten sich, ob sie Sven einladen sollen oder nicht.

6. **Im Sportverein**
   Der neue Jugendtrainer hat andere Aufwärmübungen eingeführt. Einige Jugendliche finden die neuen Methoden toll, andere lehnen sie ab.

7. **Im Gemeinderat**
   Es wird beraten, ob auf dem Spielplatz eine Halfpipe gebaut wird oder nicht.

8. **Bei einer Podiumsdiskussion**
   Befürworter und Gegner von Tierversuchen streiten sich.

9. **Im Klassenzimmer vor der Klassensprecherwahl**
   Dominique und Michael wollen Klassensprecher werden. Vor der Wahl unterhalten sich die Schülerinnen und Schüler, für wen von beiden man stimmen soll.

10. **Auf dem Elternabend**
    Die Eltern überlegen sich, ob die Schülerinnen und Schüler den Schullandheimaufenthalt lieber in den Bergen oder am Meer verbringen sollen.

1. Wählt eine Situation aus und gestaltet sie mündlich oder schriftlich.
2. Kennst du weitere Situationen, in denen erörtert wird? Gestalte auch diese.

Nachschlagen → S. 314 f.

Die einfache Erörterung

Warum Computerspiele Spaß machen

Will man Stoff zu diesem Thema sammeln, gibt es mehrere Möglichkeiten:

Internetseite

Interaktive Datenbank für Computerspiele

Beurteilungen
Search&Play enthält Beurteilungen von mehr als 400 Computerspielen, die Pädagogen und spielbegeisterte Kids erstellten. Search&Play ist keine pädagogische Empfehlungsliste, sondern sammelt vielmehr pädagogische Meinungen und persönliche Beurteilungen einzelner Spieler zu verschiedenen Spielen und stellt diese gleichberechtigt nebeneinander. Ziel ist eine kritische und aktive Auseinandersetzung mit Spielen. ➤

Aufsätze
Als Ergänzung gibt es eine Sammlung von wichtigen Aufsätzen, die sich mit der Beurteilung von Spielen auseinandersetzen und Anregungen für die pädagogische Praxis geben. ➤

Download
Search&Play zielt auf die Vernetzung von Spielern und pädagogischen Projekten; die Web-Site soll für einen schnellen Datenaustausch genutzt werden. ➤

Forum
Pädagogen und Computerspielern bietet das moderierte Forum eine Begegnungsmöglichkeit, einen offenen Informationspool zu aktuellen medienpädagogischen Themen und Möglichkeiten zur Vernetzung von Projekten. ➤

1. Welche Möglichkeiten zur Stoffsammlung sind auf diesen Fotos dargestellt? Kennst du weitere?
2. Sammelt Material mit Hilfe der genannten Möglichkeiten.
   Legt für das Material einen Ordner an, der in der Klasse zwei Wochen lang ausliegt.

Ergebnisse der Stoffsuche

Die Stoffsuche zu dem Thema hat in einer Klasse folgende Stichwörter ergeben:

- Verfolgungsjagden wie in der Realität
- knifflige Rätsel
- verständliche Spielanleitung und Online-Hilfestellungen
- zum Eintauchen in eine andere Welt
- von Computer-Bild empfohlen
- spannender Wettkampf gegen deine Mitspieler
- jederzeit Zwischenspeicherung
- zur Entspannung
- Reaktionsschnelligkeit gefragt
- ein Riesenspaß
- 3-D-Bilder
- Bildschirmtexte auf Deutsch
- variable Spielstärke
- lang anhaltende Motivation
- die Zeit vergeht wie im Flug
- Schulung des räumlichen Vorstellungsvermögens
- unterhaltsame Spielidee
- Einführung in ein historisches Sachthema
- fördert Kombinationsfähigkeit und Konzentration
- ein tolles Strategiespiel, das das Zeug hat zum Klassiker
- macht Spaß auch im Team
- Spielsequenzen wie im Film
- gelungene Umsetzung des Romans in ein spannendes PC-Spiel
- Diskussionsstoff für den Freundeskreis und für Internet-Chats
- liebevoll gestaltetes Programm
- Supersound
- keine Langeweile durch abwechslungsreiche Story
- Action pur
- sei schneller
- das Spiel hat Atmosphäre
- du bist der Held
- einfach mal abschalten nach dem Alltagsstress
- Online Spiele: Kommunikation und Absprache

3. Welche der hier genannten Stichwörter sind für eine Erörterung geeignet? Welche sind eher nichtssagende Werbeslogans?
4. Fügt dieser Liste die Stichwörter hinzu, die ihr gefunden habt.
5. Welche Stichwörter sagen Ähnliches aus? Ordnet sie in entsprechende Gruppen.

Mind-Map und …

Das gesammelte Textmaterial kann auf zwei verschiedene Weisen gegliedert werden. Hier ist die erste Hälfte der Stoffsammlung als Mind-Map gegliedert:

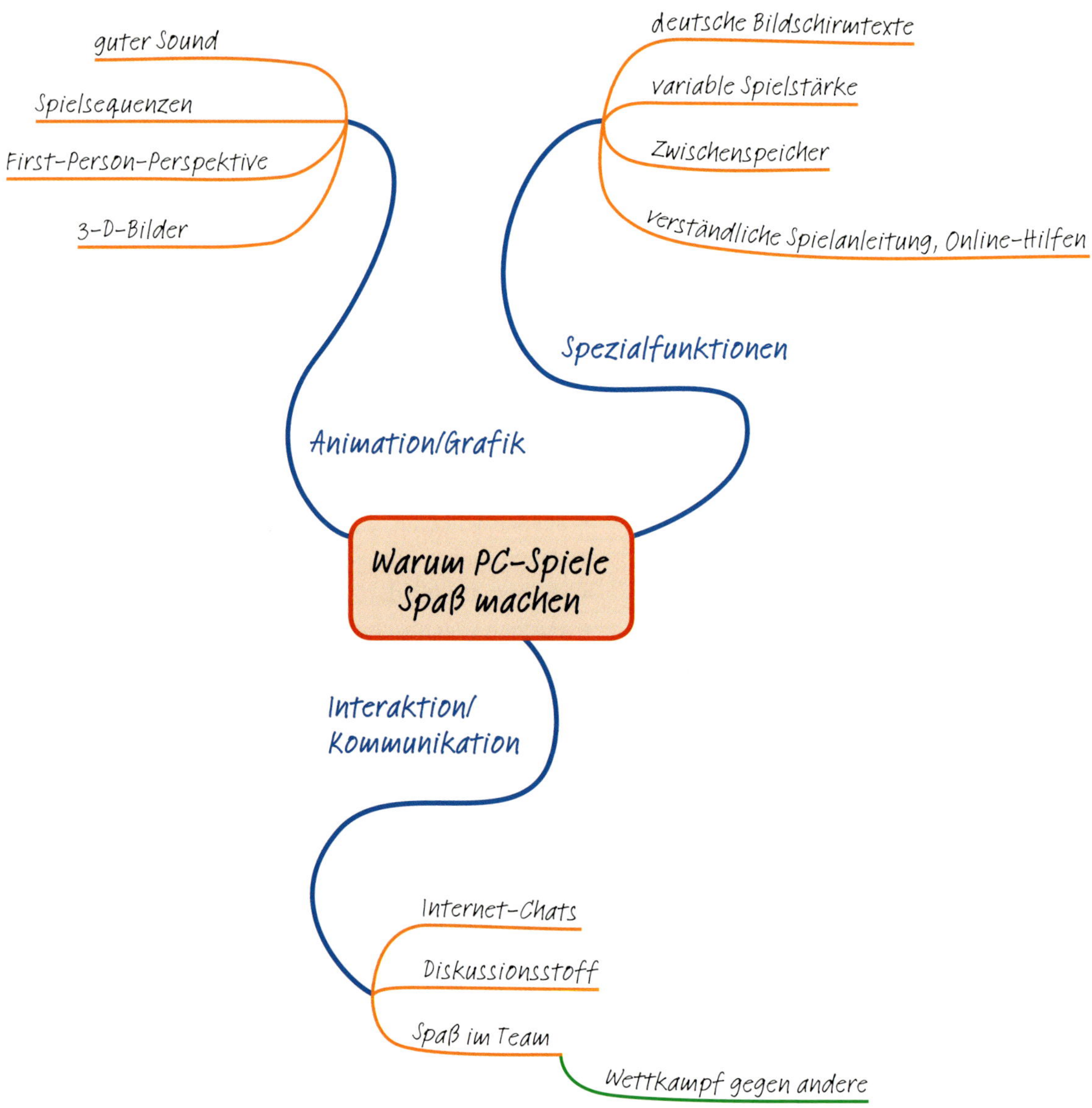

… Dezimalklassifikation

… und hier die andere Hälfte der Stoffsammlung als Dezimalklassifikation:

4	keine Langeweile, Motivation
4.1	knifflige Rätsel
4.2	Spieler = Held
4.3	unterhaltsame Spielidee
4.3.1	Roman in Form von PC-Spielen
4.3.2	abwechslungsreiche Storys
5	zur Entspannung
5.1	Eintauchen in eine andere Welt
5.1.1	Verfolgungsjagden
5.1.2	Action pur
5.2	Abschalten vom Alltagsstress
6	interessante Form des Lernens
6.1	Einführung in ein historisches Sachthema
6.2	Reaktionsschnelligkeit
6.3	Kombinationsfähigkeit
6.4	Konzentrationsfähigkeit
6.5	Schulung des räumlichen Vorstellungsvermögens

1. Setze die Mind-Map in eine Dezimalklassifikation und die Dezimalklassifikation in eine Mind-Map um. Ergänze fehlende Gesichtspunkte. Beachte auch bei beiden Gliederungsformen, dass es zu den Unterpunkten weitere Unterpunkte gibt.
2. Wie hast du die Oberbegriffe in deiner Dezimalklassifikation angeordnet? Sind sie deiner Meinung nach steigernd angeordnet?
   Fertige eine Stoffsammlung und eine Gliederung (Mind-Map oder Dezimalklassifikation) zu dem Thema an:
   Warum manche Computerspiele problematisch sind.

These, Argument, Entfaltung – als Tabelle

Eine Argumentation setzt sich aus unterschiedlichen Elementen zusammen. Diese lassen sich tabellarisch auflisten und bilden somit eine Art Schreibplan oder Vorstufe für den Aufsatz. In der folgenden Tabelle findest du einige Gesichtspunkte aus der Stoffgliederung, und zwar sowohl aus der Mind-Map als auch aus der Dezimalklassifikation.

These	Argument	Entfaltung
PC-Spiele machen mir **zunächst einmal** deswegen Spaß,	weil sie in der Regel über eine ausgezeichnete Grafik verfügen.	Hat man ein Spiel mit First-Person-Perspektive, sieht man die Ereignisse mit den Augen des Helden und ist mittendrin im Geschehen. Man …
Ein **weiterer** Grund, warum mir PC-Spiele Spaß machen,	sind die Spezialfunktionen …	?
Dass PC-Spiele Spaß machen, bemerke ich aber **noch mehr** daran,	dass mir beim Spielen nie langweilig wird …	?
Ein **wichtigerer** Grund, warum ich Spaß am PC-Spielen habe, ist die Tatsache,	dass ich micht dabei entspannen kann …	?
Der **größte** Spaßfaktor an PC-Spielen besteht für mich jedoch in	der Möglichkeit, auf interessante und unterhaltsame Weise etwas zu lernen.	So wird man z. B. in *Empire Earth II* in verschiedene Epochen der Weltgeschichte eingeführt und …

1. Formuliere für die leeren Kästchen in der Tabelle die Entfaltungen. Achte darauf, dass du bei der Entfaltung eines Arguments das Beispiel nicht nur nennst, sondern es auch erläuterst. (Inwiefern ist *Empire Earth II* unterhaltsam und interessant?)
2. Was fällt dir an der Anordnung der Argumente zur These „Warum PC-Spiele Spaß machen" auf? Achte auf die fett gedruckten Wörter.

Entfaltung der Argumente – als Text

Du findest hier Ausschnitte aus zwei Schüleraufsätzen zu dem Ast „Interaktion/Kommunikation“ der Mind-Map:

A Die Interaktion und Kommunikation mit den Mitspielern wird gefördert. Man hat Spaß im Team und es kommt zu Wettkampfsituationen mit oder gegen die Mitspieler. Manchmal trifft man sich, um über Spiele zu diskutieren. Außerdem gibt es auch Internet-Chats.

B Wichtigere Argumente betreffen einen anderen Bereich: Computerspiele führen nicht zur Vereinsamung, wie oft von Erwachsenen behauptet wird, sondern sie fördern Interaktion und Kommunikation Jugendlicher.

Oberbegriff wird nicht als Argument, sondern als Gruppe von Argumenten formuliert

An erster Stelle ist der gemeinsame Spaß im Team zu nennen, der durch Wettkampfsituationen und gemeinsame Lösungsversuche entsteht. Hier zeigt sich, dass Computerspiele verwirklichen, was Lehrer und Erwachsene von Jugendlichen fordern, nämlich im Team zu handeln, um gemeinsame Probleme zu lösen. So kann man bei Rennspielen wie *DTM Race Driver 2* gegen einen Mitspieler in 15 Motorsportklassen antreten und bessere Zeiten erreichen. Oder man knobelt beispielsweise mit seinem Mitspieler bei dem Rollenspiel *Blade & Sword*, wie man die Dämonen und Untote besiegen kann.

Stütze/Beleg

Beispiele

Gemeinsamkeit wird auch durch Diskussionen über Spiele gefördert. Denn viele Rollen- und Actionspiele haben schwierige Rätsel oder eine umstrittene Qualität. So diskutieren an unserer Schule viele Schüler in Pausen oder nach dem Unterricht über ihre Erfahrungen.

Erläuterung

Beispiel

Schließlich beteiligen sich schon viele Jugendliche an LAN-Partys oder spielen Online-Spiele. Das ist eine Möglichkeit, seine Erfahrungen zu einem Spiel allen Interessierten auf dieser Welt mitzuteilen, denn man sitzt gemeinsam an miteinander vernetzten Computern, spielt gegeneinander oder online mit anderen Spielern auf der ganzen Welt. Durch solche Online-Spiele und Partys haben sich schon richtige Freundschaften gebildet. Also kann man sehr wohl sagen, dass PC-Spiele Spaß machen.

Erläuterung

Folgerung

2. Wie unterscheiden sich die Aufsätze?
3. Erläutere bei Aufsatz B, was mit den Anmerkungen zum Text gemeint ist. Wie könnte man den Oberbegriff auch formulieren? Diskutiert darüber.
4. Entfalte die Argumente zu einem anderen Ast der Mind-Map oder zu einem Abschnitt der Dezimalklassifikation in gleicher Weise.

Warum ich einen MP3-Player besitze *Schüleraufsatz*

Noch vor fünf Jahren war ein Discman, also ein tragbarer CD-Player, das modernste HiFi-Geräte auf dem Musikmarkt. Er galt als das modernste tragbare Gerät seiner Zeit, weil die CD im Gegensatz zum Walkman, der für Kassetten gedacht war, nicht umgedreht werden musste. Nun ist der Discman bereits von einer weiteren Entwicklung überholt worden, dem MP3-Player. Im Folgenden möchte ich nun darlegen, warum ich ein solches Gerät besitze.

Für Leute, die regelmäßig joggen gehen und dabei gern Musik hören, ist es sicher wichtig, dass nicht bei jeder Erschütterung das Lied unterbrochen wird, was bei jedem Discman der Fall ist. Der MP3-Player jedoch unterbricht selbst bei starker Erschütterung nicht und eignet sich somit sehr gut sowohl fürs Joggen als auch fürs Fahrradfahren.

Außerdem ermöglicht der geringe Batterie-Verbrauch auch, das Gerät lange in Betrieb zu lassen, ohne nach kurzer Zeit schon Batterien nachlegen zu müssen.

Des Weiteren ist meiner Meinung nach wichtig zu sagen, dass die Übertragung der Lieder vom PC auf den MP3 mit viel höherer Geschwindigkeit vonstatten geht als das Brennen auf eine CD-ROM. Auch Downloads aus dem Internet müssen nicht umständlich auf CD gebrannt werden, sondern können sofort auf den Player übertragen und ebenso schnell wie andere Lieder angehört werden.

Ebenso ist man mit einem MP3-Player nicht ausschließlich an das Gerät gebunden. Man kann die Musik nicht nur mit den Kopfhörern, sondern auch auf dem Computer abhören, da der USB-Anschluss Verbindung zu jedem PC gewährt. So können auch andere auf dem MP3-Player gespeicherte Programme oder Daten auf einem Computer abgerufen werden, was mich schon zum nächsten Punkt führt.

Auf dem MP3-Player kann man nicht nur Lieder, sondern auch Programme wie kleine Spiele sowie andere Daten wie Word- und Exceldateien oder Powerpoint-Präsentationen speichern, so dass er sich auch als gewöhnlicher Datenträger wie eine Diskette eignet. Auf fortgeschritteneren Geräten, die mit einem mehrfarbigen, größeren Display ausgestattet sind und einen relativ hohen Speicherplatz haben, kann man mittlerweile schon Filme speichern und nicht nur auf dem PC, sondern auch auf dem Gerät anschauen. Diese Player sind jedoch wesentlich teurer als die normalen.

Des Weiteren muss noch gesagt werden, dass man mit einem MP3-Player eine sehr hohe Liedqualität in Bezug auf die Lautstärke, aber auch auf die Bässe erreichen kann, obwohl dies auch etwas vom Preis des Geräts abhängt. Dennoch ist die Liedqualität auf den meisten MP3-Playern wesentlich höher als auf gebrannten Musik-CDs.

Das wichtigste Argument für den Kauf eines MP3-Players ist jedoch meiner Meinung nach die hohe Speicherkapazität eines solchen Produktes. Obwohl diese von der jeweiligen Megabyte-Zahl, die den Speicherplatz angibt, abhängig ist, muss man sagen, dass selbst der MP3-Player mit der geringsten Megabyte-Zahl etwa fünfzig lange Lieder speichern kann, also fast doppelt so viel wie auf einer gebrannten Musik-CD. Dies zeigt natürlich auch, wie viele der oben erwähnten Dateien auf einem solchen Gerät gespeichert werden können.

Diese Argumentation soll zeigen, warum es für Musikfreunde von Vorteil ist, sich einen MP3-Player anzuschaffen. Ich hoffe, die deutlichen Vorteile gegenüber anderen tragbaren Abspielgeräten gehen daraus hervor. Zum Schluss möchte ich noch erwähnen, dass die Forschung dabei ist, den MP3-Player noch weiter zu verbessern. Geräte, die im WMA-Format, dem Format, in dem alle Musikdateien auf dem Computer gespeichert werden, abspielen können, sollen bald auf den Markt kommen. Diese werden voraussichtlich noch mehr Lieder speichern und sie mit noch höherer Qualität abspielen können. Mit dieser Entwicklung sollte sich der Kauf eines MP3-Players noch mehr lohnen.

1. Setze Abschnitte und versuche, aus dem Aufsatz eine Gliederung (Dezimalklassifikation oder Mind-Map) zu erstellen. Formuliere zu jedem Abschnitt eine kurze Überschrift.
2. Untersuche am Text, ob die einzelnen Argumente steigernd angelegt sind und wie sie entfaltet werden.

INFO

Nachschlagen → S. 314 f.

- Zur Erarbeitung der **einfachen Erörterung** gehören folgende Arbeitsschritte:
  - **Stoffsammlung** als Brainstorming und/oder als Textmaterial (Stichwortliste)
  - **Gliederung** des Hauptteils als Mind-Map und/oder in Form der Dezimalklassifikation
  - **Entfaltung** der Argumente.

Nachschlagen → S. 315

Die dialektische Erörterung

Debating: ein Wettkampf im Debattieren

Auch in Deutschland gibt es Meisterschaften im Debattieren

Spielidee

Im englischen Parlament sitzen sich seit dem 16./17. Jahrhundert Regierungspartei und Opposition, „government" und „opposition", auf Bänken gegenüber. Der Speaker, der unparteiische Sprecher des Parlaments, hat seinen Platz zwischen den beiden Parteien und wohnt ihren Debatten bei. In englischsprachigen Ländern ist das Debattieren aber nicht nur Sache der Politiker, sondern es ist auch Teil des Schulunterrichts. Ähnlich wie in der Politik sitzen sich bei diesen Debatten Teams gegenüber, die um die Gunst einer Jury oder des Publikums ringen. Dabei ist das Thema gar nicht so wichtig, es geht vielmehr darum, wer die besseren Argumente vortragen kann. Die Sieger treten später in Schulwettkämpfen gegeneinander an. Übrigens gibt es auch an deutschen Schulen einige „debating societies"; manche haben sogar schon an den Schulweltmeisterschaften im Debattieren teilgenommen.

Spielregeln

- Die Klasse wird in zwei Hälften geteilt, eine Hälfte bildet die Jury.
- Die andere Hälfte wird in vier Gruppen geteilt: Zwei Gruppen bilden die „Regierung", zwei Gruppen die Opposition.
- Der Lehrer ist der „Speaker": Er moderiert die Debatte.
- Das Klassenzimmer wird umgeräumt. Regierung, Opposition, Jury und „Speaker" platzieren sich, wie auf der Skizze dargestellt.
- Der Speaker gibt das Thema bekannt, z. B. *„Jeder Gymnasiast muss im Laufe seiner Schulzeit ein halbes Jahr ins Ausland"*.
- Die Jury führt eine Probeabstimmung durch: „Wer ist dafür?", „Wer dagegen?". Das Abstimmungsergebnis wird notiert.
- Die Regierungs- und Oppositionsparteien sammeln Argumente für/gegen einen halbjährigen Auslandsaufenthalt.
- Ein Gruppensprecher trägt jeweils die Meinung seiner Gruppe vor. Er sollte bei seinen Ausführungen die Argumente der Vorredner berücksichtigen.
- Jede Partei versucht am besten abzuschneiden: Oppositions- und Regierungsparteien arbeiten nicht zusammen!
- Die Jury führt am Schluss eine zweite Abstimmung zum Thema durch.

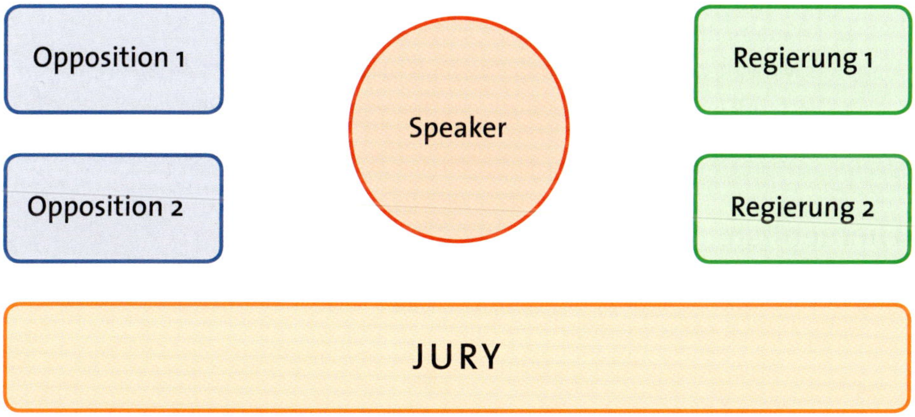

Spielvariante

Nach dem Vortrag einer Gruppe notiert der Gruppensprecher stichwortartig die Argumente seiner Partei auf einer Tafelseite. Die Argumente der gegnerischen Partei kommen auf die andere Tafelseite, sodass sich am Schluss die Gründe der Regierung und der Opposition gegenüberstehen. In der Auswertungsphase könnt ihr durch Pfeile diejenigen Argumente miteinander verbinden, die sich aufeinander beziehen oder gegenseitig entkräften. Möglich ist auch, dass ihr zu Hause die Argumente sammelt und dass im Unterricht dann nur noch die Reden gehalten werden.

Worterklärungen

Die Deutschlehrerin der 9 a schreibt folgende Themen an die Tafel:

1 Warum die Jugend von heute sich nur amüsiert

und nicht?

2 Die Jugend von heute will sich nur amüsieren

Welches Alter umfasst „die Jugend“: 10–20-Jährige?

was heißt „sich amüsieren“?

was bedeutet „von heute“: 90er-Jahre, ab 2000?

1. Welches Thema ist linear oder einfach zu behandeln, welches dialektisch? Achte genau auf die Formulierung.
2. Erläutere die Anmerkungen zum zweiten Thema. Inwieweit wird das Thema dadurch präzisiert?
3. Verfahre in gleicher Weise auch mit den folgenden Themen.

Themenliste

- Sollen Popsender wie in Frankreich verpflichtet werden, immer ein Drittel ihres Programms für deutsche Schlager zu reservieren?
- Sollen Legastheniker im Fach Deutsch anders beurteilt werden als ihre Mitschüler?
- Sollen die Namen und Adressen von Sexualstraftätern nach ihrer Entlassung in der Zeitung bekannt gegeben werden?
- Sollen an deutschen Schulen Schuluniformen verpflichtend eingeführt werden?
- Sollen Schüler der Klasse 9 verpflichtend an einem Projekt „soziales Lernen“ teilnehmen?

Informationen aus einem Text

Informationsmaterial für eine Erörterung kann auf verschiedene Weise beschafft werden (s. S. 68). Hier lernst du eine Möglichkeit kennen, die Zeitungsmeldung.

Spaß hoch im Kurs – Ideale zerfallen

Hamburg (dpa). Die Sucht nach Spaß und Vergnügen drängt nach Ansicht des Hamburger Freizeitforschers Horst W. Opaschowski die Mitmenschlichkeit immer weiter zurück. In Deutschland habe sich ein Wertewandel weg von sozialen Zielen vollzogen.

Nach einer Studie von Opaschowskis BAT-Freizeit-Forschungsinstitut denken 77 Prozent der 14- bis 29-Jährigen, es mache keinen Spaß, sich gegenseitig zu helfen. Der Kult um die so genannte Spaßgesellschaft in Fernsehen und Konsum bedrohe das Miteinander. „Schafft die Spaßgesellschaft ab", forderte der wissenschaftliche Leiter des Instituts am Dienstag, „sonst geht die soziale Lebensqualität in Deutschland verloren". In der Studie fragte das Institut 2000 Menschen ab 14, was im Leben wirklich Spaß macht. Die gleiche Frage hatten die Forscher bereits in einer vergleichbaren Untersuchung 1990 gestellt. Während vor elf Jahren das eigene Vergnügen vor allem bei den Jugendlichen im Vordergrund stand, habe sich heute in der gesamten Gesellschaft ein Wertewandel weg von sozialen Zielen vollzogen. „Eine deutliche Mehrheit denkt beim Spaß erst einmal an das eigene Vergnügen", sagte Opaschowski. Insgesamt seien es 55 Prozent der Menschen ab 29. Bereits in früheren Studien hatte der Freizeitforscher das Verschieben der persönlichen Ziele beschrieben. So stellte Opaschowski 1999 fest, dass bei weiten Teilen der Bevölkerung Konsum, modische Kleidung und Markenprodukte mindestens so hoch im Kurs stehen wie tieferer Lebenssinn, Religion und gesellschaftliches Engagement. „Jetzt zeichnet sich quer durch alle Altersgruppen ein tief gehender Wertewandel ab", betonte der Professor. So sei Zusammensein mit anderen zweitrangig geworden und nur für 44 Prozent der Befragten mit Spaß verbunden. Zu ähnlichen Ergebnissen sei auch das Institut für Demoskopie (Allensbach) in einer Untersuchung im Januar gekommen. Soziale Motive – zum Beispiel Nächstenliebe oder gesellschaftliche Verantwortung – hätten in den vergangenen Jahren deutlich an Attraktivität verloren. [...]

Die Spaßgesellschaft ist nach Ansicht des Professors eine Reaktion auf die Stressgesellschaft der vergangenen Jahre. Doch zeichne sich auch schon wieder ein Rückgang der egoistischen Lust auf Fun ab. Schon bald würden sich die Menschen wieder „für das Beständige einer neuen Leistungsgesellschaft" entscheiden, sagte Opaschowski. „Das heißt: Anerkennung verdient, wer im Leben etwas leistet – im privaten Bereich ebenso wie im Beruf."

1. Lest den Text durch.
2. Jeder schreibt spontan einen Gedanken zu dem Text auf. Sammelt diese Gedanken in einer Stichwortliste.
3. Arbeitet nach der **ABC-Methode** und sucht für jeden Buchstaben einen Pro- oder einen Kontra-Begriff.

ABC-Methode → S. 328

Oberbegriffe und Gewichtung

Du findest hier Begriffsblöcke zu den Pro- und Kontra-Thesen: „Die Jugend von heute will sich amüsieren, will Spaß" (pro) und „Jugend will sich engagieren, hat Pflichten und Ideale" (kontra) und eine Skala, die der Gewichtung der Begriffsblöcke dient.

Spaß, sich amüsieren

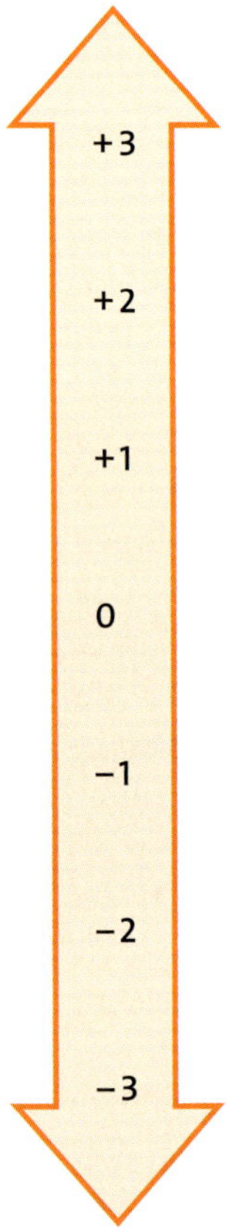

Pflichten, Ideale, sich engagieren

AGs, Jugend forscht, Projekttage, Engagement in der Gruppe, Vereinsleben, Mitarbeit bei der Schülerzeitung

Partys, Disco, Spaß haben mit Gleichgesinnten; Love-Parade, Schulfeste, Geburtstagsfeiern

Zeitungen austragen, Ferienjobs, nebenher Geld verdienen, Nachhilfe geben, Babysitten

Fernsehen, Musikhören, Berieselung durch Medien, Telefonieren, Computer spielen, Internet surfen, Virtual Reality

Notenstress, Zeugnisstress, Büffeln auf Klassenarbeiten, Schule, Hausaufgaben, Nachmittagsunterricht

Einkaufen gehen, Mithilfe im Haushalt und in der Familie, Hund ausführen, Geschirrspülen

Kino, neueste Sportartikel, Label-Klamotten, Fastfood-Konsum, Shopping, Drogen

1. Jeder Begriffsblock enthält bereits einen Oberbegriff. Ermittle ihn.
2. Ordne die Oberbegriffe in die Skala ein. Diskutiert über eure Einordnung.

Eine Dezimalklassifikation

Im Folgenden findet ihr eine schematische, unvollständige Darstellung des Argumentationsgerüsts für den Hauptteil der dialektischen Erörterung:

Pro: Spaß		Kontra: Pflichten	
1	Berieselung durch Medien	4	Engagement in der Gruppe
1.1	Musik hören	4.1	AGs
1.2	Fernsehen	4.2	
1.3	Telefonieren	4.3	
1.4	Computer spielen	4.4	
1.5	Internet surfen	4.5	Vereinsleben
1.6	Virtual Reality		
2		5	
2.2	Shopping	5.1	Nachhilfe
2.2.1	Markenklamotten	5.2	Babysitten
2.2.2		5.3	
2.3	Kino	5.4	
2.4			
3		6	
3.1	Geburtstagsfeiern	6.1	Büffeln auf Klassenarbeiten
3.2		6.2	
3.3		6.3	Nachmittagsunterricht
3.4		6.4	
3.5	Love-Parade	6.5	Zeugnisstress
		7	Mithilfe im Haushalt und in der Familie
		7.1	
		7.2	
		7.3	
		7.4	Einkaufen gehen

3. Vervollständige diese Dezimalklassifikation mit den gefundenen Ober- und Unterbegriffen in deinem Heft.
4. Versuche, die Gliederung auch als Mind-Map darzustellen. Was fällt dir leichter?

Ausschnitte aus einem Aufsatz

Der erste und teilweise der vierte Gliederungspunkt, nämlich „Berieselung durch Medien“ und „Engagement in der Gruppe“ (s. S. 77), werden im folgenden Auszug aus dem Hauptteil einer dialektischen Erörterung vorgestellt:

Viele behaupten, die Jugendlichen von heute hätten nur ihr Vergnügen im Sinn. Für diese These spricht zunächst einmal, dass sie die Medien vor allem dazu benutzen, um sich berieseln zu lassen, also um sich abzulenken.

Deswegen hören manche stundenlang Musik und verstöpseln sich die Ohren mit den Kopfhörern ihres MP3-Players oder ihres Discman oder sie verbringen den halben Nachmittag vor dem Fernsehgerät und sehen sich eine stumpfsinnige Serie nach der anderen an. Es ist daher nicht verwunderlich, dass der tägliche TV-Konsum Jugendlicher zwischenzeitlich ca. 115 Minuten beträgt – Tendenz steigend! Nicht minder zeitintensiv ist auch die Beschäftigung mit anderen Medien: Wer in jeder freien Minute überflüssige SMS verschickt, vor dem Computer sitzt und auf Aliens ballert oder pausenlos im Internet surft, sich in Chatrooms tummelt und in die virtuelle Wirklichkeit von Simulationsspielen abtaucht, der hat tatsächlich nur seine Zerstreuung im Sinn.

Aufgrund dieser Beispiele zum Stichwort „Medienberieselung“ scheint der Vorwurf, die Jugend von heute wolle sich nur amüsieren, also durchaus zuzutreffen.

[...]

Betrachtet man nur diese Argumente, könnte man leicht zu der Überzeugung kommen, dass die Jugend von heute sich nur amüsieren will. Doch es gibt gewichtige Gegenargumente.

An erster Stelle ist zu nennen, dass sich viele Jugendliche in einer Gruppe engagieren, d. h. sozial eingestellt sind und eben nicht immer nur ihr Vergnügen im Kopf haben. Hier ist beispielsweise an diejenigen Schülerinnen und Schüler zu denken, die – freiwillig! – in einer AG, also in einer Arbeits- und nicht in einer Vergnügungsgemeinschaft, mitwirken oder diese sogar eigenverantwortlich leiten. So bieten viele Schulen im Anschluss an den Unterricht Chor-, Theater- und Foto-AGs an, an denen sich viele Schülerinnen und Schüler beteiligen.

[...]

1. Wie sind der erste und der vierte Gliederungspunkt in den obigen Auszügen dargestellt?
2. Wie ist die Überleitung zwischen der Pro- und der Kontra-Seite gestaltet?
3. Verfasse den vollständigen Aufsatz zu den fehlenden Gliederungspunkten.

Unterschiedliche Einleitungstypen

Du findest hier vier Einleitungen und vier Kärtchen, auf denen Einleitungstypen genannt sind.

1 „Ich will Spaß“ sang in den 80er-Jahren ein Schlagersänger namens Markus, „Gib Gas, ich will Spaß“ lautet ein Filmtitel derselben Ära; „fun“ als Inbegriff des jugendlichen Lebensgefühls taucht auch in vielen Liedzeilen aktueller Popsongs auf: „and girls they want to have fun“ und außerdem „we're gonna party as much as we can.“ Beschreiben diese Begriffe tatsächlich die heutige Jugend?

2 „Die Jugend von heute will sich nur amüsieren“ lautet die als Vorwurf formulierte These vieler Erwachsener, wenn sie über die Jugendlichen reden. Zu ergänzen wäre: Sie kennt keine Pflichten, hat keine Ideale, ist nicht kreativ, will nur konsumieren. Ist diese Auffassung zutreffend?

3 „Schon in der Schule bespreche ich mich mit meinen Freunden, was wir abends, vor allem am Wochenende, unternehmen. Freitagnachmittags telefoniere ich oft stundenlang, bis die Termine fürs Wochenende festgeklopft sind. Freizeit ohne event, ohne Party und Spaß – das gibt's für mich nicht“, meint Charly stellvertretend für viele meiner Klassenkameraden. Doch ist seine Meinung auch stellvertretend für die heutige Jugend?

4 „Die Generation X will nicht draußen spielen, sondern sitzt vor Fernsehen und Computer und wagt sich erst in der Dunkelheit vor die Tür, um sich mit synthetischen Drogen und ebensolcher Musik in Trance zu versetzen. Schrift- und Sprachkultur gelten den Techno-Kids nichts mehr, sie leben in der Welt ihrer Daily Soaps und verständigen sich im Comic-Jargon.“ So viel aus einem Internet-Kommentar zu einem Roman mit dem Titel „Generation X“, womit seit ca. 1990 die Jugendlichen von heute gemeint sind. Entspricht dieser Kommentar den Tatsachen?

a Historisches Ereignis

b Thema – Erläuterungen

c Persönliches Erlebnis

d Zitat

1. Ordne die Kärtchen den Einleitungen zu.
2. Schreibe Einleitungen zu folgenden Themen:

- Sollen bereits Grundschüler eine Fremdsprache lernen?
- Die Einführung von Ganztagsschulen – Vor- und Nachteile
- Sollen Schüler Lehrer benoten dürfen?
- Muss man immer die Wahrheit sagen?
- Sollen Jugendliche mit 16 schon den Führerschein machen dürfen?
- „Mädchen und Jungen sollen getrennt unterrichtet werden“. Erörtere das Für und Wider der Koedukation.
- Soll man Autorennen verbieten?

Schlusstypen

Im Folgenden sind fünf Möglichkeiten genannt, einen Schluss zu verfassen. Sie sind nur stichwortartig angeführt.

Persönliche Stellungnahme
- Betroffenheit von dem Vorwurf
- Hoffnung auf Verständnis der Generationen untereinander
- Kritische Selbstreflexion

Ausweitung des Themas
- Einbettung des oben angesprochenen Problems in größeren Zusammenhang, z.B. Generationenkonflikt
- Befürchtung der älteren Generation
- Spaßkultur auch bei Erwachsenen

Zusammenfassung
- Rückgriff auf Einleitung (Klischeevorstellung von der „Generation X“). Einerseits... andererseits
- Bündelung der Argumente
- Herausgreifen wichtiger Argumente

Kritische Überlegung zum Thema-Zitat
- Wer artikuliert den Vorwurf? Warum? Wie?
- Mögliche Antworten auf diese Fragen
- Gegenzitat

Entscheidungsfindung
- Zustimmung zur These Pro
- Zustimmung zur These Kontra

1. Verfasse mit Hilfe der hier gegebenen Stichwörter und Hinweise fünf verschiedene Schlüsse zu dem Thema.

Nachschlagen → S. 315

INFO

- Die Arbeitsschritte einer **dialektischen Erörterung** sind identisch mit den Arbeitsschritten einer **einfachen Erörterung**: Stoffsammlung, Gliederung, steigernde Anordnung der Argumente in der Pro-These und Kontra-These, differenzierte Entfaltung der Gliederungspunkte zu Argumenten im Hauptteil, in der Einleitung und im Schluss.

Training: Erörterung

Aufsatzthemen

1 Anders sein als die andern – erstrebenswertes Ziel oder unsoziales Verhalten?

2 „Höflichkeit? – Das ist doch etwas für Leute von vorgestern.“ Stelle dar, worin sich für dich Höflichkeit zeigt, und erörtere, ob du der zitierten Äußerung eines Jugendlichen zustimmen kannst.

3 Der Sport erzieht zu fairem Verhalten in der Gemeinschaft. Kannst du dieser Behauptung zustimmen?

4 „Es gibt wenig aufrichtige Freunde – die Nachfrage ist auch gering.“ (Marie von Ebner-Eschenbach, 1830–1916) Erläutere diese Aussage und prüfe, inwieweit du ihr zustimmen kannst.

5 „Eigene Erfahrungen zu machen – das können mir die Erwachsenen nicht abnehmen!“ Was spricht für, was gegen diese Einstellung?

6 Pflicht zur Information oder Schutz der Privatsphäre? Erörtere, ob Presse, Rundfunk und Fernsehen über das Privatleben Prominenter berichten sollten.

7 Mit 15 ein eigenes Mofa, mit 18 möglichst ein eigenes Auto – ist das erstrebenswert?

8 Manche Menschen sind der Mahnungen zum Schutz der Umwelt überdrüssig. Woran liegt das deiner Meinung nach und wie könnte man einer solchen Haltung entgegenwirken?

9 Regeln und Vorschriften werden von vielen als Einschränkung ihrer Freiheit und als lästig empfunden, in Spiel und Sport jedoch zumeist bereitwillig anerkannt. Erläutere mögliche Ursachen für diese widersprüchliche Haltung. Gehe dabei von geeigneten Beispielen aus.

10 Eltern, Lehrer und Partner erwarten Anpassung. Jugendliche brauchen aber Freiraum, um ihren eigenen Weg zu finden. Wird dieser Prozess durch Anpassung in Frage gestellt oder ist Anpassung für das Finden des eigenen Weges notwendig?

11 Sollen Tiere Rechte bekommen, die verhindern, dass Menschen diese Tiere benützen dürfen?

12 Musik spielt für Jugendliche eine große Rolle. Zeige, was Musik für Jugendliche bedeuten kann.

13 „Ich sage immer, was ich denke!“ Erörtere, ob du diese Einstellung für richtig hältst.

1. Untersuche: Welches Thema verlangt eine einfache, welches eine dialektische Erörterung?
2. Wähle ein Thema aus für einen Hausaufsatz.

Ein Tag ohne Zeitung – ein verlorener Tag! – Was könnte für, was gegen diese These sprechen?

Beispielaufsatz

Die These könnte von vielen Erwachsenen stammen. Ohne die Lektüre der Tageszeitung würde ihnen etwas fehlen. Aber muss es dann gleich „ein verlorener Tag" sein? Das klingt überspitzt. Vermutlich ist damit nur gemeint, dass die Tageszeitung wichtige Informationen für die Erwachsenen liefert. Aber betrifft das alle Lesergruppen?

Was sind also die Gründe dafür, dass die Tageszeitung für viele Erwachsene so wichtig ist? Sicherlich spielt auch die Gewohnheit eine Rolle. Die Situation ist ja bekannt. Morgens beim Frühstück beginnen die Mütter und Väter schon mit dem Zeitungslesen. Sie könnten sie ja auch noch abends lesen, wenn sie von der Arbeit kommen. Aber die eigentlichen Gründe, warum für sie ein Tag ohne Zeitung ein verlorener Tag ist, sind sicherlich andere.

So informieren Tageszeitungen über politische Ereignisse, und häufig werden diese auch im Leitartikel kommentiert. Man kann sich also mit den dort vertretenen Meinungen auseinander setzen. Dies trägt sicherlich auch zur eigenen Meinungsbildung bei. Oft sind aber für die Leser die Informationen und Meinungen über regionale Vorkommnisse noch wichtiger. So kann es sein, dass z.B. ein Artikel über die Wahl des neuen Bürgermeisters eines Ortes im Regionalteil abgedruckt ist. Dort finden sich auch Details über die Hintergründe dieser Wahl, die natürlich manchen Bürger brennend interessieren. Oft wird darüber tagelang diskutiert. Die Regionalnachrichten befriedigen noch stärker als die anderen Themen die natürliche Neugier des Lesers.

Aber noch in anderer Hinsicht kann die Tageszeitung wichtig sein. Im Feuilleton und Kulturteil werden häufig Veranstaltungen besprochen, die die Zeitungsleser vorher besucht haben. Und es ist interessant, die eigene Meinung, z. B. über ein Theaterstück, mit derjenigen der Zeitungsrezension zu vergleichen.

Viele Zeitungsleser interessieren sich auch für die regionalen Sportberichte. Wenn z. B. die Fußballmannschaft eines Ortes in die Regionalliga aufgestiegen ist und es immer wieder Probleme mit der Bezahlung der Halb- oder Viertel-Profis gibt, finden sich gerade dazu Artikel im Sportteil der Tageszeitung. Es ist klar, dass Clubanhänger daran besonders interessiert sind. Man kann sich vorstellen, dass gerade für diese Leser der Tag „verloren" ist, wenn sie diese Informationen nicht bekommen haben.

Es ist sicher richtig, dass die Tageszeitung im Vergleich zu den anderen Medien wie Fernsehen und Rundfunk Informationen enthält, die diese nicht vermitteln können. Vor allem im regionalen Bereich. Dennoch kann man die These des Themas „Ein Tag ohne Zeitung – ein verlorener Tag" auch für übertrieben halten. Wenn man den engeren regionalen Bereich einmal abzieht – obwohl auch das Fernsehen und der Rundfunk regionale Programme präsentieren –, so bieten auch diese Medien ausreichend Informationen. Politische und gesellschaftliche Ereignisse beispielsweise werden hier breit vorgestellt und kommentiert. Man denke nur an die Extrasendungen wie *ARD*- oder *ZDF-Spezial* und an die politischen Sendungen wie z. B. *Report* oder *Panorama*.

Außerdem ist für manche Leser das Regionale gar nicht so wichtig. Sie interessieren sich mehr für die große Politik, den Sport und die Kultur außerhalb ihrer unmittelbaren Umgebung.

Sicherlich hat der Recht, der sagt, dass auch Tageszeitungen wichtige Informationsträger seien und eigentlich in jeden Haushalt gehörten. Aber gleichzeitig gibt es die Meinung, dass eine Tageszeitung allein als Informationsquelle nicht ausreicht. Einige Erwachsene lesen darüber hinaus auch Wochenzeitschriften wie z. B. „Die Zeit", hören Radio und sehen selbstverständlich auch fern. Außerdem weiß man, dass je nach personeller Zusammensetzung der Redaktionen der Tageszeitung aufgrund der politischen Einstellung der Redakteure die Leser manipuliert werden können. Man müsste also eigentlich mehrere Zeitungen lesen und die Informationen sowie die Leitartikel miteinander vergleichen.

Die These kann vielleicht auch – weil sie so überspitzt formuliert ist („ein verlorener Tag") – als Appell an Jugendliche aufgefasst werden. Nur wenige lesen nämlich die Tageszeitung. Dann allerdings hätte die These auch eine Berechtigung.

1. Versuche, aus dem Beispielaufsatz die ihm zugrunde liegende Gliederung zu entwerfen.
2. Setze dich mit dem Aufsatz kritisch auseinander, indem du dich eingehend mit den folgenden Fragen befasst:
   - Wie werden die Argumente angeordnet?
   - In welcher Weise wird die dialektische Aufgabenstellung berücksichtigt (pro – kontra)?
   - Hat der Verfasser das Zitat erfasst? (Welche Zeitung? Was heißt „verlorener Tag"?)

Gespräch: Vater–Tochter

Die 17-jährige Tochter Annette beschwert sich bei ihrem Vater darüber, dass die Mutter immer dann von ihr verlangt einzukaufen, wenn der 15-jährige Bruder Marc mal wieder keine Lust hat. Er schiebt immer den Grund vor, er müsse sehr viele Hausaufgaben machen.

Vater Ich bin hier der falsche Adressat. Du musst dich darüber bei deiner Mutter beschweren.

Annette Ach, du weißt doch, wie gereizt Mutter immer reagiert, wenn man irgendwelche Probleme anspricht. Ihre Nerven sind sowieso nicht die allerbesten. Sie will doch immer, dass es in der Familie harmonisch zugeht. Und außerdem glaube ich, dass Marc bei ihr sowieso eine Sonderrolle spielt in puncto Einkaufen. Mutter meint nämlich, er müsse mehr für die Schule tun als ich, weil seine Noten nicht so gut sind.

Vater Das glaube ich zwar nicht, dass Marc bei Mutter eine Sonderrolle spielt. Trotzdem ist es ungerecht, wenn nur du meistens einkaufst und mithilfst. Das muss Mutter einsehen. Außerdem ist es für Marc gar nicht gut, wenn er nur nach seiner Lust geht. Er hat auch Pflichten bei uns. Sprich mit Mutter in Ruhe darüber. Such dir einen günstigen Zeitpunkt für das Gespräch. Man darf nicht allen Auseinandersetzungen aus dem Weg gehen.

Tochter Du hast Recht, Vater.

Vater Ich hatte kürzlich auch eine unangenehme Auseinandersetzung. Ich musste als verantwortlicher Leiter für Personalangelegenheiten meinen Chef auf seine Schwächen im Umgang mit Mitarbeitern aufmerksam machen. Das Arbeitsklima ist nämlich deshalb schon seit langem gestört und den Mitarbeitern fehlt die Motivation. Das Gespräch wurde zu einem lautstarken Streit. Er leugnete rundweg, dass er kommunikative Defizite habe, und nannte mich einen ewigen Nörgler. Das verbat ich mir und nannte ihm konkrete Vorfälle, über die Mitarbeiter mir berichtet hatten.

Tochter Hast du was erreicht?

Vater Nicht sofort, aber einige Tage danach kam er zu mir und sagte, er wolle versuchen sich zu bessern.

1. Finde die Argumente aus dem Gespräch und ergänze sie.
   Schreibe dann einen Aufsatz zu dem Thema: *Auseinandersetzungen aus dem Wege gehen – was könnte für diese Haltung, was dagegen sprechen?*
2. Gehe nach den üblichen Arbeitschritten vor: Stoffsammlung und Gliederung (Mind-Map oder Dezimalklassifikation), Einleitung, Hauptteil, Schluss.

Aufsatzsplitter

Im Folgenden findet sich ein Durcheinander von unvollständigen Sätzen aus den Teilen „Einleitung“, „Hauptteil“ und „Schluss“, die zu einem Aufsatz zusammengefügt werden können. Thema und Aufgabenstellung lauten:

Sollen Freundinnen bzw. Freunde gleichartig oder verschiedenartig sein? – Erörtere die Fragestellung.

A Es ist auf jeden Fall interessant, wenn Freunde unterschiedliche Charaktere haben. Mein Freund ist z.B. ein Draufgänger, ich bin dagegen immer gehemmt. Kürzlich…

B Abschließend möchte ich für mich sagen, dass mein Freund/meine Freundin und ich …

C Mein Vater sagte kürzlich zu mir: „Deine Freundin und du, ihr seid zu verschieden. Das kann nicht gut gehen.“ Ich aber bin mir sicher, …

D Zu dem Thema fallen mir zwei bekannte Sprichwörter ein: „Gleich und Gleich gesellt sich gern“ und „Gegensätze ziehen sich an.“ Welches Sprichwort stimmt nun? Oder stimmen beide?

E Es ist toll, dass meine Freundin z.B. gut in Mathematik ist und ich in Französisch gut bin. So können wir beide…

F Wahrscheinlich wird es immer so sein, dass es immer ganz gleichartige und ganz verschiedenartige Freunde gar nicht gibt. Also…

G Auf jeden Fall sollten Freunde auch gleichartige Interessen haben, z.B. Spaß am Sport, etwa…, denn…

H Meine Mutter sagt immer: „Mein Gott, dein Freund hat keine Ruhe im Hintern.“ Das gefällt mir aber gerade, dass er…

I Ich persönlich finde es klasse, dass mein Freund so ganz anders ist als ich. Ob das immer so sein wird, weiß ich natürlich nicht. Es könnte ja sein, dass…

3. Nutze die Anregungen aus dem Durcheinander und baue sie, wenn sie dir nützlich erscheinen, in einen eigenen Aufsatz ein. Achte darauf, in welchen Teilen (Einleitung, Hauptteil, Schluss) du sie unterbringen und wie du sie weiter ausführen möchtest.

Sprechen, Zuhören, Schreiben

Interpretieren

Dieses Kapitel führt euch ein in die wichtige Schreibform des analytischen und gestaltenden Interpretationsaufsatzes, und zwar am Beispiel der euch bekannten Textsorten „Kurzprosa“ und „Lyrik“.

Der analytische und gestaltende Umgang mit Literatur ist euch schon aus dem Unterricht früherer Klassen vertraut; nun allerdings geht es um die systematische Einübung der handwerklichen Elemente für die Abfassung der beiden Schreibformen. Dabei ist der gestaltende Interpretationsaufsatz erst in jüngerer Zeit in den Kanon der Aufsatzarten aufgenommen worden. Vielleicht habt ihr auch mit dieser besonderen Schreibform Spaß, denn sie erfordert eure ganze Kreativität.

- Welche Erfahrungen habt ihr bisher mit dem analytischen und gestaltenden Umgang mit Literatur gemacht?

Die Vorbereitung der analytischen Interpretation: Kurzprosa

Nachschlagen → S. 316

Wachsfiguren* *Gabriele Wohmann*

* Text in alter Rechtschreibung

– Ach so, Hase geht auch mit, sagte Lilia mit fallendem Ton.

– Natürlich geht das Häschen mit, rief Tante Else.

Hase stand in seiner gewohnten Abwehrhaltung mit so weit wie möglich weggedrehtem Gesicht. Es spürte Wärme, plötzlich dicht: Tante Else hatte sich neben ihn gekauert, ihre Arme waren zu eifrig.

– Heute geht es mit, nicht wahr, das Häschen, sagte Tante Else.

Es tat Hase leid um Lilia: sie hatte das neue Kleid an mit den roten und schwarzen Spritzern und sah so erwachsen aus. Sie konnte ihn nicht gebrauchen. Er sagte nichts, die Lippen ließen sich nicht bewegen, aber es tat ihm leid. Das war nicht der Sonntag, den sie mit diesem Kleid haben könnte.

Onkel Willi kam aus der Küche ins Vorzimmer und ließ die Tür offen, und der heiße Waschgeruch strömte herein. Onkel Willi roch festlich nach den Blumen und Kräutern seiner Rasierpaste. Sein speckiges Gesicht war nicht hart wie an Werktagen, sondern vom heißen Wasser aufgequollen und rot.

– Was macht der Hase für ein böses Gesicht, sagte er mit seiner Sonntagsstimme. Was macht er fürn böses Gesicht, wenn er mitgehn darf, he?

Hase gab sich Mühe zu lächeln, aber das tat immer noch ein bißchen weh, fast zwei Jahre nach der Operation, die Oberlippe hatte nicht genug Platz, oder was war es sonst, auf jeden Fall fühlte er sich nicht wohl, wenn er lächeln mußte.

– Macht er ein böses Gesicht? rief Tante Else. Macht er denn eins?

– Na klar, sagte Onkel Willi, ich kann's nicht verstehn an so einem Tag, wo wir ihn mitnehmen.

Hase spürte, daß er jetzt etwas unternehmen mußte – nie war ein Frieden stabil genug. Er stieß eine Folge bettelnder Laute aus, hob die Hände, zwang sich, den Kopf ganz ihnen allen zuzukehren, das Gesicht zu heben, zu zeigen. Böses Gesicht. Lächeln, schlimmer als Schmerz, Unbehagen wie Krankheit. Kleines schreckliches Gesicht, schartig verzerrt und riesig rot geflügelt von den Ohrenschalen. Es tat ihm leid für Lilia, auch ein bißchen für Tante Else, und sogar für Onkel Willi, weil er so weich und sonntäglich gestimmt war.

– Na laßt uns doch gehen, sagte Tante Else. Undankbare Kinder verdienen ja gar nicht, daß man sich so mit ihnen anstellt.

Es tat ihm leid um Lilias Kleid, weil alle Aufmerksamkeit unterwegs, im Omnibus und in der Vorhalle an der Kasse, wie immer auf ihn gezogen war. Häschen mit der Häschenscharte, Mäuschen mit den Fledermausohren. Es tat ihm so leid für Lilia. Wie hieß er eigentlich? Hatte er einen Namen? Wie die anderen: Willi, Else, Lilia.

Kein Gesicht, keinen Namen.

Er lief hinter den andern her mit gesenktem Kopf, fühlte sich schläfrig vor Kummer. – Da seht euch das an, sagte Onkel Willi, schleppt man ihn mit, und er hält's nicht für nötig, sich die Figuren zu betrachten. Der Eintritt hat Geld gekostet, hörst du? Na laß ihn doch, sagte Tante Else. Er mußte nur die Anstrengung machen, sich aufrecht vor sie hinzustellen und den Kopf zu heben, ihnen alles zeigen, dann hätte er ein Gesicht. Von unten herauf betrachtete er die Wachsfiguren. Lächelnd und steif und unantastbar, Schöne und Häßliche und Krüppel, Könige, Verbrecher. Irgendwann bekäme er dann auch einen Namen. Jemand würde dem Aufseher melden: da steht eine Figur ohne Namen. Sie fänden einen Namen. Er hielte ihnen sein Gesicht hin, ließe das Licht rot durch die Ohrflügel fluten. Im Thronsaal blieb er zurück, erklomm das freie Podest. Er achtete nicht darauf, neben wen er sich gestellt hatte, nahm eine Haltung ein, die ihm bequem vorkam. Ohne zu lächeln, wie angenehm. Er hob das Gesicht und spürte es, spürte Augen und Nase und Lippenwunde, spürte das Licht in den Ohren. Er sah im angrenzenden Saal Lilias Kleid, die Farben schienen aus den Spritzern zu leuchten. Es erleichterte ihn: ein Tag für Lilias Kleid. Er beschloß, es nicht mehr lang hinauszuzögern, sondern so bald wie möglich das Atmen einzustellen.

1. Lies den Text genau durch.
2. Setzt euch in Gruppen zusammen und sprecht über eure Eindrücke.

Ein Rundgespräch

Herr Rühm Ihr habt eure ersten Eindrücke über die Geschichte „Wachsfiguren“ von Gabriele Wohmann untereinander ausgetauscht. Ich konnte beobachten, dass ihr besonders intensiv über die Hauptfigur „Hase“ gesprochen habt. Was für ein Mensch ist Hase eigentlich? In welchem Konflikt steht er? Wer möchte anfangen!

Gesine Also, ich finde es ja ziemlich komisch, wie dieser Junge von den anderen genannt wird. Onkel, Tante und Lilia sprechen ihn nur in der dritten Person an, und dann sagen sie „Hase“ oder „Häschen“ zu ihm.

Axe Ja, klar, der hat doch eine Hasenscharte, der kann gar nicht sprechen.

Irene Wieso kann der nicht sprechen? Ich kenne jemanden, der ist auch mit einer Hasenscharte geboren, das gibt es, und die ist dann operiert worden, und jetzt fällt das kaum noch auf. Ich hab gelesen, dass für die Medizin …

Herr Rühm Lass mal, Irene, das führt uns jetzt ab. Hanna, du meldest dich schon länger.

Hanna Ich glaube nicht, dass es wichtig ist, ob er sprechen kann oder nicht. Jedenfalls spricht er kein einziges Wort. Weshalb denn wohl? Doch wohl, weil seine Meinung gar nicht gefragt ist. Sie nehmen ihn doch nur aus Mitleid mit.

Max Auf ein solches Mitleid pfeif ich. Verstehe sowieso nicht, weshalb sie ihn mitnehmen, wenn sie ihn gar nicht gebrauchen können und er sie nur stört. Man sieht doch deutlich, dass er sich nicht wohl fühlt, wenn er sprechen oder sogar lächeln soll. Außerdem will er sein Gesicht ja gar nicht zeigen –

Franz Stimmt, er hält den Kopf immer gesenkt, weil sonst alle sein schrecklich entstelltes Gesicht sehen würden. Aber im Wachsfigurenkabinett, als er allein ist und sich ganz am Ende auf das freie Podest stellt, da hebt er sein Gesicht hoch und schaut zum ersten Mal geradeaus.

Irene Die Stelle fand ich gut, ich kriegte richtige Gänsehaut. Das wirkt so feierlich, wie es beschrieben wird. So als hätte er etwas Großes vollbracht. Aber warum will der das Atmen einstellen? Ist mir völlig unklar –

Steffi Ist doch klar! Er will auch zur Wachsfigur werden, einen Namen bekommen, eine Geschichte. Da stehen doch alles Personen, die irgendwie berühmt geworden sind. Dabei kommt es gar nicht auf ihr Aussehen an.

Herr Rühm Machen wir hier mal einen Zwischenstopp und fassen zusammen, was wir bisher über die Hauptperson „Hase“ herausgefunden haben …

1. Sind in diesem **Rundgespräch** alle wesentlichen Merkmale der Hauptfigur erfasst?
2. Führt ein Rundgespräch über weitere inhaltliche Aspekte der Kurzgeschichte.

Rundgespräch
→ S. 328

Notizen zu Inhalt und Form

a Kurzgeschichte mit abruptem Anfang, Wendepunkt und offenem Schluss

b Das Kind „Hase“ ist körperlich behindert. Hasenscharte?

c Die Geschichte wird eigenartig erzählt: viel wörtliche Rede, dann auch auktoriale Erzählweise.

d Mehrfach wird der Satz „Es tat Hase leid um Lilia“ wiederholt.

e Onkel, Tante und Lilia verhalten sich Hase gegenüber richtig eklig. Hase soll dankbar sein, lächeln, obwohl das ganze Unternehmen ihn nur quält.

f Der Erzähler verwendet Tierbilder wie „Häschen“, „Mäuschen“ oder „Fledermausohren“, um den Jungen zu beschreiben.

g Im zweiten Teil gibt es keine wörtliche Rede mehr, der Erzähler wechselt die Perspektive. Wirkt fast wie erlebte Rede.

h Der letzte Satz ist vieldeutig: Der Junge möchte wohl tot sein.

i Die Geschichte spielt an zwei verschiedenen Orten: Im ersten Teil zu Hause, im zweiten Teil im Wachsfigurenkabinett.

j Hase ist ganz unglücklich, er kann weder sprechen noch lächeln. Immer dreht er sein Gesicht weg, damit keiner die Narben sieht.

k Der Satzbau wechselt zwischen langen und kurzen, zum Teil gereihten Sätzen. Diese stehen besonders im zweiten Teil.

l „Wachsfiguren“ – das bedeutet doch Menschen, die wächsern sind, nicht lebendig, erstarrt.

m Die Geschichte hat einen Wendepunkt, nämlich kurz vor dem Schluss, als er sich auf das freie Podest im Wachsfigurenkabinett stellt.

n In der ganzen Geschichte spricht der Junge kein einziges Wort.

o Lilias Kleid ist für den Jungen von besonderer Bedeutung, da es mehrfach erwähnt wird.

p Eigenartig, der Junge hat keinen richtigen Namen so wie die anderen Familienmitglieder.

q Im letzten Teil stehen wichtige Aussagen über „Hase“ im Konjunktiv.

1. Suche die Textstellen, auf die hier Bezug genommen wird.
2. Was nimmst du noch wahr?
3. Welche Wahrnehmungen sind wichtig, welche weniger? Diskutiert!

Eine Analyse- und Interpretationsskizze

Textanalyse: Inhalt/Form →	**Interpretation: Gehalt/Aussage**
1. Situation: Zu Hause (Z. 1–31)	**Deutungshinweise**
• Das soziale Umfeld Hases (abschätzige Sprache der Verwandten: Lilia, Tante, Onkel) • Indirekte Charakteristik durch Personenrede (vor allem Onkel Willi) • Hauptfigur ohne Namen (angesprochen mit „Hase“, „Häschen“) • Auktorialer Erzähler (vor allem Gebärdensprache, z. B. „Abwehrhaltung“, „weggedrehtes Gesicht“, Z. 3 f.) • Wechsel zur personalen Erzählweise (Gebärdensprache, z. B. „böses Gesicht, „schartig, verzerrt“, Z. 25 f.) • Wiederholung von Motiven (Lilias Kleid/ „Es tat Hase leid um Lilia“, Z. 7)	• Mitleidloser Umgang mit dem Jungen • Spießbürgerlichkeit, auch Unmenschlichkeit der Verwandten, ohne Liebe („Wachsfiguren“: leblose und lieblose Wesen) • Außenseitertum, Namenlosigkeit, ohne Identität • erbarmungslose Darstellung der Behindertensituation Hases • Innenperspektive des Jungen: seine Behinderung = sein Leid • Hases Bewunderung für das Makellose/ empfindet sich mit seiner Hasenscharte als Last für andere
2. Situation: Im Wachsfigurenkabinett (Z. 30–51)	**Deutungshinweise**
• Hases Namenlosigkeit (Wechsel der Erzählperspektive, ab Z. 33 „Häschen mit der Hasenscharte … Wie hieß er eigentlich wirklich? …“) • Hase vor den Wachsfiguren (Sätze im Konjunktiv: z. B. „hätte“, Z. 43; Verwendung von positiven Wörtern, z. B. „bequem, angenehm“, Z. 50 f.) • Wiederholung von „spürte“ (Z. 51 f.); letzter Satz: „Atmen einstellen“ (Z. 55)	?

1. Prüfe die Skizze und vollziehe den Zusammenhang von Textanalyse und Interpretation nach.
2. Welche Deutungen legen die textanalytischen Notizen für die zweite Situation nahe? Ergänze sie.

INFO

Nachschlagen → S. 316

- Die Vorbereitung der analytischen Interpretation einer Kurzgeschichte verlangt ein **genaues Lesen** des Textes, um den Inhalt zu erfassen und Details wahrzunehmen.
- In einer **Analyse- und Interpretationsskizze** werden Wahrnehmungen am Text systematisiert.

Nachschlagen → S. 316

Der analytische Interpretationsaufsatz: Kurzprosa

Zwei Beispiele für eine Gliederung

Auf dieser und den folgenden Seiten findest du mehrere Beispiele aus Schüleraufsätzen. Das Thema des Interpretationsaufsatzes lautete: „Interpretiere die Kurzgeschichte ‚Wachsfiguren' von Gabriele Wohmann."

Interpretationshypothese: Die Annahme, wie ein literarischer Text interpretiert werden könnte, ist als Arbeitshypothese eine nützliche Hilfe (z. B. für den Entwurf einer Gliederung, aber auch für die Einleitung eines Aufsatzes).

1. Beispiel

Interpretationshypothese: In der Kurzgeschichte wird erzählt, dass ein kleiner behinderter Junge von seiner Umwelt unmenschlich behandelt wird. Am liebsten wäre er tot.

Gliederung:

Einleitung:	1	Eine problembesetzte Familiensituation
Hauptteil:	2	Die Tragödie des behinderten Kindes „Hase"
	2.1	Zu Hause
	2.1.1	Hases Behindertsein und Ausgestoßensein
	2.1.2	Sein soziales Umfeld: Lilia, Else, Wilhelm
	2.2	Im Wachsfigurenkabinett
	2.2.1	Identifikationsversuch mit Wachsfiguren
	2.2.2	Todeswunsch
Schluss:	3	Die Betroffenheit des Lesers

2. Beispiel

Intepretationshypothese:

Gliederung:

Einleitung:	Aktualität der Thematik, behindert zu sein
Hauptteil:	Erfahrungen des Ausgestoßenseins
	1. Zu Hause
	a) Hases Namenlosigkeit und Gesichtslosigkeit
	b) Die Familie als „Wachsfigurenkabinett"
	2. Im Wachsfigurenkabinett
	a) Suche nach dem eigenen Wert
	b) Versuch, sich als Mensch zu spüren
Schluss:	Wirkliche Menschen sind keine Wachsfiguren

1. Überprüfe, wie aus der Interpretationshypothese die Gliederung entworfen wurde.
2. Vergleiche die beiden Gliederungen. Wo siehst du Unterschiede?
3. Formuliere zur zweiten Gliederung eine Interpretationshypothese.

Einleitungstypen – Beispiele aus Schüleraufsätzen

A Die Kurzgeschichte „Wachsfiguren“ von Gabriele Wohmann handelt von der unglücklichen Situation eines körperlich entstellten Kindes und dem Verhalten der übrigen Familienmitglieder. Ihr Verhalten führt schließlich dazu, dass der Junge nicht mehr leben möchte.

B In dem Text erzählt die Autorin von den Problemen eines behinderten Kindes. In unserer Gesellschaft gibt es viele Behinderte. Oft führen sie ein Außenseiterdasein. Von dieser Problematik handelt auch die Kurzgeschichte „Wachsfiguren“ von Gabriele Wohmann.

C Die Kurzgeschichte „Wachsfiguren“ von Gabriele Wohmann beeindruckt mich sehr, weil hier auf eindringliche Weise die Probleme eines behinderten Kindes dargestellt werden. Warum der Text solch einen Eindruck auf den Leser ausübt, möchte ich nun im Einzelnen ausführen.

D Die Kurzgeschichte „Wachsfiguren“ von Gabriele Wohmann handelt auf den ersten Blick von einem behinderten Jungen und dem hartherzigen Verhalten der Familienmitglieder ihm gegenüber. Bei genauerem Lesen zeigt sich aber, dass sich dahinter eine andere, tiefer gehende Problematik verbirgt. Das Thema ist der Verlust von Selbstwertgefühl als Folge der körperlichen Behinderung.

E Als ich die Kurzgeschichte „Wachsfiguren“ von Gabriele Wohmann das erste Mal las, musste ich spontan an unsere Nachbarn denken. Auch sie haben ein behindertes Kind; allerdings teilt dieser Junge nicht das Schicksal der Hauptfigur „Hase“, der keinen richtigen Namen hat. Er wäre am liebsten eine Wachsfigur, weil er dann einen Namen und damit auch Anerkennung durch andere hätte.

1. Wie unterscheiden sich die Einleitungstypen im Einzelnen?
2. Ordne sie diesen Typen zu:
   Interpretationshypothese – persönliches Erlebnis – Verallgemeinerung des Themas – Wertung – kurze Inhaltsangabe.

Ausschnitte aus dem Hauptteil *Schüleraufsatz*

Im ersten Teil der Kurzgeschichte, vorwiegend in Form der Wiedergabe eines Gesprächs *(Z. 1–31)*, erfährt der Leser, wie sich mehrere Personen auf einen Sonntagsausflug vorbereiten. Eine der Personen hat keinen Namen, vielmehr wird sie von den anderen Familienmitgliedern (Lilia, Tante Else und Onkel Willi) mit dem Tiernamen „Hase" oder „Häschen" angeredet. Der Name macht stutzig – und erst nach und nach wird erkennbar, um wen es sich handelt. Das liegt an der Art und Weise, wie der Erzähler den Leser an die Hauptperson – einen kleinen Jungen – heranführt. Dass diese Person etwas Eigenartiges an sich haben muss und innerhalb der Familie eine besondere Stellung hat, kündigt sich bereits im ersten Satz der Geschichte an, indem die Sprechweise der Cousine Lilia charakterisiert wird. Sie spricht nämlich mit „fallendem Ton" *(Z. 1)*. Auffällig ist auch das Verhalten des Jungen, der „in seiner gewohnten Abwehrhaltung, mit so weit wie möglich weggedrehtem Gesicht" *(Z. 3)* auf die wohlwollende, wenn auch aufdringliche Art der Tante reagiert. Ein weiterer Hinweis ist die Tatsache, dass er nicht spricht, denn seine „Lippen ließen sich nicht bewegen" *(Z. 9)*, er stößt nur „bettelnde [...] Laute aus" *(Z. 24)*. Mit der Formulierung „schartig" *(Z. 27)* verdichtet sich der Eindruck, dass es sich um einen Jungen mit einer Hasenscharte handelt. Sein eigenartiges Verhalten scheint in unmittelbarem Zusammenhang mit seinem Äußeren zu stehen. Er spürt, dass er den anderen ihren sonntäglichen Ausflug verdirbt, dass er eben eine Belastung für sie ist. Für Lilia, die gerne glänzen möchte in ihrem neuen Kleid *(vgl. Z. 7 und 10)*, oder für den Onkel, der „so weich und sonntäglich gestimmt war" *(Z. 29f.)*. Belegen lässt sich das auch mit dem Satz „Es tat ihm leid", der fünf Mal wiederkehrt und sich wie ein roter Faden durch die Geschichte zieht. [...]

Wie sehr der Junge von den anderen missverstanden und als Last empfunden wird, zeigt sich gerade an der Art und Weise, wie sie mit ihm sprechen. In der Personenrede charakterisieren sie sich und ihr mitleidloses Verhalten selbst. Mal sprechen sie in einem zwar begütigenden, aber überlauten Ton mit dem Jungen: „Natürlich geht das Häschen mit, rief Tante Else" *(Z. 2)*, mal mit unterschwellig aggressivem Ton, wenn er nicht das erwartete Verhalten wie Dankbarkeit oder Freude zeigt: „Was macht er fürn böses Gesicht, wenn er mitgehn darf, he?" *(Z. 16f.)*, mal wird die finanzielle Belastung betont: „Der Eintritt hat Geld gekostet, hörst du?" *(Z. 41f.)*. [...]

Betrachtet man den zweiten Teil der Geschichte, der mit dem Ortswechsel eingeleitet wird, so fällt auf, dass sich gleichzeitig ein Wechsel in der Perspektive vollzieht. [...]

1. Untersuche diesen Hauptteil:
   - Welche Deutungsschwerpunkte erkennst du?
   - Wie ist hier die Verbindung von Beobachtungen zu Inhalt und Form in Bezug auf die Deutung gelungen? (Vgl. Skizze, S. 95.)
2. Schreibe den Aufsatz weiter.

Verschiedene Schlusstypen – Beispiele aus Schüleraufsätzen

1 Mein erster Eindruck, dass es sich um die Ängste und Leiden eines behinderten Kindes handelt, hat sich bestätigt, denn den Jungen belastet die Situation, ein minderwertiger Mensch zu sein, so sehr, dass er mit dem Gedanken spielt, sein Leben zu beenden.

2 Die bisherigen Ausführungen haben deutlich gemacht, wie demütigend der Junge die Behandlung durch die anderen Familienmitglieder empfinden muss. Darum lässt sich sein Entschluss, das Atmen einzustellen, als Wunsch deuten, die anderen Personen von sich und seinem Anblick zu befreien; er will ihnen nicht mehr zur Last fallen.

3 Wie konnte es also zu den bedrängenden Problemen der Hauptfigur kommen? Der Junge sieht aufgrund seiner körperlichen Missbildung für sich keine Möglichkeit, so etwas wie ein Selbstwertgefühl zu entwickeln. Sein Wunsch, zur Wachsfigur zu werden, ist aus seiner Perspektive darum folgerichtig, denn dann hätte er einen Namen und ein Gesicht, was ihm im wirklichen Leben verwehrt bleibt. Er hätte dann endlich ein Selbstwertgefühl. Er zieht dem minderwertigen Leben als Junge mit Hasenscharte ein „Leben" als Wachsfigur vor.

4 Die Geschichte stimmt nachdenklich. Und mir als Leser stellt sich die Frage: Wie gehen wir in unserer Gesellschaft eigentlich mit Außenseitern um?

5 Es geht also in der Geschichte nicht so sehr um Behinderte im Allgemeinen, wie anfänglich mein Eindruck war, sondern um Einblicke in die innere Welt eines missgebildeten Kindes, seine Gefühle und Ängste und dass es sich ständig als Belastung für andere empfindet. Wie gedemütigt, wie wertlos muss sich ein Mensch vorkommen, um einen solchen Entschluss zu fassen. Das hat mich an dieser Geschichte ganz besonders berührt.

6 Ich finde die Geschichte insgesamt großartig und sehr gelungen, so traurig sie in ihrer Thematik auch ist. Die Autorin versteht es, mit raffinierten erzähltechnischen Mitteln den Leser in das Geschehen hineinzuziehen und ihm Einblicke in die seelischen Nöte eines missgestalteten Kindes zu ermöglichen.

1. Wie unterscheiden sich diese Schlusstypen? Finde Kriterien (vgl. Einleitungstypen, S. 97).

Interpretation oder Spekulation?

A Lilia steht gern im Mittelpunkt. Sie hat Probleme mit ihrem Selbstbewusstsein, denn sie will auffallen und den anderen gefallen. Sie ist die heimliche Hauptfigur. Ihr wird von dem behinderten Jungen die Schau gestohlen. Er will ihr helfen.

B Ein zentraler Satz bringt den Wechsel in der Erzählperspektive auf eine knappe Formel: „Kein Gesicht, keinen Namen" *(Z. 37f.)*. Unmittelbar davor heißt es: „Es tat ihm leid für Lilia. Wie hieß er eigentlich wirklich? Hatte er einen Namen?" *(Z. 35)*. Während der erste Satz noch von einem allwissenden Erzähler kommt, findet mit den anschließenden Fragen der Übergang ins Innere der Hauptfigur statt. Ihre Gedanken und Gefühle werden nun in der Form der erlebten Rede wiedergegeben.

C Auf dem Weg zum Wachsfigurenkabinett schauen ihn wieder alle an. Er würde am liebsten weglaufen, so sehr nervt ihn das. Weg, weit weg. Wo ihn keiner sieht, das ist sein Wunsch. Er möchte endlich seine Ruhe haben und tun und lassen, was er will. Nicht so genervt werden von dem Onkel und der Tante. Man muss sich nur einmal in seine Lage versetzen: Ewig dieses Anglotzen, das nervt eben.

D Dem Jungen kommt beim Anblick der Wachsfiguren die Idee, er brauche nur „[...] den Kopf zu heben, ihnen alles zu zeigen, dann hätte er ein Gesicht" *(Z. 43f.)* – und einen Namen. Denn in der Welt der Wachsfiguren, so zumindest stellt es der Junge fest, gibt es keinen Zusammenhang zwischen der Art des Gesichts und dem Anspruch auf einen Namen. Hier ist jeder, „Schöne und Hässliche und Krüppel" *(Z. 45f.)*, im Besitz eines Namens. Ein Name steht offensichtlich für menschliche Würde.

E Neulich in der Disco war auch ein Behinderter, der hatte nur einen Arm. Dem ging es genauso wie dem Jungen in der Geschichte. Der wurde auch andauernd angeguckt. Man sieht daran, dass man die Behinderten leben lassen sollte, wie sie wollen. So wie den Jungen, der eine Wachsfigur werden will. Behinderte haben einfach einen schlechten Stand in der Gesellschaft, weil keiner sie will.

F Die Hauptperson wird von den anderen als belastend empfunden. Der Onkel z. B. beschwert sich über das „böse Gesicht, wenn [der Junge] mitgehn darf" *(Z. 15f.)*. Lilia spricht nur indirekt „[...] mit fallendem Ton" *(Z. 1)*, heißt es im Text. Die Tante scheint eine Ausnahme zu sein, denn sie möchte, dass der Junge mitgeht *(vgl. Z. 2)*. Außerdem zeigt sie als einzige Zuwendung: „[Sie] hatte sich neben ihn gekauert" *(Z. 4f.)*. Allerdings schlägt sie schon wenig später einen anderen Ton an: „Undankbare Kinder verdienen ja gar nicht, daß man sich so mit ihnen anstellt" *(Z. 30f.)*.

1. Wo wird interpretiert, wo spekuliert?

Verschiedene Zitiermöglichkeiten

Wörtliches Zitat
Ein zentraler Satz bringt den Wechsel in der Erzählperspektive auf eine knappe Formel: *„Kein Gesicht, keinen Namen“ (Z. 37f.)*. Unmittelbar davor heißt es: *„Es tat ihm so leid für Lilia. Wie hieß er eigentlich wirklich? Hatte er einen Namen?“ (Z. 34f.)*.

Paraphrase
Wie nah der Erzähler hier der Hauptperson ist, wird an den Fragen des Jungen deutlich, wie er eigentlich heiße und ob er einen Namen habe *(vgl. Z. 35f.)*. Sie gipfeln in der Erkenntnis, dass es ohne Gesicht auch keinen Namen gibt *(vgl. Z. 37)*.

Paraphrase: Umschreibung

Integration des Zitats in die eigene Argumentation
Eindringlich wird sein innerster Wunsch deutlich, seiner Cousine zur gewünschten Aufmerksamkeit zu verhelfen, denn *„es tat ihm so leid für Lilia“ (Z. 34)*. Das war nicht möglich, solange er *„kein Gesicht, keinen Namen“ (Z. 37)* hatte.

Integration des Zitats mit grammatischer Umstellung
Der mehrfach geäußerte Satz, dass *„[es] [...] ihm so leid [tat] für Lilia“ (Z. 34)*, belegt eindringlich, wie sehr er sich als Belastung empfindet. Mit der Frage, wie *„[...] er eigentlich wirklich [hieß]“ (Z. 35)*, rückt der Erzähler die zentrale Problematik in den Blickpunkt, die durch den Wechsel der Erzählperspektive noch betont wird.

Zitat in Klammern an die Eigenaussage anfügen
Der Erzähler versetzt sich nun ganz in die Situation und Sichtweise des Jungen *(„Kein Gesicht, keinen Namen“, Z. 37)*.

1. Erläutere die Zitiermöglichkeiten mit deinen Worten.
2. Probiere sie an einem weiteren Beispiel deiner Wahl aus.

INFO

Nachschlagen → S. 316

- Der **analytische Interpretationsaufsatz**
  – ist in Einleitung, Hauptteil und Schluss gegliedert,
  – muss den Zusammenhang von Inhalt und Form in Bezug auf die Deutung erfassen,
  – ist argumentativ, d. h. Spekulationen sind unzulässig.
- Alle Deutungen müssen am Text belegt werden. Es gibt verschiedene Zitierweisen.

Nachschlagen → S. 316

Die Vorbereitung der gestaltenden Interpretation: Kurzprosa

Apfel auf silberner Schale *Hans Joachim Schädlich*

LPG: landwirtschaftliche Produktionsgenossenschaft (DDR)

Datsche: Wochenendhaus

Bine wollte raus am Sonntag. Ich? Hatte selber Frischluft nötig. Also wir los. Ich kenn 'ne Obstplantage, um die Zeit is da keiner. So halb auf 'm Berg, mit Fernblick auf die LPG, da kannste stundenlang in der Sonne liegen. Haste Kohldampf, schüttelste 'n Baum. Brauchst die Vitamine bloß aufsammeln. Gras gibt's auch, schön weich. Wir also 'n ganzen Tag Adam und Eva. So zwischen fünfe sind wir abgehauen. Bine wollte noch tanzen gehen. Bloß, es fuhr kein Bus. Wir stehen und stehen.

Lieber zelt ich hier als jetzt tippeln, sagt Bine.

Die braucht nich lange warten. Hält so 'n Typ mit 'm blauen Fiat, Marke Polski. Bine sitzt schon halb, da komm ich.

Na schön, sagt der.

Bine vorn, ich hinten. Stellt sich raus, der Clown fährt gar nich in die Stadt. Is bestimmt 'ne Finte, denk ich, und siehste, der muss auf seine, sagt der doch tatsächlich, Datsche. Schönschön, Bine in der Laube von dem Onkel da, aber ich bin auch noch hier, was hat sich denn die Halbglatze ausgedacht?

Die Zweitwohnung von dem hättste sehen sollen, Mensch. Ich dacht immer, so was gibt 's bloß hinter der Grenze, wo das andere Land wuchert. 'ne komplette Villa am See. Ich erst mal rein und das ganze Ding abgeleuchtet. Ich musst immer an Kutte denken, wie der wohnt mit seinen Wurzeln.

Dieser aufgeschwemmte Komiker grinst bloß, schenkt uns was ein, Whisky, für achtzig Mark die Flasche oder von drüben, und Bine, das Stück, tut glatt, als kotzt sie der ganze Mist nich an. Aalt sich im Ledersessel, der Onkel schmeißt seine Anlage an, 'ne original Rhythmusmaschine, Platten hat er auch, viel zu schade für den, und Bine hilft sich hoch, Zigarette zwischen den Zähnen, und tanzt, solo.

Öde. Ich geh auf die Terrasse, die Tür lass ich offen, bisschen atmen. Mal sehen, was der Bootsschuppen macht, ich steig runter, vielleicht rudern, is aber alles dicht. Ich steh so am Ufer, eine rauchen.

Wieder zurück, Musik is immer noch, ich komm rein, sitzt doch Bine auf dem Clown sei'm Schoß. Wenn ich dadran denk, kommt mir wieder der Kaffee hoch.

Ich sag, Bine, lass den Sabbel, wir ziehen jetzt Leine.

Aber denkste. Die rotzfrech, sagt, Käs nich rum, gib mir lieber 'ne Zigarette.

Und jetzt auch der Komiker, Nimm dir was zu trinken, Junge, schieß doch nich quer, ihr könnt hier übernachten, undsoweiter.

Nach jedem zweiten Wort kullert der die ganz irre an.

Ich sag noch mal, Der geht mir auf 'n Senkel, was willst du denn mit so 'm verschimmelten Affengesicht. Aber Bine sagt bloß, Mensch, mir schießt gleich 's Wasser in die Augen. Lass mich doch. Mir gefällt 's hier. Noch drei Jahre und ich seh aus wie 'n alter Apfel. Dann kann ich immer noch unterm Baum liegen. Ich steh so da und krieg 'ne unheimliche Wut. Bine links und rechts 'n paar kleben, dem Onkel mit 'm Kaminhaken eins über die Rübe, die ganze Bude in Klump hauen, die Gläser, die Fensterscheiben, rumbrüllen, dass die Scherben klirren, das wär jetzt fällig. Plötzlich denk ich, Mann den ganzen Scheiß muss ich schon mal irgendwo im Kino gesehen haben. Lieber lauf ich die ganze Nacht als noch drei Sekunden bleiben.

Ich reiß die Tür auf und raus, raus hier.

Bine hab ich sofort vergessen. Und ihr neuer Typ, so was is für mich gestorben, aber das lebt.

1. Setzt euch in Gruppen zusammen und sprecht über den Inhalt des Textes.

Bines Ich-Erzählung

Hab' Toby seit 'ner Woche nicht mehr gesehen, seit diesem Sonntag. Toby ist o. k., eigentlich mag ich ihn, aber da wurde er ja so was von pampig. Bin doch kein kleines Kind mehr. Kommandiert mich da rum. Dabei fing der Tag so irre an – unter'm Apfelbaum liegen, fast wie im Paradies. Eh man, war so richtig romantisch. Und dann wollte ich tanzen. Und dann der Typ mit seiner Luxusvilla. Wow! Wie im Film! Und ich mitten drin ...

1. Schreibe Bines Text weiter.
2. Setzt euch in Gruppen zusammen und vergleicht eure jeweilige Version: Was sieht Bine völlig anders als der Ich-Erzähler?

Eine Situation – mehrere Ich-Perspektiven

So erzählt der Ich-Erzähler im Textoriginal:
„Dieser aufgeschwemmte Komiker grinst bloß, schenkt uns was ein, Whisky, für achtzig Mark die Flasche oder von drüben, und Bine, das Stück, tut glatt, als kotze sie der ganze Mist nicht an. Aalt sich im Ledersessel, der Onkel schmeißt seine Anlage an ...“ *(Z. 20–23)*

So könnte Bine dieselbe Situation erzählen:
Unserem Gastgeber war die ganze Situation wohl doch peinlich, wie Toby da durch die Wohnung stöberte, er grinste verlegen und versuchte die Peinlichkeit zu überwinden, indem er uns höflich Whisky anbot. Fand ich klasse! Ein bisschen fühlte ich mich dann auch geschmeichelt, wie eine Dame in einem Ledersessel sitzen zu dürfen. Tolle Musik!

Und dies könnte die Version des „Typs“ sein:
Macht mir richtig Spaß, wie die jungen Leute doch zu beeindrucken sind. Denen will ich mal zeigen, wie man auch hier in der DDR leben kann, wenn man nur fleißig ist. Whisky hat man nicht alle Tage. Toll sieht sie aus, wie sie da im Ledersessel sitzt. Was der junge Mann bloß für ein Gesicht macht! In dem kocht's! Hält mich wohl für einen alten Sack, der scharf auf kleine Mädchen ist. Na, vielleicht beruhigt ihn ja die Musik, das mögen die jungen Leute doch. Ich übrigens auch.

3. Wie wird jeweils die Situation wahrgenommen?
4. Wähle eine andere Passage aus der Geschichte aus und erzähle sie jeweils aus anderer Perspektive. – Erläutere, wie du die Perspektivgestaltung angelegt hast.

Ein allwissender Erzähler

Diese Geschichte handelt von Bine und Toby, die sich an einem schönen Sonnentag unerwartet aus den Augen verloren haben. Dabei versprach dieser Tag ein ganz besonderer Tag zu werden. Beide wollten den Sonntag draußen verbringen. Toby hatte die ganze Woche auf Montage gearbeitet, war kaputt von dem Lärm der Maschinen und der Hektik im Betrieb. Bine hatte für ihre Abschlussprüfung gelernt, die sie unbedingt bestehen musste, wenn sie weiterkommen wollte. Und sie wollte weiter. Frische Luft tat also beiden gut. Toby kannte eine Obstplantage am Berg gelegen mit einem weiten Blick über das Land. Hier wollten sie einfach einmal ganz für sich sein. Sie liebten sich, träumten im weichen Gras, aßen von den Äpfeln und fühlten sich fast wie im Paradies. Am Abend wollte Bine tanzen gehen, und so brachen sie auf. Leider fuhr kein Bus und zum Laufen hatten beide keine Lust. Also stellte sich Bine an die Straße, um ein Auto anzuhalten. Und das war der Anfang vom Ende.

Schon bald hielt ein blauer Fiat. Der Fahrer war eindeutig einer von diesen Parteifunktionären, denn wer konnte sich schon ein solches Importauto leisten. Als Toby auf der Bildfläche erschien, verzog er keine Miene und ließ beide einsteigen. Allerdings fuhr er nicht in die Stadt, was Bine überhaupt nicht störte. Sie unterhielt sich angeregt mit dem älteren Mann, fand es auch nicht schlimm, dass dieser zu seinem Wochenendhaus fuhr. Beide schienen Toby auf dem Hintersitz völlig vergessen zu haben. Der wurde allmählich misstrauisch und fragte sich, was denn dieser Politmensch vorhatte.

5. Vergleiche diesen Text mit Schädlichs Erzählanfang.
Welche Unterschiede stellst du fest?

Ein personaler Erzähler

Er verließ das Parteibüro und ging zu seinem Wagen. Jedes Mal, wenn er ihn sah, fühlte er, wie Stolz ihn überkam. Er hatte es geschafft, hier in dieser Deutschen Demokratischen Republik, Besitzer eines Fiats zu sein, Importware aus Polen. Er musste viel arbeiten, aber das mussten andere auch. Er konnte sich Dinge leisten wie nur wenige, hatte sogar eine „Datsche“ da draußen bei der großen Obstplantage vor der Stadt. Da würde er jetzt einen ruhigen Abend verbringen mit Musik und einem Glas Whisky, so wie die im Westen. Er fühlte sich richtig wohl, als er so über die holprige Straße fuhr. Das Mädchen, das da am Straßenrand stand, sah gut aus, warum also nicht. Er hielt, ganz gegen seine Prinzipien, und öffnete die Tür. Als sie fast saß, sprang da noch ein junger Kerl heran, hatte sich wohl im Hintergrund gehalten. Es störte ihn nicht, sollte der doch mitkommen. Wohin sie wollten, hatten sie ihm nicht gesagt. Er fuhr los.

6. Worin unterscheidet sich die personale Erzählweise von der des allwissenden Erzählers?

7. Vergleiche alle Perspektivgestaltungen:
Inwiefern tragen sie zum Verständnis der Geschichte bei?

Kriterien

Das gestaltende Interpretieren ist regelgeleitet. Du findest hier entsprechende Kriterien mit möglichen Oberbegriffen auf den Karten A–E.

A Figuren- und Situationszeichnung im gestaltenden und poetischen Text

B Art des gestaltenden Textes

C Originalität und Ideenreichtum im gestaltenden Text

D Verstehen des poetischen Textes

E Gelenkte Fantasie im gestaltenden Text

Nachschlagen → S. 316

1 Das gestaltende Interpretieren ist abhängig von der in der Aufgabenstellung vorgeschriebenen Textsorte, deren Merkmale zu beachten sind. Ein Monolog muss beispielsweise anders geschrieben werden als eine Verteidigungsrede. So kann der innere Monolog sprunghaft, elliptisch und assoziativ gehalten sein. Die Verteidigungsrede hingegen verlangt in der Regel einen argumentativen Stil.

2 Das gestaltende Interpretieren ist abhängig von der zu zeichnenden Figur oder Situation. Wenn die Figur des poetischen Textes sich beispielsweise als gehemmt, introvertiert und zu keinen tieferen Gedanken fähig erweist, muss man sie auch entsprechend in dem gestaltenden Text zeichnen.

3 Das gestaltende Interpretieren sollte originell und ideenreich sein. Wie lässt sich beispielsweise die Unreflektiertheit einer Person sprachlich gestalten? Wie können Situationen geschaffen werden, die dies ausdrücken?

4 Das gestaltende Interpretieren wird zwar von der Fantasie des Schreibers geleitet, diese findet aber ihre Grenzen in der poetischen Vorgabe des Dichters / der Dichterin. So können Personen, neue Situationen oder Konstellationen nicht wahllos erfunden werden.

5 Das gestaltende Interpretieren muss immer Interpretationsaspekte im Blick behalten. Der in der Analyse erkannte Gehalt eines literarischen Textes soll in der Gestaltung deutlich werden.

1. Ordne die Oberbegriffe auf den Karten A–E den erläuterten Kriterien zu.
2. Bildet Kleingruppen und formuliert zu den Kriterien Beispiele für die Kurzgeschichte *Apfel auf silberner Schale* von Hans Joachim Schädlich.

INFO

- Die Vorbereitung der **gestaltenden Interpretation** richtet sich auf das Verstehen des Textes. Dafür können Aus- und Umgestaltungen des poetischen Bezugstextes hilfreich sein.

Der gestaltende Interpretationsaufsatz: Kurzprosa

Nachschlagen → S. 317

Happy End *Kurt Marti*

Sie umarmen sich, und alles ist wieder gut. Das Wort ENDE flimmert über ihrem Kuss. Das Kino ist aus. Zornig schiebt er sich zum Ausgang, sein Weib bleibt im Gedrängel hilflos stecken, weit hinter ihm. Er tritt auf die Straße und bleibt nicht stehen, er geht, ohne zu warten, er geht voll Zorn, und die Nacht ist dunkel. Atemlos, mit kleinen, verzweifelten Schritten holt sie ihn ein, holt ihn schließlich ein und keucht zum Erbarmen. Eine Schande, sagt er im Gehen, eine Affenschande, wie du geheult hast. Sie keucht. Mich nimmt nur wunder warum, sagt er. Sie keucht. Ich hasse diese Heulerei, sagt er, ich hasse das. Sie keucht noch immer. Schweigend geht er voll Wut, so eine Gans, denkt er, so eine blöde, blöde Gans, und wie sie keucht in ihrem Fett. Ich kann doch nichts dafür, sagt sie endlich, ich kann doch wirklich nichts dafür, es war so schön, und wenn es schön ist, muss ich einfach heulen. Schön, sagt er, dieser Mist, dieses Liebesgewinsel, das nennst du also schön, dir ist ja wirklich nicht zu helfen. Sie schweigt und geht und keucht und denkt, was für ein Klotz von Mann, was für ein Klotz.

1. Bereite den Text für eine gestaltende Interpretation vor. Verfahre dabei nach den eingeübten Arbeitsschritten:
   - genaues Lesen,
   - Auffälligkeiten im Text markieren,
   - Notizzettel anlegen,
   - offene Fragen formulieren.

Innerer Monolog des Mannes

Die produktive Aufgabenstellung zu Kurt Martis Text lautet:

> Als beide zu Hause ankommen, beschäftigt sie dieser Kinobesuch noch immer. Beide denken über diesen Abend, sich selber und ihre Beziehung nach. Verfasse zwei innere Monologe.

Manuela hat den inneren Monolog des Mannes so gestaltet:

Endlich zu Hause und weg von der Straße mit dieser dicken Kuh. Die Türe müsste man ihr vor der Nase zuschlagen. Dann hätte ich meine Ruhe. Gut, dass es draußen dunkel war und niemand gesehen hat, wie sie mir nachkeucht! Sie ist ja so lächerlich. Wie kann man nur wegen so einem Liebesschwachsinn Krokodilstränen weinen! Ich wusste doch, warum ich nicht in diesen albernen Film gehen wollte. So ein richtiger harter Thriller, das wär's gewesen. Aber dieses Gesulze! Weibersache! Die wollen immer ein Happy End. – Bei mir nicht!

Eine Schande ist dieses fette Weib. Kein vernünftiges Wort kann man mehr mit ihr reden. Immer nur Keuchen! Immer nur Heulen! Immer nur Tortenberge! Immer nur Liebesfilme! Liebe nennt sie das! In die letzten Gefühlsduseleien steigert sie sich rein, liest keine Zeitung, schaut keine Nachrichten. Rennt mir nur nach, bedrängt mich mit ihren Gefühlen. Als wären wir noch zwanzig. Und das endet stets im Geheule. Wie mich das nervt!

Sie sollte mal in den Spiegel gucken. „Spieglein, Spieglein an der Wand, wer ist die Schönste ...“. Dass ich nicht lache. Ach, soll sie doch machen, was sie will. Nur mich in Ruhe lassen. Ich geh jetzt noch in die Kneipe. Ein ordentliches Glas Bier wird mir gut tun.

Manuela B., 9b

2. Vergleiche Textvorlage und gestaltende Interpretation:
- Passen die hier geäußerten Gedanken und Gefühle zu der Figur des Mannes und seiner Beziehung zur Frau? Begründe.
- Überzeugt dich der Schluss in der Gestaltung?

3. Schreibe den Monolog der Frau. Achte dabei auf den Zusammenhang mit der Textvorlage. – Erkläre, wie du dein Verständnis der Figur gestaltet hast.

Unterschiedliche Aufgabenstellungen – unterschiedliche Textsorten

1 Dialog
Am späten Abend geht der Mann noch in seine Stammkneipe, um seinen Ärger herunterzuspülen. Dort trifft er seinen Kegelbruder.
– *Gestalte den Dialog.*

2 Tagebucheintrag
Am Abend nach dem Kinobesuch und dem Streit mit ihrem Mann geht die Frau in ihr Zimmer. Sie zieht aus der Schublade ihr Tagebuch und notiert ihre Gedanken und Gefühle.
– *Schreibe den Tagebucheintrag.*

3 Brief
Am Abend nach dem Kinobesuch schreibt die Frau an ihre Freundin.
– *Verfasse den Brief.*

4 Telefongespräch
Noch am selben Abend ruft die Frau ihre beste Freundin an, um ihr Herz über den misslungenen Abend auszuschütten.
– *Gestalte dieses Telefongespräch.*

5 Diskussion
Ein Vierteljahr später stehen Mann und Frau vor dem Scheidungsrichter. Es kommt zu einer Diskussion, wer an der Zerrüttung Schuld hat.
– *Schreibe diese Diskussion.*

4. Wählt jeweils eine Aufgabe aus und schreibt in Kleingruppen den Anfang.
5. Worin unterscheiden sich die Textsorten?

Mittagspause *Wolf Wondratschek*

Sie sitzt im Straßencafé. Sie schlägt sofort die Beine übereinander. Sie hat wenig Zeit.
Sie blättert in einem Modejournal. Die Eltern wissen, dass sie schön ist. Sie sehen es nicht gern.
Zum Beispiel. Sie hat Freunde. Trotzdem sagt sie nicht, das ist mein bester Freund, wenn sie zu Hause einen Freund vorstellt.
Zum Beispiel. Die Männer lachen und schauen herüber und stellen sich ihr Gesicht ohne Sonnenbrille vor.
Das Straßencafé ist überfüllt. Sie weiß genau, was sie will. Auch am Nebentisch sitzt ein Mädchen mit Beinen.
Sie hasst Lippenstift. Sie bestellt einen Kaffee. Manchmal denkt sie an Filme und denkt an Liebesfilme. Alles muss schnell gehen.
Freitags reicht die Zeit, um einen Cognac zum Kaffee zu bestellen. Aber freitags regnet es oft.
Mit einer Sonnenbrille ist es einfacher, nicht rot zu werden. Mit Zigaretten wäre es noch einfacher. Sie bedauert, dass sie keine Lungenzüge kann.
Die Mittagspause ist ein Spielzeug. Wenn sie nicht angesprochen wird, stellt sie sich vor, wie es wäre, wenn sie ein Mann ansprechen würde. Sie würde lachen. Sie würde eine ausweichende Antwort geben. Vielleicht würde sie sagen, dass der Stuhl neben ihr besetzt sei.
Gestern wurde sie angesprochen. Gestern war der Stuhl frei. Gestern war sie froh, dass in der Mittagspause alles sehr schnell geht.
Beim Abendessen sprechen die Eltern davon, dass sie auch einmal jung waren. Vater sagt, er meine es nur gut. Mutter sagt sogar, sie habe eigentlich Angst.
Sie antwortet, die Mittagspause ist ungefährlich.
Sie hat mittlerweile gelernt, sich nicht zu entscheiden. Sie ist ein Mädchen wie andere Mädchen. Sie beantwortet eine Frage mit einer Frage.
Obwohl sie regelmäßig im Straßencafé sitzt, ist die Mittagspause anstrengender als Briefeschreiben. Sie wird von allen Seiten beobachtet. Sie spürt sofort, dass sie Hände hat.
Der Rock ist nicht zu übersehen. Hauptsache, sie ist pünktlich.
Im Straßencafé gibt es keine Betrunkenen. Sie spielt mit der Handtasche. Sie kauft jetzt keine Zeitung.
Es ist schön, dass in jeder Mittagspause eine Katastrophe passieren könnte. Sie könnte sich sehr verspäten. Sie könnte sich sehr verlieben.
Wenn keine Bedienung kommt, geht sie hinein und bezahlt den Kaffee an der Theke.
An der Schreibmaschine hat sie viel Zeit, an Katastrophen zu denken. Katastrophe ist ihr Lieblingswort. Ohne das Lieblingswort wäre die Mittagspause langweilig.

1. Worum geht es in der Geschichte? Sprecht darüber.

Auszüge aus zwei Schüleraufsätzen

Im Folgenden findest du als gestaltende Interpretation einen Brief der jungen Frau aus der Geschichte an ihre Freundin (Text A) und eine analytische Interpretation (Text B) der Geschichte.

A gestaltend

Die Mittagspause bringt, Gott sei Dank, etwas Abwechslung. Du weißt ja, ich gehe meistens in das Straßencafé an der Ecke. Da ist an schönen Tagen viel Betrieb und es macht mir Spaß, Leute zu beobachten. Ich stelle mir manchmal sogar vor, dass mich jemand anspricht, ein Mann natürlich. Aber da ist schon ein Problem: Ich wüsste gar nicht, wie ich reagieren sollte! Natürlich hätte ich es gerne, aber er müsste mir schon gefallen ohne plumpe Anmache, wenn mich einer ansprechen würde! Ich selbst könnte das nie!! Und es gefällt mir ja auch, in meinem Mini sexy auszusehen – was andere Mädchen hier ja auch tun –, um von Männern registriert zu werden. Obwohl es einige mit dem Gaffen auch übertreiben! Aber auch wenn einer nicht penetrant glotzt, sondern ganz normal, werde ich leicht rot und da hilft auch die Sonnenbrille nicht viel. Ich bin einfach unsicher! Wenn mich dann einer ansprechen würde, würde ich wahrscheinlich Unsinn reden und mich total blamieren. Ich glaube, dass ich die Unnahbare spielen würde, obwohl ich es gar nicht will.
Du kennst das ja: Sonnenbrille auf, locker in einer Illustrierten blättern und lässig eine rauchen; auch ein Cognac wirkt. Ist doch komplett bescheuert, oder! Warum kann ich nicht ...

Caroline S.

B analytisch

Aus meiner Sicht gibt es einen Schlüsselsatz, der wahrscheinlich auch nicht ganz zufällig etwa in der Mitte des Textes steht: „Die Mittagspause ist ein Spielzeug." *(Z. 24)*. Man hat insgesamt den Eindruck, dass die junge Frau mit sich selber spielt, d. h. Situationen durchspielt, um Orientierung und Selbstsicherheit zu gewinnen. Das wird schon zu Beginn der Erzählung deutlich, wo sie sich gewissermaßen in Pose setzt (Beine übereinanderschlagen, im Modejournal blättern, *vgl. Z. 1–3*).
Sie weiß wohl, dass sie von Männern beobachtet wird. Einerseits legt sie es offenbar darauf an – die Konkurrenz tut es auch! *(vgl. Z. 13f.)* – und es gefällt ihr. Andererseits macht sie dies auch unsicher: Zum Beispiel versucht sie mit der Sonnenbrille zu verdecken, dass sie leicht rot wird, und mit Zigaretten und Cognac versucht sie cool zu wirken. Diese innere Unsicherheit stellt der Erzähler nicht nur im äußeren Verhalten bzw. der Gestik der jungen Frau fest, sondern auch, wenn er in diese Person hineinblickt ...

Sabine E.

2. Vergleiche beide Darstellungen. Worin unterscheiden sie sich?
3. Schreibe einen der Auszüge im entsprechenden Stil weiter.

Weiterer Gestaltungsvorschlag: Ein Gespräch

Mutter
Wie war's heute im Büro, Sabine?
Tochter (kurzangebunden)
Wie immer, nichts Besonderes.
Mutter
Verbringst du deine Pausen eigentlich immer noch in diesem Straßencafé?
Tochter (nicht vom Teller aufblickend)
Ja, warum?
Mutter (etwas zögernd)
Nun ja – gegen das Lokal ist eigentlich nichts einzuwenden, aber –
Tochter (mit leiser Ungeduld)
Aber??
Mutter (etwas energischer)
Versteh' mich bitte nicht falsch, Sabine, aber wie du dich in letzter Zeit kleidest und schminkst, und auch noch das Rauchen, gefällt mir nicht so!
Tochter (gestresst)
Was ist denn daran auszusetzen, ich bin keine dreizehn mehr! Außerdem bezahle ich alles aus meiner Tasche.
Mutter (vorwurfsvoller) Dein kurzer Rock, mit dem du dich im Café präsentierst, meinst du nicht, dass die Männer, die dort sitzen, sich etwas Falsches denken könnten? *(wendet sich ihrem Mann zu, mit fordernder Stimme)* Werner, wir haben darüber doch gesprochen, sag' doch auch mal was!
Vater (eher pflichtgemäß)
Also, Sabine, deine Mutter hat schon Recht. Also, wenn ich zurückdenke, wenn sich deine Mutter damals –
Tochter (gereizt)
Ihr mit eurem ewigen Damals. Ich lebe heute und heute kleiden sich junge Frauen eben anders und lockerer ist man auch!
Vater (versucht beruhigend zu wirken)
Schau, Sabine, wir wollen dir doch keine Vorschriften machen, wir sind doch bisher gut miteinander zurechtgekommen, haben wir dich etwa bevormundet? Du bist doch unser einziges Kind. Wir machen uns eben Sorgen.
Tochter (genervt)
Und worüber, wenn ich fragen darf? ...

(Florian M.)

4. Passt das Gespräch zur Textvorlage? Begründe.
5. Schreibe eine analytische Interpretation.
6. Vergleiche diese dann mit der gestaltenden Form des „Gesprächs".

Nachschlagen → S. 317

INFO

- Der **gestaltende Interpretationsaufsatz** wird wie der analytische in Schritten vorbereitet:
  – Zunächst muss die poetische Vorlage genau beachtet werden (z. B. die Figurenzeichnung) und ihr Verständnis gesichert werden.
  – Anschließend ist darauf zu achten, welche Textsorte man für die Gestaltung wählt (z. B. Brief, Dialog).

Der gestaltende Umgang mit Gedichten

Nachschlagen → S. 317

Bild und Gedicht eines Malers

Der berühmte japanische Maler Hiroshige (1797–1858) hat dieses Bild gemalt und ein kleines Gedicht hinzugefügt.

Des Mandarinenten-Pärchens
Liebesbund
Schließe fest, dünnes Eis.
Hiroshige

Schneeflocken vom blauen Himmel,
Eiskälte überall –
Rückt eng zusammen,
Sommervögel
Schülertext

Der flatternden Vögel Tanz
Im flimmernden Blütenlicht:
Gibt schimmernde Zuversicht
Im bunten Lebenskranz
Schülertext

1. Vergleiche das Bild mit dem Gedicht. Wie wird es jeweils in den Text übertragen? Welche Übertragung erscheint dir angemessen?
2. Wie unterscheidet sich Hiroshiges Gedicht von den anderen?
3. Wähle andere Bilder aus, zu denen du ein Gedicht schreiben würdest.

Um Mitternacht *Eduard Mörike*

Versart	Vers	Anmerkung
jambische Verse	**Gelassen** stieg die **Nacht** ans Land,	*Ruhe / Moment*
	Lehnt träumend an der Berge Wand,	*der Zeitlosigkeit*
	Ihr Auge sieht die goldne **Waage** nun	
	Der Zeit in gleichen Schalen **stille ruhn**;	
daktylische Verse	Und kecker rauschen die Quellen hervor,	*Bewegung: die Quellen*
	Sie **singen** der Mutter, der Nacht, ins Ohr	*melden sich zu Wort*
	Vom Tage,	
	Vom heute gewesenen Tage.	*Ausklingen/Wiederholung*
jambische Verse	Das **uralt alte** Schlummerlied,	
	Sie achtet's nicht, sie ist es müd;	*Nacht bewahrt ihre Ruhe/*
	Ihr **klingt** des Himmels Bläue süßer noch,	*Stille beginnt zu klingen/*
	Der flüchtgen Stunden gleichgeschwungnes Joch.	*Zeitenwechsel ist dauerhaft*
daktylische Verse	Doch immer behalten die **Quellen das Wort**,	*Quellen = Aktivität*
	Es **singen** die Wasser im Schlafe noch fort	
	Vom Tage,	
	Vom heute gewesenen Tage.	

Zum Bild: Vincent van Gogh (1853–1890): *Sternennacht über der Rhône* (1888)

1. Arbeite mit einem Partner:
   – Sprecht euch gegenseitig das Gedicht vor. Bezieht die Anmerkungen in euren Vortrag ein.
   – Lest es mit zwei Stimmen: die Nachtstimme und die Tagstimme der Quellen.
2. Inwieweit ist es euch gelungen, die Aussage des Gedichtes durch Melodie und Klang deutlich zu machen? Sprecht darüber.

Dennoch Rosen *Rose Ausländer*

Dennoch Rosen
sommerhoch
Schmetterlinge
Möwenschwingen
überm Fluss

Nein
Ich vergesse nicht
die eingebrannten Jahre
ich vergesse nicht
dass Stiefel
den Regenbogen zertraten
dass sie sich rüsteten
uns zu verwandeln in
Feuerrosen Feuerfalter Feuerschwingen

dennoch sommerhoch
der Duft
die Doppelflügel überm Fluss
das Gold auf meiner Haut

und die toten Rosen
nach der Nacht

- rechtsradikale Gewalt
- romantische Liebe
- Ablehnung
- Erlebnis des Grauens
- Trotz
- Leichtigkeit/Glückseligkeit
- Kindheit
- Hoffnung
- Schönheit
- Naturbild
- …

1. Ordne die Assoziationen Wörtern im Gedicht zu: Welche Assoziationen scheinen dir schlüssig, welche abwegig?

2. Ergänze weitere Assoziationen und vergleiche sie.

3. Die Jüdin Rose Ausländer hat den Holocaust überlebt. Inwiefern verändern sich mit dieser Information deine Assoziationen zu ihrem Gedicht?

INFO

Nachschlagen → S. 317

- **Gedichte** eröffnen häufig Vorstellungsräume sowie Gefühlswelten und können deshalb gemalt werden.
- **Lyrische Sprache** wird ausgedrückt in Klang, Melodie und Rhythmus. Auf diese Weise wird die inhaltliche Aussage unterstützt.
- **Assoziationen**, die der Gedichttext beim Leser auslöst, führen zu einer intensiveren Auseinandersetzung mit dem Gedicht.

Nachschlagen → S. 317

Die Vorbereitung der analytischen Gedichtinterpretation

Nie mehr *Ulla Hahn*

Das hab ich nie mehr gewollt
Um das Telefon streichen am Fenster stehn
Keinen Schritt aus dem Haus gehn Gespenster sehn
Das hab ich nie mehr gewollt

Das hab ich nie mehr gewollt
Briefe die triefen schreiben zerreißen
Mich linksseitig quälen bis zu den Nägeln
Das hab ich nie mehr gewollt

Das hab ich nie mehr gewollt
Soll dich der Teufel holen.
Herbringen. Schnell.
Mehr hab ich das nie gewollt.

1. Lies das Gedicht zunächst still für dich.
2. Lies es nun mehrmals laut.
   Probiere verschiedene Betonungen aus.

Lesarten

Nach dem Gedichtvortrag kamen diese Vorschläge und Bemerkungen aus der Klasse:

„Ich würde das Wort ‚das' besonders betonen."	„Die Kurzsätze müssten schneller gelesen werden als die anderen Sätze. Und befehlend."
„Bei manchen Verben kann man die Bedeutung fast hören, wenn man die Laute besonders betont."	„Die Verben wirken wie eine Aufzählung, aber da ist doch ein Nebensatz drin. Muss man das nicht deutlich machen?"
„Auch wenn kein Komma drin ist, musst du hier unbedingt eine Pause machen."	„Der Satz muss so richtig rausknallen. Du musst ihn wütend sprechen. Und sehr laut."

3. Auf welche Stellen im Gedicht beziehen sich diese Äußerungen? Diskutiert.

Notizzettel

Sprecher	Ein lyrisches Ich (Frau?), das sich an ein Du (Mann?) wendet.
Thema	Protest, Verzweiflung, Zorn, Sehnsucht, Liebe
Zustand des Sprechers	zornig, erregt, …
Aufbau	drei Vierzeiler mit gleicher wiederkehrender Zeile in der ersten und letzten Zeile
Syntax	verkürzte Sätze, Infinitivsätze
Metrum	Daktylus, Anapäst im Wechsel; auch Zäsuren in der Verszeile
Reim	beinahe reimlos, Binnenreime wie *gehen – sehn* (V. 3), auffallende Assonanz, wie z. B. *quälen – Nägel*
Rhythmus	beim Lesen immer wieder stoppen, verhaken, große Unruhe – besonders in der letzten Strophe: Beschleunigung …

Stolpersteine

Schau dir nach dem mehrmaligen Lesen diejenigen Stellen im Gedicht genauer an, bei denen dein Lesen stockt oder die dich stutzig machen. Markiere sie und notiere deine Beobachtungen dazu.

Beispiel *Schon beim ersten Lesen fällt die Wiederholung der Zeile ‚Das hab ich nie mehr gewollt' auf, doch in der Schlusszeile tritt eine kleine, aber entscheidende Umstellung auf: ‚Mehr hab ich das nie gewollt.' Zwischen beiden Sätzen muss ein Prozess stattgefunden haben, der schließlich zu der Erkenntnis führt, dass …*

Interpretationshypothese

Notiere alles, was dir beim Lesen des Gedichts aufgefallen ist, und fasse deine ersten Eindrücke zu einem Satz als Interpretationshypothese für die weitere Textarbeit zusammen. Alle weiteren Beobachtungen sollen dann die Hypothese stützen oder erweitern.

Beispiel *Das Gedicht handelt von einem Menschen, der die Folgen des Verliebtseins mit allen Enttäuschungen körperlich und gedanklich durchleidet und zu der Erkenntnis kommt, dass er seinen Gefühlen machtlos ausgeliefert ist. Das klingt bereits im Titel an.*

1. Wähle eine Möglichkeit aus und gestalte deine Wahrnehmungen zu Ulla Hahns Gedicht in entsprechender Weise, gegebenenfalls auch am Computer.

Gedichtelemente

Ulla Hahn „Nie mehr“

Thema des Gedichts:
- Stimmung
- menschliche Beziehung
- …

Strophenaufbau
- Anzahl der Strophen
- Länge der Verse
- Refrain
- …

Sprache:
- Wortwahl
- Satzbau
- Bilder/Metaphern
- Vergleiche
- Personifikation
- …

Metrum:
- Jambus
- Trochäus
- Daktylus
- Anapäst
- regelmäßig/unregelmäßig
- …

Reim und Klang:
- Paarreim
- Kreuzreim
- umarmender Reim
- reimlos
- Alliteration
- Lautmalerei
- …

Rhythmus:
- lebendig
- fließend
- monoton
- wechselnd
- …

2. Überprüfe am Gedicht, welche der genannten Elemente für die Untersuchung wichtig sind. – Ergänze eventuell.

Analyse- und Interpretationsskizze

FORM	1. Teil: 1. Strophe	2. Strophe	2. Teil: 3. Strophe
Aufbau	1. und 4. Zeile gleich	1. und 4. Zeile gleich	Reihenfolge: Umstellung 4. Zeile: *„Mehr …“*
Metrum	1./4. Zeile = Daktylus, 3./4. Zeile = Anapäst	1./4. Zeile = Daktylus, 2./3. Zeile mit Zäsur; kl. Kadenz	Daktylen
Syntax	Infinitivsätze, Aufzählungen …	verkürzte Sätze, Aufzählungen …	Imperative: *„Soll dich …“*
Rhythmus	2./3. Zeile Zäsur, Verslänge: 11 Silben	kurzatmig	Temposteigerung
Wortwahl	alltägliche Sprache / anschaulich / bildhaft *„der Teufel holen“*	Verben im Infinitiv: *„schreiben“, „zerreißen“* Bild: *„linksseitig quälen …“*	Fluch: … Redewendung
Reim	umarmender Reim, 3. Zeile: Binnenreim …	Häufung von Binnenreimen und Assonanzen *(„ie“, „ei“, „ä“)* = Klagelaute??	wie Ausrufe
INHALT/ GEHALT	Das lyrische Ich ist gefangen in seiner Einsamkeit	Das lyrische Ich steigert sich in der Auflehnung	Auflehnung / Trotz des lyrischen Ich und Hinwendung zu dem Anderen (Adressat)

1. Ergänze die Skizze.
2. Versuche, aus ihr eine Gliederung für deine Gedichtinterpretation zu entwerfen.

INFO

Nachschlagen → S. 317

- Die Vorbereitung der **analytischen Gedichtinterpretation** verlangt ein genaues Lesen und Wahrnehmen des Gedichttextes.
- Die Wahrnehmungen zum Text lassen sich auf verschiedene Weise festhalten (Notizzettel, „Stolperstellen“, Arbeitshypothese, Mind-Map).
- Die Wahrnehmungen können in Form einer **Analyse-** und **Interpretationsskizze** systematisiert werden.

Nachschlagen → S. 317

Die analytische Gedichtinterpretation als Aufsatz

Interpretationshypothesen

Bedenke die drei Teile: **Einleitung**, **Hauptteil** und **Schluss**!

- Das Gedicht schildert die Gefühle eines total vereinsamten Menschen.
- Das Gedicht handelt von einem Menschen, der keinen Abschied mehr will.
- Das Gedicht drückt die quälende Sehnsucht eines verlassenen Menschen aus, der nichts lieber will, als dass der Geliebte zurückkehrt.
- Das Gedicht sagt aus, dass das lyrische Ich schon mehrmals vom Geliebten verlassen wurde und jetzt genug davon hat.
- Das Gedicht ist eine Liebesklage.

1. Welche dieser Interpretationshypothesen scheinen dir für die Analyse des Gedichts „Nie mehr“ von Ulla Hahn tragfähig? Begründe deine Meinung.
2. Entscheide dich für eine Interpretationshypothese und entwirf auf der Grundlage der Analyse- und Interpretationsskizze (S. 119) eine Gliederung für die Abfassung der Gedichtinterpretation.

Ein Gliederungsvorschlag

Interpretations-hypothese	Das Gedicht handelt von einem Menschen, der die Erfahrung macht, dass er aus lauter Liebe seinen Gefühlen völlig ausgeliefert ist und sehr leidet.
I. Einleitung	Das Thema des Gedichts. / Beschreibung der Situation, in der sich das lyrische Ich befindet. / Titel mit einbeziehen! (Überleitungssatz nicht vergessen!)
II. Hauptteil	*1. Strophe:* a) Beschreibung des Alleinseins b) Bildersprache *2. Strophe:* c) Die selbstzerstörerische Haltung d) Hinweise auf die sprachlichen Mittel – Wiederholung – ungewöhnlicher Satzbau … *3. Strophe:* …
III. Schluss	Zentrale Deutung hervorheben, evtl. auf mögliche andere Deutungen verweisen

3. Vergleiche diese Gliederung mit deinem eigenen Entwurf.
4. Vervollständige diese Gliederung.

Die Schülerinnen und Schüler der 9c sollen eine Gedichtinterpretation zu Ulla Hahns Gedicht „Nie mehr“ schreiben. Hier ist der Aufsatz einer Schülerin.

Josefines Gedichtinterpretation

Nie mehr! – ist eine endgültige Aussage. In Ulla Hahns Gedicht mit dem gleichnamigen Titel allerdings ist sie nur Ausdruck eines Wunsches, der nicht Wirklichkeit wird. Das lyrische Ich vermisst eine geliebte Person. Aus welchen Gründen diese nicht anwesend ist, kann der Leser nur vermuten: Vielleicht gab es einen Streit, vielleicht sind manche Dinge ungeklärt. Das Resultat jedenfalls ist, dass das lyrische Ich *um das Telefon streich[t] (Z. 2), am Fenster steh[t] (Z. 2), keinen Schritt aus dem Haus geh[t] (Z. 3)* und *Gespenster [sieht] (Z. 3)*. Das Wesentliche scheint zu sein, dass dies alles gegen den eigenen Willen des lyrischen Ichs geschieht *(„Das hab ich nie mehr gewollt“, Z. 1 und 4)*. Durch die betonte Position am Anfang und am Ende der ersten und der zweiten Strophe bekommt dieser Satz eine besondere Bedeutung. Diese wird aber sofort wieder eingeschränkt, indem Ulla Hahn den Satz irreal wirken lässt. Grammatikalisch ist der Satz ein *Realis*, durch die Verbindung allerdings von Vergangenheit mit den Wörtern *„Nie mehr“* bekommt er einen so irrealen Anstrich, dass er eher wie ein Seufzer wirkt und ein einschränkendes „eigentlich“ nahelegt („Das hab ich eigentlich nie mehr gewollt – jetzt hab ich es aber doch getan!“). Die ersten beiden Strophen beschreiben also ein eigenes Versagen, das sich das lyrische Ich eingestehen muss. Worin besteht dieses Versagen? Die äußerlichen Tätigkeiten sind es wohl nicht, es geht vielmehr um das Gefühl, welches das lyrische Ich zu diesen Tätigkeiten antreibt: Das „Nicht-Ertragen-Können“, dass der geliebte Mensch nicht bei ihm ist. Das sinnlose Warten auf einen Anruf, der womöglich nicht passieren wird. Das „Wie-auf-heißen-Kohlen-Sitzen“ vor innerer Unruhe und die Unmöglichkeit, die Gedanken auf ein anderes Thema zu bringen und sich abzulenken. Das alles hatte das lyrische Ich *nie mehr gewollt (Z. 1)* und deswegen quält es sich. Ja es befindet sich sogar in einer doppelten Qual: Da ist die Sehnsucht nach der geliebten Person, die verzweifelte Unruhe wegen ihr und da ist das Gefühl, vor sich selbst zu versagen, weil es sich vorgenommen hatte, nicht unruhig zu werden und verzweifelnd zu warten.

Diese innere Qual drückt sich in der zweiten Strophe durch eine eigenartige Syntax aus: *Briefe die triefen schreiben zerreißen (Z. 6)*. Die Zerstörung des Papiers bedeutet zugleich die Abwertung des Inhalts: „triefen“ – ein Ausdruck für die zu dick aufgetragenen und theatralisch-emotionalen Worte vielleicht? Vor lauter Verzweiflung richtet sich die Zerstörung gegen den eigenen Körper: *Mich linksseitig quälen bis zu den Nägeln (Z. 7)*; vor meinem Auge entsteht ein Bild: Wie sich das lyrische Ich vielleicht auf dem Bett liegend krümmt und an den Fingernägeln kaut. Dann baut sich im lyrischen Ich Hass, vielleicht eher Wut auf die Person auf, die der Urheber für alle diese inneren und äußeren Schmerzen und die Verzweiflung ist: *Soll dich der Teufel holen (Z. 10)*. Da dieses „Du“ aber vom lyrischen Ich so sehr geliebt wird, hält die Wut nicht lange an. Im Gegenteil: Vielleicht noch verstärkt von dem Gefühl, der geliebten Person durch diese Wut Unrecht getan zu haben, fällt der innere Widerstand gegen die eigenen, als übertrieben oder falsch empfundenen Gefühle in sich zusammen und es folgt das Eingeständnis, sich nichts *mehr* zu wünschen als die Nähe zur geliebten Person.

Interessant ist die Art, mit der Ulla Hahn die Schnelligkeit ausdrückt, in der die Wut verraucht – hier wird übrigens das einzige Mal die geliebte Person direkt angesprochen *(Soll dich der Teufel holen, Z. 10)* – und mit ihr auch aller innerer Widerstand. Bei der Vorstellung, der Teufel könne die geliebte Person holen, entsteht im lyrischen Ich sofort der Gedanke, dass der Teufel sie dann ja „habe“. Dann solle er sie – bitteschön – auch gleich *„herbringen“ (Z. 11)*. Der Gedanke an den Teufel als Überbringer ist dabei völlig unwichtig, von Interesse ist nur noch, dass die geliebte Person so schnell wie möglich da ist. *(Herbringen. Schnell, Z. 11)*

Das darauf folgende Eingeständnis *Mehr hab ich das nie gewollt (Z. 12)* ist eine Kapitulation gegenüber sich selbst, vielleicht auch eine Kapitulation der rational-nachdenkenden Seite des lyrischen Ichs vor dessen emotional-fordernder Seite. Man könnte sagen, es ist ein Sieg der Liebe, denn erst in den letzten beiden Zeilen des Gedichts lässt Ulla Hahn das lyrische Ich sich seine Liebe zu dieser Person in vollem Maße eingestehen. Die Wichtigkeit dieser Zeilen findet ihre formale Entsprechung in der geschickten syntaktischen Umformung der ersten Gedichtzeile.

Verlierer in diesem Kampf ist der freie Wille. Die Durchsetzung eines Entschlusses ist gescheitert. Dieser Entschluss *(Das hab ich nie mehr gewollt)* scheint dem lyrischen Ich sehr wichtig (gewesen) zu sein. Er wird immerhin fünfmal wörtlich wiederholt und seine Kernaussage *(Nie mehr)* ist zugleich der Titel des Gedichts. Aber da der Mensch dazu neigt, Situationen oder Zustände, bei denen er sich innerlich besonders unsicher fühlt, nach außen hin mit einer besonders großen Sicherheit zu vertreten, nehme ich an, dass auch in diesem Fall die fünfmalige Wiederholung Zeichen der schon von Anfang an gefühlten Unsicherheit des lyrischen Ichs ist. – Das gehört wohl dazu, wenn zwei sich lieben.

1. Lies den Schüleraufsatz genau durch. Bestimme die Aufbauteile *Einleitung, Hauptteil* und *Schluss* in diesem Aufsatz.
2. Schreibe einen Kommentar. Bedenke dabei die Anforderung der Gedichtinterpretation, Form und Gehalt des Textes in Beziehung zu setzen.
3. Setzt euch in Dreiergruppen zusammen und vergleicht eure Kommentare.

Der 10-Schritte-Schreibplan

1. Den Text lesen, dann ein zweites Mal – wenn möglich: laut lesen;
2. Eindrücke notieren zu Inhalt und Form (z. B. kurze Zusammenfassung);
3. Interpretationshypothese bilden;
4. Markierungen im Text vornehmen (besondere sprachliche Mittel und deren Bedeutung erkennen – Pfeile und Randnotizen);
5. Bisherige Notizen der Interpretationshypothese zuordnen;
6. Notizen systematisieren (Zusammenhang zwischen Inhalt/Deutung und Form beschreiben);
7. Geeignete Zitate im Text markieren;
8. Festlegung der Interpretationsaspekte – eine Gliederung anfertigen;
9. Abfassung der Interpretation – dabei Logik der Argumentation berücksichtigen.
10. Überarbeitung des Textes (Rechtschreibung, Grammatik, Stil).

TIPP
Zwischendurch kleine Denkpausen einlegen!

1. Nutze diesen Schreibplan für die Abfassung einer Gedichtinterpretation zu dem folgenden oder einem ganz anderen Gedicht.

Bildlich gesprochen *Ulla Hahn*

Wär ich ein Baum ich wüchse
dir in die hohle Hand
und wärst du das Meer ich baute
dir weiße Burgen aus Sand.

Wärst du eine Blume ich grübe
dich mit allen Wurzeln aus
wär ich ein Feuer ich legte
in sanfte Asche dein Haus.

Wär ich eine Nixe ich saugte
dich auf den Grund hinab
und wärst du ein Stern ich knallte
dich vom Himmel ab.

2. Schreibe eine Gedichtinterpretation.

3. Besprecht eure Gedichtinterpretationen in einer **Schreibkonferenz.**

Schreibkonferenz → S. 329

INFO

- Die **analytische Gedichtinterpretation** weist dasselbe Grundmuster auf wie der analytische Interpretationsaufsatz eines Prosatextes: Gliederung in Einleitung, Hauptteil und Schluss.
- In der analytischen Gedichtinterpretation soll das Zusammenspiel von Gehalt und formalen Elementen in Bezug auf die Deutung erfasst werden.

Nachschlagen → S. 317

Erzählende Texte

Zum Bild:
Laura Knight (1877–1970):
Summertime, Cornwall

Über das Bücherlesen

Betrachten wir das Lesen als Unterhaltung und Zeitvertreib, so ist es eines der verführerischsten Vergnügen, welches den, der es einmal gekostet hat, so sehr fesselt und anzieht, dass er sich nicht wieder losmachen kann. Tagelang sitzt der Leselustige auf der Stelle und betrachtet jedes ernsthaftere Geschäft, das ihn von seinem Buche abruft, als eine Störung in seinem Vergnügen, die er so lange zu entfernen sucht, als es möglich ist.

Johann Rudolph Gottlieb Beyer: Über das Bücherlesen, insofern es zum Luxus unserer Zeiten gehört, 1796

- Diskutiert darüber, warum Menschen lesen und inwiefern Lesen mehr bedeuten kann als Unterhaltung und Zeitvertreib.

Parabel und Satire

Nachschlagen → S. 318

Löwe, Esel und Fuchs *Äsop*

Löwe, Esel und Fuchs gingen gemeinsam auf die Jagd. Als sie reiche Beute gemacht hatten, beauftragte der Löwe den Esel mit der Verteilung. Der machte drei Teile und sagte dann dem Löwen, er solle sich einen aussuchen. Da war der Löwe so böse, dass er ihn auffraß und nun dem Fuchs den Auftrag gab zu teilen. Der legte alles zusammen auf einen riesigen Haufen und forderte den Löwen auf, das zu nehmen; für sich selbst hatte er nur ein paar Knochen zurückbehalten. Als der Löwe fragte, wer ihn denn solche Teilung gelehrt habe, sagte er: „Das Missgeschick des Esels."

Die Fabel zeigt, dass man aus fremdem Unglück lernen kann.

Freundschaftsdienste* *Bertolt Brecht*

* Text in alter Rechtschreibung

Als Beispiel für die richtige Art, Freunden einen Dienst zu erweisen, gab Herr K. folgende Geschichte zum besten. Zu einem alten Araber kamen drei junge Leute und sagten ihm: „Unser Vater ist gestorben. Er hat uns siebzehn Kamele hinterlassen und im Testament verfügt, daß der Älteste die Hälfte, der Zweite ein Drittel und der Jüngste ein Neuntel der Kamele bekommen soll. Jetzt können wir uns über die Teilung nicht einigen; übernimm du die Entscheidung!" Der Araber dachte nach und sagte: „Wie ich es sehe, habt ihr, um gut teilen zu können, ein Kamel zuwenig. Ich habe selbst nur ein einziges Kamel, aber es steht euch zur Verfügung. Nehmt es und teilt dann, und bringt mir nur, was übrigbleibt." Sie bedankten sich für diesen Freundschaftsdienst, nahmen das Kamel mit und teilten die achtzehn Kamele nun so, daß der Älteste die Hälfte, das sind neun, der Zweite ein Drittel, das sind sechs, und der Jüngste ein Neuntel, das sind zwei Kamele bekam. Zu ihrem Erstaunen blieb, als sie ihre Kamele zu Seite geführt hatten, ein Kamel übrig. Dieses brachten sie, ihren Dank erneuernd, ihrem alten Freund zurück.

Herr K. nannte diesen Freundschaftsdienst richtig, weil er keine besonderen Opfer verlangte.

1. Vergleiche die Fabel von Äsop mit der Parabel von Brecht: Worin ähneln sie sich?

Parabel
(gr. das Nebeneinandergestellte):
1. Vergleich, eine gleichnishafte Erzählform mit einer Lehre oder Erkenntnis bzw. allgemeinen Wahrheit
2. in der Mathematik eine zu den Kegelschnitten gehörende Kurve

Zu Hause *Marie Luise Kaschnitz*

Die Ersten, die zurückkamen, erregten durch ihre frischen Stimmen, ihr gutes Aussehen und ihr normales Verhalten Erstaunen. Sie schlugen uns auf die Schultern, fragten, nun wie geht's auf der alten Erde, und freuten sich offensichtlich, uns wiederzusehen. Ihre Frage war rhetorisch, sie sind dort über alles, was uns betrifft, genau im Bilde, so wie auch wir über das Leben auf der Weltraumstation genau im Bilde sind. Wir kennen nicht nur ihre Arbeitsstätten und ihre etwas öden aber bequemen Wohnungen, sondern auch ihre künstlichen Gärten, Maiglöckchen aus Plastik mit Maiglöckchenparfüm, Rasen aus Plastik mit dem Geruch von frischem Gras. Auch das runde mit Humus gefüllte und von vier Weltraumpolizisten Tag und Nacht bewachte Becken, das im Mittelpunkt ihrer öffentlichen Anlage steht, ist uns bekannt.

Wir bedauern diese armen Menschen mit ihren Plastikblumen und ihrem Humusbecken und natürlich hatten wir uns schon lange überlegt, wie wir ihnen eine Freude machen könnten. Schließlich waren wir darauf verfallen, sie gleich nach ihrer Ankunft in einen Wald zu fahren. Der Wald war recht abgelegen, es gab in ihm noch einsame Tümpel, schroffe Felsen und dickes Moos. Wir erwarteten, dass die Heimkehrer darüber in Entzücken geraten, ja dass sie sich womöglich auf den Boden werfen und das Moos und die feuchten Herbstblätter aufwühlen würden. Sie taten aber nichts dergleichen, sondern standen höflich gelangweilt herum. Dann verlangten sie zurück in die Stadt. Sie wollten das Fernsehprogramm nicht versäumen, die Nachrichten von dort. (Von zu Hause, sagten sie.)

1. Inwiefern kann dir die mathematische Figur der Parabel (s. die Definition: gr. das „Nebeneinandergestellte") helfen, die Merkmale des Textes zu erfassen?

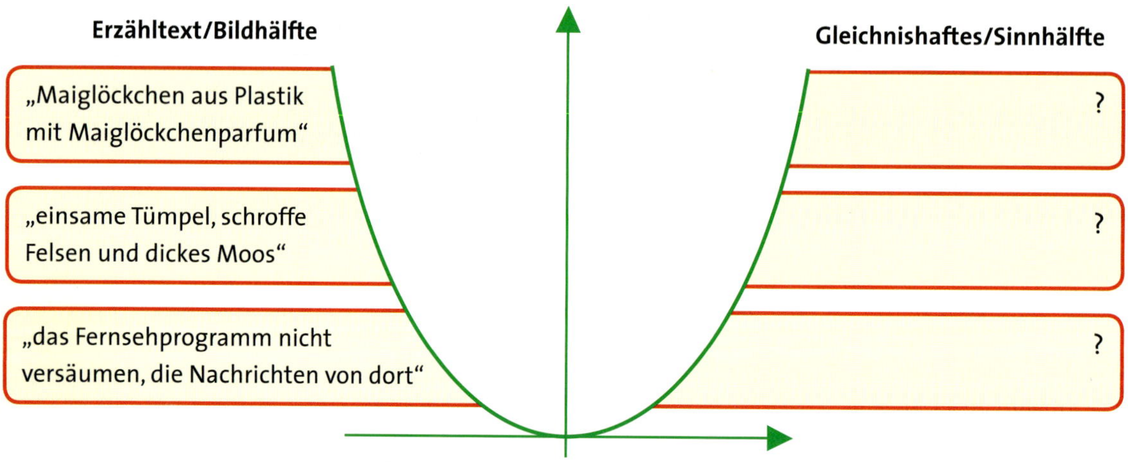

2. Füllt die Leerstellen auf. – Inwiefern zeigt sich in euren Vorschlägen der Gleichnischarakter, d. h. die Lehre der Parabel *Zu Hause*?

Der Herr und sein Knecht *Edwin Hoernle*

Einen reichen Kaufmann führten seine Geschäfte einst in unwirtliche Gegenden. Sein treuer Sklave begleitete ihn. Eines Tages gerieten sie in einen wilden Wald, der von Räubern wimmelte. „Lieber Sklave", sagte der Kaufmann freundlich, „halten wir jetzt treu zusammen! Du sollst es später gewiss nicht zu bereuen haben." Der Sklave war einverstanden, denn er hoffte im Stillen, der Herr werde ihm aus Dankbarkeit die Freiheit schenken.

Es dauerte gar nicht lange, da wurden die beiden Wanderer von Räubern überfallen. „Nun schlag tüchtig zu!", rief der Kaufmann, zog vom Leder und reichte auch dem Sklaven eine Waffe. Man wehrte sich, so gut es ging. Die Räuber hatten es auf den Kaufmann abgesehen, aber der Sklave sprang dazwischen und fing die Streiche auf. „Brav, brav!", rief der Kaufmann, und beide zusammen schlugen denn auch schließlich die Räuber in die Flucht. Einträchtig zog man weiter.

Bald aber begann der Sklave vor Blutverlust und Schmerzen zu hinken. Der Kaufmann betrachtete ihn mitleidig. „Es ist meine Ehrenpflicht", sagte er, „etwas für dich zu tun." Mit diesen Worten trat er an eine Esche heran, die am Wege stand, und schnitt einen derben Stab ab. „Hier, mein Sohn", sprach er, „stütze dich auf dieses Holz, damit du nicht allein im Walde zurückbleibst und elend zugrunde gehst. Weil du mein Leben gerettet hast, rette ich nun deines." Der Sklave nahm etwas enttäuscht den Stab, dankte, und die beiden schritten weiter. [...]

Nach einiger Zeit fanden die Wanderer einen einsamen Baum, unter dem sie sich lagerten. „Hier wollen wir unsere Vorräte verzehren", sagte der Kaufmann, „und nachher mit neuen Kräften unsern Weg fortsetzen." Der Sklave nahm Brot und Wasser aus seinem Sack und reichte sie dem Herren. „Danke", sagte der Herr höflich und fing an zu essen. Der Sklave schaute ihm zu. Als der Herr noch einen winzigen Brotrest hatte, schnitt er den sorgfältig in zwei Teile, gab dem Sklaven die Hälfte und aß die andere. Auch vom Wasser ließ er ihm genau die Hälfte des letzten Bechers. „Nun haben wir unser Letztes redlich geteilt", sagte er leutselig. Der Sklave war dem Verdursten nahe. Einen Augenblick besann er sich. Dann sprang er auf, ergriff seinen Wanderstab und verprügelte den Herrn aus Leibeskräften.

„Was tust du, Undankbarer?", rief der Herr. „Hab ich mein Wort nicht ehrlich gehalten? Lohnst du so meine Güte?" Der Sklave ließ ihn schreien. Zum ersten Mal reckte er den Kopf aufrecht in die Höhe. Und nun entdeckten seine Augen die Türme einer fernen Stadt, die über das wogende Steppengras gastlich herüberwinkten. Er entdeckte auch eine Straße, die dahin führte. Ohne sich nach dem stöhnenden Herrn noch einmal umzusehen, schritt er rüstig davon.

Worauf „besann" sich der Sklave? – Schreibe einen inneren Monolog dazu.

In der „fernen Stadt" trifft der Sklave einen anderen Sklaven, dem es ähnlich ergangen ist. Sie sprechen darüber. – Entwirf dieses Gespräch.

1. Wähle eine gestaltende Aufgabe (Monolog oder Gespräch) aus.
2. Sprecht über eure Entwürfe: Prüft, ob sie das Gleichnishafte der Parabel wiedergeben.

George Seurat (1859–1891):
Der Zirkus (1891)

Auf der Galerie *Franz Kafka*

Wenn irgendeine hinfällige, lungensüchtige Kunstreiterin in der Manege auf schwankendem Pferd vor einem unermüdlichen Publikum vom peitschenschwingenden erbarmungslosen Chef monatelang ohne Unterbrechung im Kreise rundum getrieben würde, auf dem Pferde schwirrend, Küsse werfend, in der Taille sich wiegend, und wenn dieses Spiel unter dem nichtaussetzenden Brausen des Orchesters und der Ventilatoren in die immerfort weiter sich öffnende graue Zukunft sich fortsetzte, begleitet vom vergehenden und neu anschwellenden Beifallsklatschen der Hände, die eigentlich Dampfhämmer sind – vielleicht eilte dann ein junger Galeriebesucher die lange Treppe durch alle Ränge hinab, stürzte in die Manege, rief das: Halt! durch die Fanfaren des immer sich anpassenden Orchesters.

Da es aber nicht so ist; eine schöne Dame, weiß und rot, hereinfliegt, zwischen den Vorhängen, welche die stolzen Livrierten vor ihr öffnen; der Direktor, hingebungsvoll ihre Augen suchend, in Tierhaltung ihr entgegenatmet; vorsorglich sie auf den Apfelschimmel hebt, als wäre sie seine über alles geliebte Enkelin, die sich auf gefährliche Fahrt begibt; sich nicht entschließen kann, das Peitschenzeichen zu geben; schließlich in Selbstüberwindung es knallend gibt; neben dem Pferde mit offenem Munde einherläuft; die Sprünge der Reiterin scharfen Blickes verfolgt; ihre Kunstfertigkeit kaum begreifen kann; mit englischen Ausrufen zu warnen versucht; die Reifen haltenden Reitknechte wütend zu peinlichster Achtsamkeit ermahnt; vor dem großen Salto mortale das Orchester mit aufgehobenen Händen beschwört, es möge schweigen; schließlich die Kleine vom zitternden Pferde hebt, auf beide Backen küsst und keine Huldigung des Publikums für genügend erachtet; während sie selbst, von ihm gestützt, hoch auf den Fußspitzen, vom Staub umweht, mit ausgebreiteten Armen, zurückgelehntem Köpfchen ihr Glück mit dem ganzen Zirkus teilen will – da dies so ist, legt der Galeriebesucher das Gesicht auf die Brüstung und, im Schlussmarsch wie in einem schweren Traum versinkend, weint er, ohne es zu wissen.

1. Lest den Text zunächst laut vor.
2. Stellt die Grundstruktur des Satzbaus der Geschichte fest (der Anfang ist hier wiedergegeben): *„Wenn“ ..., „vielleicht“ ...*
3. Versucht einmal, den Text in Hauptsätze umzuschreiben. Ihr könnt so beginnen:

„Irgendeine hinfällige, lungensüchtige Kunstreiterin wurde in der Manege auf schwankendem Pferd vor einem unermüdlichen Publikum vom peitschenschwingenden erbarmungslosen Chef ...“

Warum hat Kafka diese Satzart nicht gewählt?

4. Beschäftigt euch mit der folgenden gestaltenden Aufgabe: Der Galeriebesucher schreibt einem guten Freund, der von Beruf Psychologe ist, von der unerklärlichen Reaktion auf die Zirkusnummer der Kunstreiterin. Der Freund antwortet ihm in einem Brief, der folgendermaßen beginnt:

Doch, deine Reaktion ist durchaus erklärbar ...

- Versucht in Stillarbeit den Brief fortzusetzen.
- Vergleicht anschließend eure Versuche: Welche kommen der Aussage der Parabel nahe? – Sprecht in diesem Zusammenhang über das Gleichnishafte der Geschichte.

Karikatur:
(ital. caricatura: Überladung): übertreibende, witzige Darstellung, meist als gesellschaftliche oder politische Kritik

A. Paul Weber (1893–1980): *Diskussion am runden Tisch*

Was darf die Satire? (Ausschnitte)* *Kurt Tucholsky*

* Text in alter Rechtschreibung

Kurt Tucholsky:
1890 in Berlin geboren, 1935 in Hindas (Schweden) gestorben; als Journalist und Schriftsteller tätig; wurde wegen seiner pazifistischen Gesinnung von den Nationalsozialisten bekämpft; kritisiert in seinem Werk kleinbürgerliches und nationalistisches Denken. Seinen Aufsatz „Was darf die Satire?" veröffentlichte er unter dem Autorennamen Ignaz Wrobel im Berliner Tageblatt am 27.01.1919.

In den folgenden Äußerungen Tucholskys werden in essayistischer Form wesentliche Merkmale der Satire genannt.

Wenn einer bei uns einen guten politischen Witz macht, dann sitzt halb Deutschland auf dem Sofa und nimmt übel.

Satire scheint eine durchaus negative Sache. Sie sagt: „Nein!" Eine Satire, die zur Zeichnung einer Kriegsanleihe auffordert, ist keine. Die Satire beißt, lacht, pfeift und trommelt die große, bunte Landsknechtstrommel gegen alles, was stockt und träge ist.

Satire ist eine durchaus positive Sache. Nirgends verrät sich der Charakterlose schneller als hier, nirgends zeigt sich fixer, was ein gewissenloser Hanswurst ist, einer, der heute den angreift und morgen den.

Der Satiriker ist ein gekränkter Idealist: er will die Welt gut haben, sie ist schlecht, und nun rennt er gegen das Schlechte an.

Die Satire eines charaktervollen Künstlers, der um des Guten willen kämpft, verdient also nicht diese bürgerliche Nichtachtung und das empörte Fauchen, mit dem hierzulande diese Kunst abgetan wird. [...]

Übertreibt die Satire? Die Satire muß übertreiben und ist ihrem tiefsten Wesen nach ungerecht. Sie bläst die Wahrheit auf, damit sie deutlicher wird, und sie kann gar nicht anders arbeiten als nach dem Bibelwort: Es leiden die Gerechten mit den Ungerechten. [...]

1. Was versteht Tucholsky unter Satire? Stellt ihre Merkmale heraus.
2. Worin ähneln sich Karikatur und Satire?

Rudis Vater war ein ganz normaler Vater *Susanne Kilian*

Der Text bezieht sich auf eine Marlboro-Werbung, die einen rauchenden Cowboy zeigt. Die Werbung trägt folgende Schlagzeile:

MARLBORO. Der Geschmack von Freiheit und Abenteuer.

Satire
(lat. mit verschiedenen Früchten gefüllte Schüssel); entlarvt und verspottet gesellschaftliche Missstände und menschliche Schwächen in häufig überzeichneter und witzig-ironischer Weise

Morgens ging er ins Büro. Und abends kam er müde heim ... Und so weiter. Und so weiter.
Da kaufte er sich sein erstes Päckchen Marlboro. Da holte er sich diesen vollen Geschmack der Marlboro.

Er riss das Päckchen auf, steckte eine Zigarette an und rauchte. Rauchte tiefe, volle Züge.
Qualmt wie eine alte Dampflok.
Und da schmeckte er ihn, da schmeckte er den Geschmack von Freiheit und Abenteuer.
Rudis Vater stürmte aus dem Haus. Als er zurückkam, war die halbe Schachtel Marlboro aufgeraucht. Unter dem Arm trug er einen Pferdesattel und ein Lasso. Auf dem Kopf hatte er einen Cowboyhut.
Er raste ins Schlafzimmer und packte seinen Koffer.
„Aber, Liebster“, flüsterte die Mutter.
„Aber, Papi!“, schrie Rudi.
Der Vater steckte eine neue Zigarette an, zog tief. Er sagte nichts, lud seinen Koffer, seinen Sattel, sein Lasso auf. Dann rannte er aus dem Haus.
Weinend sahen Rudi und seine Mutter ihm vom Balkon aus nach.
„Freiheit! Abenteuer!“, brüllte der Vater und schwenkte seinen Cowboyhut.
„Freiheit! Abenteuer!“
Seine Stimme wurde leiser und leiser.
Stille.
Rudis Vater wurde nie mehr gesehen.
Das kommt davon.

3. Worin besteht der satirische Charakter dieser „Anti-Werbung“?
4. Versucht einmal, in Anlehnung an das Muster des Textes von Susanne Kilian, eine Satire zu einer von euch gewählten Werbung zu schreiben.

* Text in alter Rechtschreibung

Herr Wendriner erzieht seine Kinder* *Kurt Tucholsky*

„... Nehm' Sie auch noch 'n Pilsner? Ja? Ober, Himmelherrgottdonnerwetter, ich rufe hier nu schon 'ne halbe Stunde – nu kommen Se doch ma endlich her! Also zwei Pilsner! Was willst du? Kuchen? Du hast genug Kuchen. Also zwei Pilsner. Oder lieber vielleicht – na, is schon gut. Junge, sei doch mal endlich still, man versteht ja sein eignes Wort nicht. Du hast doch schon Kuchen gegessen! Nein! Nein. Also, Ober: noch 'n Apfelkuchen mit Sahne. Wissen Se, was einem der Junge zusetzt! Na, Max, nu geh spielen! Hör nicht immer zu, wenn Erwachsene reden. Zehn wird er jetzt. Ja, also ich komme nach Hause, da zeigt mir meine Frau den Brief. Wissen Sie, ich war ganz konsterniert. Ich habe meiner Frau erklärt: So geht das auf keinen Fall weiter! Raus aus der Schule – rein ins Geschäft! Max, laß das sein! Du machst dich schmutzig! Der Junge soll den Ernst des Lebens kennenlernen! Wenn sein Vater so viel arbeitet, dann kann er auch arbeiten. Wissen Se, es is mitunter nicht leicht. Dabei sieht der Junge nichts andres um sich herum als Arbeit: Morgens um neun gehe ich weg, um halb neun, um acht – manchmal noch früher – abends komme ich todmüde nach Hause ... Max, nimm die Finger da raus, du hast den neuen Anzug an! Sie wissen ja, die große Konjunktur in der Zeit, das war im Januar, dann die Liquidation – übrigens: glauben Sie Fehrwaldt hat bezahlt? 'n Deubel hat er! Ich habe die Sache meinem Rechtsanwalt übergeben. Der Mann ist nicht gut, glauben Sie mir! Ja, also mein Ältester ist jetzt nicht mehr da. Max, laß das! Angefangen hat er bei ... Also hören Sie zu: Ich hab ihn nach Frankfurt gegeben, zu S. & S. – kennen Sie die Leute auch? – und da hat er als Volongtär angefangen. Ich hab mir gedacht: So, mein Junge, nu stell dich mal auf eigne Füße und laß dir mal den Wind ein bißchen um die Nase wehn – Max, tu das nicht! – jetzt werden wir mal sehn. Meine Frau wollte erst nicht – ich bin der Auffassung, so was ist materiell und ideell sehr gut für den Jungen. Er liest immer. Max, laß das! Ich habe gesagt: Junge, treib doch Sport! Alle deine Kameraden treiben Sport – warum treibst du keinen Sport? Ich komme ja nicht dazu, mit ihm hinzugehen, mir täts ja auch mal sehr gut, hat mir der Arzt gesagt, aber er hat in Berlin doch so viel Möglichkeiten! Max, laß das! Was meinen Sie, was der Junge macht? Er fängt sich was mit einer Schickse an aus einem Lokal; 'nem Büfettfräulein, was weiß ich! Max, was willste nu schon wieder? Nein, bleib hier! Du sollst hierbleiben! Max! Max! Komm mal her! Du sollst mal herkommen.

konsterniert: bestürzt, betroffen

Liquidation: Auflösung eines Geschäftes

Volontär: Auszubildender

Schickse: verächtlich für: leichtes Mädchen

Max, hörst du nicht? Kannst du nicht hören? Du sollst mal herkommen! Hierher sollst du kommen! Komm mal her! Hierher. Was hast du denn? Sieh dich vor! Jetzt reißt der Junge die Decke ... ei weh, der ganze Kaffee auf Ihre Hose! Kaffee macht keine Flecke. Du dummer Junge, warum kommst du nicht gleich, wenn man dich ruft! Jetzt haste den ganzen Kaffee umgeworfen! Setz dich hin! Jetzt gehste überhaupt nicht mehr weg! Setz dich hin! Hier setze dich hin! Nicht gemuckst! Gießt den ganzen Kaffee um! Hier – haste'n Bonbon! Nu sei still. Ja – er war schon immer so komisch! Bei seiner Geburt habe ich ihm ein Sparkassenkonto angelegt – meinen Sie, er hats einem gedankt? Schule – das wollt er nicht! Aber Theater! Keine Premiere hat er versäumt, jede Besetzung bei Reinhardt wußte er, und dann Film – Nee, wissen Se, das war schon nicht mehr schön! Ja, nu hat er mit der ... em ... Max, sieh mal nach, ob da vorn die Lampen schon angezündet sind! Aber komm gleich wieder! Mit dieser Schickse geht er los! Natürlich kostet das 'n Heidengeld, können Se sich denken! Nu, es sind da Unregelmäßigkeiten vorgekommen – ich hab ihn wegnehmen müssen, und jetzt ist er in Hamburg. Ach, wissen Se, ich hab schon zu meiner Frau gesagt: Was hat einem der liebe Gott nicht zwei Mädchen gegeben! Die zieht man auf, zieht sie an, legt sie abends zu Bett, und zum Schluß werden sie verheiratet. Da hat man keine Mühe. Und hier! Nichts wie Ärger! Max! Max! Wo bloß der Junge bleibt! Max! Wo warst du denn so lange? Setz dich hierhin! Der Junge ist noch mein Grab – das sage ich Ihnen! Kommen Se, es ist kalt, wir wollen gehen.

Ich frage mich bloß eins: diese Unbeständigkeit, diese Fahrigkeit, diese schlechten Manieren – von wem hat der Junge das – ?

Max Reinhardt: Theaterleiter, Direktor des Deutschen Theaters in Berlin (1905–1933)

Kleinbürger
abwertende Bezeichnung für Menschen, die sich unkritisch mit „geordneten“ gesellschaftlichen Verhältnissen identifizieren und infolge mangelnder Nachdenklichkeit zu Vorurteilen und zu einem Denken in Stereotypen neigen („Spießer“)

1. Versucht zunächst, den „Dialog“ zu spielen.
2. Was „verspottet“ Tucholsky an Herrn Wendriner? – Versucht einmal, ihn anders mit seinem Sohn Max und über seinen älteren Sohn sprechen zu lassen.
3. Nehmt eure Entwürfe zum Anlass, den satirischen Text genauer zu analysieren (Beachtet auch seine Sprache). Ihr könnt dazu die lexikalische Notiz in der Randspalte verwenden.

INFO

- Die **Parabel** ist eine gleichnishafte Erzählform. Das Erzählte verweist auf einen anderen Vorstellungsbereich, der dem Leser überlassen bleibt.
- Die **Satire** verspottet und entlarvt gesellschaftliche Missstände und menschliche Schwächen. Sie überzeichnet häufig in witzig-ironischer Weise.
- Parabel und Satire lassen sich über gestaltende und analytische Verfahren erschließen: Dabei kann die Reihenfolge vertauscht werden.

Nachschlagen → S. 318

Nachschlagen → S. 318 f.

Kurzgeschichten

Liebesgeschichten-Puzzle

In diesem Textpuzzle versteckt sich die Kurzgeschichte „Eifersucht“ von Tanja Zimmermann zwischen Ausschnitten aus anderen Liebesgeschichten:

Merkmale der Kurzgeschichte (engl. short story):
- Unvermittelter Anfang
- Pointe oder offener Schluss, der zum Nachdenken anregt
- Blitzlichtartige Momentaufnahme im Leben eines Menschen
- Sparsamkeit bei Ausstattung von Raum, Zeit, Personen
- Geradlinige Handlung
- Ein (einzelnes) Geschehen steht im Mittelpunkt

E Und der redet mit der … stundenlang. Extra nicht hingucken. Nee, jetzt legt er auch noch den Arm um die. Ich will hier weg! Aber aufstehen und gehen, das könnte der so passen. Damit die ihren Triumph hat.

B Auf dem Klo sehe ich in den Spiegel, finde meine Augen widerlich, und auch sonst, ich könnte kotzen. Genau, ich müsste jetzt in Ohnmacht fallen, dann wird ihm das schon leidtun, sich stundenlang mit der zu unterhalten. Als ich aus dem Klo komme, steht er da: „Sollen wir gehen?“

X Sie richtete sich auf und sah, dass ich weinte. „Jungchen“, sagte sie verwundert, „Jungchen.“ Sie nahm mich in die Arme. Ich war kaum größer als sie, spürte ihre Brüste an meiner Brust, roch in der Enge der Umarmung meinen schlechten Atem und ihren frischen Schweiß und wusste nicht, was ich mit meinen Armen machen sollte.

M „Du armes Schätzchen“, sagte Sali, „ich glaub aber, du hast es hinter den Ohren, nicht?“ – Das kannst du ja nach und nach erfahren, wenn du mich recht lieb hast!“ – „Wenn du einst meine Frau bist?“ Vrenchen zitterte leis bei diesem letzten Worte und schmiegte sich tiefer in Salis Arme, ihn von neuem lange und zärtlich küssend.

L Diese Tussi! Denkt wohl, sie wäre die Schönste. Juhu, die Dauerwelle wächst schon raus. Und diese Stiefelchen von ihr sind auch zu albern. Außerdem hat sie sowieso keine Ahnung. Von nix und wieder nix hat die 'ne Ahnung.

K Ich ertrug's nicht, neigte mich auf ihre Hand und küsste sie unter den wonnevollsten Tränen. Und sah nach ihrem Auge wieder – Edler! Hättest du deine Vergötterung in diesem Blicke gesehen, und möcht' ich nun deinen so oft entweihten Namen nie wieder nennen hören.

I Immer, wenn sie ihn sieht, schmeißt sie die Haare zurück wie 'ne Filmdiva. Das sieht doch ein Blinder, was die für 'ne Show abzieht. Ja, okay, sie kann ganz gut tanzen. Besser als ich. Zugegeben. Hat auch 'ne ganz gute Stimme, schöne Augen, aber dieses ständige Getue. Die geht einem ja schon nach fünf Minuten auf die Nerven.

V Sie konnte Rhett zurückgewinnen. Sie wusste, dass sie es konnte. Es hatte noch keinen Mann gegeben, den sie nicht hatte gewinnen können, wenn sie es sich vorgenommen hatte.
„Morgen auf Tara will ich über das nachdenken. Dann werde ich es ertragen. Morgen wird mir schon einfallen, wie ich ihn wieder erobere. Schließlich, morgen ist auch noch ein Tag."

E Ich versuche es betont gleichgültig mit einem Wenn-du-willst, kann gar nicht sagen, wie froh ich bin. An der Tür frage ich, was denn mit Kirsten ist.
„O Gott, eine Nervtante, nee, vielen Dank!" …
„Och, ich find die ganz nett, eigentlich", murmel ich.

Y Aber ich hielt stand. Ich würde nicht weinen. Ich würde Jennifer bloß durch zustimmendes Kopfnicken zeigen, dass ich glücklich wäre, ihr jeden nur erdenklichen Gefallen zu tun.
„Bitte nimm mich fest in die Arme", sagte sie.
Ich griff nach ihrem Unterarm – mein Gott, er war so mager – und drückte ihn ein bisschen.
„Nein, Oliver", sagte sie, „nimm mich richtig in die Arme, ganz fest."
Ich war sehr, sehr vorsichtig, wegen der Schläuche und all dem Zeug, als ich mich zu ihr aufs Bett legte und sie in die Arme schloss.
„Danke, Ollie."
Das waren ihre letzten Worte.

Z Sie sagte: „Thomas, ich halte es nicht mehr aus. Ich weiß, ich darf mich nicht beklagen. Seit du meinetwegen nach Prag zurückgekehrt bist, habe ich mir die Eifersucht verboten. Ich will nicht mehr eifersüchtig sein, aber ich bin nicht stark genug, um mich dagegen zu wehren. Hilf mir, bitte!"

1. Setze die Textteile der Kurzgeschichte *Eifersucht* in der richtigen Reihenfolge zusammen.
   Die Buchstaben der richtigen Puzzleteile ergeben ein Lösungswort.
   Woraus die anderen Textausschnitte stammen, kannst du im Textquellenverzeichnis (S. 335) nachschlagen.
2. Woran erkennst du, dass es sich um eine Kurzgeschichte handelt?
   Begründe mit Hilfe der *Merkmale der Kurzgeschichte* im Kasten.

Anna liebt Jens. Katharina liebte Georg. *Irmela Brender*

Anna liebt Jens. Und Jens liebt Anna. Die Zeit bleibt stehen. Die Welt wird still. Noch nie hat es eine solche Liebe gegeben.

Anna kann nur von Jens noch reden. Oder von der Liebe. Aber wenn Anna die Großmutter besucht, soll sie die Großmutter reden lassen. Alte Leute erzählen gern.

„Erzähl mir eine Liebesgeschichte, Großmutter. Die schönste, die du kennst." „Die schönste Liebesgeschichte, die ich kenne ... Das ist eine wahre Geschichte. Und sie ist schon lange her." Anna lächelt. Früher kann es keine Liebesgeschichten gegeben haben. Nicht so wie heute. Nicht so wie diese. Jens liebt Anna, und Anna liebt Jens. „Katharina liebte Georg, und Georg liebte Katharina. Sie war bei einer Herrschaft in Dienst, und er handelte mit Geflügel. Wenn er frisch geschlachtete Hühner brachte, dann musste er mit ihr verhandeln. Sie sprachen darüber, wie alt die Hühner waren, wie schwer und wie fett und wie viel sie kosten sollten. Von Mal zu Mal sprachen sie länger darüber, die gnädige Frau musste Katharina warnen, nicht zuviel Zeit zu vertun mit diesem Georg, aber es half nichts. Und weil es damals Mädchen genug gab, die zu einer Herrschaft in Dienst wollten, so dass man auf eine bestimmte wie Katharina gar nicht angewiesen war, kündigte die gnädige Frau der Katharina, als es ihr zu bunt wurde. Als Georg das nächste Mal kam mit seinen Hühnern, weinte Katharina und sagte, sie brauche eine neue Stelle. Und Georg antwortete, statt eine Stelle zu suchen, solle sie doch ihn heiraten. Und da tat sie es."

„Aber, Großmutter! Das soll eine Liebesgeschichte sein?"

„Warte, Anna. Die Geschichte hat erst angefangen."

„Aber sie sind ja schon verheiratet! Und so, wie das früher war, können sie jetzt bloß noch Kinder kriegen und alt werden. Was wird da mit der Liebesgeschichte?"

„Die ging immer weiter, Katharina und Georg bekamen Kinder, acht, wie das damals so war, und sie wurden älter, und die Liebe hörte nicht auf. Katharina freute sich über jeden Tag, weil es ein Tag mit Georg war, und Georg freute sich über jede Nacht, weil es eine Nacht mit Katharina war, und umgekehrt genauso. Natürlich hatten sie Sorgen wie alle Leute, aber sie erschienen ihnen nicht so schlimm, wie sie hätten sein können, weil sie die allergrößte Sorge nicht hatten – ohne einander sein zu müssen. Liebe – kann man erklären, wie das ist?"

Die Großmutter schaut auf ihre Hände und schüttelt den Kopf. Katharina und Georg hätten es nicht erklären können. Sie konnten wohl überhaupt nicht gut erklären. Aber wer sie sah, der begriff alles an der Art, wie sie einander gern anschauten, einander gern zuhörten, einander gern berührten, auch wenn es nur flüchtig war, gern beieinander waren.

Nun, alles ging weiter, die Kinder wurden erwachsen und verließen das Haus, Enkel kamen, Katharina sorgte für sie, wenn es nötig war, zwei zog sie auf, weil die Väter starben, daneben kümmerte sie sich um den Haushalt, um das Geflügelgeschäft, das sie jetzt hatten, und war freundlich und geduldig mit jedem, der zu ihr kam. Damals lernte ich sie kennen, und es kam mir vor, als seien ihre Stunden und Minuten länger als die anderer Leute, weil sie immer Zeit für jeden hatte, und Zeit zum Freundlichsein.

Dann wurde Georg krank. Es war eine schlimme Krankheit mit großen Schmerzen.

Magenkrebs, ich sage das Wort nicht gern. Man musste ihm extra kochen, ihn füttern, ihn pflegen. Er übergab sich oft. Die Kinder, die jetzt erwachsen waren, sagten zu Katharina: „Er muss ins Krankenhaus. Es ist zu viel für dich. Ein kranker alter Mann. Die Belastung ist zu groß für dich. Katharina schaute die an, die so redeten, und schien gar nicht zu verstehen, dass der kranke alte Mann, die Belastung, Georg sein sollte. Sie pflegte ihn mit Geduld und Liebe und Achtung. Ja, Achtung: oder Respekt. Wie man Respekt hat vor einem alten Mann, der sabbert und sich erbricht? Indem man ihn liebt."

Die Großmutter macht eine Pause, in der sie über diesen Satz nachzudenken scheint. Anna wagt nicht zu fragen, ob die Geschichte jetzt zu Ende ist. Dann spricht die Großmutter weiter.

„Liebesgeschichten – sind sie wahr? In Büchern wird da viel gestöhnt und geseufzt um Leute, die meinen, sie lieben sich, und nicht zusammenkommen können. Das sind Irrtumsgeschichten. Gerade so, als gäbe es keine Liebe. Aber die gibt es. Und wenn es um Liebe geht, dann endet die Geschichte nicht, weil einer den anderen enttäuscht oder sich von ihm entfernt. Wenn es um Liebe geht, dann wird sie immer größer, und wie sie endet, das weiß keiner, weil keiner weiß, was hinterher kommt."

„Wann hinterher?", fragt Anna.

„Dann. Wie bei Katharina und Georg. Es kam nämlich ein Krieg. Und Soldaten vertrieben sie von da, wo sie wohnten. Katharina und Georg mussten fliehen, wie die anderen in Pferdewagen. Sie lagen auf Stroh, täglich einmal wurde angehalten, dann gab es Essen. Katharina ließ sich immer zwei Geschirre voll geben – eines für Georg und eines für sich. Als sie dann ankamen, dort, wo sie nun weiterleben sollten, und als ihre erwachsene Tochter ihnen heraushelfen wollte aus dem Wagen, da sah die Tochter, dass Georg tot war. Schon seit drei Tagen, erklärte Katharina. Und sie hatte niemandem etwas gesagt, weil sie nicht wollte, dass Georg irgendwo an der Straße verscharrt würde. Sie lag neben dem Toten, drei Tage und drei Nächte lang, weil sie jetzt nichts mehr für ihn tun konnte, als für ein richtiges Begräbnis zu sorgen, eben für das, was sie unter einem richtigen Begräbnis verstand.

Die Tochter sagte, es ist schlimm, aber es ist auch gut. Jetzt, Mutter, sagte sie, bist du in Sicherheit, er hat seinen Frieden, und du lässt dich jetzt einmal im Leben verwöhnen, von uns. Katharina nickte dazu und wollte nur, dass man sich um ein Begräbnis kümmerte. Die Tochter tat das, und als Katharina wusste, dass am nächsten Tag das Begräbnis sein werde, auf einem richtigen Friedhof mit einem richtigen Grab und so, wie alles zu sein hatte, da legte sie sich ins Bett und starb."

„Selbstmord!", schreit Anna.

„Aber nein. Zu Ende gelebt. Katharina liebte Georg und lebte mit Georg und starb mit Georg. Und das ist eine wahre Liebesgeschichte von Anfang bis Ende, soweit man das Ende kennt."

„Und woher kennst du die Geschichte?"

„Katharina und Georg waren meine Großeltern."

Und meine Ururgroßeltern, denkt Anna. Und es gibt kein Ende. Denn Anna liebt Jens.

1. Was ist das Besondere an der Liebesgeschichte von Katharina und Georg?

Zeitungsgeschichten ...

1. Aus der Shell-Jugendstudie 2002

75 % der weiblichen und 65 % der männlichen Jugendlichen meinen, dass man eine Familie zum „Glücklich sein“ braucht. Neben „Karriere machen“ (82 %) steht „Treue“ mit 78 % ganz oben auf der Skala der Dinge, die von den Jugendlichen heute als „in“ bezeichnet werden. Über zwei Drittel der Jugendlichen wollen später eigene Kinder – in den neuen Bundesländern mit 76 % sogar noch mehr als mit 64 % in den alten Ländern. Wirklich vorhanden sind allerdings eigene Kinder nur bei 4 % der Jugendlichen zwischen 16 und 25 Jahren – und auch bei den „Älteren“ zwischen 22 und 25 Jahren haben nicht mehr als 7 % der Jugendlichen bereits eigene Kinder. Kinderwunsch und „Kinder kriegen“ sind demnach zwei verschiedene Dinge. Im zeitlichen Trend betrachtet steigt das Durchschnittsalter, in dem Frauen heute in Deutschland Kinder bekommen, tendenziell weiter an, mit der Konsequenz, dass immer mehr Frauen in ihrem Leben wahrscheinlich gar keine Kinder bekommen werden. „Karriere machen“ und Familie schließen sich allerdings bei der Mehrheit der heutigen Jugend hinsichtlich der eigenen Lebensansprüche nicht aus, sondern bilden zwei zentrale Zielvorstellungen für die Lebensführung.

2. Heirat im Fronturlaub und viele Stationen

Ihre diamantene Hochzeit feiern am heutigen Mittwoch Waltraut und Rolf Spranger in Babstadt. Der Jubilar wurde am 15. Mai 1921 in Reichenbach/Vogtland geboren, seine Frau am 6. September 1924 in Elbingerode/Harz. Dort arbeitete Spranger als Elektrotechniker im Diakonissen-Mutterhaus, wo sich die beiden schon früh kennen lernten. 1941 wurde der Ehemann zur Wehrmacht eingezogen. Seine Frau arbeitete als Erzieherin in verschiedenen Einrichtungen. Am 19. Januar 1945 kam Rolf Spranger von der Westfront auf Heiratsurlaub nach Rethmar bei Hannover.

Bald danach geriet er in französische Gefangenschaft, aus der er erst 1948 entlassen wurde. In Rethmar gab es keine gemeinsame Wohnung und keine Arbeit. So zog das Ehepaar verzweifelt zu den Eltern in die sowjetische Besatzungszone. Dort bekam der Jubilar sofort Arbeit als Sicherheitsingenieur in einem Kalkwerk. 1950 und 1952 wurden zwei Töchter geboren. Aus politischen Gründen ging die Familie in den Westen. Hannover, Mülheim/Ruhr, Ravensburg und Essen waren die nächsten Stationen. Waltraud Spranger widmete sich ganz der Erziehung der beiden Töchter.

1967 ging sie wieder in ihren Beruf und arbeitete 13 Jahre bei schwerbehinderten Kindern in einer Tagesstätte in Essen. 1981 suchten die Sprangers eine neue Heimat in der Nähe ihrer Kinder und fanden sie in Babstadt, wo sie in einem eigenen Häuschen leben. [...]

3. Brad Pitt und Jennifer Aniston geben Trennung bekannt

Los Angeles (dpa) – Hollywoods Traumpaar Brad Pitt und Jennifer Aniston hat sich offiziell getrennt. Die Entscheidung sei Ergebnis gründlicher Überlegung, teilten sie in einer gemeinsamen Erklärung für das Magazin People mit. Pitt ist derzeit in *Troja* und *Ocean's Twelve* zu sehen. Aniston arbeitet nach dem Aus der erfolgreichen TV-Serie *Friends*, in der sie die Hauptrolle spielte, an vier Filmprojekten gleichzeitig. Die beiden waren seit sieben Jahren ein Paar und seit viereinhalb Jahren verheiratet.

4. Scheidungsrate in Deutschland ab 1960

Jahr	Scheidungsrate
1960	8,1 %
1970	17,2 %
1980	26,6 %
1990	23,8 %
2000	46,4 %
2001	50,7 %
2002	52,1 %
2003	55,9 %

1. Vergleiche die Geschichte von Katharina und Georg mit den Materialien. Wo sind Gemeinsamkeiten, wo Unterschiede?
2. Suche weitere Fotos in Zeitungen, Illustrierten oder in eurem Familienalbum von einem älteren oder jüngeren Paar und erfinde eine Beziehungsgeschichte dazu. Versuche dabei auch, die Merkmale von Kurzgeschichten (S. 134) zu beachten.

* Text in alter Rechtschreibung

Ein netter Kerl* *Gabriele Wohmann*

Ich hab ja so wahnsinnig gelacht, rief Nanni in einer Atempause. Genau wie du ihn beschrieben hast, entsetzlich.

Furchtbar fett für sein Alter, sagte die Mutter. Er sollte vielleicht Diät essen. Übrigens, Rita, weißt du, ob er ganz gesund ist?

Rita setzte sich gerade und hielt sich mit den Händen an der Unterseite des Sitzes fest. Sie sagte: Ach, ich glaub schon, daß er gesund ist. Genau wie du es erzählt hast, weich wie ein Molch, wie Schlamm, rief Nanni. Und auch die Hand, so weich.

Aber er hat doch auch wieder was Liebes, sagte Milene, doch, Rita, ich finde, er hat was Liebes, wirklich.

Na ja, sagte die Mutter, beschämt fing auch sie wieder an zu lachen; recht lieb, aber doch gräßlich komisch. Du hast nicht zuviel versprochen, Rita, wahrhaftig nicht. Jetzt lachte sie laut heraus. Auch hinten im Nacken hat er schon Wammen, wie ein alter Mann, rief Nanni. Er ist ja so fett, so weich! Sie schnaubte aus der kurzen Nase, ihr kleines Gesicht sah verquollen aus vom Lachen.

Rita hielt sich am Sitz fest. Sie drückte die Fingerkuppen fest ans Holz.

Er hat so was Insichruhendes, sagte Milene. Ich find ihn so ganz nett, Rita, wirklich, komischerweise.

Nanni stieß einen winzigen Schrei aus und warf die Hände auf den Tisch; die Messer und Gabeln auf den Tellern klirrten.

Ich auch, wirklich, ich find ihn auch nett, rief sie. Könnt ihn immer ansehn und mich ekeln.

Der Vater kam zurück, schloß die Esszimmertür, brachte kühle nasse Luft herein. Er war ja so ängstlich, daß er seine letzte Bahn noch kriegt, sagte er. So was von ängstlich.

Er lebt mit seiner Mutter zusammen, sagte Rita.

Sie platzten alle heraus, jetzt auch Milene. Das Holz unter Ritas Fingerkuppen wurde klebrig. Sie sagte: Seine Mutter ist nicht ganz gesund, soviel ich weiß.

Das Lachen schwoll an, türmte sich vor ihr auf, wartete und stürzte sich dann herab, es spülte über sie weg und verbarg sie: lang genug für einen kleinen schwachen Frieden. Als erste brachte die Mutter es fertig, sich wieder zu fassen. Nun aber Schluß, sagte sie, ihre Stimme zitterte, sie wischte mit einem Taschentuchklümpchen über die Augen und die Lippen. Wir können ja endlich mal von was anderem reden.

Ach, sagte Nanni, sie seufzte und rieb sich den kleinen Bauch, ich bin erledigt, du liebe Zeit. Wann kommt die große fette Qualle denn wieder, sag Rita, wann denn? Sie warteten alle ab.

Er kommt von jetzt an oft, sagte Rita. Sie hielt den Kopf aufrecht.

Ich hab mich verlobt mit ihm.

Am Tisch bewegte sich keiner. Rita lachte versuchsweise und dann konnte sie es mit großer Anstrengung lauter als die andern, und sie rief: Stellt euch das doch bloß mal vor: mit ihm verlobt! Ist das nicht zum Lachen!

Sie saßen gesittet und ernst und bewegten vorsichtig Messer und Gabeln.

He, Nanni, bist du mir denn nicht dankbar, mit der Qualle hab ich mich verlobt, stell dir das doch mal vor!

Er ist ja ein netter Kerl, sagte der Vater. Also höflich ist er, das muß man ihm lassen. Ich könnte mir denken, sagte die Mutter ernst, daß er menschlich angenehm ist, ich meine, als Hausgenosse oder so, als Familienmitglied.

Er hat keinen üblen Eindruck auf mich gemacht, sagte der Vater.

Rita sah alle behutsam dasitzen, sie sah gezähmte Lippen. Die roten Flecken in den Gesichtern blieben noch eine Weile. Sie senkten die Köpfe und aßen den Nachtisch.

1. Spielt das Gespräch der Familie nach.
2. Führt anschließend eine **Figurenbefragung** mit Rita durch.
3. Am nächsten Tag fragt der Verlobte Rita, wie sein erster Besuch bei der Familie angekommen ist. Schreibe diesen Dialog.
4. Vergleicht anschließend eure Dialoge.

Gabriele Wohmann (geb. 1932) studierte neuere Sprachen und Musikwissenschaft, nahm Schauspielunterricht und arbeitete als Lehrerin. Als Schriftstellerin schrieb sie Gedichte, Prosatexte, Hörspiele und Drehbücher zu Fernsehfilmen. Gabriele Wohmann hat viele Kurzgeschichten geschrieben, die eine eher pessimistische Weltsicht offenbaren. Trennungen und Bindungsunfähigkeit sind Leitmotive ihrer Werke. Sie schreibt vor allem über das Alltagsleben und die Unfähigkeit der Menschen zur Kommunikation.

TIPPS

Zur Figurenbefragung:
- Fragt zunächst nach allgemeinen Dingen, wie z. B. Alter, Hobbys, damit sich die Spieler leichter in ihre Rolle hineinversetzen können.
- Geht dann auf Gefühle, Gedanken, Verhältnis zu anderen usw. ein.
- Ihr könnt die Figurenbefragung so durchführen, dass mehrere von euch nacheinander die Rolle der Rita übernehmen.

Figurenbefragung
→ S. 328

Der virtuelle Seitensprung *Paulo Moura*

Cyberspace / virtuelle Welt: Virtuelle Gemeinschaften entstehen im Netz, wenn Personengruppen längerfristigen Kontakt im Internet haben. Sie bringen bei dieser virtuellen Kommunikation ihre Gefühle ein, wie z. B. Freude, Trauer, Mitleid, Lachen, Weinen, Dankbarkeit, Wut, Aggression, Liebe oder Eifersucht. Diese Gefühle werden zwischen den Teilnehmern der virtuellen Gemeinschaft ausgetauscht, sodass im Cyberspace ein Geflecht persönlicher Beziehungen entsteht. Dennoch bleiben die Teilnehmer der virtuellen Welt anonym, sie können ihr Aussehen, ihre Herkunft, ihren Wohnort usw. verbergen.

Platonische Reminiszenzen: unmittelbare erotische Erfahrungen sind in eine rein „geistige Liebe" verwandelt

Cyberspace-Anzüge: Anzug, der von einem Computerprogramm gesteuert wird und elektrische Impulse an den Körper abgibt

Als die Polizei – alarmiert von ihrem PC-Abhörnetz – in der Altbauwohnung auf dem Hollywood-Boulevard ankam, war es zu spät. Ein Körper in einem Cyberspace-Anzug lag bewegungslos über der Tastatur der jüngsten Generation eines Macintosh Quadra. Tot.

John Malone lebte seit zehn Jahren in New York, aber seit fünf Jahren hatte er seine Dachwohnung in der Spring Street mitten in Soho nicht mehr verlassen. Sein Essen und alles, was er sonst benötigte, bestellte er über America On Line (AOL), das öffentliche Computernetz, dessen Mitglied er war – wie 100 Millionen weitere Amerikaner. Sein Bildschirmname war R. U. Sirius. Über sein Modem verschickte er jeden Tag Marktanalysen, die er für seine Firma mit Sitz in Memphis, Tennessee, erstellte. Alle Kontakte, die er beruflich oder privat herstellen musste, spielten sich auf dem riesigen hochauflösenden Bildschirm ab, der an seinen IBM angeschlossen war. Der Computer hatte es ihm ermöglicht, einen über den ganzen Kontinent verteilten Freundeskreis aufzubauen. So hatte er es schon lange nicht mehr nötig, die Bars und Cafés im Cyberspace aufzusuchen. Vor ungefähr einem Jahr hatte John Malone Candi kennen gelernt – bei einem Fest in einer der virtuellen Begegnungsstätten für Singles der AOL. Candi war 20 Jahre alt, hatte grüne Augen und blondes Haar, aber was John mehr anzog als alles andere, war die Sinnlichkeit und Ungezwungenheit, die allen Frauen in der „Stadt der Engel" eigen waren. Es war offenkundig, dass Candi Los Angeles kaum kannte, ebenso wenig wie John sich an New York erinnerte, doch das war unwichtig, denn im Cyberspace sind Städte keine Städte: Sie sind Ideen. Candi erinnerte John an Frauen, die er in Kalifornien gesehen hatte, bevor er endgültig in die virtuelle Welt eingetreten war. An diese Zeit erinnerte er sich nur noch wie an einen Traum. Zuweilen kamen ihm flüchtige Bilder in den Sinn, verwandelt in platonische Reminiszenzen. Candi ist nichts weiter als ein wunderschönes Bild auf dem Computerbildschirm, erschaffen von Candi selbst. John schuf ebenfalls ein Bild seines Körpers, das bei Candi zu Hause auf dem Bildschirm erschien.

Sie redeten ganze Nächte lang, widmeten einander Lieder, die sie aus dem Verzeichnis der digitalen Aufnahmen des AOL-Servers auswählten und über ihre in den Computer integrierten Stereoanlagen hörten. Doch sie redeten nicht nur. Manchmal zogen sie Cyberspace-Anzüge mit elektrischen Stimulatoren an den erogenen Zonen an. Wenn der Partner auf der anderen Seite des Kontinents den Cursor auf dem Bildschirm zu einem dieser Punkte bewegte und ihn anklickte, spürte der andere eine Liebkosung. John verliebte sich immer heftiger in Candi, doch im selben Maß wie seine Leidenschaft wuchs auch sein Misstrauen. In der virtuellen Welt, auf der Datenautobahn, so schien es John, war der Wert der Treue wichtiger denn je. Und da verschiedene Indizien seinen Verdacht nährten, dass seine Geliebte Beziehungen zu anderen AOL-Mitgliedern unterhielt, beschloss er, der Sache auf die Spur zu kommen. Er schuf einen zweiten Bildschirmnamen, D. Juan 007, mit dem er versuchen wollte, Candi 2000 kennen zu lernen und sie

zu verführen. Für D. Juan 007 erfand er einen Körper, der zwar nicht schöner war als der von R. U. Sirius – denn das war seiner Ansicht nach unmöglich – der aber Candis Vorlieben eher entsprach. Eines Nachts schließlich schlief Candi virtuell mit D. Juan 007. John fühlte sich mit sich selbst betrogen. Er begann, Candi zu hassen, und beschloss, sie zu töten. Über den Computer zog er die gesamte verfügbare Literatur über den virtuellen Liebesakt zu Rate. Bei der nächsten Begegnung bat er Candi, ihren virtuellen Anzug anzulegen. Sie tat es, überzeugt, dass er das Gleiche tun würde, doch darin täuschte sie sich: Die sanften Elektroschocks, die sie leidenschaftlich aussandte, verloren sich nutzlos in Johns Anzug, der die ganze Zeit an seinem Haken hing. In der Zwischenzeit betätigte R. U. Sirius sorgfältig die Klicks, die nötig waren, um Candi völlig verrückt zu machen. Klick, klick, klick. Candi kam zum Höhepunkt, einmal, zweimal, doch R. U. Sirius hörte nicht mehr auf, klick, klick, klick, kliiick ... bis zum bitteren Ende, bis Candi tot war, hingerichtet durch Elektroschocks. Die Polizei in Los Angeles brachte den verbrannten Körper ins Leichenschauhaus ...

1. Welcher der Schlüsse scheint dir der passendste zu sein? Begründe.

A John verließ zum ersten Mal seit fünf Jahren seine Wohnung, um nach Los Angeles zu Candis Beerdigung zu reisen und sie einmal wirklich zu sehen. Aber Candis Körper war durch die Elektroschocks entstellt, ihre Haare verbrannt, sodass John sich kein Bild mehr davon machen konnte, wie die tote Frau wirklich einmal ausgesehen hatte.

B Unter dem Anzug, der ihn getötet hatte, fand man den Körper eines etwa 50-jährigen Mannes. Da niemand aus der realen Welt kam, um ihn zu identifizieren, gaben die Behörden eine Anzeige im AOL auf: Im Netz hatte der Mann den Bildschirmnamen Candi 2000 benutzt.

C John suchte unter seinem Bildschirmnamen D. Juan 007 nach einer neuen Partnerin für eine virtuelle Beziehung. Aber er fand nie wieder eine Frau wie Candi 2000, und er blieb schließlich ein einsamer virtueller Junggeselle.

2. Welche Absicht verfolgt der Autor deiner Meinung nach mit dieser „Liebesgeschichte“?

Ernest Hemingway, amerikanischer Schriftsteller, geb. 1899, gest. 1961 durch Selbstmord.
Nahm als Freiwilliger des Roten Kreuzes am 1. Weltkrieg teil, wurde dort verwundet und ausgezeichnet.
Er war Korrespondent einer Zeitung im Spanischen Bürgerkrieg 1936/37, lebte später auf Kuba. 1954 erhielt Hemingway den Nobelpreis für Literatur.
Neben zahlreichen Kurzgeschichten schrieb er auch Romane, z. B. „Der alte Mann und das Meer" und „Wem die Stunde schlägt".

Das Ende von etwas *Ernest Hemingway*

Früher einmal war Hortons Bay eine Bauholzstadt gewesen. Niemand, der dort wohnte, war außerhalb des Hörbereichs der großen Sägemühle am See. Dann, eines Tages, gab es keine Baumstämme mehr, um Bauholz zu machen. Die Holzschoner kamen in die Bucht und wurden mit dem Schnittholz des Sägewerks, das auf dem Hof aufgestapelt stand, beladen. Alle Stapel Bauholz wurden weggebracht. Aus der großen Mühle nahm man alle transportablen Maschinen fort und ließ sie von den Leuten, die bisher in der Mühle gearbeitet hatten, auf einen der Schoner laden. Der Schoner entfernte sich aus der Bucht hinaus dem offenen See zu, an Bord die beiden großen Sägen, den Transportwagen, der die Baumstämme gegen die drehbaren Kreissägen schleuderte, und all die Walzen, Räder, Treibriemen und Eisen, aufgetürmt auf einer schiffsrumpftiefen Ladung Bauholz. Nachdem der offene Raum mit Planen zugedeckt und diese festgebunden waren, füllten sich die Segel des Schoners, und er bewegte sich hinaus in den offenen See, all das mit sich führend, was die Mühle zur Mühle und Hortons Bay zur Stadt gemacht hatte.

Die einstöckigen Schlafquartiere, das Speisehaus, das Warenhaus, die Mühlenbüros und die große Mühle selbst standen verlassen inmitten von ungeheuren Mengen Sägemehls da, das die sumpfige Wiese am Ufer der Bucht bedeckte.

Zehn Jahre später war nur noch der zerfallene weiße Kalkstein der Grundmauern von dem Sägewerk übrig, den Nick und Marjorie, als sie am Ufer entlang ruderten, durch die sumpfige, in zweiter Blüte stehende Wiese schimmern sahen. Sie angelten am Rande der Fahrrinne, wo der Grund plötzlich von flachem Sand bis zu zwölf Fuß tiefem, dunklem Wasser abfiel. Sie angelten auf ihrem Weg zu der Stelle, wo sie für die Regenbogenforellen nachts Leinen auslegen wollten.

„Da ist unsere alte Ruine, Nick", sagte Marjorie. Nick blickte beim Rudern auf die weißen Steine zwischen den grünen Bäumen.

„Ja, da ist sie", sagte er.

„Kannst du dich daran erinnern, als es ein Sägewerk war?", fragte Marjorie.

„Ja, grade", sagte Nick.

„Es sieht eher wie ein Schloss aus", sagte Marjorie.

Nick sagte nichts. Sie ruderten weiter, verloren das Sägewerk aus den Augen und folgten der Uferlinie. Dann kreuzte Nick die Bucht.

„Sie beißen nicht an", sagte er.

„Nein", sagte Marjorie. Auch während sie sprach, passte sie die ganze Zeit über scharf auf die Angel auf. Sie fischte gern. Sie fischte gern mit Nick.

Ganz dicht am Boot durchbrach eine große Forelle den Wasserspiegel. Nick zog kräftig an einem Ruder, um das Boot zu wenden, damit der Köder, der weit hinter ihnen trieb, dort vorbeikam, wo die Forelle fraß. Als der Rücken der Forelle aus dem Wasser auftauchte, sprangen die Elritzen wie wild. Sie sprenkelten die Oberfläche, als hätte man eine Hand voll Schrot ins Wasser geworfen. Eine zweite

Forelle durchbrach fressend das Wasser auf der anderen Seite des Bootes.

„Sie fressen“, sagte Marjorie.

„Aber sie beißen nicht an“, sagte Nick.

Er ruderte das Boot herum, um zwischen den beiden fressenden Fischen hindurchzuködern; dann nahm er den Kurs auf die Landspitze. Marjorie haspelte die Angelschnur erst auf, als das Boot das Ufer berührte.

Sie zogen das Boot auf den Strand, und Nick hob einen Eimer mit lebenden Barschen heraus. Die Barsche schwammen im Wasser im Eimer umher. Nick fing drei von ihnen mit der Hand, schnitt ihnen die Köpfe ab und enthäutete sie, während Marjorie mit ihren Händen im Eimer herumjagte, schließlich einen Barsch fing, seinen Kopf abschnitt und ihn enthäutete. Nick besah sich ihren Fisch.

„Nimm lieber die Mittelgräte nicht heraus“, sagte er. „Es geht zwar als Köder, aber es ist besser, wenn die Mittelgräte drin bleibt.“

Er hakte jeden der enthäuteten Barsche durch den Schwanz. An dem Vorfach jeder Angel waren zwei Haken befestigt. Dann ruderte Marjorie das Boot über die Fahrrinne hinaus, sie hielt die Leine zwischen den Zähnen und hatte das Gesicht Nick zugewandt, der am Ufer stand, die Angelrute hielt und die Schnur von der Rolle laufen ließ.

„So ungefähr da“, rief er.

„Soll ich sie loslassen?“, rief Marjorie zurück, die Leine in der Hand.

„Ja, lass sie los.“ Marjorie ließ die Leine über Bord und sah zu, wie die Köder unter Wasser sanken.

Sie kam mit dem Boot zurück und legte die zweite Leine auf die gleiche Art aus. Beide Male legte Nick ein schweres Stück Treibholz über das dickere Ende der Angelrute, um sie in Position zu halten, und stützte sie mit einem kleinen Stück Holz ab. Er haspelte die schlaffe Leine auf, sodass die Leine straff bis zu der Stelle lief, wo der Köder auf dem sandigen Grund der Fahrrinne lag, und setzte den Sperrhaken auf die Rolle. Sobald eine Forelle auf dem Grund fraß und den Köder nahm, würde sie damit wegziehen, die Leine mit Ungestüm von der Rolle abwickeln und so die Rolle mit dem Sperrhaken zum Schnurren bringen. Marjorie ruderte ein Stückchen an der Landspitze hinauf, um nicht der Leine in die Quere zu kommen. Sie zog kräftig an den Rudern, und das Boot lief ein ganzes Stück den Strand hinauf. Kleine Wellen kamen mit ihm herauf. Marjorie stieg aus dem Boot, und Nick zog das Boot weit den Strand hinauf.

„Was ist denn los, Nick?“, fragte Marjorie.

„Ich weiß nicht“, sagte Nick und holte Holz, um Feuer zu machen.

Subtext: das, was zwischen den Zeilen steht

Sie machten ein Feuer mit Treibholz. Marjorie ging zum Boot und holte eine Decke. Die Abendbrise blies den Rauch nach der Landspitze zu, darum breitete Marjorie die Decke zwischen dem Feuer und dem See aus.

Marjorie saß auf der Decke mit dem Rücken zum Feuer und wartete auf Nick. Er kam herüber und setzte sich neben sie auf die Decke. Hinter ihnen war der dichte, junge Baumwuchs der Landspitze, und vor ihnen war die Bucht mit der Mündung von Hortons Creek. Es war nicht ganz dunkel. Der Feuerschein reichte bis zum Wasser. Sie konnten beide die zwei Stahlruten schräg über dem dunklen Wasser sehen. Das Feuer blinkte auf den Rollen.

Marjorie packte den Abendbrotkorb aus. „Mir ist gar nicht nach Essen“, sagte Nick.

„Aber los, iss nur, Nick.“

„Schön.“

Sie aßen, ohne zu sprechen, und beobachteten die beiden Angelruten und den Feuerschein auf dem Wasser.

„Heute Abend gibt‘s Mondschein“, sagte Nick. Er sah über die Bucht hinweg nach den Bergen, die sich scharf gegen den Himmel abzuzeichnen begannen. Er wusste, hinter den Bergen kam der Mond herauf.

„Ich weiß“, sagte Marjorie vergnügt.

„Du weißt alles“, sagte Nick.

„O bitte, Nick. Lass das. Bitte, sei nicht so!“

„Ich kann nichts dazu“, sagte Nick. „Es ist doch so. Du weißt alles. Das ist das Unglück. Du weißt, dass es so ist.“

Marjorie sagte gar nichts.

„Ich habe dir alles beigebracht. Du weißt, dass es so ist. Überhaupt, was weißt du eigentlich nicht?“

„Ach, hör auf“, sagte Marjorie. „Da kommt der Mond.“

Sie saßen auf der Decke, ohne sich zu berühren, und sahen zu, wie der Mond aufging.

„Du brauchst doch nicht so dumm zu reden“, sagte Marjorie. „Was ist denn eigentlich los?“

„Ich weiß nicht.“

„Natürlich weißt du's.“

„Nein, wirklich nicht.“

„Los, sag's.“

Nick sah weiter auf den Mond, der über die Berge heraufkam.

„Es ist gar nicht mehr schön.“

Er hatte Angst, Marjorie anzusehen. Dann sah er sie an. Sie saß da und wandte ihm den Rücken zu. Er sah ihren Rücken an. „Es ist nicht mehr schön. Überhaupt nichts mehr.“

Sie sagte nichts. Er fuhr fort: „Weißt du, mir ist, als ob alles in mir zum Teufel gegangen ist. Ich weiß nicht, Marge. Ich weiß nicht, was ich sagen soll.“

Er blickte weiter auf ihren Rücken.

„Ist denn Liebe nicht schön?“, sagte Marjorie.

„Nein“, sagte Nick. Marjorie stand auf. Nick saß da, den Kopf in die Hände gestützt.

„Ich nehme das Boot“, rief ihm Marjorie zu. „Du kannst um die Landspitze rum zu Fuß zurückgehen.“

„Schön“, sagte Nick. „Ich stoße das Boot für dich ab.“

„Ist nicht nötig“, sagte sie. Sie trieb mit dem Boot auf dem mondbeschienenen Wasser. Nick ging zurück und legte sich neben das Feuer, mit dem Gesicht auf der Decke. Er konnte Marjorie auf dem Wasser rudern hören.

Er lag dort eine lange Zeit. Er lag da, während er hörte, wie Bill, der durch den Wald strich, in die Lichtung kam. Er spürte, wie Bill sich dem Feuer näherte. Auch Bill berührte ihn nicht.

„Ist sie glücklich weg?“, sagte Bill.

„Ja“, sagte Nick, der mit dem Gesicht auf der Decke dalag.

„’ne Szene gehabt?“

„Nein, wir hatten keine Szene.“

„Wie fühlst du dich?“

„Bitte, geh weg, Bill. Geh, lass mich allein.“

Bill suchte sich ein Sandwich aus dem Esskorb aus und ging hinüber, sich die Angelruten ansehen.

1. Beschreibe das Ende der Beziehung zwischen Marjorie und Nick.
2. Untersuche den Text genauer.
   Wo gibt es zwischen den Zeilen Hinweise, die auf dieses Ende hindeuten? Beziehe dazu folgende Information über Hemingways Schreibstil ein:

> Charakteristisch für Ernest Hemingways Stil ist eine nüchterne Darstellungsweise, die sich an äußere Fakten hält und innere Vorgänge nur andeutet. In den Dialogen wird meist die Doppelbödigkeit des Wirklichen spürbar.

INFO

Nachschlagen → S. 318 f.

- **Kurzgeschichten** sind häufig aus dem Leben gegriffene Alltagsgeschichten. Sie verdichten Ereignisse wie in einer Momentaufnahme.
- Zum Verständnis von Kurzgeschichten kann beitragen, dass man ihren Gehalt an Zusatztexten überprüft, sich in die Personen einfühlt und im **Subtext** das Andeutungshafte der Darstellung erfasst.

Stachelschweine *Arthur Schopenhauer*

Eine Gesellschaft Stachelschweine drängte sich an einem kalten Wintertage recht nahe zusammen, um durch die gegenseitige Wärme sich vor dem Erfrieren zu schützen. Jedoch bald empfanden sie die gegenseitigen Stacheln; welches sie dann wieder voneinander entfernte. Wann nun das Bedürfnis der Erwärmung sie wieder näher zusammenbrachte, wiederholte sich jenes zweite Übel; sodass sie zwischen beiden Leiden hin- und hergeworfen wurden, bis sie eine mäßige Entfernung voneinander herausgefunden hatten, in der sie es am besten aushalten konnten. – So treibt das Bedürfnis der Gesellschaft, aus der Leere und Monotonie des eigenen Innern entsprungen, die Menschen zueinander; aber ihre vielen widerwärtigen Eigenschaften und unerträglichen Fehler stoßen sie wieder voneinander ab. Die mittlere Entfernung, die sie endlich herausfinden und bei welcher ein Beisammensein bestehen kann, ist die Höflichkeit und feine Sitte. Dem, der sich nicht in dieser Entfernung hält, ruft man in England zu: „Keep your distance!“ (Wahre deinen Abstand!) – Vermöge derselben wird zwar das Bedürfnis gegenseitiger Erwärmung nur unvollkommen befriedigt, dafür aber der Stich der Stacheln nicht empfunden. – Wer jedoch viel eigene innere Wärme hat, bleibt lieber aus der Gesellschaft weg, um keine Beschwerde zu geben noch zu empfangen.

Die Drei

Friedrich Wolf

Drei Gefangene hatten sich in einer Sturmnacht ihrer Fesseln und ihres Vogtes entledigt. Sie wollten jetzt fort in ein neues, freies Land. Der Erste sprach: „Auf! Lasst uns des Herrn Pferde holen und davonsprengen, so sind wir morgen am Ziel!“ – „Wo denkst du hin!“, fiel der Zweite ein, „bei Nacht auf fremden Pferden galoppieren; wir werden uns Hals und Bein brechen, bevor wir hingelangen; zudem wäre es Raub. Lasst uns zu Fuß wandern; das ist sicherer und gerechter.“ – „Ich habe einen Plan“, sprach der Dritte, „wir spannen die Rosse vor den Wagen und fahren so zum Ziel; so ist keine Gefahr und doch Schnelligkeit gewonnen.“ Das aber war dem Ersten zu lahm und dem Zweiten zu gewagt. Sie stritten und berieten, bis der Tag anbrach. Da kam der Vogt mit seinen Schergen und schlug die Drei wieder in Fesseln.

Amtliche Verlautbarung

Günter Kunert

Ein Mensch, dem Unrecht widerfahren durch Ämter, verfasste eine Beschwerde, worin er sich über die Ämter bei den Ämtern beklagte. Die Beschwerde wurde als zu Recht geführt anerkannt. Der sich beschwert hatte, erhielt den Bescheid: Beim nächsten Unrecht, das ihm zugefügt werde, erhielten die Ämter durch die Ämter eine allerstrengste Ämterrüge!

Der so Beschiedene protestierte: Er fordere, nicht Ämter zu rügen, sondern den Einzelnen zur Rechenschaft zu ziehen.

Das geschah: Er wurde zur Rechenschaft gezogen.

Der Steuermann *Franz Kafka*

„Bin ich nicht Steuermann?“, rief ich. „Du?“, fragte ein dunkler hochgewachsener Mann und strich sich mit der Hand über die Augen, als verscheuche er einen Traum. Ich war am Steuer gestanden in der dunklen Nacht, die schwach brennende Laterne über meinem Kopf, und nun war dieser Mann gekommen und wollte mich beiseite schieben. Und da ich nicht wich, setzte er mir den Fuß auf die Brust und trat mich langsam nieder, während ich noch immer an den Stäben des Steuerrades hing und beim Niederfallen es ganz herumriss. Da aber fasste es der Mann, brachte es in Ordnung, mich aber stieß er weg. Doch ich besann mich bald, lief zu der Luke, die in den Mannschaftsraum führte, und rief: „Mannschaft! Kameraden! Kommt schnell! Ein Fremder hat mich vom Steuer vertrieben!“ Langsam kamen sie, stiegen auf aus der Schiffstreppe, schwankende, müde, mächtige Gestalten. „Bin ich der Steuermann?“, fragte ich. Sie nickten, aber Blicke hatten sie nur für den Fremden: Im Halbkreis standen sie um ihn herum, und als er befehlend sagte: „Stört mich nicht“, sammelten sie sich, nickten mir zu und zogen wieder die Schiffstreppe hinab. Was ist das für Volk! Denken sie auch, oder schlurfen sie nur sinnlos über die Erde?

Maßnahmen gegen die Gewalt* *Bertolt Brecht*

* Text in alter Rechtschreibung

Als Herr Keuner, der Denkende, sich in einem Saale vor vielen gegen die Gewalt aussprach, merkte er, wie die Leute vor ihm zurückwichen und weggingen. Er blickte sich um und sah hinter sich stehen – die Gewalt.

„Was sagtest du?“ fragte ihn die Gewalt.

„Ich sprach mich für die Gewalt aus“, antwortete Herr Keuner.

Als Herr Keuner weggegangen war, fragten ihn seine Schüler nach seinem Rückgrat. Herr Keuner antwortete: „Ich habe kein Rückgrat zum Zerschlagen. Gerade ich muß länger leben als die Gewalt.“

Und Herr Keuner erzählte folgende Geschichte:

In die Wohnung des Herrn Egge, der gelernt hatte, nein zu sagen, kam eines Tages in der Zeit der Illegalität ein Agent, der zeigte einen Schein vor, welcher ausgestellt war im Namen derer, die die Stadt beherrschten, und auf dem stand, daß ihm gehören solle jede Wohnung, in die er seinen Fuß setzte; ebenso sollte ihm auch jedes Essen gehören, das er verlange; ebenso sollte ihm auch jeder Mann dienen, den er sähe.

Der Agent setzte sich in einen Stuhl, verlangte Essen, wusch sich, legte sich nieder und fragte mit dem Gesicht zur Wand vor dem Einschlafen: „Wirst du mir dienen?“ Herr Egge deckte ihn mit einer Decke zu, vertrieb die Fliegen, bewachte seinen Schlaf, und wie an diesem Tage gehorchte er ihm sieben Jahre lang. Aber was immer er für ihn tat, eines zu tun hütete er sich wohl: das war, ein Wort zu sagen. Als nun die sieben Jahre herum waren und der Agent dick geworden war vom vielen Essen, Schlafen und Befehlen, starb der Agent. Da wickelte ihn Herr Egge in die verdorbene Decke, schleifte ihn aus dem Haus, wusch das Lager, tünchte die Wände, atmete auf und antwortete: „Nein.“

Die fünfzigste Pforte *Martin Buber*

Ein Schüler Rabbi Baruchs hatte, ohne seinem Lehrer davon zu sagen, der Wesenheit Gottes nachgeforscht und war in Gedanken immer weiter vorgedrungen, bis er in ein Wirrsal von Zweifeln geriet und das bisher Gewisseste ihm unsicher wurde. Als Rabbi Baruch merkte, dass der Jüngling nicht mehr wie gewohnt zu ihm kam, fuhr er nach dessen Stadt, trat unversehens in seine Stube und sprach ihn an: „Ich weiß, was in deinem Herzen verborgen ist. Du bist durch die fünfzig Pforten der Vernunft gegangen. Man beginnt mit einer Frage, man grübelt, ergrübelt ihr die Antwort, die erste Pforte öffnet sich: in eine neue Frage. Und wieder ergründest du sie, findest ihr die Lösung, stößest die zweite Pforte auf – und schaust in eine neue Frage. So fort und fort, so tiefer und tiefer hinein. Bis du die fünfzigste Pforte aufgesprengt hast. Da starrst du die Frage an, deren Antwort kein Mensch erreicht, denn kennte sie einer, dann gäbe es nicht mehr die Wahl. Vermissest du dich aber weiter vorzudringen, stürzest du in den Abgrund." „So müsste ich also den Weg zurück an den Anfang?", rief der Schüler. „Nicht zurück kehrst du", sprach Rabbi Baruch, „wenn du umkehrst: Jenseits der letzten Pforte stehst du dann, und stehst im Glauben."

Die Blinden *Nikos Kazantzakis*

Es war einmal, sagt er, ein kleines Dorf in der Wüste. Alle Einwohner dieses Dorfes waren blind. Eines Tages kam dort ein großer König mit seinem Heer vorbei. Er ritt auf einem gewaltigen Elefanten. Die Blinden hatten viel von Elefanten erzählen hören und wurden von einer heftigen Lust befallen, heranzutreten und den Elefanten des Königs berühren zu dürfen und ihn zu untersuchen, um eine Vorstellung davon zu bekommen, was das für ein Ding sei. Einige von ihnen – vielleicht waren es die Gemeindeältesten – traten vor und verneigten sich vor dem König und baten um die Erlaubnis, seinen Elefanten berühren zu dürfen. Der eine packte ihn beim Rüssel, der andere am Fuß, ein Dritter an der Seite, einer reckte sich hoch auf und packte das Ohr, und ein anderer wieder durfte einen Ritt auf dem Rücken des Elefanten tun. Entzückt kehrten alle ins Dorf zurück, und die Blinden umringten sie und fragten eifrig, was denn das ungeheuerliche Tier Elefant für ein Wesen sei. Der Erste sagte: „Er ist ein großer Schlauch, der sich hebt und senkt, und es ist ein Jammer um den, den er zu packen kriegt." Der Zweite sagte: „Es ist eine mit Haut und Haaren bekleidete Säule." Der Dritte sagte: „Es ist wie eine Festungsmauer und hat auch Haut und Haare."

Der, der ihn am Ohr gepackt hatte, sagte: „Es ist keineswegs eine Mauer, es ist ein dicker, dicker Teppich, der sich bewegt, wenn man ihn anfasst." Und der Letzte sagte: „Was redet ihr für Unsinn? Es ist ein gewaltiger Berg, der sich bewegt!"

Der Ball war weg *Herbert Heckmann*

Es war neunzehnhundertund ... das waren noch Zeiten, als ich rechter Außenstürmer beim FSV Dingsda spielte, links konnte ich auch. Da hatten wir ein wichtiges Punktspiel in ... der Ort ist heute nicht mehr wiederzuerkennen. Also rechts spielte ich – und geregnet hat es auch. Wir standen bis zu den Knöcheln im Wasser. Da hebt doch der, na, der hat später die Tochter vom Fritz geheiratet – also der hebt einen Ball vor das Tor, wie ein Osterei und mir direkt auf den Schlappen. Der Heiner war es. Natürlich! Und heute hat er's an der Leber. Jetzt pass auf! So eine Vorlage kriegst du höchstens einmal im Leben. 10 Meter vor dem Tor. Mann, da hat's geklingelt! Das rechte oberste Eck, da gibt's nichts! Ich hatte damals ganz schön was dahinter. Wenn ich daran denke, juckt's mir in den Krampfadern, und was soll ich dir sagen, der Ball ist weg! Ehrlich! Der Ball ist weg! Der Schiedsrichter wollte nicht mehr leben. Der Tormann glotzte mich an, und der Fritz, ja, der Fritz war es, sagte immer wieder: „Das ist'n Ding!" Und läuft im Tor herum. Kein Ball! Die paar Zuschauer haben sich die Kehlen heiser geschrien – und ich stand im Wasser. Mann, das sind Gefühle. Der Schiedsrichter konnte kein Tor geben, denn ohne Ball, ist ja klar. Die haben mich vielleicht angeguckt, als hätt' ich was mit dem Ball angestellt. „Ihr spinnt ja!", sagte ich. „Lasst mal die Luft ab!" Die machten doch tatsächlich mich verantwortlich. Ich war der Letzte, der den Ball hatte. Was man so alles gemacht haben soll! Es hätte nicht viel gefehlt und sie hätten mir einen Spaten in die Hand gedrückt. Der Ball war weg. Ist ja schließlich keine Stecknadel. Ich war ganz schön durcheinander. Ein bombensicheres Tor – und kein Ball. So was schlägt aufs Gemüt.

Aber das Schlimmste kommt noch. Das ist immer so. Die hatten keinen anderen Ball. Das Spiel war gelaufen. Aus! Um ein Haar hätten sie mich gelyncht. Ich stocherte in den Pfützen rum. Ich gab mir richtig Mühe. Der Ball war weg. Und es regnete. Bei so einer Vorlage, und direkt ins rechte obere Eck. Ich seh's noch heute. Und dann ist der Ball verschwunden. Komm' mal erst über einen solchen Schock weg.

Nochmal dasselbe!

Nihilit *Kurt Kusenberg*

Ein Mann namens Rotnagel erfand einen neuen Klebstoff, der sehr vertrauenswürdig aussah und nach Oleander duftete; viele Frauen bedienten sich seiner, um angenehm zu riechen. Gegen diese Unsitte kämpfte Rotnagel heftig an – er wünschte, dass seine Erfindung sinngemäß verwendet werde. Gerade das aber bot Schwierigkeiten, denn der neue Klebstoff klebte nichts, jedenfalls nichts Bekanntes. Ob Papier oder Metall, Holz oder Porzellan – keines von ihnen haftete am gleichen oder an einem fremden Material. Bestrich man einen Gegenstand mit dem Klebstoff, so glitzerte dieser viel versprechend, aber er klebte nicht, und darauf kam es ja eigentlich an. Trotzdem wurde er viel benutzt, weniger aus praktischen Gründen, sondern wegen des herrlichen Oleanderduftes.

Rotnagel war kein Narr. Er sagte sich: Ein Klebstoff, der nichts klebt, verfehlt seinen Zweck; es muss also etwas erfunden werden, das sich von ihm kleben lässt.

Sicherlich wäre es einfacher gewesen, die Erzeugung einzustellen oder seinen Missbrauch durch die Frauen hinfort zu dulden, doch der bequeme Weg ist verächtlich. Darum gab Rotnagel drei Jahre seines Lebens daran, einen Werkstoff zu entdecken, der sich von dem Klebstoff kleben ließ, allerdings nur von diesem.

Nach langem Überlegen nannte Rotnagel den neuen Werkstoff Nihilit. In der Natur kam Nihilit nicht rein vor, man hat auch nie einen Stoff finden können, der ihm von ferne glich; es wurde mit Hilfe eines überaus verwickelten Verfahrens künstlich erzeugt. Nihilit hatte ungewöhnliche Eigenschaften. Es ließ sich nicht schneiden, nicht hämmern, nicht bohren, nicht schweißen, nicht pressen und nicht walzen. Versuchte man dergleichen, so zerbröckelte es, wurde flüssig oder zerfiel zu Staub; manchmal freilich explodierte es. Kurzum, man musste von jeder Verarbeitung absehen.

Für Zwecke der Isolation kam Nihilit nicht recht in Frage, weil es sehr unzuverlässig war. Bisweilen isolierte es Strom oder Wärme, bisweilen nicht; auf seine Unzuverlässigkeit konnte man sich allerdings verlassen. Ob Nihilit brennbar sei, blieb umstritten; fest stand nur, dass es im Feuer schmorte und einen ekelhaften Geruch verbreitete. Dem Wasser gegenüber verhielt sich Nihilit abwechslungsvoll. Im Allgemeinen war es wasserfest, doch kam auch vor, dass es Wasser gierig in sich aufsog und weitergab. Ins Feuchte gebracht, weichte es auf oder verhärtete, je nachdem. Von Säuren wurde es nicht angegriffen, griff aber seinerseits die Säuren heftig an.

Als Baumaterial war Nihilit schlechterdings nicht zu gebrauchen. Es stieß Mörtel geradezu unwillig ab und faulte, sobald es mit Kalk oder Gips beworfen wurde. Dem erwähnten Klebstoff war es gefügig, doch was half das bei der Neigung zu plötzlichem Zerfall? Wohl ging es an, zwei Stücke Nihilit so fest aneinander zu kleben, dass sie untrennbar wurden, aber das führte auch nicht weiter, denn das nun größere Stück konnte jeden Augenblick zerbröckeln, wenn nicht gar mit lautem Getöse zerspringen. Deswegen sah man davon ab, es im Straßenbau zu verwenden. Aus den Zerfallserscheinungen des Nihilits wiederum war kaum etwas zu profitieren, weil keinerlei Energien dabei frei wurden. Zu wiederholten Malen wurde festgestellt, dass der neue Werkstoff sich nicht aus Atomen zusammensetzte; sein spezifisches Gewicht schwankte ständig. Nihilit hatte, das sei nicht vergessen, eine widerliche Farbe, die dem Auge wehtat. Beschreiben kann man die Farbe nicht, weil sie keiner anderen vergleichbar war.

Wie man sieht, wies Nihilit im Grunde wenig nützliche Eigenschaften auf, doch ließ es sich mit Hilfe des Klebstoffs kleben, und dazu war es ja erfunden worden. Rotnagel stellte den neuen Werkstoff in großen Mengen her, und wer den Klebstoff kaufte, erwarb auch Nihilt. Obwohl die Explosionsgefahr nicht gering war, lagerten viele Menschen ansehnliche Bestände bei sich ein, denn sie liebten es, mit dem Klebstoff umzugehen, weil er so herrlich nach Oleander duftete.

Konsum-Terror *Wolfgang Ebert*

Als ich das Paket aufschnürte und die neue elektrische Kaffeemaschine zum Vorschein kam, sagte meine Frau: „Das Zeug kannst du gleich wieder zurückbringen."

„Wieso? Das Ding ist ziemlich teuer", protestierte ich.

„Hast du mal daran gedacht, wie viel entfremdete Arbeit in dieser Kaffeemaschine steckt?"

„Ich dachte nur, dass man damit Kaffee schneller ..."

„Hast du mal Herstellungs- und Verkaufskosten verglichen?"

„Nein."

„Oder überlegt, in wessen Tasche der Surplus bleibt?"

„Nein. An all das habe ich nicht gedacht."

„Das sieht dir ähnlich. Hast du mal von wahren und falschen Bedürfnissen gehört?"

„Doch, allerdings nur etwas flüchtig."

„Glaubst du wirklich, dass wir diese Kaffeemaschine brauchen?"

„Ja, davon bin ich fest überzeugt."

„Du lügst. Ich habe dich beobachtet. Gestern beim Werbefernsehen. Wie sie da die Bonetto-Maschine gezeigt haben. Und wie sie da bei dir ein Bedürfnis geweckt haben, das gar nicht vorhanden war."

„Du willst mir was einreden."

„Weißt du, was du bist?"

Ich blickte sie ängstlich an.

„Ein Konsument. Du lässt dich manipulieren. Du konsumierst. Kaffeemaschinen, Bücher, Theater, und mich natürlich auch."

„Wir können ja in Zukunft Tee trinken", sagte ich um des lieben Friedens willen.

„Weißt du, was die Teepflücker in den Urwäldern Südamerikas verdienen?"

„Glaubst du, dass sie mehr verdienen, wenn wir keinen Tee trinken?"

„Nein, aber das würde sie reif zur Revolution machen. Du hingegen willst nur den Klassenantagonismus verschleiern."

„Na schön", sagte ich, „wenn du es so siehst, dann trinken wir eben ab morgen Spinatsaft, der ist auch viel bekömmlicher."

„Versteh doch", sagte meine Frau, die immer noch an die Möglichkeit meiner Umerziehung zu glauben schien, „es geht doch um die Revolution und um die große Verweigerung, es geht darum, dem Spätkapitalismus den Todesstoß zu versetzen, damit wir endlich ein menschenwürdiges Dasein führen können."

„Und damit wollen wir gleich anfangen", sagte ich restlos überzeugt und holte eine Tube Zahnpasta aus dem Einholkorb und warf dieses widerliche Konsumzeug, unter dem wir bisher so gelitten hatten, auf die Straße, wo es einem repressiven Polizeibeamten, der gerade einen Verkehrssünder zur Rechenschaft zog, auf die Mütze fiel.

Surplus: Gewinn

Klassenantagonismus: Klassengegensatz

repressiv: Zwang ausübend

Die Sache mit der Muse *Anne Josefine Israel (11)*

Es war Abend. Anton, der eigentlich längst im Bett sein sollte, saß immer noch vor einem leeren Blatt Papier. Heute hatten sie in der Schule über Schriftsteller und ihre Ideen gesprochen. Die Deutschlehrerin hatte einen langen Vortrag gehalten. Die Schriftsteller müssten oft sehr lange warten, meinte sie, doch wenn sie dann die Muse küsste, schrieben sie sofort drauflos. Da hatte es in Antons Ohren geklingelt. Eine küssende Muse? Davon hatte er noch nie etwas gehört. Anton war die ganze Stunde unaufmerksam, und als er von Frau Klecko drangenommen wurde, brachte er nur die Worte „Muse“ und „Küssen“ heraus. Und jetzt saß er hier, starrte Löcher in ein weißes Blatt Papier und wartete, dass ihn die Muse küsste.

Am nächsten Tag war Anton sehr müde. Die Stunden schleppten sich nur so dahin. Mathe, Englisch, Geschichte, Bio. Und dann ein Hoffnungsschimmer: Deutsch. Die richtige Stunde zum Schlafen. Anton legte sich schon seine Jacke zurecht. Doch da machte ihm Frau Klecko einen gewaltigen Strich durch die Rechnung: „Die Hefte bitte raus. Ich hoffe, ihr habt alle für den Aufsatz geübt. Das Thema lautet: Meine Familie.“

Es ist schon komisch, wie schnell man müde Leute mit einem einzigen Satz wachkriegt. Anton jedenfalls war jetzt hellwach. Panisch schaute er zu seinem Nachbarn. Der hatte schon angefangen. Nachdem Anton mehrmals Niesanfälle bekommen hatte und der Stift ihm mindestens zehnmal aus der Hand gerutscht war, fiel ihm nichts anderes mehr ein. Aber den ersten Satz hatte er immerhin schon auf dem Papier: „Meine Familie besteht aus meinem Bruder Teddy, meiner Mutter Clara und meinem Vater Tadeusz.“ Anton klatschte sich an die Stirn. Abgucken in Ehren, aber er hatte doch gar keinen Bruder Teddy, geschweige denn Eltern, die Clara und Tadeusz hießen. Jetzt schaute Anton nicht mehr ab. Er versuchte sich, so gut es ging, zu konzentrieren. Und am Ende hatte er einen, wie er fand, gar nicht so schlechten Aufsatz zusammen.

Auf dem Heimweg schwirrten Anton viele Gedanken durch den Kopf: „Wie küsst eine Muse eigentlich? Kann sie sich verwandeln? Und wie …“ Aber da war er schon vor der Haustür. Als Anton aufschloss, wäre er beinahe mit seiner Schwester zusammengestoßen, die hektisch durch den Flur lief. „Anne“, fing Anton an, „ich muss dich was fragen.“

„Frag mich später, ich habe jetzt keine Zeit“, schnauzte sie ihn an.

Aber so schnell gab er nicht auf. „Was ist eine Muse?“

„Eine Muse? Eine Muse …, das heißt Musik U. S. E.“

„Hä, und was …?“

Aber seine Schwester kam ihm zuvor: „U. S. E. ist so was Ähnliches wie GmbH, und jetzt Tschüss.“ Sie rauschte aus der Wohnung und knallte die Tür zu.

Seufzend setzte Anton sich hin. Wieder etwas Neues und wieder wurde der Fall „küssende Muse“ etwas verzwickter.

Er nahm sich ein Blatt Papier und schrieb Muse = Musik U. S. E., U. S. E. = GmbH. Aber das half ihm auch nicht weiter.

Mitten in seinen Überlegungen klingelte es an der Tür. Es war Lea, ein Mädchen aus seinem Haus. „Hallo, Anton, ich verstehe etwas in Bio nicht, weißt du, und unser Lehrer ist so doof, und weil du gut in Bio bist, da dachte ich …"

„Ja, ja, komm ruhig rein."

Eine halbe Stunde lang erklärte Anton Lea alles ausführlich. Bis sie schließlich aufsprang und rief: „Danke, Anton. Das hast du wirklich toll beschrieben. So gut habe ich Bio noch nie verstanden. Du müsstest unser Lehrer sein. Wenn du willst, kannst du dir was wünschen." Damit wandte sie sich zum Gehen.

Er zögerte. „Ich hab einen Wunsch. Kannst du mir sagen, wie eine Muse küsst?"

Lea überlegte kurz, dann ging sie zu Anton und küsste ihn mit geschlossenen Augen auf die Stirn. Pfeifend verließ sie die Wohnung und schloss die Tür hinter sich.

Anton spürte, wie er gegen seinen Willen rot wurde.

An diesem Abend schrieb er Tagebuch. Zum ersten Mal.

Eifersucht *Tanja Zimmermann*

Diese Tussi! Denkt wohl, sie wäre die Schönste. Juhu, die Dauerwelle wächst schon raus. Und diese Stiefelchen von ihr sind auch zu albern. Außerdem hat sie sowieso keine Ahnung. Von nix und wieder nix hat die 'ne Ahnung.

Immer, wenn sie ihn sieht, schmeißt sie die Haare zurück wie 'ne Filmdiva. Das sieht doch ein Blinder, was die für 'ne Show abzieht. Ja, okay, sie kann ganz gut tanzen. Besser als ich. Zugegeben. Hat auch 'ne ganz gute Stimme, schöne Augen, aber dieses ständige Getue. Die geht einem ja schon nach fünf Minuten auf die Nerven.

Und der redet mit der … stundenlang. Extra nicht hingucken. Nee, jetzt legt er auch noch den Arm um die. Ich will hier weg! Aber aufstehen und gehen, das könnte der so passen. Damit die ihren Triumph hat.

Auf dem Klo sehe ich in den Spiegel, finde meine Augen widerlich, und auch sonst, ich könnte kotzen. Genau, ich müsste jetzt in Ohnmacht fallen, dann wird ihm das schon leidtun sich stundenlang mit der zu unterhalten. Als ich aus dem Klo komme, steht er da: „Sollen wir gehen?"

Ich versuche es betont gleichgültig mit einem Wenn-du-willst, kann gar nicht sagen, wie froh ich bin. An der Tür frage ich, was denn mit Kirsten ist.

„O Gott, eine Nervtante, nee, vielen Dank!" …

„Och, ich find die ganz nett, eigentlich", murmel ich.

Lächeln im Regen *Rainer Jerosch*

Regen fiel, und die Luft war voll warmer Feuchtigkeit. Lächeln müsstest du, sagt er zu sich, während er die Allee entlang ging, lächeln, wie die Weisen im Osten es tun. Es ist nicht wert, dass du mehr tust als lächeln. Und er lächelte auch, ein gezwungenes Lächeln, – aber er lächelte. Vor zehn Minuten hatte er sie noch gesehen. Es hatte schon zu regnen begonnen.

„Wirklich nicht?", fragte er. „Nein", sagte sie. Ihre Augen hatten keinen Ausdruck. Es war, als sehe sie ihn am Ende der Straße, und als wäre er dort und nicht neben ihr.

„Du bist so merkwürdig", sagte er. „Ich weiß nicht, was los ist."

„Es ist gar nichts los", entgegnete sie widerwillig.

Sie sah die Straße hinunter, und ihre Augen waren stumpf und ohne Glanz. An beiden Seiten der Straße standen Bäume, und der Regen fiel, und die Blätter glänzten.

„Was ist nur mit dir los?", sagte er. „Du bist schon voriges Mal so komisch gewesen."

„Ich weiß gar nicht, wovon du sprichst", sagte sie.

Sie stand am Hauseingang an die Tür gelehnt. Er stand zwei Stufen tiefer auf den nassen Fliesen vor dem Haus.

„Ich möchte jetzt wissen, was dich so verändert", sagte er. „Ich möchte das endlich mal rauskriegen. Willst du mir nicht sagen, was los ist?"

„Nein", sagte sie. „Ich weiß nicht, wovon du redest."

„Das weißt du sehr genau", sagte er.

Sie antwortete nicht, und es entstand eine Pause. Es regnete, und sie blickte die Straße hinunter auf die Blätter, und es war ein geheimnisvolles Rauschen in der Luft.

„Ich verstehe dich nicht", sagte er. „Bin ich dir zu langweilig geworden, oder was ist los?"

„Ich weiß es nicht, was du immer hast!" Sie war sehr ungeduldig.

„Ich habe überhaupt nichts", sagte er, „aber du tust so, als wäre ich Luft und als langweile ich dich."

Sie sagte nichts und blickte an ihm vorbei. Der Asphalt auf der Straße spiegelte den Regenhimmel und die Erde zwischen Kantstein und Fußgängerweg war weich und moorig.

„Und morgen?", fragte er,

„Ich sage dir doch, ich kann nicht!" Sie sah auf die Häuser, die hinter den Bäumen hervorblickten und in großen grünen Gärten standen.

„Gut", sagte er und fühlte sich elend. „Gut, dann also nicht. Ich gebe die Theaterkarten zurück."

Sie rührte sich nicht, und er fühlte sich scheußlich elend. „Auf Wiedersehen!", sagte er. „Leb wohl!", entgegnete sie. Dann klappte die Tür, und er wusste, dass er jetzt fortgehen musste. Er drehte sich langsam um und ging die Straße hinunter.

Du solltest es nicht so ernst nehmen, sagte er sich. Es lohnt sich nicht. Es lohnt sich wirklich nicht. Man müsste darüber lächeln können, wirklich nur lächeln. Und er lächelte das gezwungene Lächeln, und es regnete durch die Bäume vom grauen Himmel.

Arbeiterehe *Italo Calvino*

Der Arbeiter Arturo Massolari hatte Nachtschicht; sie endete um sechs Uhr morgens. Der Heimweg war weit, in der schönen Jahreszeit bewältigte er ihn mit dem Fahrrad. In regnerischen und winterlichen Monaten fuhr er mit der Straßenbahn. Er langte zwischen sechs und dreiviertel sieben zu Hause an, und das heißt: manchmal etwas früher, manchmal etwas später, als der Wecker für seine Frau Elide rasselte. Diese beiden Geräusche, das Schrillen des Weckers und die Schritte des Mannes, vermischten sich oft in Elides Empfindung zu einem Einzigen, das in die Tiefe ihres Schlafes hinunterfand. In den festen Frühmorgenschlaf, den sie, das Gesicht ins Kissen gedrückt, bis zur letzten und allerletzten Sekunde auszukosten trachtete. Endlich tastete sie sich im Bett auf und fuhr blindlings in die Ärmel ihrer Hausjacke, während ihr noch die Haare über die Augen herabhingen. So erschien sie in der Küche, wo Arturo gerade die leeren Behälter aus der Tasche, die er zur Arbeit mitzunehmen pflegte, hervorkramte und auf den Spülstein legte: Brotbüchse, Thermosflasche ... Den kleinen Ofen hatte er schon angezündet und den Kaffee daraufgestellt. Sobald er sie erblickte, strich Elide sich unwillkürlich die Haare aus der Stirn und riss mühsam die Augen auf, als schäme sie sich jedes Mal ein wenig, dass sie ihrem Mann, der nach Haus kam, diesen Anblick bot: immer so unordentlich und mit verschlafenem Gesicht. Wenn zwei Menschen zusammen geschlafen haben, ist das etwas anderes, dann tauchen sie gemeinsam morgens aus dem Schlaf auf, und keiner hat dem anderen etwas voraus. Zuweilen auch kam es vor, dass er mit der Kaffeetasse in der Hand an ihr Bett trat und sie weckte, eine Minute ehe die Uhr schrillte. Dann war alles viel natürlicher, die Anstrengung des Wachwerdens erfüllte sich mit einer schmerzlichen Süße, die Arme, die sich nackt emporgestreckt hatten, schlangen sich wie von selbst um den Nacken des Mannes. Sie küssten sich. Arturo trug noch seine Windjacke, und an der Berührung erkannte sie, was es draußen für ein Wetter gab, ob es regnete oder neblig war oder Schnee fiel. Trotzdem fragte sie ihn: „Wie ist das Wetter?“

Und er fing daraufhin murmelnd, halb ironisch, seinen Bericht an: erzählt von den Widrigkeiten, die ihm zugestoßen waren, von der Fahrt auf dem Rad, welches Wetter ihn erwartet hatte, als er aus dem Fabriktor trat (ein ganz anderes Wetter als am Abend zuvor, beim Beginn der Nachtschicht); Einzelheiten über die Arbeit, Stimmen, die ihn beim Aufbruch umgeben hatten, und so weiter.

Um diese Zeit war das Haus noch kaum erwärmt, doch Elide stand nun, ganz ausgezogen, etwas zitternd, im kleinen Badezimmer und wusch sich. Er folgte, zog sich ebenfalls aus, mit mehr Ruhe, und spülte sich langsam Staub und Öl der Arbeitsstunden ab. Schließlich standen sie beide nebeneinander am selben Waschbecken, stießen sich gelegentlich in die Seite, nahmen sich die Seife aus der Hand, die Zahnpasta, und fuhren fort, sich das zu sagen, was gesagt werden musste. Dann kam allmählich ein Augenblick echter Vertrautheit und Vertraulichkeit, und zuweilen wurde aus einer hilfreichen Geste beim Abtrocknen des

Rückens eine Zärtlichkeit, und sie umarmten einander. Plötzlich aber rief Elide: „Lieber Gott, wie spät es schon ist!“ Und sie lief, den Strumpfhalter zu befestigen, den Unterrock anzuziehen, in aller Eile, und schon strich sie mit der Bürste übers Haar, das Gesicht dem Spiegel über der Kommode entgegengestreckt. Haarnadeln zwischen den Lippen. Arturo trat hinter sie; er hatte sich eine Zigarette angezündet und sah sie an, rauchend, und jedes Mal schien er sich ausgesprochen unbehaglich zu fühlen, dass er so stehen musste, ohne etwas tun zu können. Dann war sie fertig, warf im Korridor ihren Mantel um, sie gaben sich noch einen Kuss, Elide öffnete die Tür, und schon hörte er sie die Treppe hinunterrennen. Arturo blieb allein zurück. Wenn das Geräusch von Elides Absätzen auf den Steinstufen verklungen war, folgte er ihr in Gedanken, stellte sich vor, wie sie eilig durch den Hof trippelte, zum Tor hinaus, den Bürgersteig entlang bis zur Haltestelle der Straßenbahn. Die Bahn konnte er wieder gut hören: wie sie kreischend anhielt und wie das eiserne Gitter am Eingang nach jedem einsteigenden Fahrgast wieder zuschlug. ‚Na also, sie hat sie erwischt‘, dachte er, und er sah seine Frau zwischen den Arbeitern und Arbeiterinnen eingeklemmt auf einer Sitzbank der Linie 11, die Tag für Tag eine neue Schicht zur Fabrik fuhr. Arturo drehte am Lichtschalter, schloss die Fensterläden, machte ganz dunkel, ging zu Bett.

Das Bett war noch so, wie Elide es verlassen hatte, aber auf seiner, Arturos Seite, wirkte es unberührt, als wäre es eben neu gemacht worden. Hier legte er sich zunächst hin, kroch tief unter die Decke, aber bald schon streckte er ein Bein dort hinüber, wo etwas von der Wärme seiner Frau verblieben war; ganz auf Elides Seite, in jene sanfte Höhlung, die von ihrem Körper geformt war; er drückte das Gesicht in ihr Kissen, in ihren Duft, und schlief ein.

Wenn Elide abends heimkam, strich Arturo schon seit einiger Zeit in der Wohnung herum: Er hatte den Ofen neu in Gang gebracht, irgendetwas zum Kochen daraufgestellt. In diesen Stunden vor dem Abendessen verrichtete er ein paar bestimmte Arbeiten: Er machte das Bett, fegte ein wenig, warf die Wäsche zum Einweichen ins Wasser. Elide meinte dann, er habe alles verkehrt gemacht, aber, um die Wahrheit zu sagen, er strengte sich auch nicht sonderlich an; was er da tat, war nur eine Art Ritus der Erwartung, als ginge er ihr entgegen, indem er doch dabei im Hause blieb. Draußen flammten unterdessen die Lichter auf, und Elide ging an den Läden entlang, mitten in jener ungewöhnlichen Geschäftigkeit auf den Straßen, die das Kennzeichen gewisser Stadtviertel ist, wo viele Frauen erst abends einkaufen können.

Endlich hörte er auf der Treppe ihren Schritt, der jetzt ganz anders klang als am Morgen: schwer von der Müdigkeit eines Arbeitstages und von der Last der Einkäufe. Arturo trat auf den Vorplatz im Treppenhaus, nahm ihr die Bürde ab, und während sie hineingingen, wechselten sie die ersten Worte. Elide warf sich erst auf einen Stuhl in der Küche, ohne erst den Mantel auszuziehen, während er die Päckchen aus der Einkaufstasche holte. Schließlich raffte sie sich auf:

„Na, alsdann!“, sagte sie, stand auf, zog den Mantel aus, ihre alte Strickjacke an. Sie machten sich daran, ihr Mahl zuzubereiten: Abendessen für beide, und den Proviant für ihn, für die Brotzeit um ein Uhr nachts, und das Frühstück für sie, das sie morgen ebenfalls in die Fabrik mitnehmen würde, und das Frühstück für ihn, das er vorfinden musste, wenn er aufwachte. Sie war jetzt etwas unlustig und setzte sich gern in den Strohsessel und sagte ihm, was er tun solle. Er dagegen war in dieser Stunde gut ausgeruht; er werkte herum, wollte alles selber besorgen, war aber dabei etwas zerstreut, hatte seine Gedanken schon woanders. In diesen Augenblicken gerieten sie oft fast in Streit. Es kam vor, dass sie sich ein böses Wort sagten, denn sie fand, er könne besser Acht geben auf das, was er tat, oder sich ein bisschen um sie kümmern, zu ihr kommen, sie trösten. Hingegen dachte er, nach der ersten Begeisterung über ihre Ankunft, schon an das, was ihm bevorstand, und dass er sich beeilen müsse.

Wenn dann der Tisch gedeckt war und alles so nahe zur Hand lag, dass man nicht mehr aufstehen musste, kam der Augenblick, der ihnen beiden ins Herz schnitt; es wurde ihnen bewusst, wie wenig Zeit sie füreinander hatten, und es wollte ihnen kaum gelingen, den Löffel zum Mund zu führen, weil sie sich am liebsten an den Händen gehalten hätten.

Dann, noch war der Kaffee nicht ganz getrunken, sah er schon nach seinem Rad. Sie küssten sich. Arturo schien es, als hätte er noch nie so deutlich gespürt, wie zart und warm seine Frau war. Aber er hängte sich den Rahmen des Fahrrades über die Schulter und stieg vorsichtig die Stufen hinunter.

Elide wusch das Geschirr ab, durchstöberte die ganze Wohnung, sah sich kopfschüttelnd an, was ihr Mann vollbracht hatte. Jetzt fuhr er über die dunklen Straßen, von Laternenschein zu Laternenschein, hinter dem Kegel seiner eigenen Lampe her; vielleicht war er schon beim Gaswerk. Elide ging ins Bett, drehte das Licht aus. Von ihrer Bettseite her streckte sie einen Fuß zum Platz ihres Mannes hinüber, um seine Wärme zu suchen, aber jedes Mal stellte sie fest, dass es wärmer war, wo sie selbst lag; ein Zeichen, dass Arturo hier geschlafen hatte. Und das erfüllte sie mit großer Zärtlichkeit.

Texte und Medien

Kriminalgeschichten

Zum Bild:
René Magritte (1898–1967):
Der bedrohte Mörder (1926)

Dieses Gemälde von René Magritte trägt den rätselhaften Titel „Der bedrohte Mörder“. Warum wohl? Folgende Fragen können euch bei der Aufklärung helfen: Wer sind die beiden Männer im Vordergrund? Wer der Mann am Grammofon? Welche Rolle spielen die drei Männer, die durch das Fenster hereinschauen? Magrittes Bild erzählt gewissermaßen eine Geschichte.

- Denkt euch diese Geschichte aus und stellt auch Vermutungen über den Tathergang und das Tatmotiv an.

Das dreizehnte Bild *Ulrich K. Hefner*

Es war spät geworden. Dagmar Feldhofer blickte auf die kleine Uhr im Armaturenbrett. Es war kurz vor Mitternacht. Nervös zündete sie sich eine Zigarette an. Die Zeit schien ihr davonzulaufen. Sie war erfüllt von einer tiefen inneren Anspannung. Sie wusste nicht, warum, denn ihr Plan war aufgegangen. Sie hatte bekommen, was sie wollte. Und niemand hatte sie gesehen. Dessen war sie sich sicher. Das Interview als Erklärung für ihre Anwesenheit in der Nähe der Villa zu nutzen war eine blendende Idee von ihr gewesen. Das war genial. Dagmar blickte auf den silbernen Koffer neben ihr auf dem Beifahrersitz. Der Schlüssel zur Glückseligkeit.

Sie rief sich sein dämliches Gesicht ins Gedächtnis. Die Fragen hatten ihn aus der Fassung gebracht. Jeden Moment des Gespräches hatte sie aufgezeichnet. Sie wusste, dass sie sich auf die Qualität des Bandgerätes verlassen konnte. Jedes einzelne Wort war darauf gespeichert, jede einzelne Beschimpfung, jede Nuance der veränderten Tonlage, als sie ihn mit seiner Vergangenheit und der Gegenwart konfrontierte. Warum sollte sie nicht ihre Macht auskosten und mit ihm spielen? Oder war sie am Ende zu weit gegangen? Aus dem kultivierten und weltgewandten Mann war ein stotterndes und schnaubendes Walross geworden. Er hatte ihr die übelsten Drohungen und Beschimpfungen nachgerufen, als sie gegangen war. Aber was konnte er ihr schon anhaben? Jetzt, nach alledem.

Sie blickte durch die verschmierte Windschutzscheibe auf die schwarze und einsame Landstraße. Wie leuchtende Finger tasteten sich die Lichtstrahlen durch die Dunkelheit. Dagmar griff in die Ablage und zog erneut eine Zigarette aus dem Etui. Ihr Blick verfing sich im Rückspiegel. Zwei leuchtende Augen näherten sich rasant aus der Ferne. Sie versuchte sich wieder auf die einsame Straße, die vor ihr lag, zu konzentrieren. Im Dunkeln zu fahren war ihr unangenehm. Sie hasste es.

Die heranbrausenden Scheinwerfer ließen ihr keine Ruhe. Immer näher und näher kamen sie. Ein unangenehmes Gefühl breitete sich in ihrem Körper aus. Die beginnende Panik umklammerte ihr Herz. „Das würde er nie tun. Er ist zwar ein fieses Schwein, aber er ist kein Mörder“, versuchte sie sich zu beruhigen. Unaufhaltsam näherte sich der Wagen. Schließlich war er so nahe, dass sie den Eindruck hatte, er würde sie rammen. Ein kalter Schweißfilm lag auf ihrer Stirn. Sie trat auf das Gaspedal, wollte entkommen. Plötzlich scherte der andere Wagen aus und zog auf die Gegenspur. Sie hielt den Atem an, als er überholte. Krampfhaft umschlossen ihre Hände das Steuer. Dicht vor ihr scherte das Auto wieder ein. Plötzlich leuchteten die Bremslichter auf. Das grelle Rot schmerzte in ihren Augen. Sie trat auf die Bremse und riss das Steuer herum. Das Quietschen der Reifen klang wie die Schmerzensschreie eines waidwunden Tieres. Plötzlich krachte es fürchterlich …

1. Der Anfang dieser Kriminalgeschichte enthält einige Andeutungen, über die ihr als Leser aufgeklärt werden wollt.
   Notiert euch diese Andeutungen und schreibt auf, welche Fragen sich daraus ergeben.
2. Überlegt, was geschehen sein könnte.

Nachschlagen → S. 319

Kriminalnovelle – Theodor Fontane: Unterm Birnbaum

Ein Kriminalgeschichtengenerator

In einem Kriminalgeschichtengenerator sind verschiedene Kriminalgeschichten miteinander verwoben. Dabei kann sich der Leser seine eigene Kriminalgeschichte zusammenbasteln, indem er einer Handlungslinie seiner Wahl folgt.

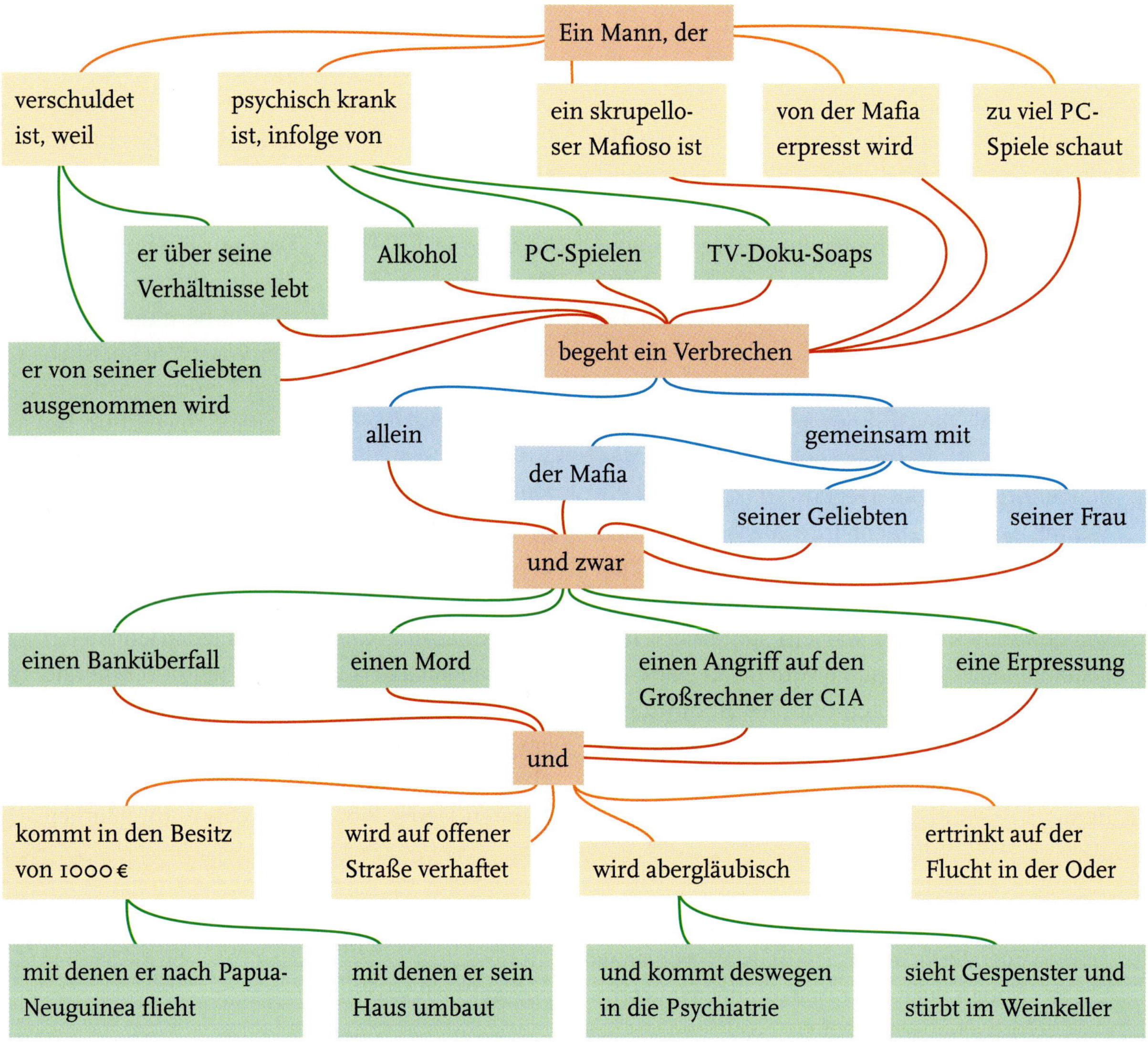

1. Welche Handlungslinie entspricht der Kriminalnovelle *Unterm Birnbaum?*
2. Erfindet einen eigenen Kriminalgeschichtengenerator oder erweitert diesen.

Gasthaus und Materialwarengeschäft Abel Hradschecks

1. Erstelle eine Legende zum Tatort:
   - Übertrage die Zahlen in dein Heft.
   - Schreibe dahinter, um welche Orte es sich handelt und welche für den Tathergang wichtige Ereignisse sich dort zutragen.

Auf der Suche nach Indizien

1. Textauszug aus Fontanes Novelle „Unterm Birnbaum“

EinGespräch zwischen Ursel und Abel Hradscheck macht das Tatmotiv deutlich.

„[...]. Ich weiß nicht aus noch ein und habe Sorgen über Sorgen.“ „Worüber? Weil du nichts Rechtes zu tun hast und nicht weißt, wie du den Tag hinbringen sollst. Hinbringen, sag ich, denn ich will dich nicht kränken und von totschlagen sprechen. Aber sage selbst, wenn drüben die Weinstube voll ist, dann fehlt dir nichts. Ach, das verdammte Spiel, das ewige Knöcheln und Tempeln[1]. Und wenn du noch glücklich spieltest. Ja, Hradscheck, das muss ich dir sagen, wenn du spielen willst, so spiele wenigstens glücklich. Aber ein Wirt, der nicht glücklich spielt, muss davonbleiben, sonst spielt er sich von Haus und Hof. Und dazu das Trinken, immer der schwere Ungar, bis in die Nacht hinein.“ Er antwortete nicht, und erst nach einer Weile nahm er den Kranz, der über der Stuhllehne hing, und sagte: „Hübsch. Alles, was du machst, hat Schick. Ach, Ursel, ich wollte, du hättest bessere Tage.“ Dabei trat er freundlich an sie heran und streichelte sie mit seiner weißen fleischigen Hand. [...] Der herbe Zug, den sie bei Beginn des Gesprächs gezeigt, wich denn auch mehr und mehr, und endlich fragte sie: „Wo drückt es wieder? Eben hast du den Raps weggeschickt, und wenn Leist das Öl hat, hast du das Geld. Er ist prompt auf die Minute.“ „Ja, das ist er. Aber ich habe nichts davon, alles ist bloß Abschlag und Zins. Ich stecke tief drin und leider am tiefsten bei Leist selbst. Und dann kommt die Krakauer Geschichte, der Reisende von Olszewski-Goldschmidt und Sohn. Er kann jeden Tag da sein.“ Hradscheck zählte noch anderes auf, aber ohne dass es einen tieferen Eindruck auf seine Frau gemacht hätte. Vielmehr sagte sie langsam und mit gedehnter Stimme: „Ja, Würfelspiel und Vogelstellen ...“

„Ach, immer Spiel und wieder Spiel! Glaube mir, Ursel, es ist nicht so schlimm damit, und jedenfalls mach ich mir nichts daraus. Und am wenigsten aus dem Lotto; 's ist alles Torheit und weggeworfen Geld, ich weiß es, und doch hab ich wieder ein Los genommen. Und warum? Weil ich heraus will, weil ich heraus muss, weil ich uns retten möchte. [...]“ *(S. 7)*

1 **Knöcheln und Tempeln** Würfel- und Glücksspiel

Im Wohnzimmer seines Gasthauses trifft Abel Hradscheck auf seine Ehefrau:

Diese saß vor einem Nähtisch am Fenster und war, trotz der frühen Stunde, schon wieder in Toilette[2], ja noch sorglicher und geputzter als an dem Tage, wo sie die Kränze für die Kinder geflochten hatte. Das hochschließende Kleid, das sie trug, war auch heute schlicht und dunkelfarbig (sie wusste, dass Schwarz sie kleidete), der blanke Ledergürtel aber wurde durch eine Bronzeschnalle von auffälliger Größe zusammengehalten, während in ihren Ohrringen lange birnenförmige Bummeln[3] von venezianischer Perlenmasse hingen. Sie wirkten anspruchsvoll

2 **Toilette:** elegante Kleidung

3 **Bummel = Bommel:** Anhänger

und störten mehr, als sie schmückten. Aber für dergleichen gebrach es[4] ihr an Wahrnehmung, wie denn auch der mit Schildpatt[5] ausgelegte Nähtisch, trotz all seiner Eleganz, zu den beiden Atlassofas[6] nicht recht passen wollte. Noch weniger zu dem weißen Trumeau[7]. Links neben ihr, auf dem Fensterbrett, stand ein Arbeitskästchen, darin sie, gerade als Hradscheck eintrat, nach einem Faden suchte. Sie ließ sich dabei nicht stören und sah erst auf, als der Eintretende, halb scherzhaft, aber doch mit einem Anflug von Tadel sagte: „Nun, Ursel, schon im Staat? [...]“ *(S. 14)*

4 **gebrach es:** fehlte es
5 **Schildpatt:** Hornplatten von Seeschildkröten, wurden zu Schmuck verarbeitet
6 **Atlas:** Seidenstoff
7 **Trumeau:** Ziermöbel mit einem Spiegel

2. Das Großbürgertum

Über die Großbürger des 19. Jahrhunderts, zu denen auch die Hradschecks gehören wollen, schreibt der Geschichtswissenschaftler Karl Erich Born:

„Und nun sonderte es (das Großbürgertum) sich vom übrigen Bürgertum ab und wurde feudalisiert. In seinem Streben, zur Spitze der gesellschaftlichen Pyramide aufzusteigen, suchte das Großbürgertum nach einer Lebensform, die ihm die Zugehörigkeit zur Elite bestätigte, und es glaubte, diese Form in dem durch lange Tradition gefestigten Lebensstil des Adels zu finden. Man sieht diese Übernahme aristokratischer Lebensformen an der Entwicklung der Fabrikantenwohnungen vom kleinen Haus unmittelbar neben dem Betrieb über die Villa bis zum ländlichen Herrensitz [...]“

feudalisiert werden: vornehm, herrschaftlich werden

aristokratisch: vornehm, herrschaftlich, gesellschaftlich bevorzugt

3. Ein Bild
Adolph von Menzel (1815–1905): *Das Balkonzimmer* (1845)

1. Inwiefern ermöglichen diese Indizien eine Aussage über das Tatmotiv der Hradschecks?

Der tote Franzose

Als er in seinem Garten Kartoffeln ausgraben will, entdeckt Abel Hradscheck unter einem Birnbaum die Leiche eines toten Franzosen.

„Wie kam der hierher?“

Hradscheck stützte sich auf die Krücke seines Grabscheits und überlegte. „Soll ich es zur Anzeige bringen? Nein. Es macht bloß Geklätsch. Und keiner mag einkehren, wo man einen Toten unterm Birnbaum gefunden hat. Also besser nicht. Er kann hier weiter liegen.“

Und damit warf er den Armknochen, den er ausgegraben, in die Grube zurück und schüttete diese wieder zu. Während dieses Zuschüttens aber hing er all jenen Gedanken und Vorstellungen nach, wie sie seit Wochen ihm immer häufiger kamen. Kamen und gingen. Heut aber gingen sie nicht, sondern wurden Pläne, die Besitz von ihm nahmen und ihn, ihm selbst zum Trotz, an die Stelle bannten, auf der er stand. Was er hier zu tun hatte, war getan, es gab nichts mehr zu graben und zu schütten, aber immer noch hielt er das Grabscheit in der Hand und sah sich um, als ob er bei böser Tat ertappt worden wäre. Und fast war es so. Denn unheimlich verzerrte Gestalten (und eine davon er selbst) umdrängten ihn so fassbar und leibhaftig, dass er sich wohl fragen durfte, ob nicht andere da wären, die diese Gestalten auch sähen. Und er lugte wirklich nach der Zaunstelle hinüber. Gott sei Dank, die Jeschke war nicht da. Aber freilich, wenn sie sich unsichtbar machen und sogar Tote sehen konnte, Tote, die noch nicht tot waren, warum sollte sie nicht die Gestalten sehn, die jetzt vor seiner Seele standen? Ein Grauen überlief ihn, nicht vor der Tat, nein, aber bei dem Gedanken, dass das, was erst Tat werden sollte, vielleicht in diesem Augenblicke schon erkannt und verraten war. Er zitterte, bis er, sich plötzlich aufraffend, den Spaten wieder in den Boden stieß. *(S. 13)*

Hinweise zum Stegreifspiel:
- Szenenbeschreibung verfassen: Wer spricht wann?
- Sprechvorlage erarbeiten
- Sprechvorlage einprägen
- frei sprechen

1. Überlegt: Wer könnten die unheimlich verzerrten Gestalten sein, die Abel Hradscheck umringen? Was könnten sie gesagt haben?
2. Spielt diese Szene entsprechend den Hinweisen.

Das Gespräch zwischen Abel und Ursel Hradscheck

Nach der Entdeckung des Toten unterm Birnbaum führen Abel und Ursel Hradscheck ein Gespräch über ihre finanzielle Situation:

„[…] Es tut mir nicht leid (*erg.* dass ich dich geheiratet habe), Ursel, denn du weißt, dass ich in meiner Neigung und Liebe zu dir der Alte bin, aber du darfst dich auch nicht aufs hohe Ross setzen, wenn ich vor Sorgen nicht ein noch aus weiß, und du darfst mir nicht Vorwürfe machen wegen der Rese drüben in Neu-Lewin. Was da hinging, glaube mir, das war nicht viel und eigentlich nicht der Rede wert. Und nun ist sie lange tot und unter der Erde. Nein, Ursel, daher stammt es nicht, und ich schwöre dir's, das alles hätt' ich gekonnt, aber der verdammte Hochmut, dass es mit uns was sein sollte, das hat es gemacht, das ist es. Du wolltest hoch hinaus und was Apartes haben, damit sie sich wundern sollten. Und was haben wir nun davon? Da stehen die Sachen, und das Bauernvolk lacht uns aus."

„Sie beneiden uns."

„Nu gut, vielleicht oder wenigstens solang es vorhält. Aber wenn das alles eines schönen Tages fort ist?"

„Das darf nicht sein."

„Die Gerichte fragen nicht lange."

„Das darf nicht sein, sag ich. Alles andre. Nein, Hradscheck, das darfst du mir nicht antun, da nehm ich mir das Leben und geh in die Oder, gleich auf der Stelle. Was Jammer und Elend ist, das weiß ich, das hab ich erfahren. Aber gerade deshalb, gerade deshalb. Ich bin jetzt aus dem Jammer heraus, Gott sei Dank, und ich will nicht wieder hinein. Du sagst, sie lachen über uns, nein, sie lachen nicht; aber wenn uns was passierte, dann würden sie lachen. Und dass dann ‚Kätzchen' ihren Spaß haben und sich über uns lustig machen sollte, oder gar die gute Mietzel, die noch immer in ihrem schwarzen Kopftuch steckt und nicht mal weiß, wie man einen Hut oder eine Haube manierlich aufsetzt, das trüg' ich nicht, da möcht ich gleich tot umfallen. Nein, nein, Hradscheck, wie ich dir schon neulich sagte, nur nicht arm. Armut ist das Schlimmste, schlimmer als der Tod, schlimmer als …"

Er nickte. „So denk ich auch, Ursel. Nur nicht arm. Aber komm in den Garten! Die Wände hier haben Ohren."

Und so gingen sie hinaus. Draußen aber nahm sie seinen Arm, hing sich, wie zärtlich, an ihn und plauderte, während sie den Mittelsteig des Gartens auf und ab schritten. Er seinerseits schwieg und überlegte, bis er mit einem Mal stehen blieb und, das Wort nehmend, auf die wieder zugeschüttete Stelle neben dem Birnbaum wies. Und nun wurden Ursels Augen immer größer, als er rasch und lebhaft alles, was geschehen müsse, herzuerzählen und auseinanderzusetzen begann.

„Es geht nicht. Schlag es dir aus dem Sinn. Es ist nichts so fein gesponnen …"

Er aber ließ nicht ab, und endlich sah man, dass er ihren Widerstand besiegt hatte. Sie nickte, schwieg, und beide gingen auf das Haus zu. *(S. 19 f.)*

3. Schreibt auf, was Hradscheck seiner Frau gesagt haben könnte (Z. 53: „das Wort nehmend"). Hinweise dazu findet ihr in dem vorausgegangenen Gespräch.

Die Mordnacht

In der Nacht, in der Szulski bei den Hradschecks schläft, finden unheimliche Ereignisse statt:

1 So ging es bis um Mitternacht. Der schräg gegenüber wohnende Kunicke wollte noch bleiben und machte spitze Reden, dass Szulski, der schon ein paar Mal zum Aufbruch gemahnt, so müde sei. Der aber ließ sich weder durch Spott noch gute Worte länger zurückhalten; „er müsse morgen um neun in Frankfurt sein." Und damit nahm er den bereitstehenden Leuchter, um in seine Giebelstube hinaufzusteigen. Nur als er die Türklinke schon in der Hand hatte, wandt' er sich noch einmal um und sagte zu Hradscheck: „Also vier Uhr, Hradscheck. Um fünf muss ich weg. Und versteht sich, ein Kaffee. Guten Abend, Ihr Herren. Allerseits wohl zu ruhn." Auch die Bauern gingen, und alle fluchten über das scheußliche Wetter. Aber keine Stunde mehr, so schlug es um, der Regen ließ nach, und ein heftiger Südost fegte statt seiner über den Bruch hin. *(S. 37)*

2 Eine Weile stand sie (die Jeschke) so da, ohne dass etwas geschehen wäre, bis sie, als sie sich schon zurückziehen wollte, drüben die Hradscheck'sche Gartentür auffliegen und Hradscheck selbst in der Türöffnung erscheinen sah. Etwas Dunkles, das er schon vorher herangeschafft haben musste, lag neben ihm. Er war in sichtlicher Erregung und sah gespannt nach ihrem Hause hinüber. Und dann war's ihr doch wieder, als ob er wolle, dass man ihn sähe. Denn wozu sonst das Licht, in dessen Flackerschein er dastand? Er hielt es immer noch vor sich, es mit der Hand schützend, und schien zu schwanken, wohin damit. Endlich aber musst' er eine geborgene Stelle gefunden haben, denn das Licht selbst war weg und statt seiner nur noch ein Schein da, viel zu schwach, um den nach wie vor in der Türöffnung liegenden dunklen Gegenstand erkennen zu lassen. Was war es? Eine Truhe? Nein. Dazu war es nicht lang genug. Oder ein Korb, eine Kiste? Nein, auch das nicht. *(S. 39)*

3 Um vier Uhr stieg der Knecht die Stiege hinauf, um Szulski zu wecken. Er fand aber die Stube verschlossen, weshalb er sich begnügte, zu klopfen und durch das Schlüsselloch hineinzurufen: „Is vier, Herr Szulski; steihn's upp." Er horchte noch eine Weile hinein, und als alles ruhig blieb, riss er an der klapprigen Türklinke hin und her und wiederholte: „Steihn's upp, Herr, is Tied; ick spann nu an." *(S. 40)*

4 Und richtig, er kam auch und stieg, während Hradscheck so sprach, gerade die nicht allzu hohe Treppe hinunter. Diese lag noch im Dunkel, aber ein Lichtschimmer vom Laden her ließ die Gestalt des Fremden doch einigermaßen deutlich erkennen. Er hielt sich am Geländer fest und ging mit besonderer Langsamkeit und Vorsicht, als ob ihm der große Pelz unbequem und beschwerlich sei. Nun aber war er unten, und Jakob, der alles neugierig verfolgte, was vorging, sah, wie Hradscheck auf ihn zuschritt und ihn mit vieler Artigkeit vom Flur her in die Wohnstube hineinkomplimentierte, wo der Kaffee schon seit einer Viertelstunde wartete. *(S. 41)*

1. Ein Freund Fontanes schreibt über dessen Erzählweise, sie sei eine „Kunst des Verschweigens".
   Erläutere diese Aussage am Beispiel der obigen Textauszüge.
2. Erstelle ein Zeitgerüst über die Ereignisse in der Mordnacht und ergänze die verschwiegenen Ereignisse.

Stimmen

Geschieht ihm ganz recht, Mörder darf man nicht zwischen anständigen Menschen beerdigen.

Ich glaube, ihm stand das Wasser bis zum Hals – und da wurde er zum Verbrecher.

Richtig, Hradscheck ist ein ganz gewissenloser Verbrecher.

Aber eigentlich waren die Hradschecks doch anständige Tschechiner.

Es ist nichts so fein gesponnen, ’s kommt doch alles an die Sonnen.

Öffentliche Bekanntmachung:
Rätselhafter Tod!
Heute, den 3. Oktober, früh vor Tagesanbruch, wurde der Kaufmann und Gasthofbesitzer Abel Hradscheck ohne Sang und Klang in den hiesigen Kirchhofsacker gelegt ... Der Tote, so nicht alle Zeichen trügen, wurde von der Hand Gottes getroffen, nachdem es ihm nicht gelungen war, den schon früher gegen ihn wach gewordenen Verdacht durch eine besondere Klugheit wieder zu beschwichtigen. Er verfing sich aber schließlich in seiner List und grub sich, mit dem Grabscheit in der Hand, in demselben Augenblicke sein Grab, in dem er hoffen durfte, sein Verbrechen für immer aus der Welt geschaffen zu sehn. *(S. 121f.)*

Die Ursel ist weniger schuldig, ihr Mann war der Antreiber.

Außerdem kommt sie aus schlechten Verhältnissen. Kein Wunder, dass sie zur Verbrecherin wird.

Seine Frau ist mitschuldig. Sie hat ihn dazu gedrängt.

1. Welchen Meinungen stimmt ihr zu? Begründet eure Meinung.

INFO

Nachschlagen → S. 319

- Es bietet sich an, in Fontanes Kriminalnovelle *Unterm Birnbaum* Tatmotiv, Tatplan sowie die Tatumstände zu untersuchen, ebenso den Tatort und die Tatzeit.
- Fontane verwendet die „Technik des Verschweigens“, d. h., er spart wichtige Informationen aus. Der Leser wird dadurch zum Detektiv. Im Text findet er die Indizien, um das Verbrechen aufzuklären.

Paralleltexte

Nachschlagen → S.319

Der Richter und sein Henker* *Friedrich Dürrenmatt*

* Text in alter Rechtschreibung

1. Gastmann

In Istanbul treffen Kommissar Bärlach und der Verbrecher Gastmann erstmals aufeinander. 40 Jahre später sprechen die beiden über diese Begegnung, bei der es zu einer verhängnisvollen Wette kam:

„[...] Ein Verbrechen zu begehen nanntest du eine Dummheit, weil es unmöglich sei, mit Menschen wie mit Schachfiguren zu operieren. Ich dagegen stellte die These auf, mehr, um zu widersprechen, als überzeugt, daß gerade die Verworrenheit der menschlichen Beziehungen es möglich mache, Verbrechen zu begehen, die nicht erkannt werden könnten, daß aus diesem Grunde die überaus größte Anzahl der Verbrechen nicht nur ungeahndet, sondern auch ungeahnt seien, als nur im Verborgenen geschehen." [...] „Ich dachte nicht", antwortete Bärlach, „daß diese Wette einzuhalten einem Menschen möglich wäre." Sie schwiegen. „Führe uns nicht in Versuchung", begann der andere von neuem. „Deine Biederkeit kam nie in Gefahr, versucht zu werden, doch deine Biederkeit versuchte mich. Ich hielt die kühne Wette, in deiner Gegenwart ein Verbrechen zu begehen, ohne daß du imstande sein würdest, mir dieses Verbrechen beweisen zu können." „Nach drei Tagen", sagte der Alte leise und versunken in seiner Erinnerung, „wie wir mit einem deutschen Kaufmann über die Mahmud-Brücke gingen, hast du ihn vor meinen Augen ins Wasser gestoßen." „Der arme Kerl konnte nicht schwimmen, und auch du warst in dieser Kunst so ungenügend bewandert, daß man dich nach deinem verunglückten Rettungsversuch halb ertrunken aus den schmutzigen Wellen des Goldenen Horns ans Land zog", antwortete der andere unerschütterlich. „Der Mord trug sich an einem strahlenden türkischen Sommertag bei einer angenehmen Brise vom Meer her auf einer belebten Brücke in aller Öffentlichkeit zwischen Liebespaaren der europäischen Kolonie, Muselmännern und ortsansässigen Bettlern zu, und trotzdem konntest du mir nichts beweisen. Du ließest mich verhaften, umsonst. Stundenlange Verhöre, nutzlos. Das Gericht glaubte meiner Version, die auf Selbstmord lautete." „Du konntest nachweisen, daß der Kaufmann vor dem Konkurs stand und sich durch einen Betrug vergeblich hatte retten wollen", gab der Alte bitter zu, bleicher als sonst.

„Ich wählte mir mein Opfer sorgfältig aus, mein Freund", lachte der andere. „So bist du ein Verbrecher geworden", antwortete der Kommissar. [...] „Daß ich so etwas Ähnliches wie ein Verbrecher bin, kann ich nun nicht gerade ableugnen", sagte er endlich nachlässig. „Ich wurde ein immer besserer Verbrecher und du ein immer besserer Kriminalist: den Schritt jedoch, den ich dir voraus hatte, konntest du nie einholen. Immer wieder tauchte ich in deiner Laufbahn auf wie ein graues Gespenst, immer wieder trieb mich die Lust, unter deiner Nase sozusagen immer kühnere, wildere, blasphemischere* Verbrechen zu begehen, und immer wieder bist du nicht imstande gewesen, meine Taten zu beweisen. Die Dummköpfe konntest du besiegen, aber ich besiegte dich."

* **blasphemisch:** gotteslästerlich

2. Tschanz

40 Jahre nach den Ereignissen in Istanbul überführt Bärlach seinen Kollegen Tschanz als Mörder des Polizeileutnants Ulrich Schmied.

„Ich habe ganz einfach telefoniert. Wer in jener Nacht über Ins und Erlach fuhr, war der Mörder: du Tschanz. Du kamst von Grindelwald. Die Pension Eiger besitzt ebenfalls einen blauen Mercedes. Seit Wochen hattest du Schmied beobachtet, jeden seiner Schritte überwacht, eifersüchtig auf seine Fähigkeiten, auf seinen Erfolg, auf seine Bildung, auf sein Mädchen. Du wußtest, daß er sich mit Gastmann beschäftigte, du wußtest sogar, wann er ihn besuchte, aber du wußtest nicht, warum. Da fiel dir durch Zufall auf seinem Pult die Mappe mit den Dokumenten in die Hände. Du beschlossest, den Fall zu übernehmen und Schmied zu töten, um einmal selber Erfolg zu haben. Du dachtest richtig, es würde dir leicht fallen, Gastmann mit einem Mord zu belasten. Wie du nun in Grindelwald den blauen Mercedes sahst, wußtest du deinen Weg. Du hast den Wagen für die Nacht auf den Donnerstag gemietet. Ich ging nach Grindelwald, um das festzustellen. Das Weitere ist einfach: du fuhrst über Ligerz nach Schernelz und ließest den Wagen im Twannbachwald stehen, du durchquertest den Wald auf einer Abkürzung durch die Schlucht, wodurch du auf die Straße Twann-Lamboing gelangtest. Bei den Felsen wartetest du Schmied ab, er erkannte dich und stoppte verwundert. Er öffnete die Türe, und dann hast du ihn getötet. Du hast es mir ja selbst erzählt. Und nun hast du, was du wolltest: seinen Erfolg, seinen Posten, seinen Wagen und seine Freundin."

Tschanz. Die Fotos sind aus dem Film „Der Richter und sein Henker." *Regie:* Maximilian Schell

Tschanz hörte dem unerbittlichen Schachspieler zu, der ihn mattgesetzt hatte und nun sein grauenhaftes Mahl beendete. [...]

„Sie haben mit mir gespielt", sagte Tschanz langsam.

„Ich habe mit dir gespielt", antwortete Bärlach mit furchtbarem Ernst. „Ich konnte nicht anders. Du hast mir Schmied getötet, und nun mußte ich dich nehmen."

„Um Gastmann zu töten", ergänzte Tschanz, der mit einem Male die ganze Wahrheit begriff. „Du sagst es. Mein halbes Leben habe ich hingegeben, Gastmann zu stellen, und Schmied war meine letzte Hoffnung. Ich hatte ihn auf den Teufel in Menschengestalt gehetzt, ein edles Tier auf eine wilde Bestie. Aber dann bist du gekommen, Tschanz, mit deinem lächerlichen, verbrecherischen Ehrgeiz, und hast mir meine einzige Chance vernichtet. Da habe ich dich genommen." [...]

1. Vergleiche die Mörder Gastmann und Tschanz.
2. Gehe von folgender Situation aus: Bei einem Casting haben sich die hier abgebildeten Schauspieler um Gastmanns und Tschanz' Rolle beworben. Schreibt eine Begründung, warum sie sich für diese Rolle eignen.

Der dritte Mann *Graham Greene*

Der Autor von Wildwestromanen Rollo Martins sucht seinen alten Schulfreund Harry Lime im Wien der Nachkriegsjahre. Dort herrschen Chaos und Gesetzlosigkeit und dort hat Lime sich zwischenzeitlich ein Vermögen verdient durch den organisierten Schwarzhandel mit gepanschtem Penicillin, das zu körperlichen Missbildungen und dem Tod vieler Menschen geführt hat. Im Riesenrad auf dem Prater treffen sie aufeinander:

Martins sagte: „Hast du jemals das Kinderspital besucht? Hast du je eines deiner Opfer gesehen?"

Harry warf einen Blick auf die Spielzeuglandschaft unter ihnen und ging von der Tür weg. „Ich fühle mich in diesen Dingern (gemeint ist das Riesenrad, Anm. d. Red.) nie ganz sicher", meinte er [...]. „Opfer?", fragte er. „Sei nicht so theatralisch, Rollo. Schau da hinunter", fuhr er fort und deutete durch das Fenster auf die Menschen, die sich am Fuß des Riesenrads wie schwarze Fliegen fortbewegten. „Würdest du es dir wirklich zu Herzen nehmen, wenn einer dieser Punkte aufhörte sich zu bewegen – für immer? Wenn ich dir sagte, alter Freund, du könntest zwanzigtausend Pfund verdienen für jeden Punkt dort unten, der krepiert, würdest du mir allen Ernstes und ohne Zögern antworten, ich solle mein Geld behalten? Oder würdest du dir ausrechnen, auf wie viele Punkte du verzichten könntest? Alles steuerfrei, alter Freund. Denk nur: steuerfrei!" Er zeigte sein jungenhaftes Verschwörerlächeln. „Es ist die einzige Möglichkeit, heutzutage zu Geld zu kommen." [...]

Er wandte ihm den Rücken zu und lehnte sein Gesicht gegen die Scheibe. Ein kräftiger Stoß ... „Wie viel verdienst du im Jahr mit deinen Wildwestromanen?"

„Tausend Pfund."

„Die du versteuern musst. Ich verdiene dreißigtausend steuerfrei. Es ist jetzt so Mode. In diesen Zeiten, alter Freund, nimmt doch keiner auf Menschenleben Rücksicht. Die Regierungen tun es nicht, also warum sollten wir's? Sie reden vom Volk und vom Proletariat und ich rede von Dummköpfen. Das ist doch genau dasselbe. Sie haben ihren Fünfjahresplan und ich habe den meinen."

„Du warst einmal ein guter Katholik."

„Oh, ich *glaube* immer noch, alter Freund. An Gott und seine Barmherzigkeit und das alles. Ich tue durch meine Geschäfte auch keiner Seele etwas zuleide. Die Toten sind dort glücklicher, wo sie sind. Hier versäumen sie nicht viel, die armen Teufel", schloss er mit einem wunderlichen Anflug echten Mitleids, als die Kabine an der Plattform ankam und die Gesichter derer, die vorhin als beispielhafte Opfer herhalten mussten, die müden, vergnügungshungrigen Sonntagsgesichter, zu ihnen hereinstarrten.

3. Erstelle in Form einer Tabelle eine Übersicht über die Verbrechertypen: Ursel und Abel Hradscheck, Gastmann, Tschanz und Harry Lime. Vergleichspunkte können sein: Tat, Motiv, Lebensauffassung und Beurteilung der Tat.

INFO

- Täterprofile können unterschiedlich ausfallen.
- Um die Täter unterscheiden und beurteilen zu können, bietet es sich an, ihre Taten, ihre Motive und ihre Lebensauffassungen zu vergleichen.

Nachschlagen → S. 319

Text-Bild-Collage

Verbrecher in Filmen und Romanen

- Kennt jemand den Roman *Shining* von Stephen King oder die Verfilmung von Stanley Kubrick? Erzählt euren Klassenkameraden, worum es geht. Beschreibt dieses Filmplakat. Welche Wirkung geht von diesem Bild aus? Fasst eure Diskussion schriftlich zusammen und verwendet die Notizen für eure Text-Bild-Collage.
- Schneidet aus Kino- und Fernsehzeitschriften Bilder von Gangstern aus. Fasst die Bilder zu Gruppen zusammen und klebt sie auf ein Wandplakat mit der Überschrift *Verbrechen in Filmen und Romanen*. Schreibt auf, worin sich die Bilder ähneln.
- Sammelt Klappentexte von Kriminalromanen, schreibt sie ab und fügt sie in eure Bildcollage ein. Ihr könnt auch Verlagsankündigungen aus Werbezetteln ausschneiden und zu den Fotos montieren.
- Sucht nach statistischem Material: Wie viel Prozent der Leser bevorzugt Kriminalromane? Wie viel Prozent sieht am liebsten Kriminalfilme? Macht eine Umfrage in eurer Klasse. Wertet das TV-Programm einer Woche aus: Wann werden Krimis ausgestrahlt? Wie viel Prozent der Sendezeit sind für Krimis reserviert?

Verbrecher in der Wirklichkeit

- Sammelt aus Tageszeitungen Meldungen zu Tötungsdelikten und klebt sie auf ein zweites Wandplakat. Verwendet für dieses zweite Wandplakat die Überschrift *Verbrechen in der Wirklichkeit*.
- Legt eine kleine Statistik an zu den Vergleichspunkten: Motiv?, Täter (Mann/Frau)?, Planung/Durchführung?, Biografie der Täter?
- Informiert euch über die Aufklärungsrate von Verbrechen und über die Arbeit der Kriminalpolizei. Vergleicht auch die Arbeit der Detektive aus Filmen und Romanen mit der Arbeit der Kriminalpolizei. Hinweise dazu findet ihr in folgenden Sachbüchern:

Nicolette Bohn: Anwalt des Teufels
Horst Brandt: Jenseits vom Tatort, Authentische Kriminalfälle
Harald Korall: Die Stunde vor Mitternacht, Authentische Kriminalfälle
Henner Kotte: Vergessene Akten, Ungelöste Kriminalfälle
Hans Pfeifer: Berühmte Kriminalfälle

Texte und Medien

Schülerromane

Zum Bild:
Hesse, Familienbild

* Text in alter Rechtschreibung

Meine Familie* *Hermann Hesse*

So wurden wir – denn unsre Eltern liebten uns sehr und waren beide nichts weniger als hart – zwar nicht spartanisch erzogen und wurden körperlich weniger oft und weniger schwer gezüchtigt als viele unsrer Schulkameraden, deren Väter weder Christen waren noch Ideale hatten, jedoch mit Prügeln und Einsperren schnell bei der Hand waren; aber wir lebten unter einem strengen Gesetz, das vom jugendlichen Menschen, seinen natürlichen Neigungen, Anlagen, Bedürfnissen und Entwicklungen sehr mißtrauisch dachte und unsre angeborenen Gaben, Talente und Besonderheiten keineswegs zu fördern oder gar ihnen zu schmeicheln bereit war.

- Wie denkt ihr über Hesses Äußerungen?

Hermann Hesse: Unterm Rad

Nachschlagen → S. 319 f.

Zentrale Stationen aus Hans Giebenraths Leben

Alle Textbeispiele sind folgender Ausgabe entnommen: *Hermann Hesse: Unterm Rad. Frankfurt/M.: Suhrkamp 1981.*
Die Texte sind aus lizenzrechtlichen Gründen in alter Rechtschreibung abgedruckt.

Gott weiß, wo der Knabe die ernsthaften Augen und die gescheite Stirn und das Feine im Gang her hatte. Vielleicht von der Mutter? Sie war seit Jahren tot (...). Der Vater kam nicht in Betracht. *(S. 8)*

Ach, das Angeln! Das hatte er nun auch fast verlernt und vergessen, und im vergangenen Jahr hatte er so bitterlich geheult, als es ihm verboten worden war, der Examensarbeit wegen. Das Angeln! Das war doch das Schönste in all den langen Schuljahren gewesen. *(S. 12)*

Schwindelig kam der Junge auf die Straße hinaus, sah die Linden stehen und den Marktplatz in der Sonne daliegen, alles wie sonst, aber alles schöner und bedeutungsvoller und freudiger. Er hatte bestanden! *(S. 29)*

Langsam streckte Hermann Heilner seinen Arm aus, faßte Hans an der Schulter und zog ihn zu sich her, bis ihre Gesichter einander ganz nahe waren. Dann fühlte Hans plötzlich mit wunderlichem Schreck des andern Lippen seinen Mund berühren. *(S. 72)*

Daß das alte Kopfweh wiederkam, wunderte ihn nicht weiter; aber daß er immer häufiger tatlose, müde Stunden hatte und sich stacheln mußte, um nur das Notwendige zu leisten, das machte ihm schwere Sorge. *(S. 76)*

Als sie sich wieder aufrichtete und als dabei ihr Knie seinen Arm entlang gleitete und ihr Haar ihm die Backen streifte und sie vom Bücken ganz rot geworden war, lief ein heftiger Schauder Hans durch alle Glieder. Er wurde blaß und hatte einen Augenblick das Gefühl einer tiefen, tiefen Müdigkeit, so daß er sich an der Preßsschraube festhalten mußte. *(S. 133)*

Zu derselben Zeit trieb der so bedrohte Hans schon kühl und still und langsam im dunklen Flusse talabwärts. *(S. 164)*

1. Lies die zentralen Stationen: Welche Lebenslinie kannst du an ihnen festmachen?
2. Schreibe jetzt unter diesem Gesichtspunkt eine kleine Biografie von Hans Giebenrath, indem du die hier dargestellten Stationen verarbeitest. Du kannst auch weitere Stationen nutzen, wenn sie dir hier noch zu fehlen scheinen.

Biografie
Die Biografie erzählt die Lebensgeschichte eines Menschen. Zuvor sollten alle wesentlichen Ereignisse, die dieses Leben geprägt haben, recherchiert sein. Interessant wird eine Biografie, wenn das Leben des Menschen unter einem Schwerpunkt dargestellt wird.

Hans Giebenrath und seine Erzieher

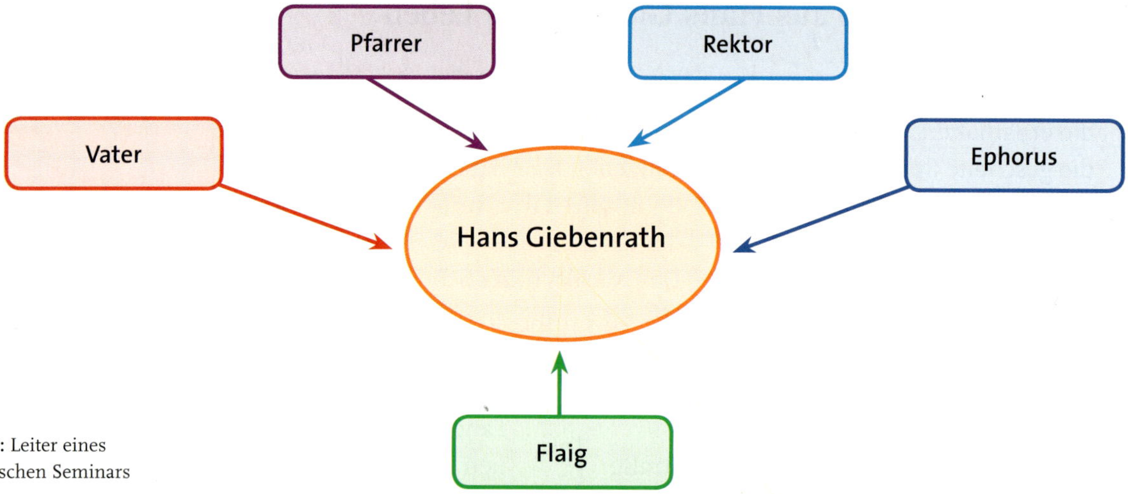

Ephorus: Leiter eines evangelischen Seminars

„Seine Pflicht und sein ihm vom Staat überantworteter Beruf ist es, in dem jungen Knaben die rohen Kräfte und Begierden der Natur zu bändigen und auszurotten und an ihre Stelle stille, mäßige und staatlich anerkannte Ideale zu pflanzen." *(S. 46)*

„Das wichtigste Neue", sagte er zum Schluß, „was du dort erleben wirst, ist die Einführung in das neutestamentliche Griechisch. Es wird dir eine neue Welt damit aufgehen, reich an Arbeit und Freude." *(S. 40f.)*

„'s ist ein Unsinn, Hans, und eine Sünde dazu. In deinem Alter muß man ordentlich Luft und Bewegung und sein richtiges Ausruhen haben." *(S. 51)*

„Du weißt, daß ich deinen Freund nicht besonders liebe. Er ist ein unzufriedener, unruhiger Geist; begabt mag er sein, aber er leistet nichts und übt keinen guten Einfluß auf dich aus. Ich würde es sehr gerne sehen, wenn du dich ihm mehr fernhalten würdest. – Nun?" *(S. 93)*

„Also nicht wahr, du wirst deiner Familie Ehre machen? Und deinen Vorgesetzten folgsam sein?" *(S. 56)*

1. Schaut genau im Romantext nach:
   Welche Textstelle gehört zu welcher Figur?
2. Setzt euch in Gruppen zusammen und sammelt weitere Textstellen zu den Erziehungsauffassungen der Figuren.

Der Rektor

Dem Rektor war es ein inniges Vergnügen gewesen, diesen von ihm geweckten, schönen Ehrgeiz zu leiten und wachsen zu sehen. Man sage nicht, Schulmeister haben kein Herz und seien verknöcherte und entseelte Pedanten! O nein, wenn ein Lehrer sieht, wie eines Kindes lange erfolglos gereiztes Talent hervorbricht, wie ein Knabe Holzsäbel und Schleuder und Bogen und die anderen kindischen Spielereien ablegt, wie er vorwärtszustreben beginnt, wie der Ernst der Arbeit aus einem rauen Pausback einen feinen, ernsten und fast asketischen Knaben macht, wie sein Gesicht älter und geistiger, sein Blick tiefer und zielbewußter, seine Hand weißer und stiller wird, dann lacht ihm die Seele vor Freude und Stolz. Seine Pflicht und sein ihm vom Staat überantworteter Beruf ist es, in dem jungen Knaben die rohen Kräfte und Begierden der Natur zu bändigen und auszurotten und in ihre Stelle stille, mäßige und staatlich anerkannte Ideale zu pflanzen. Wie mancher, der jetzt ein zufriedener Bürger und strebsamer Beamter ist, wäre ohne diese Bemühungen der Schule zu einem haltlos stürmenden Neuerer oder unfruchtbar sinnenden Träumer geworden!

Es war etwas in ihm, etwas Wildes, Regelloses, Kulturloses, das mußte erst zerbrochen werden, eine gefährliche Flamme, die mußte erst gelöscht und ausgetreten werden. Der Mensch, wie ihn die Natur erschafft, ist etwas Unberechenbares, Undurchsichtiges, Gefährliches. Er ist ein von unbekanntem Berge herbrechender Strom und ist ein Urwald ohne Weg und Ordnung. Und wie ein Urwald gelichtet und gereinigt und gewaltsam eingeschränkt werden muß, so muß die Schule den natürlichen Menschen zerbrechen, besiegen und gewaltsam einschränken. *(S. 46f.)*

Der Schuster Flaig

Es war Abend, und der Meister saß am Fenster seiner Wohnstube, ein kleines Kind auf jedem Knie. Trotz des offenstehenden Fensters durchdrang der Geruch von Leder und Wichse die ganze Wohnung. Befangen legte Hans seine Hand in die harte, breite Rechte des Meisters.

„Nun, wie geht's denn?“ fragte dieser. „Bist fleißig beim Stadtpfarrer gewesen?“

„Ja, ich war jeden Tag dort und hab' viel gelernt.“ „Was denn?“ „Hauptsächlich Griechisch, aber auch allerlei sonst.“

„Und zu mir hast nimmer kommen mögen?“

„Mögen schon, Herr Flaig, aber 's hat nie dazu kommen wollen. Beim Stadtpfarrer jeden Tag eine Stunde, beim Rektor jeden Tag zwei Stunden, und viermal in der Woche mußte ich zum Rechenlehrer.

„Jetzt in den Ferien? Das ist Unsinn.“

„Ich weiß nicht. Die Lehrer meinten so. Und das Lernen fällt mir ja nicht schwer.“

„Mag sein“, sagte Flaig und ergriff des Knaben Arm. „Mit dem Lernen wär's schon recht, aber was hast du da für ein paar Ärmlein? Und auch 's Gesicht ist so mager.“ *(S. 51)*

3. Arbeitet die jeweilige Auffassung von Erziehung heraus.
Achtet dabei auch auf die Wortwahl. –
Worin besteht der Gegensatz in den Auffassungen?

Ein Gespräch: Ephorus und Hans

„Du wirst wohl selber gefühlt haben, lieber Giebenrath, daß deine Leistungen in letzter Zeit etwas nachgelassen haben, wenigstens im Hebräischen. Du warst bisher vielleicht unser bester Hebräer, darum tut es mir leid, eine plötzliche Abnahme zu bemerken. Vielleicht hast du am Hebräischen keine rechte Freude mehr?"
„O doch, Herr Ephorus."
„Überlege dir's nur! So etwas kommt vor. Du hast dich vielleicht einem anderen Fach besonders zugewendet?"
„Ich weiß nicht ... ich habe meine Aufgaben immer gemacht ..."
„Gewiß, mein lieber, gewiß. Aber *differendum est inter et inter**. Deine Aufgaben hast du natürlich gemacht, das war ja wohl auch deine Pflicht. Aber du hast früher mehr geleistet. Du warst vielleicht fleißiger, du warst jedenfalls mit mehr Interesse bei der Sache. Ich frage mich nun, woher dies plötzliche Nachlassen deines Eifers kommt. Du bist doch nicht krank?"
„Nein."
„Oder hast du Kopfweh? Du siehst freilich nicht übermäßig blühend aus."
„Ja, Kopfweh habe ich manchmal."
„Ist dir die tägliche Arbeit zuviel?"
„O nein, gar nicht."
„Oder treibst du viel Privatlektüre? Sei nur ehrlich!"
„Nein, ich lese fast nichts, Herr Ephorus."
„Dann begreife ich das nicht recht, lieber junger Freund. Irgendwo muß es doch fehlen. Willst du mir versprechen, dir ordentlich Mühe zu geben?"
Hans legte seine Hand in die ausgestreckte Rechte des Gewaltigen, der ihn mit ernster Milde anblickte.
„So ist's gut, so ist's recht, mein Lieber. Nur nicht matt werden, sonst kommt man unters Rad."
Er drückte Hans die Hand, und dieser ging aufatmend zur Türe.
Da wurde er zurückgerufen.
„Noch etwas, Giebenrath. Du hast viel Verkehr mit Heilner, nicht wahr?"
„Ja, ziemlich viel."
„Mehr als mit andern, glaube ich. Oder nicht?"
„Doch ja. Er ist mein Freund."
„Wie kam denn das? Ihr seid doch eigentlich recht verschiedene Naturen."
„Ich weiß nicht, er ist nun eben mein Freund."
„Du weißt, daß ich deinen Freund nicht besonders liebe. Er ist ein unzufriedener, unruhiger Geist; begabt mag er sein, aber leistet nichts und übt keinen guten Einfluß auf dich. Ich würde es sehr gerne sehen, wenn du dich ihm mehr fernhalten würdest." (...) Die letzten Worte hatten nichts mehr von der vorigen Milde. Hans konnte nun gehen. *(S. 92/93)*

* *lat.:* der Unterschied liegt genau dazwischen.

Szenische Lesung
→ S. 329

1. Bereitet dieses Gespräch als **szenische Lesung** vor und führt sie durch.
2. Stellt euch vor, ihr interviewt den Ephorus.
   Welche Fragen würdet ihr ihm stellen?

Klosterschule Maulbronn 1906

Seit langer Zeit hat man dies herrliche, weltfern gelegene, hinter Hügeln und Wäldern verborgene Kloster den Schülern des protestantisch-theologischen Seminars eingeräumt, damit Schönheit und Ruhe die empfänglichen jungen Gemüter umgebe. Zugleich sind dort die jungen Leute den zerstreuenden Einflüssen der Städte und des Familienlebens entzogen und bleiben vor dem schädigenden Anblick des tätigen Lebens bewahrt. Es wird dadurch ermöglicht, den Jünglingen jahrelang das Studium der hebräischen und griechischen Sprache samt Nebenfächern allen Ernstes als Lebensziel erscheinen zu lassen, den ganzen Durst der jungen Seelen reinen und idealen Studien und Genüssen zuzuwenden. Dazu kommt als wichtiger Faktor das Internatsleben, die Nötigung zur Selbsterziehung, das Gefühl der Zusammengehörigkeit. Die Stiftung, auf deren Kosten die Seminaristen leben und studieren dürfen, hat hierdurch dafür gesorgt, daß ihre Zöglinge eines besonderen Geistes Kinder werden, an welchem sie später jederzeit erkannt werden können – ein feine und sichere Art der Brandmarkung. *(S. 54)*

Helene-Lange-Schule Wiesbaden 2004

Vier Wochen lang haben Jan und seine Mitschüler der Klasse 9a nichts anderes gemacht, als Theater zu spielen – jeden Tag, von morgens um acht bis nachmittags um zwei, manchmal auch bis drei oder vier Uhr. Statt Geometrie zu üben oder Vokabeln zu pauken, lernten sie Texte auswendig, bauten Bühnenbilder, entwarfen Kostüme und probten, probten, probten – mitten im Schuljahr.

„Hier ist eben alles anders als an anderen Schulen", erklärte Jan und lachte wie einer, der weiß, dass er Glück gehabt hat. „Ich will ja nicht an eine stinklangweilige Schule gehen." Das ist die Wiesbadener HLS, wie die Helene-Lange-Schule von Schülern und Lehrern kurz genannt wird, ganz gewiss nicht. Die Mittelstufenschule mit 600 Schülern galt seit langem als Wallfahrtsort der Reformpädagogik. Dann stellte sich heraus: Die Lehranstalt mit Blick auf den Taunus zählt zu den besten Schulen im Lande.

Bei PISA E, dem deutschen Teil der internationalen Schulstudie, hat die HLS exzellente Ergebnisse erzielt. So erreichten die Helene-Lange-Schüler in den Kompetenzbereichen Lesen und Naturwissenschaften Werte, mit denen sie Schulen ihrer Vergleichsgruppe in Deutschland, aber auch international weit übertrafen."

(Spiegel Special 3/2004, S. 14)

3. Vergleiche die beiden Texte: Was stellst du fest?
4. Diskutiert die unterschiedlichen Erziehungsauffassungen.

Freundschaft

Schon nach kurzer Zeit in Maulbronn entsteht zwischen Hans Giebenrath und dem unangepassten begabten Hermann Heilner eine Freundschaft. Die beiden Freunde sind sehr gegensätzlich: Während Hans sehr darum bemüht ist, den Erwartungen aller mit Fleiß und Folgsamkeit zu genügen und Spitzenleistungen zu erbringen, geht Hermann seine eigenen Wege. Er schreibt Gedichte, geht viel spazieren, liest Schiller und Shakespeare. Er verachtet Streber und deren Autoritätsgläubigkeit. Nach seiner Flucht muss er die Schule verlassen, was ihn wenig bekümmert. Doch Hans wartet vergeblich auf einen Brief von ihm.

Beim Beginn der Lektion stellte sich heraus, daß Heilner fehlte. Es war alles genauso wie damals beim Verschwinden des Hindu, nur dachte diesmal niemand an ein Verspäten. Um drei Uhr ging die ganze Promotion samt drei Lehrern auf die Streife nach dem Vermißten. Man verteilte sich, lief und schrie durch die Wälder, und manche, auch zwei von den Lehrern, hielten es nicht für unmöglich, daß er sich ein Leid angetan habe.

Um fünf Uhr wurde an alle Polizeistellen der Gegend telegraphiert und abends ein Eilbrief an Heilners Vater abgeschickt. Am späten Abend hatte man noch keinerlei Spur gefunden, und bis in die Nacht hinein wurde in allen Schlafsälen geflüstert und gewispert. Unter den Schülern fand die Annahme, er sei ins Wasser gesprungen, den meisten Glauben. Andere meinten, er sei einfach nach Hause gereist. Aber man hatte festgestellt, daß der Durchgänger kein Geld bei sich haben konnte.

Hans wurde angesehen, als müsse er um die Sache wissen. Dem war aber nicht so, vielmehr war er der Erschrockenste und Bekümmertste von allen, und nachts im Schlafsaal, als er die andern fragen, vermuten, faseln und witzeln hörte, verkroch er sich tief in seine Decke und lag lange böse Stunden in Leid und Angst um seinen Freund. Ein Vorgefühl, daß dieser nicht wiederkommen würde, ergriff sein banges Herz und erfüllte ihn mit einem furchtsamen Wehgefühl, bis er matt und bekümmert einschlief.

Um dieselben Stunden lag Heilner ein paar Meilen entfernt in einem Gehölz. Er fror und konnte nicht schlafen, doch atmete er in einem tiefen Freiheitsgefühl mächtig auf und streckte die Glieder, als wäre er aus einem engen Käfig entronnen. Er war seit Mittag gelaufen, hatte in Knittlingen Brot gekauft und nahm nun zuweilen einen Bissen davon, während er durch das frühlingshaft lichte Gezweige Nachtschwärze, Sterne und schnellsegelnde Wolken beschaute. Wohin er schließlich käme, war ihm einerlei; wenigstens war er nun dem verhaßten Kloster entsprungen und hatte dem Ephorus gezeigt, daß sein Wille stärker war als Befehle und Verbote. *(S. 105 f.)*

Gegenüberstellung

Giebenrath	**Heilner**
• ehrgeizig	• arbeitet wenig
• ängstlich	• lebhaft
• schüchtern	• gesellig
• ...	• ...

1. Charakterisiere Heilner, ausgehend von der Schilderung seiner Flucht.
2. Was besitzt er, was Hans fehlt? Fülle die tabellarische Gegenüberstellung weiter auf, indem du dich auf diese und auf weitere Textstellen beziehst.
3. Welche Folgen hat die abrupt endende Freundschaft mit Heilner für den weiteren Lebensweg Hans Giebenraths?

Liebe

Nachdem Hans Giebenrath schmählich aus Maulbronn nach Hause zurückgekehrt ist und völlig verunsichert und einsam seine Zeit verbringt, lernt er die lebensfrohe und selbstbewusste Emma kennen, in die er sich verliebt.

Am Zaun des Schustergartens überfiel ihn eine große Bangigkeit, er zuckte bei jedem Geräusch zusammen und kam sich mit seinem Stehen und Lauschen im Finstern vor wie ein Dieb. Er hatte noch keine Minute gewartet, da stand die Emma vor ihm, fuhr ihm mit den Händen übers Haar und öffnete ihm die Gartenpforte. Er trat vorsichtig ein, und sie zog ihn mit sich, leise durch den von Gebüsche eingefaßten Weg, durchs Hintertor in den finsteren Hausgang.

Dort setzten sie sich nebeneinander auf die oberste Kellerstaffel, und es dauerte eine ganze Weile, bis sie einander in der Schwärze notdürftig sehen konnten. Das Mädchen war guter Dinge und plauderte flüsternd drauflos. Sie hatte schon manchen Kuß geschmeckt und wußte in Liebessachen Bescheid; der schüchtern zärtliche Knabe war ihr eben recht. Sie nahm sein schmales Gesicht zwischen ihre Hände und küßte Stirne, Augen und Backen, und als der Mund an die Reihe kam und sie ihn wieder so lang und saugend küßte, ergriff den Knaben ein Schwindel, und er lag schlaff und willenlos an sie gelehnt. Sie lachte leise und zupfte ihn am Ohr.

Sie plauderte fort und fort, und er hörte zu und wußte nicht, was er hörte. Sie strich mit der Hand über seinen Arm, über sein Haar, über seinen Hals und seine Hände, sie lehnte ihre Wange an seine und ihren Kopf auf seine Achsel. Er schwieg still und ließ alles geschehen, von einem süßen Grauen und einer tiefen, glücklichen Bangigkeit erfüllt, zuweilen kurz und leise wie ein Fiebernder zusammenzuckend.

„Was bist denn du für ein Schatz!“ lachte sie. „Du traust dich ja gar nix.“ *(S. 143)*

Nach dem Nachtessen saß Hans in seiner Stube allein. Es wurde zehn Uhr und elf Uhr, er machte kein Licht. Dann schlief er tief und lang. Als er später als sonst erwachte, hatte er nur das undeutliche Gefühl eines Unglücks und Verlustes, bis ihm Emma wieder einfiel. Sie war fort, ohne Gruß, ohne Abschied; sie hatte ohne Zweifel schon gewußt, wann sie reisen würde, als er den letzten Abend bei ihr war. Er erinnerte sich an ihr Lachen und an ihr Küssen und an ihr überlegenes Sichgeben. Sie hatte ihn gar nicht ernstgenommen. *(S. 146)*

4. Vergleiche die Freundschaft zu Heilner mit Hans Giebenraths Liebe zu Emma. Worin liegen die Parallelen?

5. Welche Folgen hat auch diese abrupt endende Beziehung für seinen weiteren Lebensweg? – Wie interpretiert ihr Hans Giebenraths Tod am Ende des Romans? Diskutiert darüber.

Hermann Hesses Biografie: Entwicklungsjahre (bis 1906)

1877	Hermann Hesse wird in Calw geboren Herkunft: Vater Johannes Hesse geht nach kurzer missionarischer Tätigkeit in Indien nach Calw, wo er als Gehilfe Herman Gunderts, seines Schwiegervaters, im Calwer Verlagsverein beschäftigt ist. Die Mutter Marie Hesse, geb. Gundert, ist als Missionarstochter in Indien geboren. Johannes Hesse lernt sie in Calw kennen. Heirat: 1874.
1890–91	Besuch der Lateinschule in Göppingen
1891	Hesse besteht das schwäbische Landesexamen.
1891–92	Seminarist im evangelisch-theologischen Seminar im Kloster Maulbronn
1892	Flucht aus dem Seminar Nach missglücktem Selbstmordversuch Aufenthalt in verschiedenen Anstalten (Bad Boll, Stetten, Basel)
1892–93	Gymnasium Bad Cannstatt
1893–94	Scheitern einer Buchhändlerlehre, Gehilfe des Vaters Sein Traum: „Dichter zu werden und sonst nichts“
1894–95	Mechanikerlehre in der Turmuhrenfabrik in Calw
1895–98	Buchhändlerlehre in Tübingen
1899–1903	Buchhändler und Antiquar in Basel Reisen durch die Schweiz, erste Italienreise
1902	Tod der Mutter
1904	Er heiratet die Fotografin Maria Bernoulli, Tochter eines Basler Gelehrten und veröffentlicht seinen ersten Roman „Peter Camenzind“ – großer literarischer und finanzieller Erfolg. Sein Lebensziel ist erreicht, als freier Schriftsteller unabhängig zu leben und zu publizieren.
1904–1912	Gaienhofen am Bodensee
1906	„Unterm Rad“

1. Vergleiche die Lebensdaten Hesses mit seinem Romanhelden.

Handlungsorte

Der Hohenacker See bei Maulbronn
Vgl. Romantext S. 66 *(Wohin sich Heilner und Giebenrath zurückziehen)*
u. S. 83: *(See, in dem Hindinger ertrinkt)*

Das Klostertor
Vgl. Romantext S. 53

Das „Paradies“
Vgl. Romantext S. 69 *(Heilner bewundert die Schönheit des Bauwerks)*

2. Die Fotos stellen jeweils einen Handlungsort dar, der im Roman eine Rolle spielt. Lies die genannten Stellen des Romantextes genau.
3. Welche Bedeutung haben die realen Orte in der fiktionalen Welt des Romans?

fiktional = erdacht, erdichtet

Der Schulverweis

Johannes Hesse an H. H.

Calw, 8. März 1892

Lieber Hermann!

Wir wissen nicht was mit Dir ist. Wir grüßen Dich aber im Namen Gottes unsres Heilandes und tragen Dich auf Händen der Fürbitte.

Hast du was begangen und mußt nun die Folgen davon tragen, so sei demütig und tue alles, was man Dir sagt.

Bist Du krank, so beuge Dich unter die gewaltige Hand Gottes. Die kann schlagen aber auch heilen.

In jedem Fall sei versichert unserer innigsten Liebe und Teilnahme.

Dein Vater Hesse.

Professor W. Paulus an Johannes Hesse

Maulbronn, 11. März 1892

Sehr geehrter Herr!

Gestern ist im Lehrerkonvent über die Bestrafung Ihres Sohnes Hermann beraten worden, und ich habe die Pflicht, Sie von dem gefaßten Beschluß in Kenntnis zu setzen. Wir waren darin einig, daß die Verfehlung Hermanns nicht als vorbereitetes und zweckbewußtes Entweichen anzusehen, auch nicht eine Äußerung des Mutwillens oder Trotzes sei, und die große geistige Aufregung und Störung, in welcher er gehandelt hat, als Milderungsgrund betrachtet werden müsse. Es wurde deshalb eine Karzerstrafe von 8 Stunden festgesetzt, welche Hermann morgens von ½ 1–½ 9 Uhr verbüßen wird.

Außerdem war es die übereinstimmende Ansicht des Konvents, daß das Verbleiben Hermanns im Seminar in doppelter Hinsicht nicht wünschenswert sei. Nämlich erstlich in seinem eigenen Interesse. Es ist bei der Untersuchung seines Vergehens an den Tag getreten, daß es ihm in hohem Grad an der Fähigkeit fehlt, sich selbst in Zucht zu halten und seinen Geist und sein Gemüt in die Schranken einzufügen (...) Fürs zweite aber glauben wir, daß sein Aufenthalt im Seminar für seine Mitschüler eine Gefahr werden könnte. Er ist zu erfüllt von überspannten Gedanken und übertriebenen Gefühlen, denen sich hinzugeben er nur zu geneigt ist. Wenn er nun diese seinen Kameraden mitteilt, so wird er entweder, wie dies bisher der Fall war, kein Verständnis finden und sich infolge davon, nach seiner eigenen Aussage, vereinsamt und verkannt fühlen, oder aber, und das wäre eben mit der Zeit doch zu fürchten, wird er auch andere in seine unnatürliche und ungesunde Gedanken- und Gefühlswelt hineinziehen. (...)

Mit den höflichsten Empfehlungen auch an Ihren Herrn Schwager bin ich mit vorzüglicher Hochachtung

Ihr ergebenster W. Paulus

Hermann Hesse an Johannes Hesse

Stetten, 14. September 1892

Sehr geehrter Herr!

Da Sie sich so auffällig opferwillig zeigen, darf ich Sie vielleicht um 7 M oder gleich um den Revolver bitten. Nachdem Sie mich zur Verzweiflung gebracht, sind Sie doch wohl bereit, mich dieser und sich meiner rasch zu entledigen. Eigentlich hätte ich ja schon im Juni krepieren sollen.

Sie schreiben: Wir machen Dir gar keine ‚schrecklichen Vorwürfe' weil ich über St[etten] schimpfe. Dies wäre auch mir durchaus unverständlich, denn das Recht zu schimpfen darf man einem Pessimisten nicht nehmen, weil es sein einziges und letztes ist.

‚Vater' ist doch ein seltsames Wort, ich scheine es nicht zu verstehen. Es muß jemand bezeichnen, den man lieben kann und liebt, so recht von Herzen. Wie gern hätte ich eine solche Person! Könnten Sie mir nicht einen Rat geben. In alter Zeit war das Fortkommen leicht: jetzt ist's schwer, ohne Scheine, Ausweise etc. durchzukommen. Ich bin 15jährig und kräftig, vielleicht könnte ich an der Bühne unterkommen?

Mit Herrn Schall mag ich nicht verhandeln, der herzlose Schwarzfrack ist mir verhaßt, ich könnte ihn erstechen. Er gönnt mir keine Familie, so wenig als Sie oder irgend jemand.

Ihre Verhältnisse zu mir scheinen sich immer gespannter zu gestalten, ich glaube, wenn ich Pietist und nicht Mensch wäre, wenn ich jede Eigenschaft und Neigung an mir ins Gegenteil verkehrte, könnte ich mit Ihnen harmonieren. Aber so kann und will ich nimmer leben und wenn ich ein Verbrechen begehe, sind nächst mir Sie schuld, Herr Hesse, der Sie mir die Freude am Leben nahmen. Aus dem ‚lieben Hermann' ist ein andrer geworden, ein Welthasser, eine Waise, deren ‚Eltern' leben.

Schreiben Sie nimmer ‚Lieber H.' etc.; es ist eine gemeine Lüge. [...]

1. Worin seht ihr Parallelen zu Hans Giebenraths Situation?
2. Untersucht die Vater-Sohn-Beziehung in der Biografie Hesses und im Roman.

INFO

Nachschlagen → S. 319 f.

- In Hesses Roman werden unterschiedliche Erziehungsauffassungen vorgestellt.
- Die Entwicklung eines jungen Menschen wird vorrangig bestimmt von Elternhaus und Schule.
- Freundschaft und Liebe sind zentrale Erfahrungen im Leben eines jungen Menschen.
- Der Vergleich von Biografie und Dichtung zeigt, wie bedeutsam das Selbsterlebte für Hesses Schreiben war.

Nachschlagen → S. 320

Benjamin Lebert: Crazy

Lebert war 17 Jahre alt, als sein Debüt-Roman „Crazy" 1999 eine Sensation auf dem Buchmarkt auslöste. Und er war 18, als aus der autobiografischen Internatsgeschichte ein Kino-Hit wurde. Mit einer halbseitigen Lähmung wurde Benjamin Lebert 1982 in Freiburg im Breisgau geboren. Seine Internatszeit erlebte er so problematisch, dass er mitten im Schuljahr mit 16 Jahren von der Schule abging.

Der jüngste Autor der Verlagsgeschichte

Mit dem folgenden Text und einer kleinen Leseprobe hat der Verlag auf seiner Homepage für das Buch „Crazy" von Benjamin Lebert geworben.

„Bitte duzen Sie mich, ich bin erst 15!" – So hatte bislang noch kein Telefongespräch mit einem späteren Autor unseres Verlages begonnen. Außergewöhnlich war aber nicht nur der erste Kontakt mit Benjamin Lebert. Ein paar Monate nach unserem halb im Spaß, halb im Ernst gefallenen Entschluss, dem „Fänger im Roggen"* ein aktuelles Pendant entgegenzusetzen, krochen die ersten Seiten von Benjamins Manuskript aus dem Fax und verblüfften uns durch ihren eindrucksvollen Ton. Als dann wiederum Monate und viele intensive Telefonate später der mit CRAZY betitelte Roman komplett bei uns eintraf, rissen sich die Kolleginnen und Kollegen das Manuskript des jüngsten Autors unserer Verlagsgeschichte schon gespannt aus den Händen – und waren fasziniert von der Wärme und dem Witz, mit dem Benjamin in seinem autobiografischen Roman von der Schwierigkeit des Erwachsenwerdens erzählt."

*** Fänger im Roggen** (engl. *The Catcher in the Rye*): Schülerroman des amerik. Autors J. D. Salinger. Der Held ist ein Jugendlicher, der von der Schule fliegt und durch New York irrt.

Leseprobe aus Crazy

„Das war alles ein wenig viel für mich heute: Anstatt zu schlafen, eine Feuerleiter hinaufzuklettern, zu saufen, was das Zeug hält, mal eben bisschen zu vögeln und nebenbei erwachsen zu werden. Das reicht für eine Nacht kotzen, glaube ich." *(S. 84)*.

1. Wie gelingt es dem Verlag, interessierte Leser für das Buch zu gewinnen?
2. Was macht deiner Meinung nach ein Buch zum Bestseller?
3. Entwirf einen Werbetext für Hermann Hesses Roman *Unterm Rad*, der 1906 beim S. Fischer Verlag erschienen ist. Nutze dafür folgende Informationen:

Aus einem Lektüreschlüssel:
„Unterm Rad" ist sein zweiter Roman. Von seinen Bucheinnahmen konnte sich Hesse 1907 ein Haus am Bodensee bauen. Von Anfang Oktober 1903 bis Anfang August 1904 lebte Hesse in seiner Geburtsstadt Calw, wo seine Erzählung in nur zwei Monaten entstand. Am 28. Dezember 1903 schickte er das Manuskript an seinen Verlag S. Fischer, vom 5. April bis 17. Mai 1904 erschien die Geschichte in 35 Lieferungen als Vorabdruck in der *Neuen Zürcher Zeitung*. Die überarbeitete Fassung erschien im Oktober 1905 (mit der Jahresangabe 1906) in Buchform im S. Fischer Verlag.

Der Film zum Buch

TIPP Projekt
Buch-Film-Vergleich
Inhaltliche Schwerpunkte beim Betrachten des Films:
- Darstellung der Personen
- optische Ebene wie Kameraeinstellung, Blickwinkel, Perspektive
- Kulisse
- akustische Ebene: Musik
- Dialoge: Übereinstimmung mit dem Buch
- Darstellung von Gedanken Benjamins
- Einbeziehung von Vergangenheit und Zukunft

4. Inwiefern trägt die Verfilmung zur Vermarktung des Buches bei? Lies dazu auch die Anmerkung in der Spalte.

5. Stellt euch vor, Hesses Roman *Unterm Rad* soll verfilmt werden. Was für eine Kinogeschichte könnte daraus gemacht werden, die uns fesselt und uns auch etwas über unsere Zeit erzählt? Macht einen Entwurf zu einem Filmdrehbuch.

6. Gestaltet zu einem Film *Unterm Rad* ein Filmplakat.

Der Lehrer Falkenstein *Benjamin Lebert*

Für den sechzehnjährigen Benjamin ist das Internat Neuseelen bereits die fünfte Schule, wo er endlich die achte Klasse und schließlich nach dem Wunsch seiner Eltern das Abitur schaffen soll. Besonders große Probleme hat er in Mathematik.

Ausgerechnet jetzt muss ich an Mathematik denken. An Falkenstein. Meinen Lehrer. Er sagt, er sehe für meine Zukunft schwarz. Das könne ich gleich vergessen, meint er. Die Nachhilfe sei unnötig. Ich wäre einfach zu blöd. Vielleicht hat er Recht. In letzter Zeit nimmt er mich häufig beim Ausfragen dran. Weil er weiß, dass ich nichts verstehe. Das befriedigt ihn irgendwie. Es ist schon ein richtiger Psychokrieg geworden. Aber so ist eigentlich die ganze Schule. Das hat mit dem Internat nichts zu tun. Die Schule *an sich* ist ein reiner Psychokrieg. Da muss man es ja schwer haben. Für einen Sechzehnjährigen ist das ziemlich hart. Man ist noch ziemlich jung und wird schon derartig verarscht. Von einem Typen, der sich Lehrer nennt. In Bayern ist das besonders schlimm. Da zählen nur kleine, programmierte Computerkinder, die von morgens bis abends für die Schule lernen. Die werden gefördert. Der Rest wird fallengelassen. *Wissen ist nicht Weisheit* zählt bei denen nicht. Es sind einfach alles Wichser wie Falkenstein. An einem ganz normalen Ausfragetag befiehlt er uns, die Bücher zu schließen. Mit stechendem Blick sucht er ein Opfer. Schon dann habe ich eigentlich genug. Er droht an, er werde nun jemanden befragen. An der Tafel. Vor allen. Wehe, einer könne das nicht. Langsam erhebt er sich von seinem Lehrerstuhl. Der Schweiß läuft mir über die Stirn. Ich will nicht ausgefragt werden. Warum sagt er nicht gleich, wer drankommt? Oder warum trägt er mir nicht gleich einen Sechser ein? Das wäre einfacher. Warum muss er mich so quälen? Ich hasse es, vor der Klasse zu rechnen. Ich blamiere mich immer. Ich zittere. Bin nervös. Falkensteins Finger tippeln über Franzens Tisch. Franz ist mindestens genauso nervös wie ich. Das Zeug ist ohnehin schwierig. Und Falkenstein kann so richtig gemeine Aufgaben stellen.

„Na, Franzi?", fragt er. „Hast du dich gut vorbereitet?" Franzi lehnt sich zurück. Streckt seine Arme vor.

„Doch", sagt er flüsternd. *Doch* ist gut. Mit *Nein* wäre er drangekommen. Mit *Ja* wahrscheinlich auch. Mit *Doch* ist die Gefahr noch einmal an ihm vorübergegangen. Falkenstein geht weiter. Er spielt mit der Federmappe von Melanie. Jeder Schüler hier will die Last des Ausfragens auf einen anderen schieben. Ist der Name des Pechvogels schließlich verkündet, so sind die Restlichen meistens ziemlich froh. Erleichtertes Seufzen macht dann die Runde. Für den Pechvogel jedoch ist es dann doppelt schwer. Alles Teil des Plans, würde ich sagen. Falkenstein blickt auf. Ich zittere. Weiß gar nichts mehr. Die wenigen gespeicherten Brocken aus dem Unterricht sind der Aufregung zum Opfer gefallen. Ich scheiße mir schon fast in die Hosen. Mein Magen bläht sich auf. Gänsehaut huscht über meinen Körper. Ich komme dran. Es muss ja so sein. Falkenstein sagt mit einer tiefen, kräftigen Stimme: „Lebert! So zeigen Sie uns, wofür ich so lange geredet habe." *(S. 123ff.)*

1. Was für ein Lehrer ist Falkenstein? Charakterisiere ihn.
2. Vergleiche Falkenstein mit den Erziehern von Hans Giebenrath.

Der Rausschmiss *Benjamin Lebert*

Obwohl es anfangs in der neuen Internatsschule so aussieht, als ob hier alles anders sein wird, muss Benjamin schon nach kurzer Zeit das Internat verlassen.

Das Gepäck steht vor dem Bett. Janosch hat mir beim Packen geholfen. Drei Koffer und eine Tasche. Nun stehen sie schön in einer Reihe. Fertig zur Abfahrt. Ich schlucke. Es sieht hier plötzlich ziemlich leer aus. Die Wände sind kahl. Auf den Schreibtischen liegt nichts mehr. Ein seltsames Gefühl durchdringt meinen Körper. Ich lege die rechte Hand auf meine schweißige Stirn.

In Mathe ist es also wieder einmal ein Sechser geworden. Dazu kam noch ein Fünfer in Deutsch. Das genügt. Ich falle durch. Muss das Internat verlassen. Meinen Eltern haben sie zum Abschluss einen gesalzenen Brief geschrieben: *Ihr Sohn ist leider unfähig. Außerdem bereitete er viel Ärger und wurde oft zu später Stunde im Mädchengang gesehen.*

Mein Vater kommt in zehn Minuten, um mich abzuholen. Solange habe ich noch Zeit, um mich von Janosch und den Jungs zu verabschieden. Sie können erst morgen in die Sommerferien fahren. Wie alle hier. Mein Vater hat darauf bestanden, mich schon heute abzuholen. Einen Tag vor Schuljahresende. Das haben sie ihm durchgehen lassen. Wahrscheinlich können sie mich nicht schnell genug loswerden. Ich kann es ihnen nicht verübeln. Der dicke Felix fragt mich, wie meine Zukunft aussehe. Er legt seinen Arm um meine Schulter. Ich lächle. Meine Zukunft sieht ziemlich rosig aus, glaube ich. Ich soll bei meinem Vater wohnen (...) Demnächst soll ich auf eine Art Sonderschule gehen. In Neuperlach. Die Mathematik sei dort sehr eingeschränkt, hat meine Mutter gemeint. Aber ehrlich gesagt, will ich dort nicht hingehen. Ich möchte nicht immer der Neue sein. Der Neue mit dem Brief unterm Arm. Gott sei Dank ist es kein Internat. Am Nachmittag kann ich nach Hause gehen. Weinen. Lachen. Glücklich sein. Bald werde ich siebzehn. Da soll sich im Leben ja gnadenlos was ändern, habe ich gehört. Und bei mir wird es das wahrscheinlich auch tun. Meine Krankengymnastin hat gesagt, sie sehe eine radikale Verschlechterung. Was meinen Halbseitenspasmus betrifft. Meine linke Hand ziehe sich immer mehr nach innen. Und mein Fuß ebenfalls. Irgendwann würde ich vielleicht nicht mehr laufen können, hat sie gemeint. Es sei so und so ein Wunder, dass ich es jemals gelernt habe. Aber immerhin lebe ich ja noch. Und solange ich das tue, geht es irgendwie weiter, glaube ich. *(S. 171 ff.)*

3. Vergleiche die Gründe, weshalb Benjamin das Internat verlassen muss, mit den Gründen für Hans Giebenraths Scheitern in Maulbronn.

INFO

Nachschlagen → S. 320

- Der Ersterfolg eines Buches hängt sehr stark von einer geschickten Vermarktung ab.
- Der Film zum Buch steigert die Verkaufszahlen.
- Der Vergleich zwischen den beiden Schülerromanen *Unterm Rad* und *Crazy* zeigt, dass es Ähnlichkeiten, aber auch Unterschiede gibt.

Lyrik – Thema: Liebe

Zum Bild:
Keith Haring (1958–1990): *ohne Titel*

Das Thema „Liebe" hat dich bestimmt schon oft gedanklich beschäftigt. Vielleicht haben dich deine Gedanken und Gefühle auch zum Zeichnen, Malen, Komponieren oder Schreiben inspiriert.

Ob in der Musik, der bildenden Kunst, der Literatur oder den Medien – die Liebe ist ein Thema, das Menschen immer wieder zu verschiedenen Darstellungen angeregt hat. Ein zeitgenössisches Beispiel ist die oben abgebildete Grafik des US-amerikanischen Künstlers Keith Haring (1958–1990).

- Betrachte die Grafik. Was fällt dir dazu ein?

Liebe ist ...

Liebe ist ...
wenn man mittags schon
verträumt den Besen umarmt.

Man liebt und leidet, man lacht
und weint, man glüht und erfriert,
man sehnt sich und ist allein,
man hofft und das vergebens –
und so was nennt man Liebe?
SMS-Spruch

Was Prügel sind, weiß jeder;
was die Liebe ist, hat noch
keiner herausgefunden.
Heinrich Heine

... bis dass der Tod
euch scheidet.

Ich bin von Kopf bis Fuß auf Liebe
eingestellt, denn das ist meine
Welt und sonst gar nichts.
Marlene Dietrich

[...]
Himmelhoch jauchzend
Zum Tode betrübt –
Glücklich allein
Ist die Seele, die liebt.
Johann Wolfgang von Goethe

Liebe ist *Nena (Ausschnitt)*

Du guckst mich an, und ich geh mit,
Und der ist ewig, dieser Augenblick.
Da scheint die Sonne, da lacht das Leben,
Da geht mein Herz auf, ich will's dir geben.
Ich will dich tragen, ich will dich lieben,
Denn die Liebe, ist geblieben.
Hat nicht gefragt, ist einfach da,
Weglaufen geht nicht, das ist mir klar.

Liebe will nicht,
Liebe kämpft nicht,
Liebe wird nicht,
Liebe ist.
Liebe sucht nicht,
Liebe fragt nicht,
Liebe ist, so wie du bist.

Lebenszeitmaß *Hans Kruppa*

Ich liebe,
also bin ich.

Und wenn ich
hundert Jahre alt werde:
gelebt habe ich nur
in den Zeiten,
in denen ich liebte.

1. Sprecht über die Texte bzw. Textausschnitte.
2. Gestaltet in eurem Klassenzimmer eine Plakatwand, auf der ihr noch andere und auch selbst verfasste Texte sowie Illustrationen zum Thema „Liebe“ sammelt.

Nachschlagen → S. 320

Liebesgedichte von heute

Ich kann dir die Welt nicht zu Füßen legen

Heiner Müller

Ich kann dir die Welt nicht zu Füßen legen
Sie gehört mir nicht. Ich werde dir keinen Stern
Pflücken:
Ich habe kein Geld für Blumen und keine Zeit
Verse zu machen nur für dich: mein Leben
Wird so und so zu knapp sein für ein ganzes.
Wenn ich dir sage: für dich werd ich alles tun
Werde ich dir eine Lüge sagen. (Du weißt es)
Ich liebe dich mit meiner ganzen Liebe.

Das Schönste

Rose Ausländer

Ich flüchte
in dein Zauberzelt
Liebe

im atmenden Wald
wo Grasspitzen
sich verneigen

weil
es nichts Schöneres gibt

Abschiedswort

Seamus Heaney

Dame mit gerüschter Bluse
Und schlichtem Schottenrock,
Seit du das Haus verlassen
Schmerzt mir der Sinn und stockt
Vor Leere. In deiner Gegenwart
Tanzte die Zeit am Anker
Eines Lächelns; seit deiner Abfahrt
Schlingert die Liebe, treiben
Die Tage ab. Sie bocken, springen
Quer durch den Kalender,
Gerissen aus dem ruhigen Halt
Der blütenzarten Bänder
Deiner Stimme. Not bricht an meinem Strand;
Weg bist du, richtungslos bin ich.
Bis es wieder fest in meiner Hand,
Meutert das Ich.

Liebe am Horizont* *Ursula Krechel*

* Text in alter Rechtschreibung

Der Mann hat eine schreckliche
Unordnung in ihr Leben gebracht. Plötzlich
waren die Aschenbecher voller Asche
die Laken zweifach benutzt, verschwitzt
und alle Uhren gingen anders.
Einige Wochen lang schwebte sie
über den Wolken und küßte den Mond.
Erst im Tageslicht wurde ihre Liebe
kleiner und kleiner. Achtlos
warf er das Handtuch, blaukariert
mit dem kreuzgestichelten Monogramm
(wenn das die Mutter wüßte)
über die Schreibmaschine. Bald
konnte sie ihre Liebe schon
in einer Schublade verschließen.
Eingesperrt zwischen Plunder
geriet sie in Vergessenheit.
Später, als der Mann sie rief
wünschte sie, stumm zu sein.
Als er wieder rief, war sie schon taub.

geh aber sprich *Christian Filips*

geh aber sprich zu mir solang wir aneinander
die gesichter maßen sprachst du kein wort
die hinterköpfe aber sind gesprächig im gehen

sprich zu mir in die luft hinein sprich nur zu mir
in der luft sprichst du mich nicht an hinein sprichst
und gehst wie ich wo nicht gehend sprechend

durch die luft zu dir und mir geistert wetter
gewolkt wattiert geschminkt du sprichst
mich nicht an in der luft in den wolken

im luftloch nist ich mich ein brütet die luft mich
schwitze ich
sprache spricht luft zu mir und geh. aber sprich

1. Welches der Gedichte interessiert dich? Bereite es für den Vortrag vor.
2. Tragt alle Gedichte in der Klasse vor.
   Welche thematischen Aspekte von Liebeslyrik begegnen euch darin?

Sachliche Romanze *Erich Kästner*

Als sie einander acht Jahre kannten
(und man darf sagen: sie kannten sich gut),
kam ihre Liebe plötzlich abhanden.
Wie andern Leuten ein Stock oder Hut.

Sie waren traurig, betrugen sich heiter,
versuchten Küsse, als ob nichts sei,
und sahen sich an und wussten nicht weiter.
Da weinte sie schließlich. Und er stand dabei.

Vom Fenster aus konnte man Schiffen winken.
Er sagte, es wäre schon Viertel nach Vier
und Zeit, irgendwo Kaffee zu trinken.
Nebenan übte ein Mensch Klavier.

Sie gingen ins kleinste Café am Ort
und rührten in ihren Tassen.
Am Abend saßen sie immer noch dort.
Sie saßen allein, und sie sprachen kein Wort
und konnten es einfach nicht fassen.

Zwei Szenen

Ort: Wohnzimmer, Café
Personen: Frau und Mann

Im Wohnzimmer

FRAU *(weint)*
MANN *(sieht sie verständnislos an)*
Warum weinst du?
Was hast du denn?
FRAU *(...)*
Ach, nichts!
MANN ...
FRAU ...

Im Café

(...)

Zum Bild: Edward Hopper (1882–1967): *Nighthawks* (Nachtschwärmer, Ausschnitt)

1. Fülle die Leerstellen (Dialog und Regieanweisungen) in den beiden kleinen Szenen (Wohnzimmer, Café) auf.
   Beachte genau den Gedicht-Text.
2. Wählt einen Dialog aus und spielt die Szene vor.
3. Vergleicht eure Dialoge. Welche kommen der Aussage des Gedichts am nächsten?

Blues in der Mittagspause *Bodo Morshäuser*

Er kommt herein
zieht die Haare aus dem Gesicht
und hat sie mit einem streifenden Blick
als „seinen Typ“ erkannt.

Sie schaut ihm interessiert zu
(was er sieht) und geht mit der Zigarette
auf den Aschenbecher los, als dieser
streifende Blick von ihm kommt.

Er ruft dem Kellner seine Bestellung zu
und schaut auf das Fenster zur Straße
auf dem er sie in Ruhe betrachten kann
(was sie auf einem anderen Fenster sieht).
Auch sie bestellt einen Weinbrand
und schaut auf eine andere Fensterscheibe
In der er gut beleuchtet sitzt
(was er längst weiß).

Er entdeckt nach dem dritten Weinbrand
ein näher gelegenes Fenster, in dem sie
ausführlicher sitzt (was sie nicht weiß)
und mit Streichhölzern kämpft.

Sie zahlt zwei Bestellungen später
drückt die letzte Zigarette aus
und verlässt das Lokal
durch alle vorhandenen Scheiben.

Kategorien des Drehbuchs

- Handlung/Kurzbeschreibung der Filmsequenz
- Beteiligte Personen
- Gesprochener Text (Dialog/ Monolog)
- Schauplatz
- Evtl. Ausstattung (Kostüme/Requisiten)
- Kameraführung (Perspektive/Einstellungsgröße)
- Ton (Musik/Geräusche)
- Beabsichtigte Wirkung/ Stimmung

4. Verfilmt das Gedicht jeweils zu viert (zwei Schauspieler, ein Regisseur, ein Kameramann) mit einer Videokamera. Bereitet die Aufnahme mit einem detaillierten, am besten tabellarischen Drehbuch vor, in dem ihr die oben aufgelisteten Kategorien berücksichtigen solltet.

5. Besprecht die Filmsequenzen: Inwieweit und mit welchen filmtechnischen Mitteln setzen sie die Gedichtvorlage passend um?

INFO

Nachschlagen → S. 320

- In Liebesgedichten der Gegenwart werden ganz unterschiedliche Aspekte der Liebe thematisiert, z. B. Liebe als gefühlsmäßiger Ausnahmezustand, Sehnsucht, Abgrenzung, enttäuschte Liebe, Entfremdung, Trennungsschmerz.
- Man kann sich Liebesgedichten mit **szenischen Verfahren** nähern, indem man sie dialogisiert oder mithilfe eines Drehbuchs filmisch umsetzt.

Liebesgedichte aus verschiedenen Zeiten

Nachschlagen → S. 320 f.

Unter der Linde

Walther von der Vogelweide (um 1200),
Übersetzung von Peter Wapnewski

Unter der Linde
auf der Heide,
wo unser beider Lager war,
da kann man sehn
liebevoll gebrochen
Blumen und Gras.
Vor dem Wald in einem Tal
tandaradei
sang schön die Nachtigall.

Ich kam gegangen
zu der Wiese,
da war mein Liebster schon
vor mir gekommen.
Da wurde ich empfangen
– Gnädige Jungfrau! –
dass es mich immer glücklich
machen wird.
Ob er mich küsste? Wohl tausendmal,
tandaradei,
seht, wie rot mein Mund ist!

Schenk von Limpurg.
Aus der Manessischen Liederhandschrift (14. Jh.)

Da hatte er bereitet
in aller Pracht
von Blumen ein Lager.
Daran wird sich freuen
von Herzen,
wer daran vorübergeht.
An den Rosen kann er noch
– tandaradei –
sehen, wo mein Kopf lag.

Dass er bei mir lag,
wüsste es jemand
(da sei Gott vor!), so schämte ich mich.
Was er tat mit mir,
niemals soll jemand
das erfahren als er und als ich
und die liebe Nachtigall,
tandaradei;
die wird gewiss verschwiegen sein.

Liebeslieder *Bertolt Brecht (1898–1956)*

I
Als ich nachher von dir ging
An dem großen Heute
Sah ich, als ich sehn anfing
Lauter lustige Leute.

Und seit jener Abendstund
Weißt schon, die ich meine
Hab ich einen schönern Mund
Und geschicktere Beine.

Grüner ist, seit ich so fühl
Baum und Strauch und Wiese
Und das Wasser schöner kühl
Wenn ich's auf mich gieße.

Elvira Bach (geb. 1951): *Untitled (Green)*, 2002

vielleicht *Thomas Klees (*1966)*

nur das was war
und davon kaum etwas
anderes vielleicht dass wir
nicht mehr weiter umeinander
herum redeten endlich öffneten
die münder so nah wir konnten
sprachen mit einer Zunge schnell
gegen jeden atem uns brachten
durch winterne leder zur haut
fanden was wir suchten fielen
auf fingerspitzen uns ganz
in die hände und weiter
nur das was war und
davon kaum etwas
anderes vielleicht

1. Lies die drei Gedichte und mache dir den Inhalt klar.
2. Tauscht euch anschließend in einem **Kugellager** darüber aus, welche Erfahrungen mit der Liebe die drei Gedichte verbinden.

Kugellager → S. 328

Wie er wolle geküsset sein *Paul Fleming (1642)*

Nirgends hin als auf den Mund:
Da sinkt's in des Herzens Grund;
Nicht zu frei nicht zu gezwungen,
Nicht mit gar zu faulen Zungen.

Nicht zu wenig / nicht zu viel:
Beides wird sonst Kinderspiel;
Nicht zu laut und nicht zu leise /
Beider Maß ist rechte Weise.

Nicht zu nahe, nicht zu weit:
Dies macht Kummer, jenes Leid;
Nicht zu trucken, nicht zu feuchte,
Wie Adonis Venus reichte.

Nicht zu harte, nicht zu weich,
Bald zugleich, bald nicht zugleich,
Nicht zu langsam, nicht zu schnelle,
Nicht ohn Unterscheid der Stelle.

Halb gebissen, halb gehaucht,
Halb die Lippen eingetaucht,
Nicht ohn Unterscheid der Zeiten,
Mehr alleine denn bei Leuten.

Küsse nun ein jedermann,
Wie er weiß, will, soll und kann!
Ich nur und die Liebste wissen,
Wie wir uns recht sollen küssen.

Willkommen und Abschied *Johann Wolfgang von Goethe (1771/1775)*

Mir schlug das Herz; geschwind zu Pferde,
Und fort, wild, wie ein Held zur Schlacht!
Der Abend wiegte schon die Erde,
Und an den Bergen hing die Nacht;
Schon stund im Nebelkleid die Eiche,
Ein aufgetürmter Riese, da,
Wo Finsternis aus dem Gesträuche
Mit hundert schwarzen Augen sah.

Der Mond von einem Wolkenhügel,
Schien kläglich aus dem Duft hervor;
Die Winde schwangen leise Flügel,
Umsausten schauerlich mein Ohr;
Die Nacht schuf tausend Ungeheuer –,
Doch tausendfacher war mein Mut,
Mein Geist war ein verzehrend Feuer,
Mein ganzes Herz zerfloss in Glut.

Ich sah dich, und die milde Freude
Floss aus dem süßen Blick auf mich.
Ganz war mein Herz an deiner Seite,
Und jeder Atemzug für dich.
Ein rosenfarbes Frühlingswetter
Lag auf dem lieblichen Gesicht
Und Zärtlichkeit für mich, ihr Götter!
Ich hofft' es, ich verdient' es nicht.

Der Abschied, wie bedrängt, wie trübe!
Aus deinen Blicken sprach dein Herz.
In deinen Küssen welche Liebe,
O welche Wonne, welcher Schmerz!
Du gingst, ich stund, und sah zur Erden,
Und sah dir nach mit nassem Blick;
Und doch, welch Glück! Geliebt zu werden,
Und lieben, Götter, welch ein Glück!

falsche Bewegung

Friederike Mayröcker (1982)

gestern
beim Auseinander-
gehen haben wir uns
beide Hände
gegeben –
aber nicht die Lippen
zum Kuss –
eine plötzlich erstarrte
Umarmung?
frage ich mich
ruhelos
und in Tränen /
du blickst
ohne Lächeln
über die Schulter zurück

Checkliste für den Vortrag:

- Schreibe deinen Text ab und markiere ihn für den Vortrag (Betonungen, Lautstärke, Tonhöhe, Geschwindigkeit, kurze Atempausen und längere Pausen usw.).
- Lerne das Gedicht am besten auswendig.
- Stelle dich, ohne dich anzulehnen, mit lockeren Schultern hin, Füße etwa hüftbreit.
- Warte mit dem Vortrag, bis das Publikum aufmerksam ist.
- Versuche laut, deutlich und nicht zu schnell zu sprechen.
- Variiere deine Stimme in Lautstärke und Tonhöhe passend zum Text.
- Denke an angemessene Redepausen.
- Stelle immer wieder den Blickkontakt zu deinen Zuschauern her, ohne sie zu fixieren.
- Behalte deine Spannung nach dem Vortrag einige Sekunden bei; tritt erst nach dem Applaus ab.

3. Lies die Gedichte still und versuche dir beim Lesen Klänge oder Musik vorzustellen, die zur Stimmung des jeweiligen Gedichts passen.

4. Lest euch paarweise die Gedichte gegenseitig vor und sprecht über eure Klangvorstellungen. Einigt euch auf ein Gedicht und bereitet es für den Vortrag vor. Dazu solltet ihr passende Musik auswählen, mit der ihr den Gedichtvortrag unterlegt.

5. Präsentiert eure musikalisch unterlegten Gedichte vor der Klasse. Sprecht anschließend über die Wirkung der Präsentationen und überlegt, inwieweit sie die Unterschiede zwischen den Gedichten zum Ausdruck gebracht haben.

INFO

Nachschlagen → S. 320 f.

- Die Liebesthematik kommt in Gedichten aus unterschiedlichen Zeiten immer wieder vor; so werden z. B. thematische Aspekte wie Zärtlichkeit oder Motive wie der Kuss immer wieder in verschiedener Weise verarbeitet.
- Solche thematischen und motivischen Ähnlichkeiten legen den Vergleich von Gedichten aus unterschiedlichen Entstehungszeiten nahe.
- Man kann sich Liebesgedichten aus verschiedenen Entstehungszeiten über den bewussten Vortrag und über die Auswahl einer zu Inhalt und Stimmung des Gedichttexts passenden Musik nähern.

Dû bist mîn, ich bin dîn

Unbekannte Verfasserin

Dû bist mîn, ich bin dîn:
des solt dû gewis sîn.
dû bist beslozzen
in mînem herzen:
verlorn ist das slüzzelîn:
dû muost immer drinne sîn.

Ich zôch mir einen valken

Der von Kürenberg

Ich zôch mir einen valken mêre danne ein jâr.
dô ich in gezamete als ich in wolte hân
und ich im sîn gevidere mit golde wol bewant,
er huop sich ûf vil hôhe und floug in anderiu lant.

Sît sach ich den valken schône fliegen:
er fuorte an sînem fuoze sîdîne riemen,
und was im sîn gevidere alrôt guldîn.
got sende si zesamene die gerne geliep wellen sîn!'

Übersetzung von Peter Wapnewski

Ich erzog mir einen Falken länger als ein Jahr.
Als ich ihn gezähmt hatte, wie ich ihn haben wollte,
und ich ihm sein Gefieder mit Gold wohl geziert hatte,
schwang er sich hoch auf und flog in andere Lande.

Danach sah ich den Falken herrlich fliegen.
Er trug an seinem Fuß seidene Bänder,
und sein Gefieder war ihm ganz rotgolden.
Gott führe die zusammen, die gerne einander lieben wollen.

Nähe des Geliebten *Johann Wolfgang von Goethe*

Ich denke dein, wenn mir der Sonne Schimmer
Vom Meere strahlt;
Ich denke dein, wenn sich des Mondes Flimmer
In Quellen malt.

Ich sehe dich, wenn auf dem fernen Wege
Der Staub sich hebt;
In tiefer Nacht, wenn auf dem schmalen Stege
Der Wanderer bebt.

Ich höre dich, wenn dort mit dumpfem Rauschen
Die Welle steigt.
Im stillen Haine geh' ich oft zu lauschen,
Wenn alles schweigt.

Ich bin bei dir, du seist auch noch so ferne,
Du bist mir nah!
Die Sonne sinkt, bald leuchten mir die Sterne.
O wärst du da!

Neue Liebe, neues Leben *Johann Wolfgang von Goethe*

Herz, mein Herz, was soll das geben,
Was bedränget dich so sehr?
Welch ein fremdes neues Leben –
Ich erkenne dich nicht mehr.
Weg ist alles, was du liebtest,
Weg, worum du dich betrübtest,
Weg dein Fleiß und deine Ruh –
Ach, wie kamst du nur dazu?

Fesselt dich die Jugendblüte,
Diese liebliche Gestalt,
Dieser Blick voll Treu und Güte
Mit unendlicher Gewalt?
Will ich rasch mich ihr entziehen,
Mich ermannen, ihr entfliehen,
Führet mich im Augenblick
– Ach – mein Weg zu ihr zurück.

Und an diesem Zauberfädchen,
Das sich nicht zerreißen lässt,
Hält das liebe lose Mädchen
Mich so wider Willen fest.
Muss in ihrem Zauberkreise
Leben nun auf ihre Weise;
Die Verändrung, ach, wie groß!
Liebe, Liebe, lass mich los!

Neue Liebe

Joseph von Eichendorff

Herz, mein Herz, warum so fröhlich,
So voll Unruh und zerstreut,
Als käm über Berge selig
Schon die schöne Frühlingszeit?

Weil ein liebes Mädchen wieder
Herzlich an dein Herz sich drückt,
Schaust du fröhlich auf und nieder,
Erd und Himmel dich erquickt.

Und ich hab die Fernster offen,
Neu zieh in die Welt hinein
Altes Bangen, altes Hoffen!
Frühling, Frühling soll es sein!

Still kann ich hier nicht mehr bleiben,
Durch die Brust ein Singen irrt,
Doch zu licht ist's mir zum Schreiben,
Und ich bin so froh verwirrt.

Also schlendr ich durch die Gassen,
Menschen gehen her und hin,
Weiß nicht, was ich tu und lasse,
Nur, dass ich so glücklich bin.

Zwei Segel

Conrad Ferdinand Meyer

Zwei Segel erhellend
Die tiefblaue Bucht!
Zwei Segel sich schwellend
Zu ruhiger Flucht!

Wie eins in den Winden
Sich wölbt und bewegt,
Wird auch das Empfinden
Des andern erregt.

Begehrt eins zu hasten,
Das andre geht schnell,
Verlangt eins zu rasten,
Ruht auch sein Gesell.

Marc Chagall (1887–1985):
Der Hahn und die Liebenden
(1947–1950)

Die Liebende *Rainer Maria Rilke*

Das ist mein Fenster. Eben
bin ich so sanft erwacht.
Ich dachte, ich würde schweben.
Bis wohin reicht mein Leben,
und wo beginnt die Nacht?

Ich könnte meinen, alles
wäre noch Ich ringsum;
durchsichtig wie eines Kristalles
Tiefe, verdunkelt, stumm.

Ich könnte auch noch die Sterne
fassen in mir; so groß
scheint mir mein Herz; so gerne
ließ es ihn wieder los,
den ich vielleicht zu lieben,
vielleicht zu halten begann.
Fremd, wie nie beschrieben
sieht mich mein Schicksal an.

Was bin ich unter diese
Unendlichkeit gelegt,
duftend wie eine Wiese
hin und her bewegt,

rufend zugleich und bange,
dass einer den Ruf vernimmt,
und zum Untergange
in einem Andern bestimmt.

An Anna Blume *Kurt Schwitters*

Kurt Schwitters (1887–1948) gilt als einer der wichtigsten Vertreter der Kunstrichtung des Dadaismus. Collagenartig werden verschiedene Zitate, Redewendungen und „Herzensergießungen“ zusammengefügt.

Oh Du, Geliebte meiner 27 Sinne, ich liebe Dir!
Du, Deiner, Dich Dir, ich Dir, Du mir, ---- wir?
Das gehört beiläufig nicht hierher!

Wer bist Du, ungezähltes Frauenzimmer, Du bist, bist Du?
Die Leute sagen, Du wärest.
Lass sie sagen, sie wissen nicht, wie der Kirchturm steht.

Du trägst den Hut auf Deinen Füßen und wanderst auf die Hände,
Auf den Händen wanderst Du.

Halloh, Deine roten Kleider, in weiße Falten zersägt,
Rot liebe ich Anna Blume, rot liebe ich Dir.

Du, Deiner, Dich Dir, ich Dir, Du mir, ---- wir?
Das gehört beiläufig in die kalte Glut!
Anna Blume, rote Anna Blume, wie sagen die Leute?

Preisfrage:
1. Anna Blume hat ein Vogel,
2. Anna Blume ist rot.
3. Welche Farbe hat der Vogel?

Blau ist die Farbe Deines gelben Haares,
Rot ist die Farbe Deines grünen Vogels.
Du schlichtes Mädchen im Alltagskleid,
Du liebes grünes Tier, ich liebe Dir!
Du Deiner Dich Dir, ich Dir, Du mir, ---- wir!
Das gehört beiläufig in die ---- Glutenkiste.

Anna Blume, Anna, A----N----N----A!
Ich träufle Deinen Namen.
Dein Name tropft wie weiches Rindertalg.
Weißt Du es Anna, weißt Du es schon,
Man kann Dich auch von hinten lesen.
Und Du, Du Herrlichste von allen,
Du bist von hinten, wie von vorne:
A------N------N------A.
Rindertalg träufelt STREICHELN über meinen Rücken.
Anna Blume,
Du tropfes Tier,
Ich-------liebe-------Dir!

Die Liebenden*

Bertolt Brecht

* Texte in alter Rechtschreibung

Sieh jene Kraniche in großem Bogen!
Die Wolken, welche ihnen beigegeben
Zogen mit ihnen schon, als sie entflogen
Aus einem Leben in ein andres Leben.
In gleicher Höhe und mit gleicher Eile
Scheinen sie alle beide nur daneben.
Daß so der Kranich mit der Wolke teile
Den schönen Himmel, den sie kurz befliegen
Daß also keines länger hier verweile
Und keines andres sehe als das Wiegen
Des andern in dem Wind, den beide spüren
Die jetzt im Fluge beieinander liegen:
So mag der Wind sie in das Nichts entführen.
Wenn sie nur nicht vergehen und sich bleiben
So lange kann sie beide nichts berühren
So lange kann man sie von jedem Ort vertreiben
Wo Regen drohen oder Schüsse schallen.
So unter Sonn und Monds verschiedenen Scheiben
Fliegen sie hin, einander ganz verfallen.
Wohin, ihr?
        Nirgend hin.
                Von wem davon?
                        Von allen.
Ihr fragt, wie lange sind sie schon besammen?
Seit kurzem
        Und wann werden sie sich trennen?
                        Bald.
So scheint die Liebe Liebenden ein Halt.

Morgens und abends zu lesen*

Bertolt Brecht

Der, den ich liebe
Hat mir gesagt
Daß er mich braucht.

Darum
Gebe ich auf mich acht
Sehe auf meinen Weg und
Fürchte von jedem Regentropfen
Daß er mich erschlagen könnte.

Pablo Picasso (1981–1873):
Liebespaar (1923)

Was es ist *Erich Fried*

Es ist Unsinn
sagt die Vernunft
Es ist was es ist
sagt die Liebe
Es ist Unglück
sagt die Berechnung
Es ist nichts als Schmerz
sagt die Angst
Es ist aussichtslos
sagt die Einsicht
Es ist was es ist
sagt die Liebe
Es ist lächerlich
sagt der Stolz
Es ist leichtsinnig
sagt die Vorsicht
Es ist unmöglich
sagt die Erfahrung
Es ist was es ist
sagt die Liebe

Gedicht *Jürgen Theobaldy*

Ich möchte gern ein kurzes Gedicht schreiben
eins mit vier fünf Zeilen
nicht länger
ein ganz einfaches
eins das alles sagt über uns beide
und doch nichts verrät
von dir und mir

schmerzherz
Marion Kannen

ich wusste schon warum
ich mich so lange so schwer
gewehrt hab gegen unsre
zweisamkeit:
weil sie süchtig macht
weil es dann so schwer ist
weil die hart
erlernte einsamkeit so leicht
verlernt ist
weil es dann gar keinen spaß mehr macht
allein so ganz und gar keinen
spaß mehr und das
ist verdammt
verdammt schwer

Ein Liebesgedicht
Astrid Tümpel

sind uns
fremd geworden
können uns
endlich kennen lernen

So oder so
Karin Kiwus

Schön
geduldig
miteinander
langsam alt
und verrückt werden

andererseits

allein
geht es natürlich
viel schneller

Warnung*
Ursula Krechel

* Text in alter Rechtschreibung

Komm aus der Höhe herab
steig mal von deinem Roß

sieh einfach zu und staune

wie ich den Kopf hebe
die Schultern, die Arme
davonfliege in klarer Luft
ohne mich umzusehen nach dir.

Drama – Max Frisch: Andorra

Zum Bild:
Max Frisch: *Andorra*.
Aufführung in Erfurt, 2002

Andri

„... ihr Blick genügt, plötzlich bist du so, wie sie sagen. Das ist das Böse. Alle haben es in sich, keiner will es haben, und wo soll das hin? In die Luft? ...“

Max Frisch: *Andorra*, Zweites Bild

- Welche zentrale Thematik des Stückes klingt in Andris Satz an?

Blitzlichter

„Das Andorra dieses Stücks hat nichts zu tun mit dem wirklichen Kleinstaat dieses Namens, gemeint ist auch nicht ein anderer wirklicher Kleinstaat; Andorra ist der Name für ein Modell.“ *Max Frisch*

Andorra ist als „Anfängerkurs in der Beschäftigung mit dem Phänomen Vorurteil“ zu verstehen. *Max Frisch*

Außenseiter

Mitläufer

Feindbilder

Max Frischs: Andorra
Mitteleuropa in den 30ern und 40ern, Apartheid in Südafrika, Ossi-Wessi-Grabenkämpfe nach der Wende, Rostock in den 90ern, Schulalltag im Jahr 2002, ein Ort nirgends und überall.
Auszug aus dem Programmheft zur Aufführung des Stückes im Theater Erfurt

Du sollst dir kein Bildnis noch irgendein Gleichnis machen, weder von dem, was oben im Himmel, noch von dem, was unten auf Erden ist.
2. Gebot, Altes Testament
in der Übersetzung von M. Luther

1. Was haben diese Blitzlichter mit dem Drama *Andorra* zu tun?

Nachschlagen → S. 321

Szenisches Interpretieren

Die Textauszüge sind entnommen aus: Max Frisch: Andorra. Frankfurt/M.: Suhrkamp, 1975. Aus lizenzrechtlichen Gründen sind die Texte in alter Rechtschreibung.

Die wesentlichen Merkmale des Dramas:
- Einteilung in Akt und Szene (hier: Bilder)
- Figurenrede (Dialog und Monolog) als sprachliche Grundform (Haupttext)
- Zusätzliche Personen- und Szenenangaben sowie Regieanweisungen (Nebentext)
- Das Personenverzeichnis enthält Haupt- und Nebenfiguren. Darunter gibt es Spieler und Gegenspieler.

Orchestrion: Drehorgel, mechanisches Musikwerk

Max Frisch: Andorra *Erstes Bild, Auszug*

Vor einem andorranischen Haus. Barblin weißelt die schmale und hohe Mauer mit einem Pinsel an langem Stecken. Ein andorranischer Soldat, olivgrau, lehnt an der Mauer.

Barblin Wenn du nicht die ganze Zeit auf meine Waden gaffst, dann kannst du ja sehn, was ich mache. Ich weißle. Weil morgen Sanktgeorgstag ist, falls du das vergessen hast. Ich weißle das Haus meines Vaters. Und was macht ihr Soldaten? Ihr lungert in allen Gassen herum, eure Daumen im Gurt, und schielt uns in die Bluse, wenn eine sich bückt.

Der Soldat lacht.

Ich bin verlobt.

Soldat Verlobt!

Barblin Lach nicht immer wie ein Michelin-Männchen.

Soldat Hat er eine Hühnerbrust?

Barblin Wieso?

Soldat Daß du ihn nicht zeigen kannst.

Barblin Laß mich in Ruh!

Soldat Oder Plattfüße?

Barblin Wieso soll er Plattfüße haben?

Soldat Jedenfalls tanzt er nicht mit dir.

Barblin weißelt.

Vielleicht ein Engel!

Der Soldat lacht.

Daß ich ihn noch nie gesehen hab.

Barblin Ich bin verlobt!

Soldat Von Ringlein seh ich aber nichts.

Barblin Ich bin verlobt,

Barblin taucht den Pinsel in den Eimer.

und überhaupt – dich mag ich nicht.

Im Vordergrund, rechts, steht ein Orchestrion. Hier erscheinen – während Barblin weißelt – der Tischler, ein behäbiger Mann, und hinter ihm Andri, als Küchenjunge.

Tischler Wo ist mein Stock?

Andri Hier, Herr Tischlermeister.

Tischler Eine Plage, immer diese Trinkgelder, kaum hat man den Beutel eingesteckt – *Andri gibt den Stock und bekommt ein Trinkgeld, das er ins Orchestrion wirft, so daß Musik ertönt, während der Tischler vorn über die Szene spaziert, wo Barblin, da der Tischler nicht auszuweichen gedenkt, ihren Eimer wegnehmen muß. Andri trocknet einen Teller, indem er sich zur Musik bewegt, und verschwindet dann, die Musik mit ihm.*

Barblin Jetzt stehst du noch immer da?

Soldat Ich hab Urlaub.

Barblin Was willst du noch wissen?

Soldat Wer dein Bräutigam sein soll.

Barblin weißelt.

Alle weißeln das Haus ihrer Väter, weil morgen Sanktgeorgstag ist, und der Kohlensack rennt in allen Gassen herum, weil morgen Sanktgeorgstag ist: Weißelt, ihr Jungfraun, weißelt das Haus eurer Väter, auf daß wir ein weißes Andorra haben, ihr Jungfraun, ein schneeweißes Andorra!

Barblin Der Kohlensack – wer ist denn das wieder?

Soldat Bist du eine Jungfrau?

Der Soldat lacht. Also du magst mich nicht.

Barblin Nein.

Soldat Das hat schon manch eine gesagt, aber bekommen hab ich sie doch, wenn mir ihre Waden gefallen und ihr Haar.

Barblin streckt ihm die Zunge heraus.

Und ihre rote Zunge dazu!

Der Soldat nimmt sich eine Zigarette und blickt am Haus hinauf.

Wo hast du deine Kammer?

Auftritt ein Pater, der ein Fahrrad schiebt.

Pater So gefällt es mir, Barblin, so gefällt es mir aber. Wir werden ein weißes Andorra haben, ihr Jungfraun, ein schneeweißes Andorra, wenn bloß kein Platzregen kommt über Nacht.

Der Soldat lacht.

Ist Vater nicht zu Hause?

Soldat Wenn bloß kein Platzregen kommt über Nacht! Nämlich seine Kirche ist nicht so weiß wie sie tut, das hat sich herausgestellt, nämlich seine Kirche ist auch nur aus Erde gemacht, und die Erde ist rot, und wenn ein Platzregen kommt, das saut euch jedesmal die Tünche herab, als hätte man eine Sau drauf geschlachtet, eure schneeweiße Tünche von eurer schneeweißen Kirche.

Der Soldat streckt die Hand nach Regen aus.

Wenn bloß kein Platzregen kommt über Nacht!

Der Soldat lacht und verzieht sich. [...]

1. Bereitet die szenische Lesung vor (siehe Randspalte) und führt sie in der Klasse durch.
2. Welches Bild von Barblin und dem Soldaten wird durch die szenische Lesung vermittelt? Diskutiert darüber.
3. Welcher Konflikt wird bereits im ersten Bild angedeutet?
4. Bildet Gruppen und sucht im Dramentext weitere Szenen, die sich für eine szenische Lesung besonders gut eignen, und gestaltet die Lesungen.

TIPP

Die Vorbereitung des szenischen Lesens:

1. Stilles Lesen des Textes
2. Verständigung über die Aussage des Textes
3. Eintragen von Leseanweisungen und Lesezeichen in den Text
4. Sprech- und Stellproben im Raum durchführen

Körperhaltung und Sprechweise

Nach dem Lesen des Dramenanfangs (Exposition) entstehen erste Bilder im Kopf zu den Figuren und ihren Beziehungen, zum Ort oder zu bestimmten Situationen.

Max Frisch: *Andorra*. Andri und der Soldat. Aufführung in der Schauburg, München.

1. Was sagt die Körperhaltung der abgebildeten Figuren über ihre Beziehung aus?
2. Sprecht die Sätze, die die Figuren sagen, und nehmt dabei eine entsprechende Körperhaltung ein.
3. Welche möglichen Konflikte werden in diesen Sätzen bereits im ersten Bild angedeutet?
4. Sucht weitere Zitate aus dem 1. Bild und probiert verschiedene Sprechweisen und Körperhaltungen aus.

Arbeit mit Figurinen

Barblin

Andri

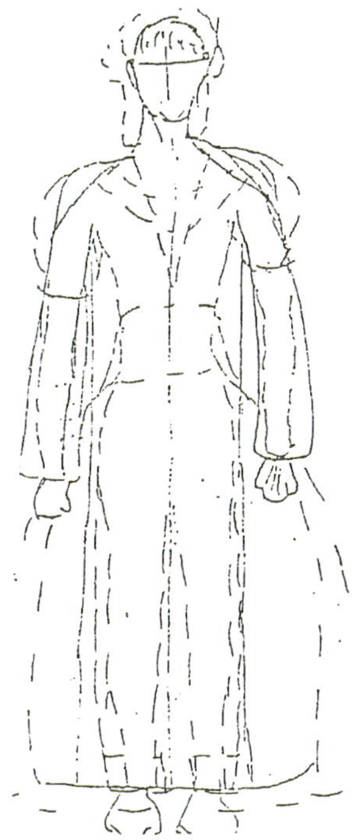

So arbeitet ihr mit Figurinen:

- Zeichnet auf großen Papierbogen (DIN A3) die Figurine (oder kopiert sie), verseht jeden Bogen mit dem Namen einer Dramenfigur und legt die Blätter im Klassenzimmer verteilt aus, dazu Eddingstifte.
- Jeweils drei Schüler gruppieren sich um eine Figurine: Notiert und zeichnet auf die Blätter alles, was euch zum Äußeren der Figuren einfällt (Aussehen, Größe, Kleidung, Auftreten usw.).
- Stellt eure Ergebnisse an der Wandtafel nacheinander vor und begründet eure Ausgestaltung.

Figurine: (ital.: figurina = kleine Figur), gezeichneter Entwurf des Kostümbildners, der später dem Gewandmeister als Vorlage dient, um das Kostüm für einen Schauspieler anzufertigen.

5. Gestalte mit einem Partner/einer Partnerin die Figurine zu Andri.
6. Fertigt zu weiteren Dramenfiguren Figurinen an.
7. Gestaltet mit euren Figurinen eine **Figurengalerie**.

Figurengalerie
→ S. 328

Barblin und der Soldat

Max Frisch: *Andorra*. Aufführung des Württembergischen Staatstheaters Stuttgart, 1997

Standbild → S.329

1. Welche Aussage macht dieses Szenenfoto über die Beziehung zwischen Barblin und dem Soldaten?
2. Probiert verschiedene **Standbilder** zu der Begegnung zwischen dem Soldaten und Barblin aus und führt sie euch gegenseitig vor.
3. Diskutiert darüber, inwiefern die besondere Beziehung zwischen Barblin und dem Soldaten in euren Standbildern zum Ausdruck kommt.

Barblin und Andri *Zweites Bild, Ausschnitt*

Andri und Barblin auf der Schwelle vor der Kammer der Barblin

Barblin Andri, schläfst du?
Andri Nein.
Barblin Warum gibst du mir keinen Kuß?
Andri Ich bin wach, Barblin, ich denke.
Barblin Die ganze Nacht.
Andri Ob's wahr ist, was die andern sagen.
Barblin hat auf seinen Knien gelegen,
jetzt richtet sie sich auf, sitzt und löst ihre Haare.
Andri Findest du, sie haben recht?
Barblin Fang jetzt nicht wieder an!
Andri Vielleicht haben sie recht.
Barblin beschäftigt sich mit ihrem Haar.
Andri Vielleicht haben sie recht …
Barblin Du hast mich ganz zerzaust.
Andri Meinesgleichen, sagen sie, hat kein Gefühl.
Barblin Wer sagt das?
Andri Manche.
Barblin Jetzt schau dir meine Bluse an!
Andri Alle.
Barblin Soll ich sie ausziehen? *Barblin zieht ihre Bluse aus.*
Andri Meinesgleichen, sagen sie, ist geil, aber ohne Gemüt, weißt du –
Barblin Andri, du denkst zuviel! *Barblin legt sich wieder auf seine Knie.*
Andri Ich lieb dein Haar, dein rotes Haar, dein leichtes warmes bitteres Haar, Barblin, ich werde sterben, wenn ich es verliere.
Andri küsst ihr Haar.
Und warum schläfst du denn nicht?
Barblin horcht.
Was war das?
Barblin Die Katze.
Andri horcht.
Ich hab sie ja gesehen.
Andri War das die Katze?
Barblin Sie schlafen doch alle … – *Barblin legt sich wieder auf seine Knie.*

Figurenkonstellation
Im Dramentext werden die Figuren und ihr Verhältnis zueinander direkt durch die *Figurensprache* charakterisiert. Ergänzende Angaben (Mimik, Gestik, Körperhaltung) gibt es in Form von *Regieanweisungen.*

4. Bildet Gruppen und probiert verschiedene Standbilder zu dieser Szene mit Barblin und Andri aus. Begründet nach der Präsentation eure Anordnung der Figuren im Standbild.

5. Sucht weitere Szenen zu Barblin und entwerft dazu Standbilder. Vergleicht eure Gestaltungsversuche und sprecht darüber, welche neuen Einsichten in die Beziehung ihr gewonnen habt.

Ein Bühnenbildentwurf

Der Dramentext enthält mehrere Angaben des Autors zu den Schauplätzen in Form von Regieanweisungen:

Hintergrund | andorranisches Haus | schmale hohe Mauer

Platz von Andorra | Orchestrion | Vordergrund

1. Sucht im Dramentext die genauen Regieanweisungen zu den verschiedenen Orten.
2. Entwerft in Gruppen das Bühnenbild zum 1. Bild in einer Beschreibung und/oder in einer bildlichen Darstellung. Vergleicht eure Entwürfe und begründet eure Vorgehensweise.
3. Inwiefern spielt die räumliche Umgebung im Drama auch eine „Rolle"?

Ein Bühnenbild

Max Frisch: *Andorra.* Aufführung im Alten Schauspielhaus Stuttgart, 1995

4. Diskutiert über dieses Bühnenbild: Wie wirkt es auf euch?
5. Welcher Konflikt wird in diesem Bühnenbild bereits angedeutet?
6. Entwerft auch Bühnenbilder zu den anderen Schauplätzen: die Pinte, die Tischlerwerkstatt, das Haus des Lehrers, die Sakristei.

Zuordnung von Rollensätzen

„So'n Jud denkt alleweil nur ans Geld!" *(1. Bild)*
„Der macht sich nicht beliebt bei mir." *(1. Bild)*
„Tischler werden ist nicht einfach,
wenn's einer nicht im Blut hat." *(3. Bild)*
„Das Schlimme am Jud ist sein Ehrgeiz." *(4. Bild)*
„... wo er alleweil sein Geld verklimpert hat." *(5. Bild)*
„Du bist nun einmal anders als wir." *(7. Bild)*

Pater

Soldat

Doktor

Jemand

Tischler

Wirt

1. Wer sagt diese Sätze? Ordne sie den Figuren zu.

Spiel mit Rollensätzen

Barblin

Du hast versprochen, Vater, nichts zu trinken
am Sanktgeorgstag –

Ich bin verlobt, und überhaupt –
dich mag ich nicht.

Und ich will, daß du stolz bist, Andri,
fröhlich und stolz ...

Und jetzt will ich einen Kuss.

Warum soll ich nicht weißeln, Hochwürden,
das Haus meiner Väter?

Wo hast du meinen Bruder hingebracht?

Soldat

Ich hab nur meinen Dienst getan.
Order ist Order.

Ich hab ihn nicht leiden können von Anfang an.

Ein Andorraner ist nicht feig.

Sag das noch einmal, aber laut, daß
der ganze Platz es hört.

Der macht sich nicht beliebt bei mir.

Aber ich kämpfe. Das steht fest. Bis zum letzten
Mann, das steht fest, lieber tot als Untertan ...

Wer frei ist, hab ich gesagt, nimmt seine Schuhe
und verschwindet.

2. Arbeitet in Gruppen: eine Figur pro Gruppe. Sucht typische Sätze der Figur aus dem Dramentext und schreibt sie auf eine Karte.
3. Überlegt, wie sich jemand fühlt, der diese Sätze spricht, und was derjenige empfindet, der sie hört.
4. Improvisiert Begegnungen in der Rolle und sprecht die Sätze. Achtet auf Körperhaltung und Sprechweise.
5. Was sagen die Sätze über den Sprecher und sein Verhältnis zu Andri aus?

Handlungsvarianten

Wenn euch die Figuren einigermaßen vertraut sind, könnt ihr neue Spielszenen erfinden und improvisieren. Hier sind einige Vorschläge:

1 Es begegnen sich zwei oder drei Figuren, die sich in der Dramenhandlung nicht begegnen (z.B.: Mutter – Wirt, Barblin – Tischler, Seniora – Mutter, Lehrer – Pater.)

2 Nachdem die Andorraner einzeln vor eine Zeugenschranke getreten sind und ihre Unschuld am Geschehen beteuert haben, treffen sie sich am Stammtisch in der Pinte. Eine Kneipenszene!

3 Wie geht das Leben von Barblin weiter, nachdem die Judenschau vorbei ist?

4 Ein Streitgespräch im Haus des Lehrers, nachdem Andri mitgeteilt hat, dass er Barblin heiraten möchte.

5 ?

1. Bildet Gruppen und improvisiert diese oder eigene Zusatzszenen.

Spielvorlagen

Erfindet weitere Figuren und lasst sie in bestimmten Situationen mitspielen.

Sechstes Bild: *Vor der Kammer der Barblin (...)*

Andri kauert am Boden. Der zehnjährige Sohn der Nachbarsfamilie tritt auf, setzt sich zunächst still neben ihn.
Nachbarjunge Was machst du hier?
Andri Ich bewache Barblins Kammer.
Nachbarjunge Warum muss sie bewacht werden?
Andri (lächelt) Ich will es so. Dann fühle ich mich wohler.
Nachbarjunge Darfst du nicht zu ihr rein?
Andri (mit starrem Blick, abwesend) Der Vater mag's nicht ...

2. Schreibe die Spielvorlage weiter. Denke an passende Regieanweisungen!
3. Fertigt weitere Spielvorlagen für Spielszenen an und führt sie auf.
4. Tauscht danach eure Erfahrungen im Spiel aus.
5. Inwiefern konnten eure Zusatzszenen Deutungsfragen klären?

Nachschlagen → S. 321

INFO

- **Szenisches Interpretieren** ist eine Erschließungsform eines Dramentextes. Dabei werden Figuren, Situationen und Orte mit Mitteln des Theaters dargestellt und gleichzeitig interpretiert. Hilfreich sind Methoden wie Figurine, Standbild, Spiel mit Rollensätzen, Zusatzszenen, Spielvorlagen.

Analytisches Interpretieren

Nachschlagen → S. 321 f.

Der Doktor – eine Figur aus Andorra

Für die Aufführung des Stückes „Andorra“ von Max Frisch hat der Dramaturg für das Programmheft ein Porträt des Doktors entworfen:

Merkmale der literarischen Charakteristik:
- Erscheinungsbild (z. B. Gestalt, Gesicht)
- Wesensmerkmale / Verhaltens- und Denkweise (z. B. Charakter oder Typ, Auffassungen)
- Sprechweise (z. B. Wortwahl, Sprechhandlungen)

Der Doktor trägt seine Bilder von den Juden wie im Arztkoffer mit sich herum und gibt davon bei jeder passenden Gelegenheit Kostproben ab: Er braucht nur den Mund aufzumachen und verfängt sich schon in seinen platten Redensarten. Er ist über alle Maßen geltungsbedürftig, der schlichte „Amtsarzt“, der so gerne mehr geworden wäre. Das kommt in seiner geschwätzigen Art zum Ausdruck, wenn er z. B. immer wieder betont, dass er „weit in der Welt herumgekommen ist ... und auf alle Lehrstühle der Welt“ verzichtet hat. Der Schauspieler sollte diese aufgeblähte Person auch so sprechen, z. B. die „Ws“ in „weit in der Welt“ besonders betonen. Zur Bekräftigung seiner weltmännischen Art raucht der Doktor pausenlos Zigarillos, hüllt alle Menschen mit seinem Qualm ein. Er trägt einen weißen Hut, den er ständig abnimmt und wieder aufsetzt. Dabei schwitzt er unaufhörlich. Er geht nie ohne seinen Arztkoffer aus, selbst in der Kneipe hat er ihn dabei und kramt ständig nach Pillen, Lupe und Halsspachtel. Er hält sich für einen bescheidenen, schlichten Menschen und lehnt Titel selbstverständlich ab: „Bei mir gilt ein jeder, was er ist.“ Diese Äußerung wirkt besonders grotesk, wenn man an sein Verhalten Andri gegenüber denkt. Die Lächerlichkeit, aber auch die Gefährlichkeit dieser Figur muss durch ihre Haltung und ihre Sprechweise zum Ausdruck kommen. – Er ist nämlich einerseits ein schlichter, unbedarfter und kritikloser Schwätzer, andererseits aber höchst gefährlich, weil er für eigenes Versagen nur allzu gerne einen Sündenbock sucht.

Andri und der Doktor. Szenenfoto einer Aufführung im Alten Schauspielhaus Stuttgart, 1995

1. Wie wird der Doktor hier charakterisiert? Orientiere dich an den Kategorien in der Randspalte.

Der Tischler – eine Figur aus Andorra

Christian hat folgende Charakteristik zur Figur des Tischlers geschrieben:

Die Seitenangaben im Text beziehen sich auf die Ausgabe: Max Frisch, Andorra. Frankfurt/M.: Suhrkamp 1975.

Als „behäbiger Mann“ *(S. 8)* wird der Tischler in einer Regieanweisung des ersten Bildes bezeichnet. „Hundert Kilo ... hab ich am Leib“ *(3. Bild, S. 32)*, deshalb braucht er wohl einen Stock, den er recht herrisch von Andri fordert. Des öfteren spricht er im Befehlston zu anderen, schüchtert sie regelrecht ein. Was er sich in den Kopf gesetzt hat, das will er auch bekommen. Deutlich wird das z. B. in dem Gespräch mit Andris Vater über eine Tischlerlehre des Sohnes: „Ich habe gesagt: 50 Pfund (...) Ich heiße Prader ... ich feilsche nicht“ *(S. 14)*. Frisch betont die Profitgier des Tischlers durch eine wiederholte Regieanweisung: „Der Tischler klopft mit einer Münze auf den Tisch“ *(S. 13/14)*. Seine Verhandlungshärte zeigt er aber vor allem deshalb, weil er verhindern will, dass Andri, der Jude, zu ihm in die Werkstatt kommt. Denn er wittert „Unannehmlichkeiten“ *(S. 29)* fürs Geschäft. Für ihn ist nur ein echter Andorraner ein guter Tischler. Das führt so weit, dass er Andris Begabung bei der Erstellung eines Stuhls einfach ignoriert („Ich hab's ja gewusst, du gehörst nicht in eine Werkstatt“, *3. Bild, S. 34*) und stattdessen den weniger begabten Gesellen für eine Leistung lobt, die eigentlich Andri erbracht hat. Er ist als cleverer Geschäftsmann an einem guten Verkauf seiner Möbel interessiert und steckt Andri daher in den Verkauf, denn „Schnorrerei“ ists, „was deinesgleichen im Blut hat (...) du kannst Geld verdienen“ *(3. Bild, S. 35)*. So begründet er Andris Rausschmiss aus der Tischlerwerkstatt. (...)

Andri und der Tischler.
Aufführung in Erfurt, 2002

2. Welche Aussagen beziehen sich auf das Erscheinungsbild, auf die Wesensmerkmale/Eigenschaften und auf die Sprechweise des Tischlers?
3. Schreibe Christians Charakteristik weiter.
4. Suche dir eine weitere Figur aus und schreibe eine literarische Charakteristik.

Andris Gespräch mit dem Pater *Siebtes Bild, Auszug*

Sakristei, der Pater und Andri.

Andri Ich will mich nicht beliebt machen. Ich werde mich wehren. Ich bin nicht feig – und nicht gescheiter als die andern, Hochwürden, ich will nicht, daß Hochwürden das sagen.

Pater Hörst du mich jetzt an?

Andri Nein. *Andri entzieht sich.* Ich mag nicht immer eure Hände auf meinen Schultern ... *Pause*

Pater Du machst es einem wirklich nicht leicht. *Pause*
Kurz und gut, deine Pflegemutter war hier. Mehr als vier Stunden. Die gute Frau ist ganz unglücklich. Du kommst nicht mehr zu Tisch, sagt sie, und bist verstockt. Sie sagt, du glaubst nicht, daß man dein Bestes will.

Andri Alle wollen mein Bestes!

Pater Warum lachst du?

Andri Wenn er mein Bestes will, warum, Hochwürden, warum will er mir alles geben, aber nicht seine eigene Tochter?

Pater Es ist sein väterliches Recht –

Andri Warum aber? Warum? Weil ich Jud bin.

Pater Schrei nicht! *Andri schweigt.*
Kannst du nichts andres mehr denken in deinem Kopf?
Ich habe dir gesagt, Andri, als Christ, daß ich dich liebe –
aber eine Unart, das muß ich leider schon sagen, habt ihr alle:
Was immer euch widerfährt in diesem Leben,
alles und jedes bezieht ihr nur darauf, daß ihr Jud seid.
Ihr macht es einem wirklich nicht leicht mit eurer Überempfindlichkeit.
Andri schweigt und wendet sich ab.
Du weinst ja. *Andri schluchzt, Zusammenbruch.*
Was ist geschehen? Antworte mir. Was ist denn los? Ich frage dich, was geschehen ist. Andri! So rede doch. Andri? Du schlotterst ja. Was ist mit Barblin? Du hast ja den Verstand verloren. Wie soll ich helfen, wenn du nicht redest? So nimm dich doch zusammen. Andri! Hörst du? Andri! Du bist doch ein Mann. Du! Also ich weiß nicht.

Andri – meine Barblin. *Andri läßt die Hände von seinem Gesicht fallen und starrt vor sich hin.* Sie kann mich nicht lieben, niemand kann's, ich selbst kann mich nicht lieben ...

Andri und der Pater. Aufführung in Erfurt, 2002

Fragen, die bei der Analyse eines Dialogs helfen:

Inhalt
- Worum geht es in dem Dialog?
- Wer sagt was?
- Wie sagt er es?
- Welche Absicht verbindet er mit dem Gesagten?
- Sind die Sprecher ehrlich zueinander?

Deutung
- Was sagt der Dialog über den Charakter der Figuren aus?
- Was sagt er über die Beziehung der Figuren aus?
- Welche Weichen werden durch den Dialog für den weiteren Verlauf der Handlung gestellt?

1. Untersuche in diesem Dialog zunächst die sprachlichen Anteile der Figurenrede (Wortwahl, Satzbau, Sprechhandlungen).
2. Welche Einstellungen bzw. Absichten spiegeln sich jeweils in der Redeweise der Figuren wider?
3. Schreibe auf der Grundlage deiner Vorarbeiten eine Dialoganalyse.

Siebtes Bild: Gesprächsanalyse *Schülertext*

Die Begegnung zwischen dem Pater und Andri wird beherrscht von dem Ort Sakristei, denn Andri ist einbestellt worden bei einer kirchlichen Autoritätsperson. Anlass für das Gespräch ist die Bitte der Pflegemutter, der Pater möge mit Andri reden. Eine von Eltern immer wieder mal praktizierte Form, nämlich eine Respektperson zu beauftragen, alles wieder zu klären. Deshalb ist es nur allzu verständlich, dass Andri sich dem Pater „entziehen“ möchte (vgl. Regieanweisung), als dieser versucht, fehlende Nähe im Gespräch durch körperlicher Nähe zu kompensieren („Ich mag nicht immer eure Hände auf meinen Schultern“, *Z. 6)*. Auf die Frage des Paters, ob er ihn jetzt anhören möchte, antwortet Andri mit einem knappen „Nein“ *(Z. 5)*, das beinahe trotzig klingt. Auffallend ist die Häufung des Satzbeginns mit „Ich“ („Ich werde mich wehren“, *Z. 1)*. Andri wirkt sehr entschlossen, wenn er das sagt. Und seine Haltung scheint Wirkung zu zeigen beim Pater, der sich wohl eher ein Gegenüber gewünscht hätte, das er mit Bibelsprüchen wie „Gott will, daß wir sind, wie er uns geschaffen hat“ *(7. Bild, S. 64)* aufbauen kann. Hier tritt ihm aber nun ein Andri entgegen, der widerspenstig und fordernd ist. Mit dem Hinweis auf die Mutter, die „ganz unglücklich“ *(Z. 9)* ist, glaubt der Pater ihn zur Vernunft zu bringen. Andri geht darauf nicht ein, verspottet vielmehr den Anspruch, nur „sein Bestes“ zu wollen. Auf die Frage des Paters antwortet er mit einer Gegenfrage und führt nun seinerseits das Elternhaus an, aber als Beispiel für ein Verhalten, das sich für ihn nicht in Einklang bringen lässt mit einem liebenden Vater: „... warum will er mir alles geben, aber nicht seine eigene Tochter?“ *(Z. 14)*. Auf den knappen Aussagesatz des Paters „Es ist sein väterliches Recht“ *(Z. 15)* folgt Andris wiederholte rhetorische Frage „Warum?“, die er schließlich selbst beantwortet: „Weil ich Jud bin“ *(Z. 16)*. Da der Pater mit dem Imperativ „Schrei nicht!“ reagiert, muss davon ausgegangen werden, dass Andri zu diesem Zeitpunkt des Gesprächs sehr erregt ist, dann aber „schweigt“. Was folgt, ist ein Schwall von Vorwürfen des Paters, die seine Beteuerung, Andri doch zu lieben, fragwürdig erscheinen lassen. Seine Sprechweise entlarvt ihn hier als scheinheiligen Schwätzer: Er behauptet, Andri, den Juden, zu lieben, gleichzeitig hält ihn dessen „Überempfindlichkeit“ *(Z. 23)* aber davon ab. Wie sehr Andri – erneut mit dem gängigen Vorurteil konfrontiert – in einer Zwickmühle steckt, macht seine Reaktion deutlich, denn er „schweigt und wendet sich ab“ und „... schluchzt, Zusammenbruch“ *(Z. 24/25)*; so heißt es in den Regieanweisungen. Die Reaktion des Paters ist ein Wechsel von Kurzfragen („Was ist denn los?“) und Aufforderungen („Antworte mir“, „So nimm dich zusammen“), die nichts anderes sind als Ausdruck seiner großen Hilflosigkeit. Diese gipfelt schließlich in dem Eingeständnis „Also ich weiß nicht“ *(Z. 30)*. Nein, dieser Pater kann Andri wohl kaum helfen. Er hat nicht verstanden, was Barblin für Andri bedeutet. Dessen Selbstbekenntnis „Sie kann mich nicht lieben, niemand kann's, ich selbst kann mich nicht lieben“ *(Z. 33/34)* ist Ausdruck von großer Verzweiflung und bedeutet letztendlich die totale Selbstaufgabe.

4. Wie geht der Schüler bei seiner Analyse vor?

5. Warum gelingt es ihm, die Einstellungen der Figuren, ihre Beziehung zueinander und ihren Konflikt deutlich zu machen?

Die Einschätzung von Personen
Frank Dulisch

Der Mensch trifft in der Regel innerhalb weniger Sekunden eine Einschätzung über Sympathie oder Antipathie des Gegenübers. Dieser Eindruck wirkt sich auf die Interaktion[1] aus. Personen, die uns sympathischer sind, treten wir freundlicher entgegen, wobei in der Regel diese Freundlichkeit dann auch erwidert wird. So kann der erste Eindruck schnell zu einer „sich selbst erfüllenden Prophezeiung" werden. Personen mit „ähnlichen Merkmalen" (z. B. gleicher Dialekt) erhalten einen Sympathiebonus. […] Bei Personeneinschätzungen bewegen wir uns auf einem noch viel unsichereren Feld. Hier wird das Bedürfnis, sich auf das Urteil anderer zu verlassen und sich an ihm zu orientieren, noch ausgeprägter sein! Indem wir die Urteile anderer übernehmen, fühlen wir uns zudem in die jeweilige Gruppe integriert. […] Wenn die Gruppe sich über den „Sündenbock" einig ist, wird der Zusammenhalt der Gruppe gestärkt. Unsere sozialen Bedürfnisse nach Zugehörigkeit und Anerkennung steigern die Konformität[2] des Denkens und des sozialen Urteils. Das menschliche Verhalten wird stets sowohl von situativen Umweltfaktoren als auch von personeninternen Faktoren beeinflusst – so eine der Grundannahmen der Psychologie. […] Wenn wir Verhalten auf Ursachen zurückführen, dann sind bestimmte Tendenzen erkennbar, welche Ursachen wir hinter dem eigenen oder fremden Verhalten bevorzugt vermuten. Man spricht auch von Fehler- oder Verzerrungstendenzen in der Ursachenzuschreibung. […]

1 **Interaktion:** aufeinander bezogenes Handeln
2 **Konformität:** Übereinstimmung

Das Vorurteil *Morris Ginsberg*

Als eine Quelle für das Vorurteil ist das Gruppeninteresse von besonderer Wichtigkeit. Denn Gruppen haben gemeinsame Interessen, die den Interessen anderer Gruppen möglicherweise entgegengesetzt sind oder die ihnen anscheinend entgegengesetzt sind. Diese Interessen wirken auf die Überzeugungen und Meinungen der Mitglieder einer Gruppe und färben deren allgemeine Lebensanschauung. Irrationale[1] Faktoren sind dabei ins Spiel gekommen. Wenn Gruppeninteressen aufeinanderprallen, so besteht eine starke Tendenz in jeder Gruppe, Überzeugungen zu wecken und zu bilden, in denen der anderen Gruppe Eigenschaften zugeschrieben werden, die den Konflikt rechtfertigen. Am deutlichsten ist das im Krieg, es kann aber auch leicht überall dort festgestellt werden, wo Gruppen beliebiger Größe miteinander in Berührung geraten. So entstehende Vorurteile können unbedeutend, fließend und übertragbar sein. Wenn sie aber durch die soziale Herkunft und die Tradition gutgeheißen und etwa bestärkt werden, können sie tiefe Wurzeln schlagen und zu diskriminierender Behandlung oder gar Ausgrenzung führen, was wiederum das Vorurteil bekräftigt. Rassische und ethnische[2] Vorurteile bieten zahlreiche Beispiele dafür.

1 **irrational:** verstandesmäßig nicht fassbar
2 **ethnisch:** eine Volksgruppe betreffend

1. Prüfe, inwiefern diese Sachtexte zum Verständnis der Problematik in „Andorra" beitragen können.

Andri: Vom Selbstbild zum Fremdbild

Entwicklungsstufen	Andris Umwelt: Vorurteile	Andris Reaktion
1. Stufe: Anpassung	„... und du bist Jud." *(S. 20)* „So'n Jud denkt alleweil nur ans Geld. *(S. 21)* „Reib nicht immer die Hände, sonst lacht die ganze Tribüne." *(S. 30)*	**Selbstzweifel** „Findest du, sie haben Recht?" *(S. 25)* „Vielleicht haben sie Recht." *(S. 25)* „Ich weiß nicht, wieso ich anders bin als alle." *(S. 27)* **Versuch, dazuzugehören** „Das ist toll, Fedri, dass du mein Freund bist." *(S. 31)*
2. Stufe: Widerstand	... ? ... ? ... ?	**Aufbegehren / Trotz** „... Wieso – soll der Jud – versinken im Boden?" *(S. 40)* **Sich wehren** „Ich bin nicht anders. Ich will nicht anders sein. Und wenn er dreimal so kräftig ist wie ich, dieser Peider, ich hau ihn zusammen vor allen Leuten auf dem Platz ..." *(S. 61)*
3. Stufe: ... ?	... ? ... ?	... ? „... Sie sind Christ von Beruf, aber ich bin Jud von Geburt, und drum werd ich jetzt auswandern." *(S. 84)*

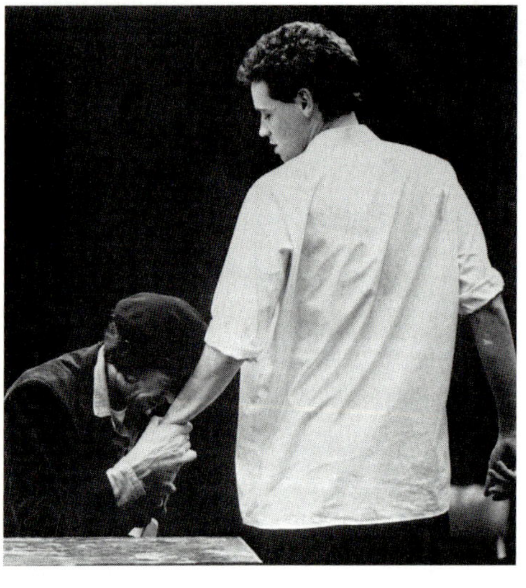

Andri. Aufführung im Schauspielhaus Mannheim, 1988

1. Übertrage die Skizze in dein Heft und vervollständige sie. Suche dazu nach geeigneten Zitaten im Dramentext und ergänze fehlende Begriffe.
2. Was verdeutlicht diese Skizze im Hinblick auf den Zusammenhang von Vorurteilen der Andorraner und Andris Selbstbild?

Die Zeugen im Vordergrund

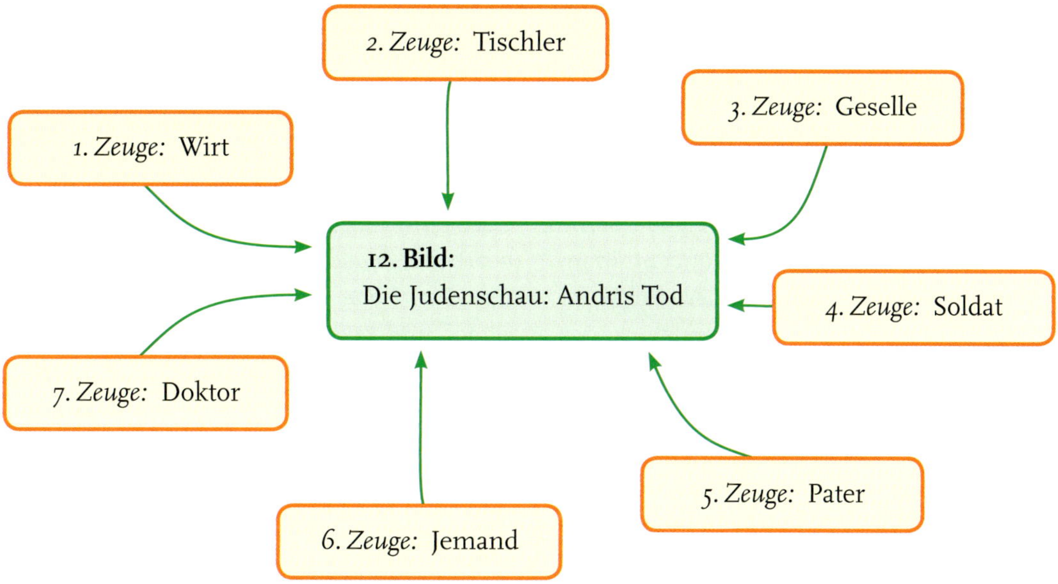

Zeugenaussagen

a „Einmal muß man auch vergessen können."

b „Ich bin nicht schuld, daß es dazu gekommen ist."

c „Auch ich habe mir ein Bildnis gemacht von ihm, auch ich habe ihn gefesselt, auch ich habe ihn an den Pfahl gebracht."

d „Ich habe nur meinen Dienst getan. Order ist Order."

e „Es lag auch an ihm, sonst wär's nie so gekommen."

f „Als er mein Küchenjunge war, hab ich ihn schlecht behandelt? Ich bin nicht schuld, daß es so gekommen ist."

g „Niemand hat wissen können, daß er keiner ist. Ich kann nur sagen, daß ich es im Grund wohlmeinte mit ihm. Ich bin nicht schuld, daß es so gekommen ist später."

3. Ordne die Zeugenaussagen den Figuren an der Schranke zu: Welche Haltung nehmen sie jeweils zur Vergangenheit ein?
4. Gestaltet ein großes **Wandplakat**. Übertragt die kreisförmige Anordnung der Zeugen und ergänzt die fehlenden 11 Bilder: In welcher Beziehung stehen sie zu den Zeugen im Vordergrund?
5. Welche Wirkung hat diese Dramenform auf den Zuschauer? Diskutiert.

Wandplakat → S. 329

Eine Theaterkritik

Tödlicher Bombast

Crescentia Dünßer und Otto Kukla inszenieren in Stuttgart „Andorra"

[…] Frischs Kunst besteht gerade darin, sein Stück in der Schwebe zu halten zwischen konkreter Geschichte und abstraktem Gleichnis, zwischen Anschauung und Reflexion. Seine Methode dabei ist Reduktion, Konzentration, Ökonomie der Theatermittel. „Andorra" ist also mitnichten das saftige Jugendstück, das Dünßer und Kukla entdeckt haben wollen. Im kleinen Haus bemerkt man schnell das Missverständnis. Der Saft kommt nicht aus den Figuren, er kommt aus der Dose: eine Showeinlage mit den Rechtfertigungen der Andorraner am Anfang, eine am Ende; eine protzige Synthesizer-Hymne als Zwischenmusik und Synthesizer-Kuschelrock, wenn die Passionsgeschichte gefühlig wird; immer aber lautstark hämmernder Techno für Andri, wenn er, der Schauspieler Arnd Klawitter, allein und selbstverliebt vor der alten Wurlitzer-Musikbox tanzt und die Regie dazu die Light-Show flackern lässt. Die hintere Hälfte von „Andorra" ist andeutungsweise eine Disco für Szene-Kids, die andere Hälfte eine Kneipe für Kleinbürger, worin sechs einarmige Banditen um die Wette blinken. Und Otto Kuklas Bühne ist eine Bühne der elektrischen Effekte, unansehnlich und schrecklich aufgemotzt, die sich volle Kraft voraus ans Publikum ranschmeißt.

Kein bisschen anders verhält es sich mit der Inszenierung überhaupt. Sie biedert sich an von A bis Z, indem sie den Stoff aus der Schule im Geist der Schüler und für Schüler bearbeitet. Statt also den Versuch zu unternehmen, neue Horizonte aufzureißen, bestätigt und bedient sie nur alte, obendrein fragwürdige Sichtweisen.

Was auf der Bühne dabei herauskommt, lässt sich in jener Szene beobachten, wo Andri von dem Soldaten und dem Gesellen auf offener Straße zusammengeschlagen wird. Eine Prügelszene, ganz nach dem Geschmack der Kids mit Popcorn im Kinostuhl, voll gut, ey, alles in Zeitlupe, super gemacht: Andri kriegt erst was in die Fresse, dann in die Eier, und nochmals und nochmals und nochmals, immer wieder slow motion bis zum Schluss, wenn die zwei Burschen Andris Rübe gegen die Musikbox donnern. Echt geil diese Gewalt, auch wenn's natürlich nicht okay ist, dass sie sich gegen Andri richtet. Der Jeans-Typ ist nämlich voll in Ordnung, die Prügel treffen den Falschen. Denn daran lässt die Klassiker-Show keinen Zweifel: Sie will politisch absolut korrekt sein und den Zuschauer auf eine penetrante Art und Weise betroffen machen.

Roland Müller

1. Wie beurteilt der Kritiker einzelne Elemente dieser Theaterinszenierung? Warum schätzt er sie so ein?
2. Welche Elemente überzeugen dich, welche nicht? Diskutiert darüber.
3. Inwieweit sollte der Theaterregisseur Autor- und Werkabsicht bei seinem Inszenierungsvorschlag berücksichtigen? Diskutiert darüber.

Die Aktualität von Andorra

Rostock: 25. August. Auch wer noch nie in Rostock-Lichtenhagen war, weiß sofort, wann er angekommen ist: Da, wo die Bundesstraße, vierspurig ausgebaut, zur Promenade geworden ist; da, wo die Leute in kleinen Grüppchen stehen und sich unterhalten. Und da, wo aus dem großen Wohnblock an der Ortseinfahrt Flammen schlagen. Es ist wie im Bürgerkrieg, und alle sind hingegangen. Tausende müssen auf den Beinen sein, die allermeisten aus dem Quartier. Der harte Kern der Randalierer hat sich derweil vor dem Heim zusammengezogen. Jedes Mal wenn er wieder einen Molotowcocktail platziert hat und die Flammen an den Vorhängen hochklettern, steigert sich der Lärm zum Jubel. Das ist Anlass, „Ausländer raus! Ausländer raus!" zu skandieren und „Deutschland den Deutschen!" Die Umstehenden finden das richtig. Wer anderer Meinung ist, traut sich jetzt vielleicht nicht mehr vor die Tür. Die Leute auf der Straße jedenfalls sind einer Meinung und halten sich und die Gewalttäter für unschuldig. Die wahren Verantwortlichen sieht man in den Politikern. Was jetzt geschehe, habe man lange schon absehen können. Die Zustände im Wohnheim seien unerträglich gewesen, doch niemand habe etwas unternommen.

Tatsächlich war das Heim überbelegt, Neuankömmlinge mussten auf den Gängen, den Balkons und auf der Grünfläche vor dem Haus übernachten. Und gerade Letzteres hat die Leute furchtbar erregt. [...]

Was der Situation die Stimmung von Bürgerkrieg gibt, ist nicht allein der Abschied von jeglichem Mitleid und Schamgefühl. Es ist der völlige Zerfall der staatlichen Autorität innerhalb von zwei Nächten. Hass und Verachtung der Leute reichen vom Senat der Hansestadt Rostock über die Landesregierung bis zum Bund und zurück auf die Polizeibeamten. Noch die Feuerwehr wird als Garant der Ordnung gehasst und ihr Wagen mit Steinen beworfen. In dieser Stimmung schwimmen die Randalierer wie Fische im Wasser.

(Frankfurter Allgemeine Zeitung, 25. August 1992)

Andorra. Aufführung in Erfurt, 2002

1. Welcher Zusammenhang besteht zwischen dem Drama „Andorra" und der aktuellen Situation, die hier berichtet wird?
2. Kennst du aus deinem Alltag ähnliche Konflikte, die mit Vorurteilen zu tun haben?

INFO

Nachschlagen → S. 321 f.

- Analytisches Interpretieren stellt einen Ansatz der Erschließung eines Dramentextes dar. Dabei gibt es verschiedene Möglichkeiten, wie z. B. die **Charakteristik**, die **Dialoganalyse**, die Lektüre und Auswertung von **Zusatztexten** oder die Anfertigung von **Strukturskizzen**.
- Durch die Untersuchung von Texten, die die Aktualität des Dramas ansprechen, wird zusätzlich das Verstehen der Thematik des Dramas gesichert.

Texte und Medien

Mit Sachtexten umgehen

Zum Bild:
Illustration
von Alexander Barsky

Sowohl in Zeitungen und Fachzeitschriften als auch in Jahrbüchern, Lexika, Fach- und Handbüchern, aber auch in euren Schulbüchern begegnen euch Sachtexte und Grafiken. Beide Formen sich wichtige Elemente der Informationsvermittlung.

- Welche Form der Informationsvermittlung ist euch lieber? Warum?
- Welche Lesestrategien wendet ihr an, wenn ihr euch mit Hilfe eurer Schulbücher auf Klassenarbeiten vorbereitet? Tauscht euch über eure Erfahrungen aus.
- Schneidet Sachtexte und dazugehörige Grafiken aus der Zeitung aus und erstellt daraus eine Text-Bild-Collage.

Lesestrategien

Nachschlagen → S. 322

Ein Ideennetz

Wahrscheinlich schaut jeder von euch gerne Fernsehserien an. Manche wie z. B. „Gute Zeiten – schlechte Zeiten", „Lindenstraße" oder „Marienhof" haben seit Jahren ihren festen Platz im Fernsehprogramm. Was aber macht den Reiz dieser Serien aus? Dazu findet ihr hier ein „Ideennetz".

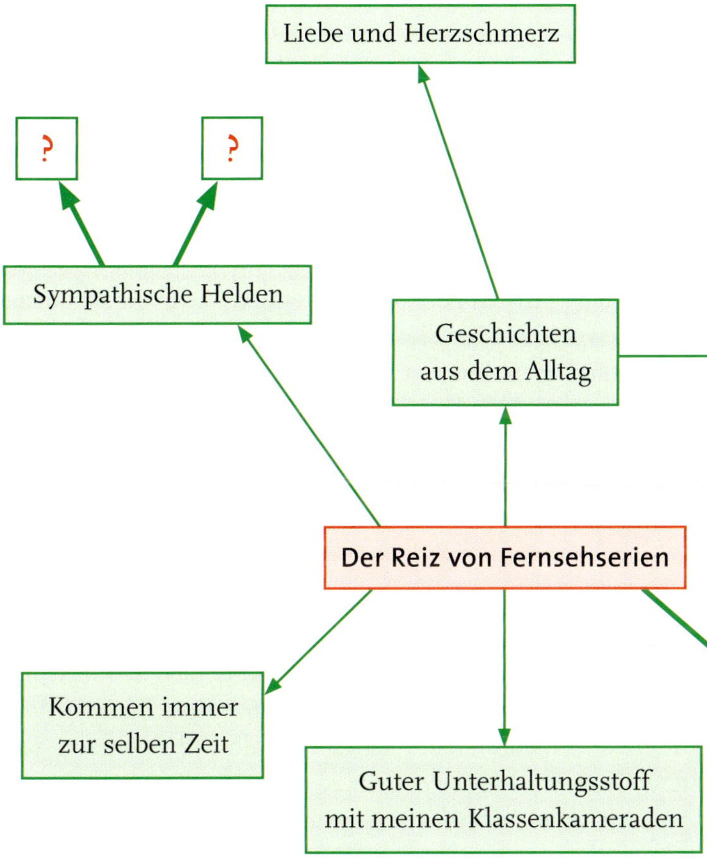

1. Übertragt das **Ideennetz** in euer Heft.
2. Ergänzt die fehlenden Begriffe zu den grünen Pfeilen.
3. Fallen euch weitere Gesichtspunkte ein, die den Reiz von Fernsehserien ausmachen? Diskutiert darüber und tragt diese Gesichtspunkte ebenfalls mit Pfeilen in euer Ideennetz ein.

Ideennetz → S. 328

Der Wirkstoff einer Serie *Sascha Badanjak*

Sascha Badanjak ist freie Journalistin und Illustratorin in Zürich. Sie hat Ethnologie, Filmwissenschaft und Philosophie studiert und arbeitet seit vielen Jahren beim Schweizer Fernsehen als Redakteurin für Serien.

[...] Damit das Publikum immer wieder eine Serie sehen will, muss es Anteil an den Personen und ihrem Schicksal nehmen können. Es muss sich mit den Figuren identifizieren können. Es muss innerlich mit ihnen leben, mitfiebern, mitleiden. Auf diese Weise hauchen [...] Serienzuschauer den Figuren ein eigenes Leben ein, das heißt, sie geben ihr Gefühlsleben in dasjenige der Figuren hinein. Das Zuschauen ist kein passiver, sondern ein interaktiver Vorgang, bei dem vor allem Emotionen im Spiel sind. Das macht das eigentliche Vergnügen beim Zuschauen aus. Wir kennen das auch vom Verfolgen einer Sportübertragung. Die eigenen Emotionen können über die zuschauende Teilnahme auf das Spiel übertragen und ausgelebt werden, ohne dass man sich selbst in einer Handlung bewähren muss.

Ein Publikum, das regelmäßig in das Leben von Serienfiguren eintaucht, verdrängt und vergisst in dieser Zeit das eigene. Es befindet sich während einer halben Stunde oder Stunde in einer anderen Welt, in einem Gefühlsrausch. Da die Seriendramaturgie auf Dauerhaftigkeit und nicht wie beim Spielfilm auf Einmaligkeit angelegt ist, kann das Serienpublikum mit der Zeit innerlich ein paralleles Leben in der Serienwelt aufbauen, welches das eigene in den Schatten stellt. Der Vergleich zum Drogenkonsum liegt [...] nahe. Es ist davon auszugehen, dass diese Gewohnheit auf die Persönlichkeit der Zuschauer eine Wirkung hat. Von Leuten, die Serien schauen, ist häufig zu hören, dass nach dem Arbeitstag das Konsumieren einer Fernsehserie entspannend wirkt. Die Serie selbst muss aber spannend sein. Daraus lässt sich folgern, dass während eines Arbeitstages Spannung aufgebaut wird, die dann auf die spannende Handlung der Serie übertragen und mit ihrer Hilfe abgebaut wird. Dabei lässt man aber außer Acht, dass Serien die Spannung nie ganz auflösen wie zum Beispiel ein Spielfilm. Eine gewisse Spannung muss erhalten bleiben, damit die nächste Folge wieder konsumiert wird.

Eine Serie wird dadurch spannend, dass immer wieder die gleichen Menschen darin vorkommen und immer wieder die gleichen Themen aufgegriffen werden, mit denen sich das Publikum identifizieren kann. Deshalb will es wissen, wie sich die Dinge weiterentwickeln. Meistens geht es um zwischenmenschliche Beziehungen. Der Mensch ist nicht nur ein Gewohnheitstier, er ist auch auf Beziehung angelegt – sonst könnte er nicht überleben. In der heutigen individualisierten Gesellschaft sind menschliche Beziehungen aber immer komplexer, undurchschaubarer und schwieriger geworden. Welch eine Erleichterung, dass wenigstens in der Fernsehserie einfache, klar definierte und lösbare Beziehungsprobleme zu sehen sind! Die Entspannungswirkung beim Konsumieren von Serien hängt sicher auch damit zusammen, dass einem die fiktionale Handlung vorgaukelt, alle Probleme seien letztlich einfach zu lösen, wenn man nur lange genug die Serie mitverfolgt. Es ist auch nicht von der Hand zu weisen, dass der Fernsehkonsum von Serien ein Lehrgang in sozialem Verhalten sein kann, bedenkt man, dass bereits Kindern der Umgang miteinander und mit Erwachsenen nebst eigener Lebenserfahrung durch das Abgucken von Serien vermittelt wird. Mit dem Alter ändert sich der Komplexitätsgrad der Themen, die Geschichten bleiben aber dieselben. Es geht stets um die Bewältigung eines Konfliktes. Eine Serienhandlung ist immer die Geschichte einer Problembewältigung. Die Moral oder „Lerneinheit" einer Serienfolge wird durch die Dramaturgie meistens spannend und unterhaltend verpackt, sodass sie erst am Ende zum Vorschein kommt. Damit sind Fernsehserien nicht selten wichtige und bevorzugte „Erziehungspersonen" für Kinder, deren Eltern wenig Zeit haben.

Die Identifikation mit den Serienfiguren läuft aber nicht nur über das Bewältigen von Schwierigkeiten, in denen sich das Publikum wiedererkennt, sondern auch über die Schauspielerinnen und Schauspieler selbst. Diese werden für die Zuschauer häufig zu bewunderten Vorbildern, nicht nur was ihr Aussehen betrifft, sondern auch in ihrem Verhalten, als „Role Models". Damit erhält die Werbewirtschaft jene Plattform, auf die sie immer scharf ist, nämlich einen bestimmten Lifestyle zu verkaufen, der durch Kleidung, Kosmetik, Wohnungseinrichtung, Sportgeräte, Haushalts-, Nahrungs-, Genuss-, Kommunikations- und Verkehrsmittel zu haben ist. Es wird heute nicht nur die ganze Besetzung einer Serie von einer bestimmten (schwedischen) Marke eingekleidet, es wird nicht nur die ganze Einrichtung von einer bestimmten (schwedischen) Möbelkette geliefert, neuerdings gibt sich die Werbung nicht länger mit Produkte-Platzierung zufrieden, sondern tritt augenscheinlich bereits im Vorspann einer Serie als deklarierter Sponsor auf. [...]

1. Worum geht es in diesem Text? Sprecht darüber.

Das erweiterte Ideennetz

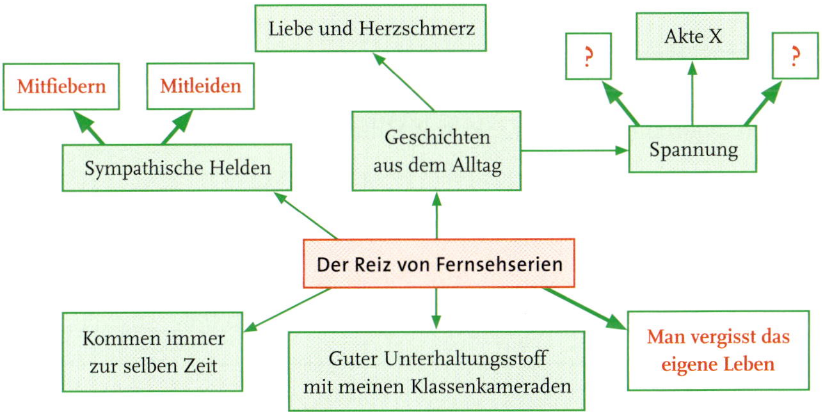

2. Das Ideennetz wurde mit Hilfe des Textes teilweise erweitert. Fülle es mit Aspekten aus dem Text weiter auf.

Ein Interview mit dem Medienforscher Matt Screen

Frage: Matt Screen, Sie haben ...

M. S.: Hi, Sie können Matt zu mir sagen.

Frage: Matt, Sie haben viel übers Fernsehen, Fernsehgewohnheit usw. geforscht. Worauf führen Sie in erster Linie den Erfolg von TV-Serien zurück?

M. S.: Die meisten Zuschauer sind heilfroh, dass es ihnen nicht ergeht wie den Helden aus der *Lindenstraße* oder dem *Marienhof*. Sie wollen sich vom Leben der Leute, die da gezeigt werden, distanzieren. Darum geht es im Wesentlichen, wenn man vor dem Fernsehen sitzt und sich solche Serien anschaut.

Frage: Matt, was sind das für Leute, die keine Serienfolge verpassen möchten?

M. S.: Der Berufsalltag der meisten dieser Zuschauer ist langweilig und frustrierend, sie brauchen einen Kick, etwas, das sie zum Nachdenken anregt, geistige Nahrung ...

Frage: Und worum geht es in den meisten dieser Serien?

M. S.: Na, was denken Sie? Um Sex und Crime natürlich, völlig an den Haaren herbeigezogene Geschichten sind das, wie sie nie in der Wirklichkeit vorkommen. Der Zuschauer weiß das und ist erleichtert, dass ihm so etwas nicht passieren kann.

Frage: Und wie wirken diese TV-Serien auf Kids?

M. S.: Es gibt keine Auswirkungen. Die Geschichten sind für Kinder nämlich ganz und gar ungeeignet!

Frage: Matt, noch ein Wort zur Rolle der Werbung in TV-Serien.

M. S.: Werbeeinblendungen unterbrechen die TV-Serien im spannendsten Moment. Damit ist die Gefahr, dass der Zuschauer in eine andere Serie wegzappt, geringer. Durch die Werbung werden diese Serien spannender.

1. Berichtige die falschen Aussagen von Matt Screen und verfasse richtige Antworten auf die Fragen des Interviewers. Benutze dazu den Sachtext *Der Wirkstoff einer Serie* (S. 230 f.).

INFO

- Bevor man einen Sachtext liest, muss man sein Vorwissen zum Thema des Sachtextes aktivieren. Dies kann z. B. mit Hilfe eines Ideennetzes geschehen.
- Nach der Lektüre eines Sachtextes ergänzt man das Ideennetz mit neuen Aspekten.
- Durch den Abgleich von Fragen an den Text und den dazugehörigen Antworten kann man feststellen, ob man den Text verstanden hat.

Nachschlagen → S. 322

Sachtexte

Nachschlagen → S. 322 f.

Computersucht – Mythos oder ernst zu nehmende Abhängigkeit?

Maria Mews und Anna Horn, zwei Schülerinnen aus einer 10. Klasse des Bernhard-Riemann-Gymnasiums in Scharnebeck, haben für den NDR einen Artikel zur Computersucht geschrieben.

Mythos: hier im Sinne von „erfundene Geschichte", „unbewiesene Behauptung"

Der beste Freund des Menschen ist ja bekanntlich der Hund. Und der zweitbeste der Personal Computer (PC). Seitdem der Computer den Markt erobert hat, ist er in keinem Haushalt mehr wegzudenken. Ob das Bankkonto checken oder für die Liebsten die letzten Weihnachtsgeschenke besorgen, nichts ist mit dem World Wide Web unmöglich. Doch all dieser Luxus hinter dem leuchtenden Monitor hat auch seine Schattenseiten, die vor allem bei der jüngeren Generation immer länger werden.

1 Immer mehr Menschen, insbesondere Jugendliche, verlieren sich in diesem virtuellen Paradies der tausend Möglichkeiten. Hierbei ist das größte Problem, dass diese noch relativ neue Suchtform noch nicht als solche anerkannt wird. Somit bekommen besonders Jugendliche (wenn überhaupt) nur die Unterstützung und Hilfe von Eltern und Freunden. Hier taucht auch gleich das nächste Problem auf, denn die meisten wirklichen Computerabhängigen isolieren sich immer mehr von ihrem Freundeskreis, sodass sie am Schluss meistens allein dastehen, sofern ihre Freunde nicht selbst schon Abhängige sind.

2 Die Stadien der Computersucht verlaufen je nach Typ individuell ab. Der eine muss zwanghaft am Computer arbeiten oder im Internet chatten. Andere wiederum verlieren sich in Computerspiele aller Art, was meistens daran liegt, dass sie wegen Stress, Ärger oder Problemen aus dem wirklichen Leben flüchten und in ihre eigene virtuelle Welt eintauchen. Auch gibt es den Fall, dass den Betroffenen ‚nur langweilig' ist und der Computer ihnen die nötige Unterhaltung bietet. Dabei könnte es doch so einfach sein. Ein Eintritt in einen Sportverein oder neue Freundschaften wären entscheidende Schritte in die helfende Richtung.

3 Die Sucht bleibt fast immer unerkannt und unbehandelt. Es beginnt meist ganz harmlos wie bei allen Suchterkrankungen auch. Ein paar Stunden im Chat, eine Mitgliedschaft in einer Gemeinschaft von Onlinespielern. Bis zu einem gewissen Grad nur eine spannende und entspannende Freizeitbeschäftigung, entwickelt das Internet für manche Jugendliche eine gefährliche Anziehungskraft. Anziehend wirken vor allem Chatrooms und Onlinespiele auf die Jugendlichen. Hier haben sie das Gefühl, Zuwendung und Anerkennung zu erhalten.

4 Ein Abhängiger verbringt täglich ungefähr acht Stunden am Computer, das Geschlecht spielt dabei keine Rolle. Es lässt sich nicht genau bestimmen, wie viele Abhängige es in Deutschland gibt. Experten schätzen etwa eine Million Menschen als süchtig ein, doch die Dunkelziffer könnte weitaus höher liegen. Ärzte warnen vor Übergewicht, das aus der mangelhaften Bewegung und dem unkontrollierten Essen vor dem Computer resultieren könnte. Außerdem ist eine dauerhafte Computernutzung schädlich für die Augen, denn diese leisten am PC Schwerstarbeit. Sie bewegen sich täglich 30 000 Mal zwischen Tastatur und Bildschirm. Spätestens, wenn sich die Augen röten, anfangen zu tränen und zu brennen, sollte man einen Arzt aufsuchen. [...]

5 Das Hauptproblem ist, dass sich die Betroffenen nicht dazu durchringen können, ihr Leben zu verändern, was bekanntlich bei jeder Sucht unheimlich schwerfällt. Doch anders als bei Alkohol- oder Drogensucht gibt es bei der Computersucht noch keine professionelle Hilfe in Form einer Therapie, sehr selten findet man Beratungsstellen. Man ist somit auf die Hilfe von anderen sowie auf den eigenen eisernen Willen angewiesen. Die Probleme von Computersüchtigen werden oft nicht ernst genommen, denn im Gegensatz zum Drogen- oder Alkoholkonsum gelten Computerkenntnisse als hilfreich und sinnvoll und werden von der Gesellschaft geschätzt. Viele Jugendliche fühlen sich durch dieses positive Feedback in ihrem Verhalten bestärkt.

Abschnittsüberschriften

Verschiedene Ausprägungen

Abhängigkeit und Folgen

Keine professionelle Therapie

Keine anerkannte Suchtform

Zuwendung im Chatroom

1. Lies den Text und diskutiere mit deinen Klassenkameraden darüber.
2. Die beiden Schülerinnen haben den fünf Abschnitten (die Einleitung ausgenommen) fünf Abschnittsüberschriften gegeben. Welche Überschrift gehört zu welchem Abschnitt?

Arbeitsschritte zur Textraffung

Im Folgenden findest du drei Vorschläge, wie man denselben Abschnitt des Sachtextes „Computersucht – Mythos oder ernst zu nehmende Abhängigkeit“ bearbeiten kann, vor allem, wie man den Text rafft.

1 Immer mehr Menschen, insbesondere Jugendliche, verlieren sich in diesem virtuellen Paradies der tausend Möglichkeiten. Hierbei ist das größte Problem, dass diese noch relativ neue Suchtform noch nicht als solche anerkannt wird. Somit bekommen besonders Jugendliche (wenn überhaupt) nur die Unterstützung und Hilfe von Eltern und Freunden. Hier taucht auch gleich das nächste Problem auf, denn die meisten wirklichen Computerabhängigen isolieren sich immer mehr von ihrem Freundeskreis, sodass sie am Schluss meistens allein dastehen, sofern ihre Freunde nicht selbst schon Abhängige sind.

Viele Jugendliche werden computersüchtig

2 Immer mehr Menschen, insbesondere Jugendliche, verlieren sich in diesem virtuellen Paradies der tausend Möglichkeiten. Hierbei ist das größte Problem, dass diese noch relativ neue Suchtform noch nicht als solche anerkannt wird. Somit bekommen besonders Jugendliche (wenn überhaupt) nur die Unterstützung und Hilfe von Eltern und Freunden. Hier taucht auch gleich das nächste Problem auf, denn die meisten wirklichen Computerabhängigen isolieren sich immer mehr von ihrem Freundeskreis, sodass sie am Schluss meistens allein dastehen, sofern ihre Freunde nicht selbst schon Abhängige sind.

3 Immer mehr Menschen, insbesondere Jugendliche, verlieren sich in diesem virtuellen Paradies der tausend Möglichkeiten. Hierbei ist das größte Problem, dass diese noch relativ neue Suchtform noch nicht als solche anerkannt wird. Somit bekommen besonders Jugendliche (wenn überhaupt) nur die Unterstützung und Hilfe von Eltern und Freunden. Hier taucht auch gleich das nächste Problem auf, denn die meisten wirklichen Computerabhängigen isolieren sich immer mehr von ihrem Freundeskreis, sodass sie am Schluss meistens allein dastehen, sofern ihre Freunde nicht selbst schon Abhängige sind.

Merksatz: Um die wichtigsten Informationen eines Textes zu erfassen, gibt es ______ Möglichkeiten: Entweder fasst man einen Abschnitt in einem eigenen ______ (Paraphrase) zusammen und schreibt diesen an den ______, oder man markiert ______ bzw. ______. **Einzufügende Begriffe:** Rand, Satz, Schlüsselbegriffe, Kernaussagen, drei

3. Vergleiche die Arbeitsschritte zur Textraffung.
4. Schreibe den Merksatz ab und füge die fehlenden Begriffe ein.
5. Notiere die Paraphrasen oder Schlüsselbegriffe oder Kernaussagen zu den übrigen Abschnitten des Artikels und schreibe auf der Grundlage dieser Gliederung eine Textwiedergabe.

Klassenfahrt in die Gefahr *Vera Sprothen*

Im Wildwasser und am Steilhang härten sich Manager ab – und Gymnasiasten auf Extrem-Schulausflügen

Auf der Bogenbrücke, hoch über dem zerklüfteten Canyon im Bregenzerwald, hört für die meisten Manager der Spaß auf. Für manchen Zehntklässler dagegen fängt er an dieser Stelle erst an: Einen 25 Meter tiefen Abgrund gilt es, an einem dünnen Drahtseil frei schwebend zu überwinden, hinunter in die felsige Klamm. Eine waghalsige Übung, bei der normalerweise Führungskräfte die Grenzen ihrer Fähigkeiten ausloten. Neuerdings unternehmen jedoch auch Schüler häufig diese Abenteuer – als organisierte Mutprobe im Rahmen einer Klassenfahrt. Mit dem traditionellen Aufenthalt im Landschulheim hat das nichts mehr zu tun.

Klamm: tief eingeschnittene Schlucht

„Echter Nervenkitzel“ sei das gewesen, finden Zehntklässler des Duisburger Krupp-Gymnasiums, die jüngst von einem als Bildungsreise deklarierten einwöchigen Extremtraining zurückgekehrt sind. Gleich hinter der österreichischen Grenze, wo Berge und Täler sprechende Namen wie „Zitterklapfen“ oder „Rappenlochschlucht“ tragen, balancierten sie in luftiger Höhe auf einem Baumstamm. Sie robbten im Innern einer tiefschwarzen Höhle durch enge, feuchte Tunnelgänge und kletterten von 60 Meter hohen Felsvorsprüngen herunter. „Einige meiner Schüler haben mir Todesangst gestanden“, erzählt der Klassenlehrer.

Indiana Jones: Filmheld, der haarsträubende Abenteuer erlebt

Mit ihrem Schulausflug in Indiana-Jones-Manier liegen die Gymnasiasten im Trend: In den vergangenen fünf Jahren sei die Nachfrage auch der Schulen nach derartigen Exkursionen „sehr stark angestiegen“, berichtet Holger Kolb, Vorstandsmitglied im Bundesverband Erlebnispädagogik in Lindau. Etwa fünf Prozent aller Klassenfahrten, so schätzt er, fänden bereits als inszeniertes Abenteuer statt. Eine Entwicklung, die sich nach Ansicht des Sozialpädagogen festigen wird: „Wir leben in einer Erlebnis- und Risikogesellschaft, in der Outdoor-Aktivitäten auch in der Werbung immer wieder betont werden“, sagt Kolb. Die jugendliche Faszination in Bezug auf Kletterpartien und Wildwassertouren sei entsprechend groß.

Outdoor-Aktivitäten: Aktivitäten im Freien

Längst haben Veranstalter so genannter „Firmen-Incentives“ ihr Angebot erweitert und werben mit Sonderrabatten. Zwischen 18 und 30 Euro pro Person kosten die Tagestouren, die von speziell ausgebildeten Führern vorbereitet und unter strengen Sicherheitsvorkehrungen begleitet werden. „Kinder wandern heute nur noch, wenn irgendein Highlight dabei ist“, sagt Jürgen Koch, Inhaber des „Aktivzentrums“ im bayrischen Oberstaufen, in dem etwa ein Drittel der Gäste Schulklassen sind. Im sächsischen Mittweida bietet Michael Unger, Ge-

Firmen-Incentives: von Firmen für ihre Mitarbeiter organisierte und als Ansporn gedachte Unternehmungen, z. B. Radtouren, um den Teamgeist zu stärken schäftsführer des „Outdoor Teams“, ein Überlebenstraining in der Wildnis des Elbsandsteingebirges an. Schüler lernen hier, mit Feuersteinen umzugehen oder Notlager zu errichten. Hin und wieder wird auch mal eine Suppe mit Regenwürmern gekocht. „Das ist der absolute Bringer“, berichtet Unger.

Ein „uriges Erlebnis“ verspricht Gerhard Feuerstein, Inhaber des „Aktiv-Zentrums Bregenzerwald“: zum Beispiel in einer Höhle, die am Ende gerade genug Platz für einen Schüler bietet, um flach auf dem Bauch hindurchzukriechen.

Panik-Kandidaten erkenne er schon im Vorfeld, sagt Feuerstein, der seit 25 Jahren als sportlicher Fremdenführer in der Alpenregion tätig ist. „Es ist wichtig, dass Leute, die Angst haben, nicht zurückbleiben“, sagt er. Zum Mitmachen gezwungen werde allerdings niemand.

Von pädagogischer Seite erfährt Feuersteins Konzept Zustimmung: „Es geht darum, über seinen Schatten zu springen“, erklärt der Gymnasiallehrer Fred Willemsen aus eigener Erfahrung. Im Nachhinein stellt er ein „erheblich gesteigertes Selbstwertgefühl“ fest, das seine Schüler im Unterricht zeigten.

Auch Sozialpädagoge Holger Kolb glaubt an den Erfolg der Grenzerfahrung im Freien – Momente, die Schüler in einer immer stärker mediatisierten Welt kaum noch erleben würden. „Das Sozialverhalten lässt sich in der Natur am besten erlernen“, sagt er. Und auch die zuständigen Landesministerien reagieren: In Nordrhein-Westfalen haben die Kultus- und Sportminister bereits eine Ergänzungsrichtlinie für Wanderfahrten überarbeitet. Die neue Fassung soll auch Extremsportarten berücksichtigen.

mediatisiert: von den Medien beeinflusst, gemeint ist: die Schüler kennen Abenteuer nur noch aus dem Fernsehen

Informierender Sachtext Immer mehr Schüler ziehen den Nervenkitzel auf organisierten Abenteuerfahrten den traditionellen Landschulheimaufenthalten vor. Auf diesen ursprünglich für Manager und Führungskräfte entwickelten Extremausflügen lernen sie z. B. sich von einer Bogenbrücke abzuseilen, durch Höhlen zu robben oder von Felsvorsprüngen herunterzuklettern.

1. Lies den ersten Text und gib den Inhalt mit eigenen Worten wieder. Würdest du eine solche Klassenfahrt machen wollen?
2. Vergleiche den Anfang des ersten Textes mit dem informierenden Sachtext im Kasten.

INFO

Nachschlagen → S. 322 f.

- Die vorbereitenden Arbeitsschritte bei der Wiedergabe eines Sachtextes sind: **Abschnittsüberschriften**, **Textraffung** und Erstellen einer **Gliederung**.
- **Meinungsbildende Sachtexte** (z. B. Reportagen) enthalten nicht nur Tatsachen, sondern auch subjektive Aussagen des Autors und erlebnishafte Elemente.

Nachschlagen → S. 323

Grafiken

Mädchenhobbys – Jungenhobbys

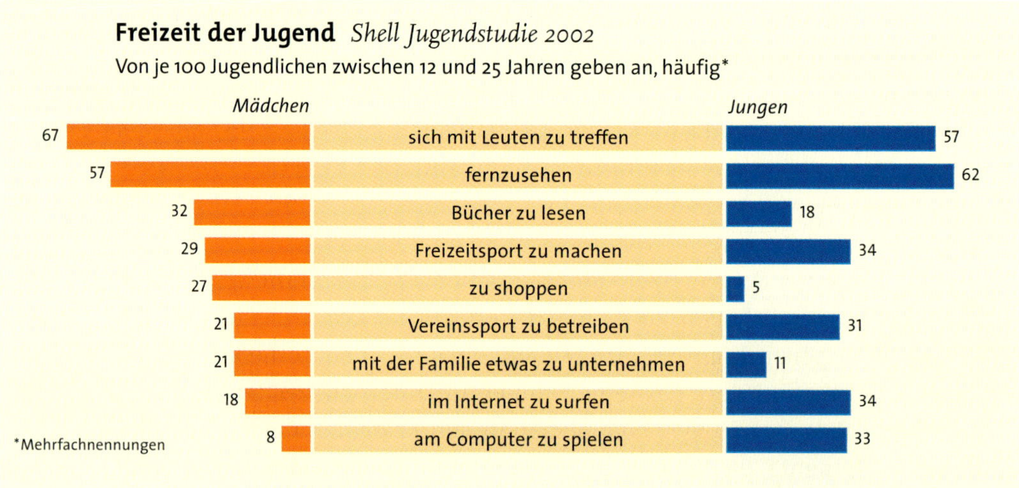

Das vorliegende Schaubild „Freizeit der Jugend" ist der ______ entnommen und bezieht sich auf das Jahr 2002. Mehrfachnennungen waren möglich.

In dem Schaubild wird dargestellt, womit sich ______ im Alter zwischen 12 und 25 in ihrer Freizeit am liebsten beschäftigen.

Das Schaubild ist in zwei ______-Diagramme aufgeteilt. Auf der linken Seite werden in Prozentzahlen die beliebten und die weniger beliebten Hobbys der Mädchen, auf der rechten Seite die der Jungen abgebildet. Dazwischen sind die Freizeitaktivitäten von ______ bis ______ aufgelistet, wobei die Abstufung von oben nach unten sich aus der Beliebtheit der Hobbys bei den Mädchen ergibt.

Es fällt auf, dass Mädchen wie Jungen sich gern mit Leuten treffen und fernsehen, doch während das TV bei den Mädchen mit 57 % auf dem zweiten Platz steht, rangiert es bei den Jungen mit 62 % an erster Stelle. Besonders auffällig ist der Unterschied im Hinblick auf das ______: 32 % der Mädchen geben an, gern ______, während es bei den Jungen nur 18 % sind. Sie bevorzugen eindeutig Freizeitsport und Computerspiele (______ %), ein Hobby, das bei den Mädchen mit ______ % an ______ liegt.

Die Zahlen geben Aufschluss über die Bedeutung der Freizeitaktivitäten der jungen Generation. Sie zeigen, dass soziale Kontakte für Jugendliche nach wie vor eine entscheidende Rolle spielen, sei es im Freundeskreis, im ______ oder in der ______.

1. Schreibe den Sachtext ab und ergänze mit Hilfe der Grafik die Lücken.
2. Lege dar, wie die Wiedergabe einer Grafik aufgebaut ist.

Gefahr für Kinder

Zwischen 1978 und 2002 hat die Zahl der im Straßenverkehr getöteten Kinder unter 15 Jahren stetig abgenommen. Lediglich im Jahr 1990 – vielleicht im Zusammenhang mit der Vereinigung von Bundesrepublik und DDR – ist die Kurve leicht angestiegen, und zwar von 472 im Jahr 1988 auf 554 im Jahr 1990. Wurden 1978 noch 1449 Kinder im Straßenverkehr getötet, waren es 2002 „nur" noch 216.

Schaut man sich die Zahlen im Einzelnen an, so fällt auf, dass der Anteil der als Fußgänger getöteten Kinder überproportional abgenommen, nämlich von 701 im Jahr 1978 auf 63 im Jahr 2002. Im ersten Erfassungsjahr sind 4 Kinder bei Busunglücken ums Leben gekommen, 2002, im letzten Erfassungsjahr, keines, 273 starben 1978 im Auto, 104 im Jahr 2002, 43 wurden 1978 durch Motorräder getötet, 24 Jahre später waren es 2. Die Zahl der Kinder, die als Fahrradfahrer ums Leben kam, sank von 411 auf 42, die Zahl der aus anderen Gründen getöteten Kinder von 17 auf 5.

Unterschiedliche Diagrammformen

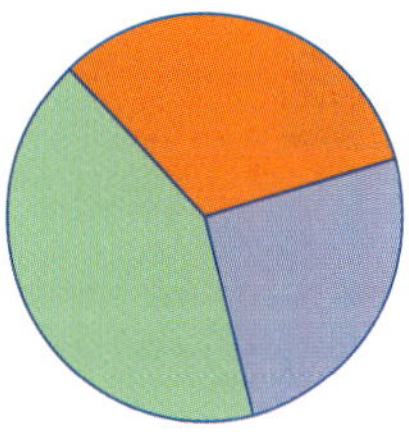

Kreisdiagramm

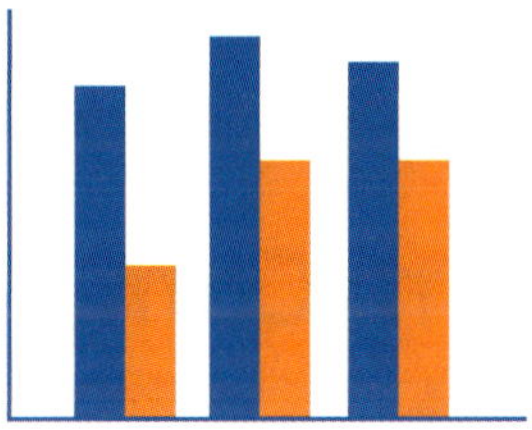

Balkendiagramm

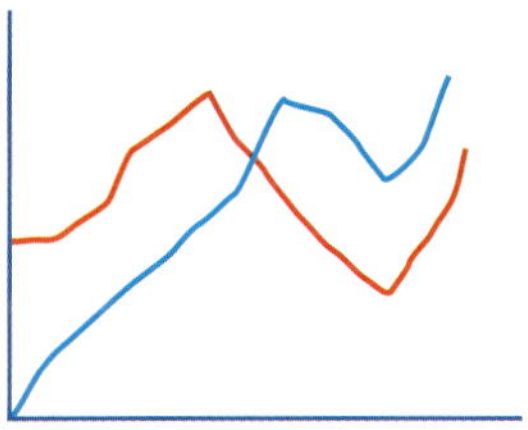

Verlaufsdiagramm

1. Benutze den Text als Grundlage für eine Grafik und überlege dir, welche zwei unterschiedlichen Diagramm-Formen du für das Zahlenmaterial wählen möchtest.
2. Zeichne die Grafik.

INFO

Nachschlagen → S. 323

- Sachinformationen können auch in **Grafiken** wiedergegeben werden.
- Wichtige Merkmale von Grafiken sind **Diagramme, Zahlen, Farben.**
- Grafiken sind verkürzte Sachtexte: Daher lassen sich die Grafiken in Sachtexte umschreiben, und aus Sachtexten können Grafiken angefertigt werden.

Texte und Medien

Neue Medien: Computer und Internet

Wir haben keinen Fernseher, aber mein Vater hat in unseren PC eine Fernsehkarte eingebaut …

Kannst du mir den Link zumailen?

Gestern habe ich zum ersten Mal mit jemandem aus Hongkong gechattet – auf Englisch natürlich!

Benny macht am Freitag eine Lan-Party, kommst du?

Manchmal mache ich meine Hausaufgaben am Computer oder lerne Vokabeln.

Meine Schwester hat ihre ganzen alten CDs im Internet versteigert und kauft dort auch neue ein.

Mit der neuen Flatrate können wir endlich stundenlang surfen …

Die neue Version von FIFA ist voll geil …

- Wozu benutzt du einen Computer?
- Wie oft benutzt du einen Computer?

Mediennutzung nimmt weiter zu

Seit 1964 führen ARD und ZDF die Langzeitstudie „Massenkommunikation" in Deutschland durch. Im Jahr 2000 wurde auch das Internet neu in den Medienvergleich einbezogen. Für das Jahr 2005 lagen folgende Ergebnisse vor:

Der Medienkonsum der Deutschen ist weiter angestiegen: Im Jahr 2005 verbringt jeder Bundesbürger insgesamt zehn Stunden täglich mit den Medien. Im Jahr 2000 waren es knapp achteinhalb Stunden. Die meiste Zeit widmen die Menschen weiterhin Radio und Fernsehen: Im Schnitt hört jeder Erwachsene ab 14 Jahren täglich 3 Stunden und 41 Minuten Radio und sieht 3 Stunden und 40 Minuten fern. Auch wenn das Internet jetzt seine Nutzungsdauer verdreifacht hat, kann es mit den etablierten Medien nicht mithalten: Mit 44 Minuten täglich liegt es gleichauf mit dem Hören von Musik über CD/MC oder MP3-Player (45 Minuten täglich). Die Tageszeitung wird täglich 28 Minuten lang, Bücher 25 Minuten und Zeitschriften 12 Minuten lang gelesen.

Motive der Internetnutzung – Medien im Vergleich

Für den (N)Onliner Atlas 2005, eine Untersuchung von TNS Infratest in Zusammenarbeit mit der Initiative D21 über die aktuelle Internetnutzung in Deutschland, wurde auch die folgende Frage gestellt: „Welche der hier aufgeführten Aspekte sind für Sie persönlich die wichtigsten Gründe, zu surfen bzw. das Internet zu nutzen?"

	TV	Hörfunk	Print	Internet
sich informieren	67,7 %	71,7 %	95,5 %	87,5 %
einkaufen	5,0 %	0,4 %	5,9 %	54,8 %
lernen/sich bilden	20,0 %	9,4 %	44,5 %	31,6 %
Kontakte zu Freunden/ Bekannten pflegen				28,2 %
kommunizieren				26,9 %
Spaß haben/Unterhaltung	54,8 %	54,7 %	6,7 %	18,4 %
sich entspannen	70,5 %	59,7 %	13,9 %	13,0 %

1. Erläutere mit Hilfe der Materialien die Mediennutzung der Deutschen.
2. Welche Rolle spielt das Internet in der Medienlandschaft?

Nachschlagen → S. 323 f.

Computer als Mittel der Information

Ein Fragebogen

Bist du ein Internetspezialist? Teste dein Wissen über Internetrecherche und beantworte folgende Fragen:

1. Welcher der nachfolgenden Namen bezeichnet keine Suchmaschine?
   a http://www.altavista.de
   b http://www.fireball.de
   c http://www.spiegel-online.de

2. Was sind Merkmale der Suchmaschinen Google und Yahoo?
   a Yahoo liefert deutsche Ergebnisse, Google auch internationale.
   b Yahoo und Google suchen ohne menschliche Beteiligung, haben aber von Menschen gepflegte Verzeichnisse.
   c Yahoo sortiert die Ergebnisse alphabetisch, Google nach Relevanz.

3. Was zeigt Google an?
   a Anzahl der Treffer, Suchbegriff, Links, Stichworte aus der gefundenen Seite
   b Anzahl der Treffer, Suchbegriff, Links, Zugriffe auf die Seite
   c Anzahl der Treffer, Suchbegriff, Links, weitere deutsche Seiten

4. Bei den meisten Suchmaschinen gilt: Wenn das erste Suchwort mit einem Pluszeichen davor und das zweite mit einem Minuszeichen davor eingegeben wird, ...
   a wird nach Dokumenten gesucht, in denen beide Wörter vorkommen.
   b wird nach Dokumenten gesucht, in denen das erste Wort vorkommt, das zweite aber nicht.
   c wird nach Dokumenten gesucht, in denen das erste Wort nicht vorkommt, aber das zweite.

5. Wie sucht man mit einer Suchmaschine am sinnvollsten nach Eigennamen oder Titeln?
   a Suchbegriffe in Anführungszeichen
   b Suchbegriffe fett markiert
   c Suchbegriffe durch Pluszeichen miteinander verbinden.

1. Beantworte die Fragen zur Internetrecherche.
Die Lösungen findest du auf Seite 335.

Suchmaschinen

Suchmaschinen durchsuchen Webseiten nach Stichwörtern und legen diese in Datenbanken ab. Wenn man eines oder mehrere dieser Stichwörter in die Suchmaschine eingibt, zeigt sie alle Webseiten an, in denen diese Stichwörter vorhanden sind.

Mit Suchmaschinen kann man z. B. zu Autoren und Büchern recherchieren. Gibt man in die Suchmaschine Google das Stichwort „Crazy" ein, erhält man 157.000.000 Treffer, für die Stichwörter „Crazy+Benjamin Lebert" wurden 63.700, für „Crazy+Benjamin Lebert+Verfilmung" 1.120 und für die Stichwörter „Crazy+Benjamin Lebert+Referat" 606 Einträge gefunden

Vergleiche dazu auch das Kapitel „Schülerromane" S. 186 ff.

A Ausschnitt aus dem Webdokument, in dem der Suchbegriff auftaucht.

B Statistik-Balken, der die Suche und die Anzahl der Treffer beschreibt.

C Hyperlink / Link (engl. Verknüpfung, Verbindung, Verweis): hervorgehobene Verweise in einem Webdokument auf ein anderes im Web verfügbares Dokument oder auf einen anderen Teil des Dokuments

D Suchfeld für die Eingabe der Stichwörter

E Quernavigation zu anderen Angeboten der Suchmaschine

F Die Suchmaschine durchsucht das Web auf Seiten, die mit dem Suchergebnis in einem Zusammenhang stehen.

G Name der Suchmaschine

H Hypertext: ein normaler Fließtext, der durch Querverweise zu anderen Dokumenten oder Textstellen führt

I Such-Schaltfläche, um die Suche zu starten

J Überschrift der Seite

1. Ordne die Zahlen 1–10 auf der Seite der Suchmaschine den Erklärungen A–J in der Randspalte zu.
2. Wie erklärst du dir die unterschiedliche Zahl der Einträge zu „Crazy"?
3. Welche der Suchergebnisse kann man deiner Meinung nach für ein Referat über den Roman „Crazy" verwenden, welche scheiden aus?
4. Führe die Recherche zu einem Roman oder einem Autor deiner Wahl durch.

Ehrlich währt am längsten?

Du hast im Internet einige Beiträge gefunden, die du für ein Referat über den Roman „Crazy" von Benjamin Lebert gebrauchen kannst. Wie gehst du mit diesen Informationen um? Hier sind verschiedene Möglichkeiten aufgezählt:

1 Du übernimmst das komplette Material aus dem Internet und tust so, als ob du es selbst gemacht hättest.

2 Du übernimmst aus den Texten, die du im Internet gefunden hast, einzelne Sätze oder Passagen, die dir besonders klug erscheinen, und fügst sie in deinen eigenen Referattext ein. Das merkt bestimmt niemand.

3 Du übernimmst das komplette Material aus dem Internet und nennst am Referatsende die Quellen:
http://www.studentshelp.de/p/referate/02/3184.htm

4 Du übernimmst einzelne Sätze oder Textabschnitte aus dem Internet in deinen Text und schreibst am Ende des Referats die Quellen auf:
Einzelne Abschnitte stammen aus:
http://www.studentshelp.de/p/referate/02/3184.htm

5 Du kennzeichnest jeden Satz oder Textabschnitt, der nicht von dir stammt, durch Anführungszeichen:
„Benjamin Lebert ist 17 und ziemlich schlecht in der Schule. Darum pilgert er von Schule zu Schule, um sein Abitur zu schaffen. Er kommt im Internat Schloss Neuseelen an …", so beginnt eine Inhaltsangabe zu dem Roman „Crazy". Dieses Buch ist meiner Meinung nach …

6 Du kennzeichnest jeden Satz oder Textabschnitt, der nicht von dir stammt, durch Anführungszeichen und nennst jeweils die Internetquelle mit Datum.
„Benjamin Lebert ist 17 und ziemlich schlecht in der Schule. Darum pilgert er von Schule zu Schule, um sein Abitur zu schaffen. Er kommt im Internat Schloss Neuseelen an …"[1], so beginnt eine Inhaltsangabe zu dem Roman „Crazy". Dieses Buch ist meiner Meinung nach …

1 *Aus:* http://www.studentshelp.de/p/referate/02/3184.htm, 9.1.2006

5. Diskutiert über die Möglichkeiten zur Verarbeitung der Internetinformationen.
6. Übt die Techniken des Zitierens und der Quellenangabe auf der Grundlage eurer Internetrecherchen zu einem Roman oder Autor.

Nachschlagen → S. 323 f.

INFO

- Das **Recherchieren** im Internet wird durch **Suchmaschinen** und **Links** erleichtert.
- Das Internet bietet durch **Hypertexte** und **Hyperlinks** ein unendliches Angebot an Informationen.
- **Quellen** aus dem Internet müssen mit Internetadresse und Datum zitiert werden.

Computer als Mittel der Unterhaltung

Nachschlagen → S. 324

World of Warcraft

Das Spielprinzip

Das Computerspiel *World of Warcraft* ist eines der meistverkauften Online-Rollenspiele. Im Gegensatz zu anderen Spielen kann es nur über das Internet gespielt werden.

World of Warcraft spielt in der Fantansie-Welt Azeroth, die in die beiden Kontinente „Kalimdor" und „Östliche Königreiche" unterteilt ist. Auf den Kontinenten findet sich eine Vielzahl von verschiedenen Städten und Dörfern. Weiterhin gibt es von Wäldern, Wüsten bis zu Dschungeln verschiedenste Landschaften, in denen sich die Spieler bewegen. Die Welten sind weitreichend, sodass ein Spieler zum Erkunden lange Wege zurücklegen muss, anfangs zu Fuß oder mit Luftverbindungen in Form von Greifvögeln, bei fortgeschrittenem Spiel mit Reittieren.

Die Welt in Azeroth ist eingeteilt in die Fraktionen Allianz und Horde, die sich feindlich gegenüberstehen. Zu Beginn müssen sich alle Spieler für eine der beiden Fraktionen entscheiden. Von ihrer Wahl ist es abhängig, auf welcher Seite sie kämpfen und welche Völker sie wählen können. Auf Seiten der Allianz kann man sich für Menschen, Nachtelfen, Zwerge oder Gnome entscheiden; bei der Horde stehen Orcs, Tauren, Untote und Trolle zur Wahl.

Zu Beginn muss sich auch jeder für einen Charakter entscheiden und legt sich damit auf eine Klasse fest, ob er etwa ein Krieger, Jäger oder Priester wird. Damit der Charakter identifiziert werden kann, gibt ihm jeder Spieler einen Fantasienamen, etwa Eonwyn, Patros oder Shando.

Im Spiel kann jeder eine Vielzahl von so genannten Quests (Missionen) annehmen. Diese Quests bestehen meisten daraus, Computergegner zu besiegen, Landschaften zu erkunden oder Botengänge zu erledigen. Im gesamten Spiel existieren ca. 3000 dieser Quests. Wird eine Quest erfolgreich abgeschlossen oder werden Computergegner besiegt, erhält der Spieler Erfahrungspunkte. Diese Erfahrungspunkte sind typisch für ein Rollenspiel. Nach einer gewissen Anzahl solcher Erfahrungspunkte steigt der Charakter im Level. Das maximale Level ist 60, danach kann der Charakter nicht weiter aufsteigen.

1. Habt ihr selbst Erfahrungen mit *World of Warcraft* oder anderen Online-Spielen gemacht? Sprecht darüber.

Welche Anforderungen werden an die Spieler gestellt?

Mark Schubert

World of Warcraft ist ein Online-Rollenspiel, bei dem zeitgleich Tausende von Mitspielern in der selben Spielwelt ihre Spielfigur entwickeln und durch die vorgegebenen Fantasy-Abenteuer (sog. Quests) steuern. Dabei unterscheidet nicht nur der hohe Grad an Interaktion zwischen den Spielern dieses Spielegenre von anderen, sondern auch die in die Spielfigur investierte Zeit. Wer im Rahmen dieses Spiels erfolgreich sein will, muss sowohl die Kompetenzen für kooperatives Handeln mit anderen Spielern als auch die notwendige Freizeit mitbringen. So ist es kaum möglich, bestimmte Aufgaben alleine zu lösen. Unsoziales Verhalten wird häufig sanktioniert. Ein Spieler, der zuvor negativ aufgefallen ist, findet oftmals im weiteren keine Unterstützung durch Mitspieler, da im Spielchat Erfahrungen über Mitspieler ausgetauscht werden. Neben der erforderlichen Sozialkompetenz sticht der enorme Zeitbedarf hervor. Um den höchstmöglichen Entwicklungsgrad einer Spielfigur zu erreichen, werden häufig Spielzeiten von mehreren hundert Stunden investiert. Dadurch kommt es zu einer extrem hohen Bindung des Spielers an sein Alter-Ego. Der Zeitaufwand ist von entscheidender Bedeutung, ermöglicht er doch das Zustandekommen sozialer Netze innerhalb des Spiels. Neben sozialer Kompetenz und Zeit spielen – anders als bei anderen Spielen – Hand-Auge-Koordination und Reaktionsvermögen eine eher untergeordnete Rolle. Lediglich in Duellsituationen zwischen Spielern gewinnt diese Komponente an Bedeutung. Verortet man *World of Warcraft* im Bewertungskontext üblicher Computerspiele, finden sich Parallelen zu herkömmlichen Strategie- und Rollenspielen. Die Entwicklung des Charakters verlangt das überlegte und vorausschauende Verteilen von sog. Talentpunkten, die erheblichen Einfluss auf die Fähigkeiten des Charakters haben. So kann z. B. die Figur des Kriegers sowohl defensiv als auch offensiv gespielt werden. Im Gruppenspiel müssen dann taktische Entscheidungen getroffen werden, da nur eine klare Aufgabenteilung zwischen den Gruppenmitgliedern zum Erfolg führt. [...]

Die Kommunikation zwischen den Spielern ist konstituierendes Element des WoW-Gameplays. Ohne Absprachen zwischen Mitspielern können die meisten Aufgaben im Spiel nicht gelöst werden.

Genre: Gattung, Art

sanktionieren: *hier:* getadelt

Alter-Ego: das andere Ich (im Spiel)

2. Wie unterscheiden sich Online-Spiele von anderen Computerspielen?

Nachschlagen → S. 324

INFO

- Online-Spiele sind eine neue Form der Unterhaltung. Oft sind sie so konzipiert, dass die Spieler miteinander kommunizieren müssen, um erfolgreich zu sein.

Computer als Mittel der Kommunikation

Nachschlagen → S. 324

Von Olli Smile <olli@nachtfieber.org>
An Jens Amerun
Betreff Re: Mission heut abend

hi
was geht? Versuche gerade das moorhuhn downzuloaden 8-).
funktioniert nach den anweisungen nicht :-<
BTW heut abend läuft „mission impossible“ um 2030. Bisschen relaxen wär doch nett. Gabi hat auch Zeit:-)
Bringt ihre freundin Lisa mit. Die findest du doch so scharf :-*
Wir können B4 noch pizza essen gehen. Hast du Kohle uns einzuladen? ;-)

cul8r
Jens

Von Jens Amerun <jensi@web.de>
An Olli Smile
Betreff Mission heut abend

REHI

zum download fi RTFM >:-)
Heut abend Mission geht ok, Kino ist immer cool 8-)
Ich fahr auf Lisa ab? ROTFL. Die textet mich immer voll zu.
Frag lieber Annette, ob sie Tanja mitbringen kann :-)

Um 1930 vor der pizzeria, BTW diesmal zahlst du für die mädels :->

cu
Olli

1. Beschreibe die sprachliche Gestaltung der beiden Mails im Vergleich mit „normalen“ Briefen.

Wichtige Smileys

:-)	Standard-Smiley, Fröhlichkeit, Spaß, gute Laune
:-)))	überglücklich sein
;-)	Augenzwinkern, vorherige Aussage nicht so ernst nehmen
:->	Spott, Schadenfreude
:-D	hahaha
8-)	Smiley mit Sonnenbrille, cool sein oder bleiben
I-o	gelangweilt sein
:-(	unglücklich, „Finde ich gar nicht witzig“
:-<	traurig, zutieft betrübt
:-*	„Hoppla, das hätte ich wohl besser nicht gesagt …“
:-o	schockiert oder überrascht, Mund steht offen
:-@	sehr verärgert, wütend
{{ }}	Umarmungen

Abkürzungen

B4	before	vorher
BBB		Bis bald Baby.
BBL	Be back later.	Bin nachher wieder da.
BTW	By the way.	Ach, übrigens …
BWD		Bin wieder da.
CU	See you.	Bis dann. Tschüss.
CUL8R	See you later.	Bis später dann.
GFC	Going for Coke.	Bin was zu trinken holen.
HI	Hi!	Hallo!
KGW		Komme gleich wieder!
LOL	Laughing out loud.	Haha!
REHI		Hallo, da bin ich wieder!
ROTFL	Rolling on the floor laughing!	Lachend auf dem Boden liegen. (Ausdruck extremer Erheiterung)
RTFM/LDVH	Read the fucking manual.	Lies das verdammte Handbuch! (Ausdruck der Entrüstung bei dummen Fragen)
TNX	Thanks.	Danke.

2. Entschlüssle die E-Mails mit Hilfe der Erläuterungen.
3. Entwirf mit Hilfe der Erläuterungen eine eigene Mail.

Willkommen im Chat

Einige Schüler treffen sich regelmäßig unter ihren Nicknames im Internet. Hier ein Auszug aus ihrem Chat:

MrProper: HALLLOOOO!?!?! schon einer da?:-)
Q: Klar;-) Baywatch rette mich! Hab totalen Stress mit meinen alten.
lulu: moin *eskotztmichan*
Spearhead: ahoi, da bin i wieda!!!!!
MrProper: Also fangt schon an. ICH BIN ZUM REDEN DA!!!
Spearhead: immer locka bleibn. Mach bloß kein stress.
lulu: Habt ihr schon die neue single von Philippe gehört?
i386: winke winke
bonsai: Tach, Philippe, ich hör wohl nich richtig. So'n Krampf I-o gähn!!!!!
Q: BWD – Philippe turnt mich auch nicht an
lulu: Aber mich. Der ist ja soooo süüüüß *heulflennjubel*
i386: glaub ick dir ja. Aber geht noch was anderes heut außer Philippe????
MrProper: Ja, Mann, seid nich solche Hängis :-@
bonsai: Noch drei wochen bis zu den ferien. Endlich abchillen.
Q: BBBIIINGGGOOOOOO ... und ich fahr zwei wochen ohne meine alten weg.
lulu: wohin fährst du denn?
Q: an die Nordsee, irgendso'n strand oder so. Is auch egal, Hauptsache weg :-)))

4. Entschlüsselt das Gespräch und tragt es laut in der Klasse vor.
5. Untersuche die Sprache des Chats nach folgenden Kriterien und trage sie in eine Tabelle ein:

Abkürzungen	veränderte Rechtschreibung	Betonung/Schreien	Darstellung von Gefühlen
...	...	...	...

6. Warum wird im Internet-Chat diese Sprache benutzt?
7. Versucht dieses Gespräch zu einer Szene in einem Theaterstück umzuschreiben. Wie Chats auf dem Theater aussehen, könnt ihr unter http://www.sprechblasen.net anschauen.

INFO

- Für Chats und E-Mails benutzt man eine besondere Sprache, weil sie unter hohem Zeitdruck geschrieben werden.
- Chats kann man als geschriebene Telefongespräche bezeichnen.

Nachschlagen → S. 324

Sprache und Sprachgebrauch

Übersicht

Rechtschreibung im Überblick

Die Prinzipien der deutschen Rechtschreibung

Maßgebend für die deutsche Rechtschreibung sind neben dem Lautprinzip die folgenden Prinzipien:

1 Das Stammprinzip
Der Wortstamm eines Worts muss in gebeugten und abgeleiteten Formen wiederzuerkennen sein. So wird *Mäuse* mit *äu* geschrieben wegen *Maus.*

2 Das historische Prinzip
In der Sprachgeschichte hat sich eine bestimmte Schreibweise durchgesetzt. Diese hat sich erhalten, auch wenn man die Schreibung nicht mehr versteht. So heißt der Infinitiv *ziehen,* das Präteritum *zog.* Diese Schreibung hat sich irgendwann durchgesetzt, denn früher wurden diese Wörter [ziechen] und [zoch] gesprochen.

3 Das etymologische Prinzip
Die Schreibung der Fremdwörter richtet sich nach dem Herkunftsprinzip. Ein Wort wird in Angleichung an die Schreibweise in der jeweilige Fremdsprache geschrieben: *Chance* (franz.), *Mokka* (arab.).

4 Das ästhetische Prinzip
Die Schreibung mancher Wörter richtet sich danach, dass das Schriftbild besser aussehen soll. So wurde der Laut *Sch/sch* vor *p* und *t* zu *S/s: Spiel, Stuhl.*

5 Das grammatische Prinzip
Dieses Prinzip regelt die Schreibung einzelner Wörter nach grammatischen Gesichtspunkten, etwa die Großschreibung am Satzanfang oder die Großschreibung von Substantiven und von Wörtern, die als Substantive gebraucht werden.

6 Das semantische Prinzip
Bei der Schreibung eines Wortes wird die Bedeutung berücksichtigt. So werden Homonyme unterschiedlich geschrieben: *Saite/Seite, wieder/wider.*

Meer/mehr – Wal/Wahl – Ski (norweg.) – Chor (griech.) – Grauen/ Gräuel – Stängel/Stange – sparen – stehen

1. Ordne die Beispiele aus dem Kasten den einzelnen Prinzipien zu.
2. Findest du zu den Prinzipien noch weitere Beispiele?

Nachschlagen im Wörterbuch

Erstmals wieder Touristen

Pisa/Rom: Wer heute Morgen versuchsweise auf Pisas SCHIEFENTURM steigen wollte, musste endlich keine Angst haben, unter seinen Trümmern begraben zu werden: Der kranke Riese scheint von seiner pathologischen Krümmung geheilt zu sein. Italiens Ingenieure haben jahrzehntelang um die Frage gewetteifert, wie die bedrohliche Schräglage des Turms von zuletzt fast fünf Metern in den Griff zu bekommen ist. Den Rat suchenden Italienern kam ein aus Polen stammender Experte ZUHILFE, der die Aufgabe mit einem Viel an Fantasie und Weisheit löste.

Bevor die Ingenieure unter seiner Leitung das Unternehmen in Angriff nahmen, legten sie dem Turm zur Sicherheit mächtige Stahlkabel um. Darauf spottete halb Italien über die „Hosenträger“.

Diese Vorsichtsmaßnahme kam dem Team dennoch zugute, als der riskante Teil der Operation begann. Unter dem Fundament wurden vorsichtig sieben Tonnen Erde abgetragen und es wurden TONNENSCHWERE Gewichte zum Hochziehen installiert. Doch damit war erst ein Drittel des Zieles erreicht. „Noch können wir den Turm nicht so stehen lassen, auch wenn ich IMGROSSENUND GANZEN auf unsere Arbeit stolz bin“, sagte der Chef des Unternehmens in einem Interview, „die Schräglage muss um weitere 42 Zentimeter verringert werden. Dies kann in einem Jahr der Fall sein, solange alles gut geht.“ Zur Not muss die Rettungsaktion wiederholt werden.

Schräg bleibt der 800 Jahre alte, HAUSHOHE Turm trotz aller Rettungsversuche. Alles in allem beträgt seine Schieflage mehr als vier Meter. Schon 1174, gerade mal ein Jahr alt, sackte er unter dem Gewicht der ersten Stockwerke ab. Der Architekt Bonanus von Pisa war AUFSÄUSSERSTE gekränkt, als er kurz nach der Einführung in sein Amt fristlos entlassen wurde, denn mit einer Kündigung hat der berühmte Mann nicht im Entferntesten gerechnet.

Auf viel SCHÖNES können sich nun alle Touristen freuen, die ab Juni 2001 die 293 Stufen der Wendeltreppe im Inneren des Turmes hinaufsteigen werden. DASBESTEIGEN des weißen Marmorkolosses hat allerdings seinen Preis: Der Eintritt kostet 15 Euro.

Aus einem Rechtschreibwörterbuch

äu|ßerst

Kleinschreibung:
- mit äußerster Konzentration

Großschreibung der Substantivierung ↑K 72:
- das Äußerste befürchten
- 20 Euro sind *od.* ist das Äußerste
- das Äußerste, was …
- es zum Äußersten kommen lassen; bis zum Äußersten gehen

Groß- oder Kleinschreibung ↑K 75:
- auf das, aufs Äußerste, auch auf das, aufs äußerste (sehr) erschrocken sein

ganz

- ganz und gar; ganz und gar nicht
- die ganze Wahrheit; ganze Zahlen *(Math.)*; die ganzen Leute (*mdal. u. ugs. für* alle Leute)
- ganz Europa; in ganz Berlin
- etwas wieder ganz machen (reparieren)

Großschreibung ↑K 72:
- ein Ganzes; das [große] Ganze; ein großes Ganze *od.* Ganzes; als Ganzes; aufs Ganze gehen; fürs Ganze; ums Ganze
- im Ganzen gesehen; im großen Ganzen; im Großen und Ganzen […]

Hil|fe, die; -, -n; ↑K 151 *u.* 89: die erste Hilfe (bei Verletzungen usw.); Hilfe leisten, suchen; zu Hilfe kommen, eilen; *aber* der Mechaniker, mithilfe dessen (*auch* mit Hilfe dessen *od.* mit dessen Hilfe) sie ihr Auto reparierte; sich Hilfe suchend, *auch* hilfesuchend umschauen

Aus: Duden. Die deutsche Rechtschreibung, 23. Aufl.

hoch

höher *(vgl. d.)*, höchst *(vgl. d.)*
- bei Hoch und Niedrig (*veraltet für* bei jedermann)

I. Schreibung in Verbindung mit Verben

1. Getrenntschreibung, wenn »hoch« relativ gebraucht wird, d. h. erweiterbar od. steigerbar ist ↑K 56:
- hoch sein; es wird [sehr] hoch hergehen
- sie kann [sehr] hoch springen, sie kann höher springen als ihr Bruder; hoch (weit oben) fliegen, hoch (weit hinauf) steigen usw.
- jmdn. hoch achten, hoch schätzen
- die Preise [sehr] hoch schrauben/höher schrauben
- seine Ziele hoch und höher stecken

schief

- sie macht ein schiefes (missvergnügtes) Gesicht; ein schiefer (scheeler) Blick
- schiefe (nicht zutreffende) Vergleiche
- in ein schiefes Licht geraten (falsch beurteilt werden)
- ↑K 89: die schiefe Ebene; ein schiefer Winkel
- *aber* der Schiefe Turm von Pisa ↑K 88

schön

I. Kleinschreibung:
- die schöne Literatur; die schönen Künste; das schöne (weibliche) Geschlecht
- gib die schöne (*Kinderspr. für* rechte) Hand!
- am schönsten ↑K 74

II. Großschreibung

a) der Substantivierung ↑K 72:
- etwas Schönes; nichts Schöneres
- die Schönste unter ihnen; der Schönste der Schönen
- die Welt des Schönen; das Gefühl für das Schöne und Gute
- auf das *od.* aufs Schönste, *auch* auf das, aufs schönste übereinstimmen ↑K 75

b) in Namen ↑K 134:
- Philipp der Schöne

1. Entscheide, wie die markierten Wörter geschrieben werden.
   Bei welchen Fragen helfen dir die Angaben aus dem Wörterbuch weiter, bei welchen nicht?
2. Suche beliebige Wörter des Textes heraus. Schlage in einem Wörterbuch nach und überprüfe, ob du im Wörterbuch findest, wie sie geschrieben werden.

Groß- und Kleinschreibung

Regeln und ...

1 Die **Substantive** *Wert, Angst, Ernst, Schuld, Recht, Leid, Bange, Gram* und *Pleite* werden in Verbindung mit den Verben *sein, bleiben, werden* als Adjektive gebraucht und kleingeschrieben.

2 In festen Verbindungen werden **Substantive** großgeschrieben. Bei vielen Verbindungen ist auch eine Zusammen- und Kleinschreibung möglich.

3 **Substantive** in festen Verbindungen mit Verben werden kleingeschrieben.

4 Substantivierte **Verben** werden großgeschrieben. Die Signalwörter der Substantivierung sind unbestimmter und bestimmter Artikel, Präposition, Präposition + Artikel, Adjektiv sowie Possessiv- und Demonstrativpronomen.

5 Substantivierte **Adjektive** werden großgeschrieben. Signalwörter sind vor allem der bestimmte Artikel und die Mengenwörter *alles, nichts, etwas, viel, wenig, manches, allerlei* und *genug*.

6 **Adjektive** in undeklinierten Paarformeln werden großgeschrieben.

7 **Adjektive** in undeklinierten Verbindungen mit einer Präposition werden kleingeschrieben.

8 Allein stehende **Farbadjektive** werden großgeschrieben.

9 Allein stehende **Länderadjektive**, die mit „Was?“ erfragt werden können, werden großgeschrieben.

10 Allein stehende **Länderadjektive**, die mit „Wie?“ erfragt werden können, werden kleingeschrieben.

11 Trotz Merkmale einer Substantivierung werden **Adjektive** kleingeschrieben, wenn sie mit „am“ als Superlativ gebraucht werden.

12 **Adjektive** im Superlativ werden großgeschrieben, wenn man sie mit „Woran?“ („An was“) oder „Worauf?“ („Auf was“) erfragen kann.

13 Trotz Merkmale einer Substantivierung werden **Adjektive** kleingeschrieben, wenn sie sich auf ein an anderer Stelle im Satz stehendes Substantiv beziehen.

14 **Adjektive** in festen Verbindungen, die aber keine Eigennamen sind, werden kleingeschrieben.

15 **Adjektive** in Eigenamen werden großgeschrieben.

... Beispiele

A Ich habe mir *das Schwimmen* selbst beigebracht.
Lautes Lachen stört den Unterricht.
Durch Denken findet man oft eine Lösung.
Zum Küssen gehören immer zwei.
Ihr Lächeln verzauberte mich.
Mir geht *dieses Kichern* auf die Nerven.

B Es *ist* mir *ernst* mit meinem Antrag.
Trotz aller Rettungsversuche *war* die Firma *pleite*.
Trotz der lustigen Situation blieb er *ernst*.
In der Geisterbahn *wird* es vielen *angst* und *bange*.

C *Alles Gute* kommt von oben.
Das Schöne zieht uns magisch an.
Etwas Warmes braucht der Mensch.

D In der Geschichte gibt es Konflikte zwischen *Arm und Reich*.
Das Fest gefiel *Jung und Alt*.

E Wir sollten nicht alles *infrage stellen* / *in Frage stellen*.
Wir schreiben *in Bälde* eine Klassenarbeit.

F Dies ist der kürzeste Weg, aber nicht *der bequemste*.
Ich nehme *den bequemsten* der mir zur Auswahl stehenden Wege.

G Gemeinsam gehen wird *durch dick und dünn*.
Gute Lehrer geben bei Nachfragen *ohne weiteres* Auskunft.

H Die Ampel schaltete auf *Rot*.
Wir haben ein Fernsehgerät in *Grau* bestellt.

I Der ICE fährt *am schnellsten*.
Dieser Weg ist *am bequemsten*.

J Die neue Lehrerin unterrichtet *Englisch*.
Bekanntlich ist *Englisch* eine Weltsprache.

K Die neue Lehrerin unterrichtet Erdkunde nicht *deutsch*, sondern *englisch*.
Er sprach den ganzen Tag nur *deutsch*.

L Ich wünsche dir alles Gute für *das neue Jahr*.
Der jüngste Sohn war das *schwarze Schaf* der Familie.

M Ein guter Freund *gibt* kein Geheimnis *preis*.
Nach der Schule *gehen* Schüler und Lehrer *heim*.

N In manchen Ländern fehlt es den Menschen *am Nötigsten*.
Ich bin *auf das Herzlichste* begrüßt worden.

O Der *Kleine Bär* ist ein Sternbild.
Gibt es Haie im *Stillen Ozean* und im *Schwarzen Meer*?

1. Ordne die Beispiele den Regeln zu.

Getrennt- und Zusammenschreibung

Urlaub von Morgen

Wer das Weltall ein wenig kennen lernen oder auf dem Mond spazieren gehen will, kann dies bald tun.

In der Mondlandschaft Steine klopfen, teilnehmen an planetarem Skilaufen, vom Urlaub heimkommen mit Dias vom Rastmachen in einem Mondkrater: Das ist keine Zukunftsmusik mehr. Für umgerechnet 10 Millionen Euro konnte schon ein Multimillionär aus den USA erfahren, wie unendlich weit der Weltraum, wie winzig klein der Mensch und wie erhebend schön die Erde ist. Die hellblaue Kugel konnte er als erster Weltraumtourist aus dem Space-Shuttle bewundern.

Jedem Science-Fiction Fan wird es leichtfallen, sich künftig immer mehr Touristen vorzustellen, die sich in großen Shuttle-Kapseln vor dem Start festhalten, die ganz still stehen, danach durch die Freizeitträume langsam fliegen, mit Blick auf die Satelliten fernsehen und mit einiger Übung die eigenen Flüge im Flug vollenden. Und dann – nach all dem Festhalten – die Landung, das angsterfüllte Warten auf das Aufsetzen, die weichen Knie, wenn man in die Schwärze des Alls blickt, um dann schließlich freudestrahlend „Man on the moon“ zu singen.

Wenn es dann wieder abwärts geht, hat man beim gedanklichen Rückwärtsblicken einem der größten Abenteuer beigewohnt. Natürlich kann jeder zu Hause bleiben und sich den Mond mit einer Webcam anschauen, aber erleben, wie ein Weltraumflug vonstatten geht, ist eine einmalige Erfahrung.

Schon ist die Diskussion Pro und Kontra Weltraumtourismus in vollem Gange. Welche Gründe auch dafürsprechen, welche man auch dagegen anführen kann: Dieser Flug wird sich wiederholen, weitere Passagiere werden dazukommen, ob sie im Stehen fliegen oder dabei sitzen, die Entwicklung wird voranschreiten, ob wir wollen oder nicht.

Solange der Mensch nachts gebannt auf den Vollmond blickt, so lange wird er nicht aufhören davon zu träumen, selbst diesen Planeten, der so nah scheint und doch so fern liegt, zu betreten, sofern er das nötige „Auftrittsgeld“ besitzt und indem er einfach in ein besonderes Reisebüro geht, in dem er diese Reise buchen kann.

Nicht jedem werden die Preise zusagen, aber es ist sicherlich zu sagen, dass die Reisen bald billiger werden. Es ist keine Frage, dass mit Weltraumtourismus sehr viel Geld zu machen sein wird, aber Neckermann und Konsorten brauchen deshalb nicht zumachen: Der Mond selbst ist nicht unbedingt ein Badeparadies.

Am Ende werden alle zufrieden sein: Industrie und Kunden, vor allem die Kunden – getreu nach dem Motto: Das Dabeisein ist alles.

Die Regeln der Getrennt- und Zusammenschreibung

1 Verb + Verb
Die Verbindung aus zwei Verben wird getrennt geschrieben *(sitzen bleiben)*. Ausnahme: Die Verbindung wird substantivisch gebraucht *(das Sitzenbleiben)*.

2 Substantiv + Verb
Die Verbindung aus Substantiv und Verb wird getrennt geschrieben *(Rad fahren)*. Ausnahmen:
a) Die Verbindung wird substantivisch gebraucht *(das Radfahren)*.
b) Das Substantiv ist in seiner ursprünglichen Bedeutung nicht mehr erkennbar *(preisgeben)*.

3 Adjektiv + Adjektiv
Die Verbindung aus zwei Adjektiven wird zusammengeschrieben *(nasskalt)*. Ausnahmen:
a) Das erste Adjektiv endet mit -ig, -lich oder -isch.
b) Das erste Adjektiv ist ein Partizip *(strahlend weiß)*.

4 Adjektiv + Verb
Die Verbindung aus Adjektiv und Verb wird getrennt oder zusammengeschrieben, wenn ein einfaches Adjektiv eine Eigenschaft als Resultat des Verbalvorgangs bezeichnet *(klein schneiden/kleinschneiden)*.
Die Verbindung wird zusammengeschrieben, wenn sie eine neue Gesamtbedeutung bildet *(leichtfallen = keine Mühe verursachen)*.
Die Verbindung wird bei komplexen oder erweiterten Adjektiven getrennt geschrieben *(ganz nahe kommen, bewusstlos schlagen)*.

5 Substantiv + Adjektiv/Partizip
Die Verbindung aus Substantiv und Adjektiv/Partizip wird zusammengeschrieben, wenn der erste Bestandteil für eine Wortgruppe steht *(freudestrahlend = vor Freude strahlen)*.

6 Zusammengesetztes Adverb + Verb
Die Verbindung aus zusammengesetztem Adverb und Verb wird getrennt geschrieben *(rückwärts laufen)*. Ausnahme: Die Verbindung wird substantivisch gebraucht *(das Rückwärtslaufen)*.

7 Partikel + Verb
Die Verbindung aus Partikel und Verb wird zusammengeschrieben *(zusammenschreiben)*. Ausnahme: Ein Bedeutungsunterschied soll deutlich werden *(zusammen (=gemeinsam) schreiben)*.

8 Mehrsilbige Konjunktionen
Mehrsilbige Konjunktionen werden zusammengeschrieben *(indem, solange)*. Werden diese Verbindungen nicht als Konjunktion gebraucht, schreibt man sie getrennt *(Er wird so lange nicht aufhören ...)*.

9 zu + Infinitiv
Die Verbindung aus der Präposition *zu* und Infinitiv wird getrennt geschrieben. Das Präfix *zu-* begründet eine andere Wortbedeutung und wird mit einem Verb zusammengeschrieben *(zu sehen, bei etwas zusehen)*.

10 Verbindung mit *sein*
Verbindungen mit *sein* werden getrennt geschrieben *(zurück sein, da sein)*. Ausnahme: substantivischer Gebrauch *(das Dasein)*.

1. Ordne die blau markierten Beispiele aus dem Text den Regeln zu.

Die Schreibung der Fremdwörter

Regeln und Beispiele

Bis auf wenige Ausnahmen gilt für die Schreibung von Fremdwörtern das Prinzip der Herkunftstreue, d. h. die Schreibung in der Originalsprache wird beibehalten. Dadurch kommt es zu Schreibweisen, die sich von den sonstigen Regeln unterscheiden. Hier sind die wichtigsten Beispiele:

1 Ein Konsonant kann verdoppelt sein, obwohl der vorausgehende kurze Vokal nicht betont ist: *Rezession, Fassade, Grammatik, Kannibale, skurril, Lotterie.*

2 Der lange i-Laut kann mit einfachem *i* geschrieben werden: *Geysir, Vampir, Saphir, Wesir.*

3 Der lange und kurze a-Laut kann mit *u* oder *at* geschrieben werden: *Butler, Etat.*

4 Der lange und kurze e-Laut kann *er, et* oder *ai* geschrieben werden: *Atelier, Premier, Filet, Container.*

5 Der lange und kurze i-Laut kann *y, ea* oder *ee* geschrieben werden: *Lady, Jeans, Beat, Dealer, Teenager, Evergreen.*

6 Der lange und kurze i-Laut kann *y, ea* oder *ee* geschrieben werden: *Lady, Jeans, Beat, Dealer, Teenager, Evergreen.*

7 Der lange und kurze o-Laut kann *au, eau* oder *ot* geschrieben werden: *Chaussee, Niveau, Plateau, Trikot.*

8 Der lange und kurze u-Laut kann *oo* oder *ou* geschrieben werden: *Boom, souverän.*

9 Fremdwörter aus dem Englischen, die auf *-y* enden und im Englischen den Plural *-ies* haben, erhalten im Plural ein -s: *Babys, Partys.*

10 Der w-Laut wird fast immer *v* geschrieben: *Virus, zivil, privat.*

11 Der f-Laut kann *ph* geschrieben werden: *Metapher, Physik.*

12 Der k-Laut kann *c, ch* oder *qu* geschrieben werden: *Clown, Charakter, Mannequin.*

13 Der r-Laut kann *rh* oder *rt* geschrieben werden: *Rhesusfaktor, Kuvert.*

14 Bei manchen Wörtern ist eine doppelte Schreibung zulässig: *Graphik/Grafik, Ghetto/Getto, Mayonnaise/Majonäse, Code/Kode, Katarrh/Katarr, Thunfisch/Tunfisch, cirka/zirka, potentiell/potenziell, Sketch/Sketsch.*

Kassette – Baby – Pool – Eklat – Souvenir – Ladys – Universität – Depot – Team – Bankier – Slum – Karriere – Budget – Tableau – Journalist – Philosophie – Chor – Crew

1. Zu welchen Regeln und Beispielen passen die Wörter aus dem Kasten?

Die Zeichensetzung

Goethe-Zitate

Du findest hier drei Kästen: Im ersten Kasten sind Zitate von Goethe enthalten. Im zweiten Kasten werden Regeln zur Zeichensetzung bei Zitaten genannt. Im dritten Kasten findest du Beispiele für diese Regeln.

Goethe – wörtlich

„‚Denkst du nicht auch an ein Testament?'
Keineswegs! – Wie man vom Leben sich trennt,
so muss man sich trennen von Jungen und Alten,
die werden's alle ganz anders halten."

„Irrend lernt man."

„Wer sich der Einsamkeit ergibt, ach!
der ist bald allein!"

Regeln

1 Ein Doppelpunkt steht, wenn die Textstelle wörtlich wiedergegeben wird und ihr ein Begleitsatz vorausgeht.

2 Mit Anführungszeichen schließt man wörtlich wiedergegebene Zitate ein.

3 Das Zitat behält sein Frage- oder Ausrufezeichen.

4 Mit Anführungszeichen macht man Zitate kenntlich, zu denen man kommentierend Stellung nehmen will.

5 Auslassungen im Zitat müssen durch drei Punkte (oder [...]) kenntlich gemacht werden.

6 Steht in einem Zitat etwas ebenfalls Zitiertes, so kennzeichnet man dies durch die sogenannten halben Anführungszeichen.

Beispiele

A Mit Goethe kann ich nur warnen: „Wer sich der Einsamkeit ergibt, ach! der ist bald allein!"

B Goethes Ausspruch „Irrend lernt man" kann ich aus Erfahrung zustimmen.

C Ein Zitat von Goethe über das Verhältnis von Jungen und Alten hat mich beeindruckt: „‚Denkst du nicht auch an ein Testament?' / Keineswegs! – Wie man vom Leben sich trennt, / so muss man sich trennen von Jungen und Alten, / die werden's alle ganz anders halten."

D Man sollte immer bereit für Freundschaften sein. Das hat schon Goethe erkannt: „Wer sich der Einsamkeit ergibt, ... der ist bald allein!"

1. Erläutere an den Beispielen die Regeln.

Regeln und Beispiele

Zu den folgenden Regeln sind jeweils zwei Beispielsätze angeführt. Im ersten sind die Kommas gesetzt, im zweiten nicht:

1 Komma steht bei der Aufzählung gleichrangiger Wörter oder Wortgruppen, wenn diese nicht mit *und, oder, sowie* und *wie* verbunden sind.

a) *Basketball wird mit fünf Spielern, Handball mit sieben Spielern und Fußball mit elf Spielern gespielt.*

b) *Im Basketball sowie im Handball und im Fußball gewinnt die Mannschaft mit den meisten Toren oder mit den meisten Körben.*

2 Zwei oder mehrere Hauptsätze werden durch Komma getrennt. Sind sie mit *und/oder* verbunden, kann ein Komma gesetzt werden.

a) *Handball und Basketball sind beliebte Sportarten, aber Fußball ist beliebter.*

b) *Für viele Sportarten sind die Olympischen Spiele der Höhepunkt und die Athleten bereiten sich darauf jahrelang vor.*

3 Haupt- und Nebensätze werden durch Komma getrennt.

a) *Vor 15 Jahren war Tennis äußerst populär, weil Deutschland mit Steffi Graf und Boris Becker zwei Spitzensportler hatte.*

b) *Wenn im Leistungssport auch viel Geld verdient wird so sollte die Fairness dennoch die wichtigste Rolle spielen.*

4 Eingeschobene Nebensätze schließt man mit paarigem Komma ein.

a) *Bei einem Leistungssportler, der älter als 30 Jahre ist, kann man in der Regel einen Leistungsabfall beobachten.*

b) *Schiedsrichter sind wenn es auch Ausnahmen gibt normalerweise unparteiisch und nicht bestechlich.*

5 Nebensätze werden mit Komma getrennt, wenn sie nicht mit *und/oder* verbunden sind.

a) *Im Fußball ist klar, dass die Mannschaft den größten Erfolg hat, die das meiste Geld besitzt, die sich den besten Trainer leisten kann und die mit Stars nur so gespickt ist.*

b) *Wenn im Vereinsfußball die Vereinstreue nicht mehr zählt wenn ein Spieler sich nur wegen des Geldes an einen Verein gebunden fühlt und wenn er den Verein nach Belieben wechselt dann wird die Popularität dieser Sportart Schaden nehmen.*

6 Infinitivgruppen grenzt man mit Komma ab, wenn sie mit *um, ohne, statt, anstatt, außer, als* eingeleitet werden.

a) *Der Schiedsrichter pfiff mehrmals, um das Spiel zu unterbinden.*

b) *Die Spieler verließen den Paltz ohne sich die Hände zu schütteln.*

7 Infinitivgruppen grenzt man mit Komma ab, wenn sie von einem Substantiv abhängen.

a) *Beim Versuch, ein Tor zu erzielen, wurde der Mittelstürmer im letzten Moment gestört.*

b) *Der Bundestrainer hat vor dem Spiel den Plan gefasst bei einer Niederlage zurückzutreten.*

8 Infinitivgruppen grenzt man mit Komma ab, wenn sie von einem Verweiswort abhängen.

a) *Der Trainer liebt es, bei Saisonbeginn intensiv trainieren.*

b) *Es missfällt dem Publikum die heimische Mannschaft nicht kämpfen zu sehen.*

9 Bei Partizipgruppen kann man ein Komma setzen, um die Gliederung des Satzes deutlich zu machen.

a) *Mit allen Mitteln gedopt (,) wird kein Leistungssportler den Sieg auf ehrliche Weise verdient haben.*

b) *Auf viele angenehme Dinge verzichtend muss ein Leistungssportler schon als Kind eisern trainieren.*

10 Zusätze oder Nachträge grenzt man mit Komma ab; sind sie eingeschoben, schließt man sie mit paarigem Komma ein.

a) *Der FC Bayern München, oftmals provozierend durch die Arroganz der Vereinsführung, hat in Deutschland dennoch die meisten Fans.*

b) *Im Reitsport also im Springreiten und vor allem in der Dressur gehört Deutschland zur Weltspitze.*

11 Bei formelhaften verkürzten Nebensätze kann man das Komma weglassen.

a) *Im Sport sollte (,) wie bereits gesagt (,) die Fairness nicht vergessen werden.*

b) *Im Boxsport hat der Ringrichter eine wichtige Funktion und muss wenn nötig den Kampf sofort abbrechen.*

12 Einen Doppelpunkt setzt man, wenn man etwas Weiterführendes ankündigen will.

a) *Es sollte einmal deutlich gesagt werden: Oft gewinnt im Sport der Glücklichere und nicht der Bessere.*

b) *Sport macht allen Menschen Freude den Älteren und den Jungen.*

13 Mit dem Semikolon kann man gleichrangige Teilsätze oder Wortgruppen voneinander abgrenzen. Damit wird ein höherer Grad der Abgrenzung als mit dem Komma und ein geringerer Grad der Abgrenzung als mit dem Punkt ausgedrückt.

a) *In den 70er Jahren hatte Deutschland erstklassige Handspieler; deshalb wurde das deutsche Team auch Weltmeister.*

b) *Golf ist als Sportart kaum populär dennoch können die Spieler sehr viel Geld verdienen.*

14 Mit Klammern schließt man Zusätze oder Nachträge ein.

a) *Früher hatte Deutschland im Fußball (ich denke an Beckenbauer, Müller und Netzer) viele Weltstars.*

b) *Boris Becker hat als jüngster Tennisspieler gerade mal 17 Jahre alt Wimbledon gewonnen.*

15 Mit dem Gedankenstrich kündigt man an, dass etwas Weiterführendes folgt oder dass man das Folgende als etwas Unerwartetes versteht.
Mit dem Gedankenstrich trennt man Zusätze und Nachträge ab; sind sie eingeschoben, schließt man sie mit paarigem Gedankenstrich ein.

a) *Bei den Olympischen Spielen hat man von den Schwimmstars – man denkt hier sofort an Franziska von Almsick – viele Medaillen erwartet – aber die Stars enttäuschten.*

b) *Bei den Olympischen Spielen war die deutsche Damenhockeymannschaft die Spielerinnen sind reine Amateure großer Außenseiter und sie gewann die Goldmedaille.*

1. Schreibe die Sätze b) ab und setze, wenn nötig, die Kommas und die anderen Satzzeichen.

Grammatik wiederholen

Wortarten

Du findest hier ein Gedicht mit sechs Strophen sowie sechs Karten, auf denen jeweils sechs Wortarten der einzelnen Strophen verzeichnet sind:

Lied einer deutschen Mutter* *Bertolt Brecht*

* Text in alter Rechtschreibung

1 Mein Sohn, ich hab dir die Stiefel
Und dies braune Hemd geschenkt:
Hätt ich gewußt, was ich heute weiß
Hätt ich lieber mich aufgehängt.

2 Mein Sohn, als ich deine Hand sah
Erhoben zum Hitlergruß
Wußt ich nicht, daß, dem, der ihn grüßet
Die Hand verdorren muß.

3 Mein Sohn, ich höre dich reden
Von einem Heldengeschlecht
Wußte nicht, ahnte nicht, sah nicht:
Du warst ihr Folterknecht.

4 Mein Sohn, und ich sah dich marschieren
Hinter dem Hitler her
Wußte nicht, daß, wer mit ihm auszieht:
Zurück kehrt er nimmermehr.

5 Mein Sohn, du sagtest mir, Deutschland
Wird nicht mehr zu kennen sein.
Wußte nicht, es würde werden
Zu Aschen und blut'gem Stein.

6 Sah das braune Hemd dich tragen
Hab mich nicht dagegengestemmt
Denn ich wußte nicht, was ich heute weiß:
Es war dein Totenhemd.

A bestimmter Artikel, Relativpronomen, Demonstrativpronomen, unterordnende Konjunktion, Possessivpronomen, Modalverb

B Adjektiv, Reflexivpronomen, Adverb, Personalpronomen, nebenordnende Konjunktion, Possessivpronomen

C Adverb, Possessivpronomen, beiordnende Konjunktion, Präposition, Personalpronomen, bestimmter Artikel

D unbestimmter Artikel, Possessivpronomen, Personalpronomen, Präposition, Hilfsverb als Vollverb, Verneinungspartikel

E beiordnende Konjunktion, Personalpronomen, Possessivpronomen, Präposition, Hilfsverb, Verneinungspartikel

F Possessivpronomen, Adjektiv, Adverb, nebenordnende Konjunktion, Demonstrativpronomen, Reflexivpronomen

1. Ordne die Karten den einzelnen Strophen zu.
2. Bestimme auch die anderen Wörter der einzelnen Strophen.

Aus dem Leben eines Taugenichts *Joseph von Eichendorff*

In Eichendorffs Novelle wird die Geschichte des Müllersohns erzählt, der in die Welt reist, mit Adligen verkehrt und am Ende die Nichte eines Schlossportiers heiratet. Hier zwei Auszüge:

1

Als ich die Augen aufschlug, stand der Wagen still unter hohen Lindenbäumen, hinter denen eine breite Treppe zwischen Säulen in ein prächtiges Schloss führte. Seitwärts durch die Bäume sah ich die Türme von Wien. Die Damen waren, wie es schien, längst ausgestiegen, die Pferde abgespannt. Ich erschrak sehr, da ich auf einmal so allein saß, und sprang geschwind in das Schloss hinein, da hörte ich von oben aus dem Fenster lachen.

In diesem Schlosse ging es mir wunderlich. Zuerst, wie ich mich in der weiten kühlen Vorhalle umschaue, klopft mir jemand mit dem Stocke auf die Schulter. Ich kehre mich schnell um, da steht ein großer Herr in Staatskleidern, ein breites Bandelier* von Gold und Seide bis an die Hüften übergehängt mit einem oben versilberten Stabe in der Hand, und einer außerordentlich langen gebogenen kurfürstlichen Nase im Gesicht, breit und prächtig wie ein aufgeblasener Puter, der mich fragt, was ich hier will. Ich war ganz verblüfft und konnte vor Schreck und Erstaunen nichts hervorbringen.

Bandelier = Degentrageband

2

Die Kammerjungfer sah mich kurios von oben bis unten an, so dass ich mich ordentlich selber besinnen musste, ob ich was Dummes gesagt hätte – „Er weiß aber auch gar nichts“, sagte sie endlich und rümpfte das kleine Näschen. „Nun“, fuhr sie fort, „es soll heute Abend dem Herrn zu Ehren Tanz im Schlosse sein und Maskerade. Meine gnädige Frau wird auch maskiert sein, als Gärtnerin – versteht Er auch recht, als Gärtnerin. Nun hat die gnädige Frau gesehen, dass Er besonders schöne Blumen hat in Seinem Garten.“ – Das ist seltsam, dachte ich bei mir selbst, man sieht doch jetzt fast keine Blume mehr vor Unkraut. – Sie aber fuhr fort: „Da nun die gnädige Frau schöne Blumen zu ihrem Anzuge braucht, aber ganz frische, die eben vom Beete kommen, so soll Er ihr welche bringen und damit heute Abend, wenn's dunkel geworden ist, unter dem großen Birnbaum im Schlossgarten warten, da wird sie dann kommen und die Blumen abholen.“

1. In welchem Tempus wird vorwiegend erzählt?
   Suche die entsprechenden Sätze heraus.
   An welchen Stellen weicht der Erzähler von diesem Tempus ab?
   Warum tut er das?
2. Welche anderen Tempusformen erkennst du noch?

Den Konjunktiv I in Goethe-Zitaten bestimmen

Du findest im Folgenden einige Zitate aus Goethes Drama „Götz von Berlichingen“. In allen Zitaten ist der Konjunktiv I enthalten.

Inhaltsangabe: Götz von Berlichingen, ein Reichsritter, liegt in Fehde mit dem Bischof von Bamberg. Es gelingt ihm, den Berater des Bischofs, Adalbert von Weislingen, gefangen zu nehmen. Weislingen ist ein alter Jugendfreund von Götz und Götz kann ihn auf seine Seite ziehen. Doch Weislingen wird Götz wieder untreu, weil er sich in Adelheid von Walldorf verliebt, die sich in Bamberg aufhält. Nach einem Überfall auf Nürnberger Kaufleute wird über Götz die Reichsacht verhängt und er zieht sich auf seine Burg zurück. Als die Bauernkriege ausbrechen, stellt sich Götz an die Spitze der Bewegung, um Gewalttaten zu verhindern. Der Aufstand wird blutig niedergeschlagen. Götz gerät in Gefangenschaft. In der Zwischenzeit wird Weislingen in Bamberg von Adelheid vergiftet. Bevor Weislingen stirbt, gelingt es ihm noch, das Todesurteil von Götz aufzuheben. Doch Götz stirbt im Gefängnis.

A

Georg Es lebe die Freiheit!
Götz Es lebe die Freiheit!
Alle Es lebe die Freiheit!

B

Franz Da sei Gott vor! Wollen das Beste hoffen! Maria ist liebreich und schön, und einem Gefangenen und Kranken kann ich's nicht übelnehmen, der sich in sie verliebt. In ihren Augen ist Trost, gesellschaftliche Melancholie.

C

Götz Was für Nachrichten, Elisabeth, von meinen lieben Getreuen?
Elisabeth Nichts Gewisses. Einige sind erstochen, einige liegen im Turn. Es konnte oder wollte niemand mir sie näher bezeichnen.
Götz Ist das Belohnung der Treue? des kindlichen Gehorsams? – Auf dass dir's wohl gehe und du lange lebest auf Erden!

D

Martin Georg! da hast du einen tapfern Patron.
Georg Sie sagen, er sei ein Reiter gewesen; das will ich auch sein.

E

Götz *(zu Georg heimlich)* Geh auf den Weg nach Dachsbach, und leg dich mit dem Ohr auf die Erde, ob du nicht Pferd kommen hörst, und sei gleich wieder hier

F

Wache Franz von Sickingen hält vor dem Schlag und lässt Euch sagen: er habe gehört, wie unwürdig man seinem Schwagerbundbrüchig geworden sei, wie die Herrn von Heilbronn allen Vorschub täten. Er verlange Rechenschaft, sonst wolle er binnen einer Stunde die Stadt an vier Ecken anzünden und sie der Plünderung preisgeben.

1. Suche alle Konjunktivformen heraus.
Bestimme die Funktion von Konjunktiv I: indirekte Rede, höfliche Bitte oder Aufforderung.

Den Konjunktiv II in Goethe-Zitaten bestimmen

Du findest im Folgenden weitere Zitate aus Goethes Drama „Götz von Berlichingen“. In allen Zitaten ist der Konjunktiv II enthalten.

A

Martin Wollte, Gott hätte mich zum Gärtner oder Laboranten gemacht! ich könnte glücklich sein. Mein Abt liebt mich, mein Kloster ist Erfurt in Sachsen; er weiß, ich kann nicht ruhn, da schickt er mich herum, wo was zu betreiben ist. Ich geh zum Bischof von Konstanz.

B

Adelheid So seid Ihr ein Chamäleon?

Weislingen Wenn Ihr mein Herz sehen könntet!

Adelheid Schöne Sachen würden mir vor die Augen kommen.

Weislingen Gewiss! Ihr würdet Euer Bild drin finden.

C

Fräulein Ihr seht blass, gnädige Frau.

Adelheid – Ich lieb ihn nicht und wollte doch, dass er bliebe. Siehst du, ich könnte mit ihm leben, ob ich ihn gleich nicht zum Manne haben möchte.

D

Georg Wenn man nur hierzulande nicht immer mit Reichsknechten zu tun hätte! Wisst Ihr, gnädiger Herr, wie Ihr uns prophezeitet: Wenn sich die Welt umkehrte, würden wir Jäger werden.

E

Lerse Das Herz blutete mir, wie er mich von sich schickte. Wenn Ihr nicht meiner Hülfe bedürftet, alle Gefahren des schmählichsten Todes sollten mich nicht von ihm getrennt haben.

Elisabeth Ich weiß nicht, wo Sickingen ist. Wenn ich nur Marien einen Boten schicken könnte!

Lerse Schreibt nur, ich will dafür sorgen. *(Ab).*

F

Götz Nein, Sickingen, Ihr sollt fort. Eure großen Anschläge könnten drüber zugrunde gehn, wenn Ihr zu so ungelegener Zeit des Reichs Feind werden wolltet. Auch mir werdet Ihr weit mehr nutzen, wenn Ihr neutral zu sein scheint. Der Kaiser liebt Euch, und das Schlimmste, das mir begegnen kann, ist, gefangen zu werden; dann braucht Euer Vorwort, und reißt mich aus einem Elend, in das unzeitige Hülfe uns beide stürzen könnte. Denn was wär's? Jetzo geht der Zug gegen mich; erfahren sie, du bist bei mir, so schicken sie mehr, und wir sind um nichts gebessert. Der Kaiser sitzt an der Quelle, und ich wär schon jetzt unwiederbringlich verloren, wenn man Tapferkeit so geschwind einblasen könnte, als man einen Haufen zusammenblasen kann.

2. Suche alle Konjunktivformen heraus.
Bestimme die Funktion von Konjunktiv II: unerfüllbarer Wunsch, Möglichkeit/Irrealität, unerfüllbare Bedingung.

Satzglieder und Gliedsätze

Höflichkeit *Petra Kühle*

In der folgenden Geschichte fehlen die Objekte und die adverbialen Bestimmungen. Du findest sie unterhalb des Textes. Für sie stehen im Text nur die Bezeichnungen:

Herr S. / ist / Prädikatsnomen. / Adverbiale Bestimmung der Zeit / war / ein Tag voller Ärger/ Präpositionalobjekt: / Adverbiale Bestimmung des Ortes / fand / er / Akkusativobjekt; / adverbiale Bestimmung des Ortes / schmeckte / der Kaffe / adverbiale Bestimmung der Art und Weise /; sein Chef / kanzelte / Akkusativobjekt / ab / adverbiale Bestimmung des Grundes /, die / adverbiale Bestimmung der Zeit / übersehen worden wäre; / sein Arbeitskollege / blies / Dativobjekt / adverbiale Bestimmung der Art und Weise / Akkusativobjekt / adverbiale Bestimmung des Ortes. / Herr S. / schwieg / Präpositionalobjekt / adverbiale Bestimmung des Grundes /, obwohl / alles / Prädikatsnomen / war. Adverbiale Bestimmung des Ortes / empfing / Akkusativobjekt / das Geschrei seiner beiden Kinder. / Er / entledigte sich / Genitivobjekt. / Adverbiale Bestimmung der Art und Weise / schrie / er / Akkusativobjekt / an. / Das / gab / Dativobjekt / Akkusativobjekt / zurück.

an anderen Tagen – keinen Sitzplatz – für ihn – im Büro – mitten ins Gesicht – ein ganz normaler Zeitgenosse – Gedankenlos und ehrlich – ihn – Heute – In der überfüllten Straßenbahn – rücksichtslos – fad – wegen einer Kleinigkeit – ihm – generös – Zuhause – seiner Gedanken – aus Höflichkeit – stinkenden Zigarettenrauch – seine Höflichkeit – zu allem – ärgerlich – ihn – die beiden – ihm

1. Schreibe die Geschichte ab. Setze dabei die Objekte und adverbialen Bestimmungen ein, sodass die Geschichte einen Sinn ergibt.

Fernöstliche Weisheiten

Die folgenden Gedanken und Sinnsprüche aus dem fernen Osten sind nicht im originalen Wortlaut abgedruckt: Nebensätze wurden durch die kursiv gedruckten Satzglieder ersetzt.

Unter der Bedingung eines Falls ins Wasser tadle dich selber und nicht den Fluss.

Der Hahn sträubt seine Federn *mit der Absicht des Aussehens wie ein Löwe.*

Vor dem Ziehen anderer an den Ohren sollst du dich selber bei der Nase nehmen.

Kehre wegen Regens nicht auf dem Weg zu der Liebsten um; sonst ist deine Liebe nichts wert.

Während des Erflehens von Regen durch den Bauern hofft der Wanderer auf Sonnenschein.

Trotz seiner Größe kann ein Kaiser nicht über den Himmel gebieten.

Trittst du mit einem einzigen Schritt daneben, kannst du den Schaden oft nur beheben *durch einen Umweg von tausend Meilen.*

Erfülle getreulich deine irdische Pflicht *mit der Folge des Schutzes durch die Götter.*

Nebensätze

obgleich ein Kaiser auch groß sein mag – während der Bauer Regen erfleht – damit er aussieht wie ein Löwe – wenn du ins Wasser fällst – weil es regnet – indem du einen Umweg von tausend Meilen gehen musst – sodass die Götter dich beschützen – bevor du andere an den Ohren ziehst

1. Stelle den originalen Wortlaut her.
   Setze dabei an die Stelle der Satzglieder die Nebensätze und bestimme sie.
2. Mit welchen der folgenden Konjunktionen können die Nebensätze auch eingeleitet werden?

als ob – wie – sobald – als – dass – bis – ehe – ohne dass – dadurch... dass – weil – da – zumal – sofern – falls – wenngleich – obschon – obzwar

Galileo Galilei (1564–1642)

Galilei – Begründer der neuzeitlichen Physik

Du findest hier Aussagen über den Physiker Galilei, die allerdings nicht vollständig sind. Du musst sie mit einem passenden Attributsatz aus dem Kasten ergänzen:

1 Nicht alles, ■, ist aus heutiger Sicht richtig, etwa seine Erklärung der Gezeiten, ■. Tatsächlich haben sie etwas mit den Gravitationskräften des Mondes zu tun.

2 Er wurde von der Inquisition zum Widerruf seiner Lehre gezwungen. Danach stellen sich viele seiner Anhänger die Frage, ■.

3 Die Aussage, ■, wurde von ihm nie gemacht und gehört in den Bereich der Legendenbildung.

4 In Pisa, ■, war er drei Jahre lang Mathematikprofessor.

5 Die Tatsache, ■ hinderte ihn nicht daran, heimlich weiter zu forschen.

6 Im Jahre 1609 führte er der Öffentlichkeit ein selbst gebautes Fernrohr vor, ■.

7 Zu Leben und Werk Galileis schrieb Bertolt Brecht, ■, ein Drama.

8 Galilei war der erste Physiker, ■.

was er behauptet hat – nachdem er in Pisa angekommen war – der physikalische Gesetze in mathematischer Form formulierte – mit dem er dann bahnbrechende astronomische Entdeckungen machte – warum er nicht widerstanden hat – die er irrtümlicherweise auf die Erddrehung zurückgeführt hat – wenn ein schwerer Körper zu Boden fällt – wo er angeblich vom Schiefen Turm die aristotelischen Fallgesetze experimentell widerlegte – weil die Kirche ihn anseinen Forschungsarbeiten hinderte – dass er von der Inquisition ein Forschungsverbot erhalten hat – dass die Erde sich doch bewegt – der einer der berühmtesten deutschen Dichter ist

1. Setze die passenden Attributsätze aus dem Kasten in die Lücken ein. *Achtung:* Nicht alle Nebensätze müssen eingesetzt werden, denn es sind nicht nur Attributsätze in dem Kasten.
2. Fasse zusammen: Was leisten Attributsätze? Woran kann man sie erkennen?

Newton und Einstein – klassische und moderne Physik

Newton gilt als Begründer der klassischen Physik, Einstein als Begründer der modernen Physik. Du findest hier Aussagen über die beiden Physiker. Die Aussagen über Newton enthalten nur Subjektsätze, die Aussagen über Einstein nur Objektsätze.

Isaac Newton (1643–1727)

Albert Einstein (1879–1955)

1 Dass die gleiche Kraft einen Stein zu Boden fallen lässt und einen Planeten auf seiner Bahn hält, ist seine Entdeckung.

2 In der Diskussion um seine Person fragt man sich immer wieder, inwieweit er für den Bau der Atombombe verantwortlich ist.

3 Viele fragen sich immer wieder, ob der bekannte Witz „Ein Haar auf dem Kopf ist relativ wenig, ein Haar in der Suppe ist relativ viel" seine berühmte Theorie ausdrückt. Man kann ihnen sagen, dass es so ist.

4 Leibniz und er haben zu gleicher Zeit die Infinitesimalrechnung entdeckt. Dass es zwischen den beiden zu einem Prioritätsstreit kam, wirkt aus heutiger Sicht kleinkariert.

5 Sein Bild prangte von 1978 bis 1984 auf der englischen 1-Pfund-Note. Warum man es danach entfernte, ist leicht zu erklären: Die Banknote wurde aus dem Geldumlauf genommen.

6 Wer sein Hauptwerk *Philosophiae naturalis principia mathematica* verstehen will, muss sehr gute geometrische Kenntnisse besitzen.

7 Als eine seiner wichtigsten Entdeckungen gilt, dass es keine größere Geschwindigkeit als die Lichtgeschwindigkeit gibt.

8 Für den verblendeten Rassenwahn im Nationalsozialismus gibt es viele Beispiele; unter anderem kann man anführen, dass seine Theorie abgelehnt und als jüdische Physik angesehen wurde.

9 Seine Theorie war zuerst ein reines Gedankenkonstrukt. Erst 15 Jahre später konnte man behaupten, dass es sich um eine experimentell bestätigte Theorie handelt.

10 Dass er die Kraft eines bewegten Körpers mit der Formel $F = ma$ (Kraft = Masse × Beschleunigung) definierte, ist eines seiner größten Verdienste.

1. Ordne die Aussagen den beiden Physikern zu.
2. Fasse zusammen: Was leisten Subjekt- und Objektsätze. Woran kann man sie erkennen?

Wortarten

Das Substantiv	bezeichnet abstrakte und konkrete Sachverhalte, lässt sich deklinieren und ist durch die Kategorien Genus (Geschlecht), Numerus (Singular und Plural) und Kasus (Fall) gekennzeichnet.
Der Artikel	dient als (vorangestellter) Begleiter des Substantivs und zeigt Genus, Numerus und Kasus an. Der unbestimmte Artikel kennzeichnet unbekannte Sachverhalte (*ein* Mann), der bestimmte Artikel bekannte Sachverhalte (*der* Mann).
Das Adjektiv	dient dazu, eine Person, einen Gegenstand, ein Geschehen oder eine Eigenschaft zu charakterisieren. Es kann attributiv *(Das schnelle Auto)*, prädikativ *(Das Auto ist schnell)* und adverbial *(Das Auto fährt schnell)* verwendet werden. Das Adjektiv kann gesteigert werden. Die Vergleichsstufen sind der Positiv *(schnell)*, der Komparativ *(schneller)* und der Superlativ *(am schnellsten / das schnellste Auto)*.
Das Verb	bezeichnet Tätigkeiten *(arbeiten)*, Vorgänge *(schwitzen)* und Zustände *(liegen)*. Es gibt infinite *(schlafen)* und finite Formen *(er schläft)*. Verben lassen sich differenzieren in starke Verben *(gehen–ging–gegangen)* und schwache *(lachen–lachte–gelacht)*, Hilfsverben *(haben, sein, werden)* und Modalverben *(dürfen, können, mögen, müssen, sollen, wollen)*. Das Verb kann die Zeitstufen Gegenwart (Präsens), Vergangenheit (Präteritum, Perfekt, Plusquamperfekt) und Zukunft (Futur I und II) ausdrücken. Aktiv und Passiv drücken verschiedene Blickrichtungen auf einen Sachverhalt aus *(Der Arzt untersucht den Patienten ↔ Der Patient wird vom Arzt untersucht)*, d. h., beim Passiv rückt der „Täter" in den Hintergrund. Konjunktiv I wird in der Redewiedergabe gebraucht *(Der Verteidiger meint, der Angeklagte könne nicht der Täter sein)*, bei Anweisungen *(Man nehme 100 g Mehl)* und bei Wünschen *(Er lebe hoch)*. Der Konjunktiv II ist der Modus des Nichtwirklichen (Irrealis) und Möglichen (Potentialis). Mit ihm drückt man irreale Vorstellungen *(Man stelle sich vor, ich wäre nie geboren)*, unerfüllbare Wünsche *(Wäre ich doch nie geboren)*, Vermutungen *(Der Angeklagte könnte der Täter sein)*, höfliche Bitten *(Könnten Sie mir helfen)* sowie Vorbehalte und Zweifel *(Glaubst du wirklich, ich könnte dich belügen)* aus.
Das Pronomen	dient als Stellvertreter von Substantiven.
Das Personalpronomen	bezeichnet darüber hinaus Rollen im Gespräch und verweist auf den Sprecher *(ich, wir)*, auf den oder die Angesprochenen *(du, ihr)* und auf den oder die Besprochenen bzw. das Besprochene *(er/sie/es, sie)*.

Das Possessivpronomen	zeigt ein Besitzverhältnis *(mein Auto)* oder eine allgemeine Zugehörigkeit *(mein Verein)* an. Die Possessivpronomen entsprechen den Personalpronomen *(mein–ich, dein–du, sein–er/es, ihr–sie, unser–wir, euer–ihr, ihr–sie)*.
Das Reflexivpronomen	bezieht sich in der Regel auf das Subjekt des Satzes zurück *(Ich sehe mich im Spiegel)*.
Das Demonstrativpronomen	*(der, dieser, jener, derjenige, derselbe)* hat die Funktion des ausdrücklichen Hinweisens *(dieses Buch/der dort)*. In Texten verweist es auf vorher Genanntes *(Birken, Erlen und Buchen stehen am Straßenrand. Diese Bäume bilden eine schöne Allee)*.
Das Indefinitpronomen	*(alle, einer, einige, etwa, jeder, jemand, keiner, man, niemand, nichts)* bezeichnet eine nicht näher bestimmte Menge von Personen oder Gegenständen.
Das Relativpronomen	*(der, die, das, welcher, welche, welches, wer, was)* bezieht sich auf ein Substantiv *(Der Arzt, der mich behandelt hat, ist nett)* oder ein Pronomen *(Ich tue alles, was du willst)*.
Die Präposition	*(in, an, auf, unter, vor, neben, mit, ohne, durch usw.)* bezeichnet Beziehungen oder Verhältnisse zwischen Gegenständen, Lebewesen oder Sachverhalten.
Die Konjunktion	wird in unterordnend und nebenordnend unterschieden. Nebenordnende Konjunktionen *(und, oder, aber, denn, entweder... oder)* verbinden Wörter *(Geld oder Leben)*, Wortgruppen *(Viele Menschen träumen von einem großen Haus und einer weiten Reise)* und Sätze *(Er ist ein berühmter Star und seine Fans mögen ihn)*. Unterordnende Konjunktionen *(dass, weil, nachdem, als, während, nachdem, wenn, obwohl, damit usw.)* verbinden Haupt- und Nebensätze *(Er fehlt in der Schule, weil er krank ist)*.
Das Adverb	zeigt in einem Satz an, unter welchen Umständen etwas geschieht. Adverbien sind unveränderlich, nur wenige werden gesteigert *(oft, öfter)*. Sie können sich beziehen auf ein Verb *(Er rennt blindlings über die Straße)*, auf ein Adjektiv *(ein sehr schönes Haus)*, auf ein Substantiv *(Das Auto dort)* und auf einen ganzen Satz *(Hoffentlich regnet es nicht)*. Sie werden eingeteilt in Lokaladverbien *(abseits, dort, oben, abwärts)*, Temporaladverbien *(nachts, gestern, plötzlich, immer)*, Modaladverbien *(blindlings, flugs, kurzerhand)* und Kausaladverbien *(daher, nämlich, folglich, deswegen)*.

Satzglieder

Das Satzglied	ist ein Baustein des Satzes. Es lässt sich durch die Umstellprobe *(Ich / schreibe / meiner besten Freundin / einen langen Brief – Meiner besten Freundin / schreibe/ich/einen langen Brief – Einen langen Brief / schreibe / ich/ meiner besten Freundin)* unterscheiden.
Das Subjekt	gibt Auskunft, wer oder was in einem Satz etwas tut oder erleidet. *(Der Aufsatz wird vom Lehrer korrigiert).*
Das Prädikat	zeigt an, was in einem Satz geschieht oder was jemand tut *(Der Lehrer korrigiert den Aufsatz)*. Es kann einteilig *(Der Lehrer korrigiert den Aufsatz)* oder mehrteilig *(Der Lehrer hat den Aufsatz korrigiert)* sein.
Das Prädikatsnomen	ist in der Regel ein Satzglied im Nominativ. Es ergänzt das Subjekt und steht nach den Verben sein, werden und bleiben. Das Prädikatsnomen kann aus einem Substantiv *(Er bleibt Klassensprecher – Wasser ist eine Flüssigkeit)* oder einem Adjektiv *(Wasser ist nass)* bestehen.
Das Objekt	ergänzt die Satzaussage und lässt sich wie folgt unterscheiden: Das Genitivobjekt wird mit wessen erfragt *(Er wird des Diebstahls bezichtigt)* und steht nur nach wenigen Verben *(z. B. gedenken, bezichtigen, bedürfen, sich entledigen)*. Das Dativobjekt wird mit wem erfragt *(Das Auto gehört meiner Mutter)*, das Akkusativobjekt mit wen oder was *(Der Lehrer korrigiert den Aufsatz)*, das Präpositionalobjekt mit einem Fragewort und einer Präposition *(auf wen? mit wem?... – Ich warte auf den Bus)*.
Das Adverbial	ergänzt in gleicher Weise die Satzaussage und wird wie folgt unterschieden: Das Adverbial der Zeit wird mit wann, seit wann, bis wann, wie lange usw. erfragt *(Am letzten Tag des Jahres feiern wir)*, das Adverbial des Ortes mit wo, wohin, woher *(Das Schulheft liegt auf dem Tisch)*, das Adverbial des Grundes mit warum, weshalb *(Er fehlt wegen einer Grippe in der Schule)* und das Adverbial der Art und Weise mit wie, womit, wodurch *(Das Auto fährt mit rasender Geschwindigkeit durch die Stadt)*.
Das Attribut	bestimmt ein Bezugswort näher. Es ist kein eigenständiges Satzglied, sondern Teil von Satzgliedern. Es lässt sich wie folgt unterscheiden: Das Präpositionalattribut ist mit einer Präposition an das Bezugswort angehängt *(Das Mädchen mit der roten Mütze heißt Rotkäppchen)*. Das Adjektivattribut ist ein vorangestelltes Adjektiv *(Das kleine Mädchen mit der roten Mütze heißt Rotkäppchen)*. Das Adverbattribut ist ein hinweisendes Adverb *(Das Bild dort ist sehr interessant)*. Das Genitivattribut ist ein Substantiv im Genitiv *(Die Katze der Nachbarn jagt im Garten meiner Eltern Mäuse)*.
Die Apposition	ist eine nachgestellte Beifügung. Sie wird vom Bezugswort durch Kommas abgetrennt *(Rotkäppchen, ein kleines Mädchen, trägt eine rote Mütze)*.

Sätze

Die Satzreihe	ist eine Verbindung von Hauptsätzen (*Die Tochter lernt am Computer, und der Sohn spielt Fußball*).
Das Satzgefüge	ist eine Verbindung von Haupt- und Nebensatz (*Die Tochter lernt am Computer, während der Sohn Fußball spielt*).
Der Nebensatz/ Gliedsatz	ist einem anderen Satz (*Hauptsatz oder Nebensatz*) untergeordnet.
Der Subjektsatz	ist ein Gliedsatz, der anstelle eines Subjektes steht (*Dass du kommst, freut mich*).
Der Objektsatz	ist ein Gliedsatz, der anstelle eines Objektes steht (*Ich freue mich, dass du kommst*).
Der Adverbialsatz	ist ein Gliedsatz, der anstelle eines Adverbials steht. Adverbialsätze lassen sich genauer unterscheiden in die acht folgenden Gliedsätze:
Der Kausalsatz	(*weil, da*) gibt für die Aussage im Hauptsatz einen Grund oder eine Begründung an (*Ich ziehe mich warm an, weil es kalt ist*).
Der Temporalsatz	(*als, solange, bis, während, seit, bevor, nachdem*) gibt Auskunft über Zeit und Dauer eines Geschehens (*Als er aus dem Haus ging, regnete es*).
Der Modalsatz	(*indem, (dadurch) dass*) macht Angaben über die Art und Weise eines Geschehens. (*Der Arzt half, indem er die Wunde verband.*)
Der Finalsatz	(*damit, dass*) drückt einen Zweck oder eine Absicht aus (*Er macht regelmäßig Hausaufgaben, damit er Erfolg hat*).
Der Konsekutivsatz	(*sodass, so... dass*) beschreibt die Folgen eines Geschehens (*Es regnete so sehr, dass viele Keller unter Wasser standen*).
Der Konditional-satz	(*wenn, falls*) drückt die Bedingung eines Geschehens aus (*Wenn es regnet, wird die Straße nass*).
Der Konzessivsatz	(*obwohl, obgleich, wenn auch, wenngleich*) ist ein Gliedsatz, mit dem man Einwänden begegnet (*Obwohl es die ganze Nacht geschneit hat, fuhr er mit dem Fahrrad*).
Der Lokalsatz	(*wo, wohin, woher*) dient zur Angabe eines Ortes oder einer Richtung (*Ich gehe dorthin, wo der Pfeffer wächst*).
Das satzwertige Partizip	(*Vom Gewitter überrascht, wurde er nass*) kann Nebensätze ersetzen und in gleicher Funktion gebraucht werden.
Der satzwertige Infinitiv	(*Die beiden Freund trafen sich, um gemeinsam zu lernen*) kann Nebensätze ersetzen und in gleicher Funktion gebraucht werden.
Der Attributsatz	steht für ein Attribut. Er wird mit einem Relativpronomen oder einer Konjunktion eingeleitet (*Hunde, die bellen, beißen nicht*).

Grammatik und Text

Nachschlagen → S. 325

Text und Thema

Texte – ja oder nein?

1 Finster war's

Finster war's, der Mond schien helle,
Schneebedeckt die grüne Flur,
Als ein Wagen blitzesschnelle
Langsam um die Ecke fuhr.
Drinnen saßen stehend Leute
Schweigend ins Gespräch vertieft,
Als ein totgeschossner Hase
Auf der Sandbank Schlittschuh lief.
Und auf einem roten Sofa,
Das grün überzogen war,
Saß ein blond gelockter Jüngling
Mit kohlrabenschwarzem Haar.
Neben ihm 'ne alte Schachtel,
zählte kaum erst sechzehn Jahr,
Biss in eine Butterstulle,
Die mit Schmalz bestrichen war.

2 Lexikonartikel

Elektrolyt: Stoff, der in flüssiger Form oder in Lösung elektrischen Strom leitet. Elektrolyte weisen als chemische Bindung vorwiegend die Ionenbindung auf. Alle löslichen Säuren, Basen und Salze sind Elektrolyte. Wasser und Kochsalz (Natriumchlorid) sind für sich allein beide schlechte elektrische Leiter, die Leitfähigkeit der Lösung von Kochsalz in Wasser dagegen ist groß. Das liegt wahrscheinlich daran, dass Wasser ein Medium ist, in dem sich die Natrium- und Chlor-Ionen gut bewegen können. Der elektrische Strom wird in der Lösung nämlich von den positiven und negativen Ionen getragen.

3 Die Dämmerung (1913) *Alfred Lichtenstein*

Ein dicker Junge spielt mit einem Teich.
Der Wind hat sich in einem Baum gefangen.
Der Himmel sieht verbummelt aus und bleich,
Als wäre ihm die Schminke ausgegangen.

Auf langen Krücken schief herabgebückt
Und schwatzend kriechen auf dem Feld zwei Lahme.
Ein blonder Dichter wird vielleicht verrückt.
Ein Pferdchen stolpert über eine Dame.

An einem Fenster klebt ein fetter Mann.
Ein Jüngling will ein weiches Weib besuchen.
Ein grauer Clown zieht sich die Stiefel an.
Ein Kinderwagen schreit und Hunde fluchen.

4 Einkaufszettel

Brot
1 l Milch
10 Eier
1 kg Vollkornmehl
Bananen
Äpfel
Marmelade
Apfelsaft

5 Die Halogentherapie – Revolution der Medizin *U. N. Sinn*

Die Fortschritte der Medizin sind unaufhaltsam. Bereits in der Antike kamen die großen Philosophen zu dieser Einsicht und haben sie vorgedacht. So ist es heute nicht nur Philosophen und anderen Geistesgrößen klar, dass in jedem zivilisierten Land Kinderarbeit verboten sein muss. Dagegen ist einzuwenden, dass es im Tierreich keine moralischen Gesetze gibt, weil jeder jeden frisst. Das mag sein, aber gerade deshalb müssen sich alle vernünftigen Menschen dafür einsetzen, dass unsere Autos verkehrssicherer gebaut werden, um die hohe Zahl an Unfalltoten zu verhindern. Dennoch muss uns immer bewusst sein, dass absolute Sicherheit in der Weltpolitik nicht zu erreichen ist, wie es der Nahostkonflikt alltäglich zeigt. Fasst man diese Gedanken zusammen, so drängt sich die Forderung auf, dass die Welt, die Natur und die Menschen als Einheit zu sehen sind. Denn Licht gibt es überall. Deshalb will die Halogentherapie den Menschen ganzheitlich behandeln. Alle Erfahrungen, die Praktiker und Theoretiker in dieser Richtung bisher machten, werden gesammelt und zum Nutzen der Menschheit therapeutisch eingesetzt. Allein daraus resultiert der große Erfolg der Halogentherapie, die neu ist, aber dennoch ihre Geschichte hat.

6 Graffiti

7 Ein Verkehrszeichen

1. Diskutiert darüber, ob es sich bei diesen sieben Beispielen um Texte handelt. Überprüft bei jedem Text, ob er ein Thema hat und ob die Sätze miteinander verknüpft sind.

INFO

- Texte sind schriftlich oder mündlich und müssen ein **Thema** haben.
- Oft sind die Sätze eines Textes durch **sprachliche Verweise** miteinander verknüpft.

Nachschlagen → S. 325

Nachschlagen → S. 325

Formen der Textverknüpfung

Vor dem Gesetz *Franz Kafka*

In Kafkas Parabel fehlen im ersten Teil einige Substantive. Du findest hinter den Lücken immer zwei Substantive; aber nur eines passt:

Vor dem Gesetz steht ein Türhüter. Zu diesem _____ (Türhüter/Pförtner) kommt ein Mann vom Lande und bittet um Eintritt in das Gesetz. Aber der _____ (Wächter/Türhüter) sagt, dass er ihm jetzt den Eintritt nicht gewähren könne. Der _____ (Mann/Bauer) überlegt und fragt dann, ob er also später werde eintreten dürfen. „Es ist möglich“, sagt der _____ (Mann/Türhüter), „jetzt aber nicht.“ Da das Tor zum Gesetz offen steht wie immer und der _____ (Türsteher/Türhüter) beiseite tritt, bückt sich der _____ (Vater/Mann), um durch das Tor in das Innere zu sehn. Als der _____ (Portier/Türhüter) das merkt, lacht er und sagt: „Wenn es dich so lockt, versuche es doch, trotz meines Verbotes hineinzugehn. Merke aber: Ich bin mächtig. Und ich bin nur der unterste _____ (Mann/Türhüter). Von Saal zu Saal stehn aber _____ (Wachen/Türhüter), einer mächtiger als der andere. Schon den Anblick des dritten kann nicht einmal ich mehr ertragen.“ Solche Schwierigkeiten hat der _____ (Bauer/Mann) vom Lande nicht erwartet; das Gesetz soll doch jedem und immer zugänglich sein, denkt er, aber als er jetzt den Türhüter in seinem Pelzmantel genauer ansieht, seine große Spitznase, den langen, dünnen, schwarzen tatarischen Bart, entschließt er sich, doch lieber zu warten, bis er die Erlaubnis zum Eintritt bekommt. Der Türhüter gibt ihm einen Schemel und lässt ihn seitwärts von der Tür sich niedersetzen. Dort sitzt er Tage und Jahre. Er macht viele Versuche, eingelassen zu werden, und ermüdet den Türhüter durch seine Bitten. Der Türhüter stellt öfters kleine Verhöre mit ihm an, fragt ihn über seine Heimat aus und nach vielem andern, es sind aber teilnahmslose Fragen, wie sie große Herren stellen, und zum Schlusse sagt er ihm immer wieder, dass er ihn noch nicht einlassen könne. Der Mann, der sich für seine Reise mit vielem ausgerüstet hat, verwendet alles, und sei es noch so wertvoll, um den Türhüter zu bestechen. Dieser nimmt zwar alles an, aber sagt dabei: „Ich nehme es nur an, damit du nicht glaubst, etwas versäumt zu haben.“ Während der vielen Jahre beobachtet der Mann den Türhüter fast ununterbrochen. Er vergisst die andern Türhüter, und dieser erste scheint ihm das einzige Hindernis für den Eintritt in das Gesetz. Er verflucht den unglücklichen Zufall, in den ersten Jahren rücksichtslos und laut, später, als er alt wird, brummt er nur noch vor sich hin. Er wird kindisch, und, da er in dem jahrelangen Studium des Türhüters auch die Flöhe in seinem Pelzkragen erkannt hat, bittet er auch die Flöhe, ihm zu helfen und den Türhüter umzustimmen. Schließlich wird sein Augenlicht schwach, und er weiß nicht, ob es um ihn wirklich dunkler wird, oder ob ihn nur seine Augen täuschen. Wohl aber erkennt er jetzt im Dunkel einen

Glanz, der unverlöschlich aus der Türe des Gesetzes bricht. Nun lebt er nicht mehr lange. Vor seinem Tode sammeln sich in seinem Kopfe alle Erfahrungen der ganzen Zeit zu einer Frage, die er bisher an den Türhüter noch nicht gestellt hat. Er winkt ihm zu, da er seinen erstarrenden Körper nicht mehr aufrichten kann. Der Türhüter muss sich tief zu ihm hinunterneigen, denn der Größenunterschied hat sich sehr zuungunsten des Mannes verändert. „Was willst du denn jetzt noch wissen?", fragt der Türhüter, „du bist unersättlich." „Alle streben doch nach dem Gesetz", sagt der Mann, „wieso kommt es, dass in den vielen Jahren niemand außer mir Einlass verlangt hat?" Der Türhüter erkennt, dass der Mann schon an seinem Ende ist, und, um sein vergehendes Gehör noch zu erreichen, brüllt er ihn an: „Hier konnte niemand sonst Einlass erhalten, denn dieser Eingang war nur für dich bestimmt. Ich gehe jetzt und schließe ihn."

1. Welches Substantiv passt jeweils in die Leerstelle?
   Ein Tipp: Achte auf die Verwendung im Rest der Parabel.
2. Welche anderen Substantive werden wiederholt?
3. Erläutere, welche Funktion diese Wiederholungen für den Textzusammenhang haben.

Der Sturm auf die Bastille – eine Geschichtslegende

Die Sätze und Abschnitte des folgenden Textes sind nicht in der richtigen Reihenfolge angeordnet. Hinweise zur richtigen Anordnung findest du auf den Karten der nächsten Seite.

A An diesem Tag ist angeblich viel passiert, wie uns zeitgenössische Dokumente und populärwissenschaftliche Darstellungen weismachen wollen.

B Dann wird der heldenhafte Kampf der Angreifer geschildert, die beim Sturm weder Leib noch Leben schonten, um sich für eine gerechte Sache einzusetzen.

C Ein Nationalfeiertag greift zurück in die Geschichte eines Landes und gedenkt eines außergewöhnlichen Ereignisses.

D Aber nichts davon entspricht der geschichtlichen Wahrheit, alles ist frei erfunden – so sind diese Schilderungen mit einem Satz zu bewerten.

E Das außergewöhnliche Ereignis, dessen Frankreich gedenkt und das zu einem der wichtigsten Nationalfeiertage wurde, ist der Sturm auf die Bastille am 14. Juli 1789, dem Beginn der Französischen Revolution, die dem Absolutismus ein Ende bereitete und den Menschen Freiheit, Gleichheit und Brüderlichkeit verkündete.

F Denn Opfer gab es so gut wie keine unter den Angreifern, allenfalls unter der Wachmannschaft, die eine rasende Meute zum Teil lynchte. So wurde dem Gouverneur der Bastille, dem Marquis de Launay, mit einem Fleischermesser der Kopf abgeschlagen.

G An erster Stelle sind die zahlreichen Opfer zu nennen, nahezu hundert werden genannt, die beim Angriff im Donnerhagel der fünfzehn Kanonen ihr Leben ließen.

H Außerdem war der Sturm kein Sturm, sondern eher ein Spaziergang, weil die Wachmannschaft kapitulierte und das Gebäude freiwillig räumte.

I Und was die Symbolhaftigkeit der Bastille betrifft – sie war 1789 ein Luxusgefängnis, zum Abriss bestimmt, und bei der Befreiung waren gerade mal sieben Gefangene inhaftiert.

J Und schließlich wird immer die Symbolhaftigkeit der Bastille hervorgehoben, dieser verhassten Zwingburg der Tyrannei, in deren Kerker unschuldige Opfer schmachten.

Die Reihenfolge der Sätze und Abschnitte

1 Der Text beginnt mit Substantiven, die einen unbestimmten Artikel vor sich haben. Der unbestimmte Artikel ist im Gegensatz zum bestimmten so zu verstehen, dass bisher nicht Erwähntes eingeführt wird, das in der Regel im nächsten Satz mit dem bestimmten Artikel seine Fortsetzung findet.

2 Ein Substantiv aus dem vorhergehenden Satz wird aufgenommen. Da es bereits bekannt ist, wird der bestimmte Artikel gesetzt, der als Rückverweis zu verstehen ist.

3 Ein Substantiv bezieht sich auf eine Wort- und Zahlengruppe des vorhergehenden Satzes. Da es nicht wörtlich wiederholt wird, steht als hervorhebender Rückverweis ein Demonstrativpronomen dabei.

4 Eine Wortgruppe mit einem Zahladjektiv macht deutlich, dass nun eine im Satz vorher angekündigte Aufzählung folgt.

5 Ein anreihendes Bindeadverb macht deutlich, dass mit diesem Satz die Aufzählung fortgesetzt wird.

6 Eine Konjunktion und ein Bindeadverb heben hervor, dass mit diesem Satz die Aufzählung endet.

7 Mit einem Satz werden die aufgezählten Beispiele zusammengefasst und bewertet.

8 Eine nebenordnende Konjunktion leitet eine Begründung für diese Bewertung ein. Mit einem Substantiv wird auf eines der zuvor aufgezählten Beispiele Bezug genommen.

9 Ein anreihendes Bindeadverb macht deutlich, dass eine weitere Begründung folgt.

10 Eine Wortgruppe macht deutlich, dass die nun folgende Begründung auf den Inhalt eines zuvor aufgezählten Beispiels zu beziehen ist.

1. Stelle die richtige Reihenfolge der Sätze und Abschnitte her. Suche dabei die Verweise heraus, die auf den Karten angesprochen und erläutert werden.

Ellipse: Auslassung, die für das Verständnis eines Textes entbehrlich ist

Allerlei Auslassungen

1 Wetterbericht

Im Norden stark bewölkt und Niederschlag möglich. Im Süden meist neblig-trübes Wetter mit Aufheiterungen. Mittags Werte um 3°, bei längeren Aufheiterungen auch darüber. Nachts in Aufklarungsgebieten leichter Frost. Auf den Bergen gute Fernsicht.

2 Lesebuchgeschichten

Wolfgang Bochert (Auszug)

Zwei Männer sprachen miteinander.
Freiwilliger?
'türlich.
Wie alt?
Achtzehn. Und du?
Ich auch.
Die beiden Männer gingen auseinander.
Es waren zwei Soldaten.
Da fiel der eine um. Er war tot.
Es war Krieg.

3

4

1. Bestimme die einzelnen Textsorten.
   Wie würden die Texte ohne Auslassungen lauten?
2. Sucht weitere Beispiele von Ellipsen und stellt sie in der Klasse vor.

Der Schriftsteller *Wolfgang Borchert*

Viele Texte lassen sich nur verstehen, wenn der Leser ein Vorwissen besitzt und damit den Textzusammenhang herstellt. In der Regel sind wir uns dessen nicht bewusst. Du findest neben dem folgenden Text dieses Vorwissen in Form von einzelnen Sätzen:

Der Schriftsteller muss dem Haus, an dem alle bauen, den Namen geben. Auch den verschiedenen Räumen. Er muss das Krankenzimmer „Das traurige Zimmer“ nennen, die Dachkammer „Das windige“ und den Keller „Das düstere“. Er darf den Keller nicht „Das schöne Zimmer“ nennen.

Wenn man ihm keinen Bleistift gibt, muss er verzweifeln vor Qual. Er muss versuchen, mit dem Löffelstiel an die Wand zu ritzen. Wie im Gefängnis: Dies ist ein hässliches Loch. Wenn er das nicht tut in seiner Not, ist er nicht echt. Man sollte ihn zu den Straßenkehrern schicken.

Wenn man seine Briefe in anderen Häusern liest, muss man wissen: Aha. Ja. So also sind sie in jenem Haus. Es ist egal, ob er groß oder klein schreibt. Aber er muss leserlich schreiben. Er darf in dem Haus die Dachkammer bewohnen. Dort hat man die tollsten Aussichten. Toll, das ist schön und grausig. Es ist einsam da oben. Und es ist da am kältesten und am heißesten.Wenn der Steinhauer Wilhelm Schröder den Schriftsteller in der Dachkammer besucht, kann ihm womöglich schwindelig werden. Darauf darf der Schriftsteller keine Rücksicht nehmen. Herr Schröder muss sich an die Höhe gewöhnen. Sie wird ihm gut tun.

Nachts darf der Schriftsteller die Sterne begucken. Aber wehe ihm, wenn er nicht fühlt, dass sein Haus in Gefahr ist. Dann muss er posaunen, bis ihm die Lungen platzen!

Ein Haus besteht aus mehreren Räumen.

Der Beruf des Straßenkehrers ist weniger anspruchsvoll als der Beruf des Schriftstellers.

Der Bleistift ist das Arbeitsgerät des Schriftstellers.

Raum, Zimmer und Kammer sind Synonyme.

Nachts kann man von einer Dachkammer aus die Sterne sehen.

Wenn Gefahr drohte, wurden früher Posaunen als Alarmzeichen geblasen.

1. Welche Sätze werden mit dem Vorwissen verbunden?
2. Bei welchen anderen Sätzen des Textes ist weiteres Vorwissen vorausgesetzt, um den Zusammenhang zu verstehen?

INFO

Nachschlagen → S. 325

- Ein Textzusammenhang wird hergestellt
  - durch **Wiederholungen** von Substantiven
  - durch **Verweise** im Text
  - durch **Auslassungen** von Wörtern und Sätzen (Ellipsen)
  - durch **Vorwissen** des Lesers.

Sprache und Stil

Nachschlagen → S. 326

Bildhafte Ausdrücke

Aus der Welt der Antike

Viele sprachliche Wendungen aus der griechischen Mythologie sind in Form von bildhaften Ausdrücken in unseren Sprachgebrauch übergegangen und haben eine bestimmte Bedeutung angenommen.

1 Kassandrarufe
a) unbeachtete Warnungen (M)
b) laute Rufe (A)
c) hysterisches Schreien (F)

2 Eine Sisyphusarbeit verrichten
a) sehr schwere Arbeit (O)
b) eine schlecht bezahlte Arbeit (U)
c) sinnlose, nie enden wollende Tätigkeit (E)

3 Eulen nach Athen tragen
a) etwas Überflüssiges tun (T)
b) für den Tierschutz eintreten (G)
c) armen Menschen helfen (F)

4 Pyrrhussieg
a) glorreicher Sieg (M)
b) zu teuer erkaufter Sieg (A)
c) hinterlistiger Sieg (N)

5 Den Augiasstall ausmisten
a) schwere Arbeit verrichten (H)
b) schmutzige Arbeit verrichten (I)
c) Missstände beseitigen (P)

6 Jemanden in ein Prokrustesbett zwängen
a) stur nach Schema „F“ verfahren (H)
b) ein unfreundlicher Gastgeber sein (Z)
c) jemanden von der eigenen Meinung überzeugen (W)

7 Die Büchse der Pandora öffnen
a) ein Unheil heraufbeschwören (E)
b) ein schwieriges Problem lösen (L)
c) eine unnütze Tätigkeit verrichten (O)

8 Drakonische Strafen
a) milde Strafen (J)
b) besonders harte Strafen (R)
c) ungerechte Strafen (K)

1. Welche der angegebenen Lösungen sind richtig?
   Es kann hilfreich sein, wenn du in einem Lexikon nachschlägst.
   Wenn du die Buchstaben hinter den richtigen Lösungen fortlaufend liest, erhältst du den Fachbegriff für ein sprachliches Bild.
2. Schreibe kleine Texte, in denen diese sprachlichen Bilder vorkommen.

Aus der Welt der Musik

In den folgenden bildhaften Äußerungen sind musikalische Begriffe versteckt. Sie haben eine bestimmte Bedeutung angenommen.

1 Peters schlechte Note in Mathematik ist nur der Auftakt zu einer Reihe weiterer schlechter Noten.

2 Schlechten Schülern sollte man einmal ordentlich den Marsch blasen.

3 Niemand kann im Leben immer die erste Geige spielen.

4 Bunte Sonnenbrillen sind diesen Sommer der absolute Hit.

5 Vielleicht ist für viele Schüler die Schule nur ein Intermezzo auf ihrem an Höhepunkten reichen Lebensweg.

6 Nicht jeder Mann lässt sich erobern, wenn eine Frau mit den Wimpern klimpert.

7 Die deutsche Fußballnationalmannschaft kann nicht immer im Konzert der Großen mitspielen.

8 Bei ungezogenen Kindern sollten ab und zu andere Saiten aufgezogen werden.

9 Heute Morgen brummt mein Kopf. Ich habe gestern zu sehr auf die Pauke gehauen.

10 Manche Menschen wollen, dass andere nach ihrer Pfeife tanzen.

11 Geheimnisse sollte man nicht ausposaunen.

12 Der April bietet dieses Jahr ein Wechselspiel von Sommer und Winter.

13 Nervöse Menschen trommeln oft mit den Fingern auf der Tischplatte.

14 Politiker versichern unisono, dass nur ihre Partei die anstehenden Probleme lösen kann.

15 Die nächste Weltmeisterschaft wird für Deutschlands Nationalmannschaft ein heißer Tanz.

16 Ist ein Mensch traurig, sollte man ihm mit Taktgefühl begegnen.

17 Nana hat die letzte Biologiearbeit vergeigt.

18 Dirk trompetet besonders laut, wenn er seine Nase schnäuzt.

3. Wie heißen die musikalischen Begriffe?
4. Welche Bedeutung haben die sprachlichen Bilder angenommen?

Fußballweisheiten

In der Fußballberichterstattung sind viele sprachliche Bilder zu finden. Hier ein paar Beispiele:

1 „Es geht nicht darum, mit den Großen der Liga zu pinkeln. Es geht darum, so viel Staub aufzuwirbeln, dass die keinen Baum mehr finden, an den sie pinkeln können."
(Jürgen Klopp, Trainer des Bundesligavereins Mainz 05; Aus: Frankfurter Rundschau, 21.2.2005)

2 „VfL-Trainer engagiert sich mit Sportgrößen für die gute Sache: Peter Neururer hat ein Herz für die Organspende."
(Aus: Sonderbeilage der Ruhr-Nachrichten zum Saisonstart des VfL Bochum, August 2004)

3 „‚Der UI-Cup hat nicht das Zeug für einen Traum, er ist nicht mehr als ein durchgebrochener Strohhalm, um vielleicht am internationalen Kuchen naschen zu können', sagte Holger Hieronymus, noch im vergangenen Sommer Sportdirektor des HSV."
(Aus: taz, 4.7.2003, S.19)

4 „Die Südkoreaner rannten in der Verlängerung weiter, als hätte ihnen Hiddink einen Zaubertrank eingeflößt, während die Italiener in den Seilen hingen."
(Aus: Frankfurter Rundschau, 19.6.2002, S.18)

5 „Miroslav Klose [...] darf sich bereits sicher sein, gegen die Saudis aufzulaufen. ‚Miro ist im Moment derjenige, der die besten Karten hat', verkündet Völler. Die Verklausulierung heißt im Klartext: Klose wird spielen. Nicht nur, weil der Harry Potter aus der Pfalz [...] auf Völler einen ‚körperlich fitten Eindruck macht'."
(Aus: General Anzeiger Bonn, 28.5.2002)

6 „‚Ich möchte der Mannschaft gratulieren. Knüpft an den Punkt an, den ihr gesetzt habt', forderte DFB-Präsident Gerhard Mayer-Vorfelder auf dem nächtlichen Rückflug nach Deutschland und machte somit in 10 000 Metern über dem Erdboden klar, dass ein Absturz am Mittwoch im Dortmunder Westfalenstadion nun noch dramatischer wäre."
(Aus: Süddeutsche Zeitung, 12.11.2001)

7 „Nach der spielerisch beeindruckenden Vorstellung gegen den 1. FC Nürnberg (2:0) warnte BVB-Präsident Gerd Niebaum vor allzu großer Euphorie: ‚In der Sprache der Bergsteiger haben wir gegen Nürnberg die Wetterstation am Kahlen Asten im Sauerland bezwungen, in Berlin stehen wir nun vor der Eiger Nordwand.'"
(Aus: Westfälische Rundschau, 3.8.2001)

1. Wie lauten die sprachlichen Bilder in diesen Zitaten? Schreibe sie heraus. – Warum benutzt sie der Berichterstatter?
2. Sucht in den aktuellen Sportberichten der Zeitungen nach weiteren sprachlichen Bildern.

Freies Geleit (Aria II) *Ingeborg Bachmann*

Mit schlaftrunkenen Vögeln
und winddurchschossenen Bäumen
steht der Tag auf, und das Meer
leert einen schäumenden Becher auf ihn.

Die Flüsse wallen ans große Wasser,
und das Land legt Liebesversprechen
der reinen Luft in den Mund
mit frischen Blumen.

Die Erde will keinen Rauchpilz tragen,
kein Geschöpf ausspeien vorm Himmel,
mit Regen und Zornesblitzen abschaffen
die unerhörten Stimmen des Verderbens.

Mit uns will sie die bunten Brüder
und grauen Schwestern erwachen sehn,
den König Fisch, die Hoheit Nachtigall
und den Feuerfürsten Salamander.

Für uns pflanzt sie Korallen ins Meer.
Wäldern befiehlt sie, Ruhe zu halten,
dem Marmor, die schöne Ader zu schwellen,
noch einmal dem Tau, über die Asche zu gehn.

Die Erde will ein freies Geleit ins All
jeden Tag aus der Nacht haben,
dass noch tausend und ein Morgen wird
von der alten Schönheit jungen Gnaden.

1. Suche alle sprachlichen Bilder heraus und interpretiere sie.

INFO

Nachschlagen → S. 326

- **Sprachliche Bilder** sind bildhafte Erklärungen von Vorgängen oder Sachverhalten. Sie entstammen unterschiedlichen Bereichen (z. B. der Mythologie, dem Bereich der Musik und des Sports) und sind Teil der Alltagssprache sowie der gehobenen Sprache in der Literatur.
- Sprachliche Bilder dienen der Veranschaulichung des Gesagten oder Geschriebenen.

Nachschlagen → S. 326

Die richtigen Wörter

In der Straßenbahn

Es war ein toller Tag nach tagelangem Regen. Der gestern noch trübe Himmel war tiefblau und kündete von neuen, unerwarteten Ereignissen. Auf einmal sah er sie! Wie ein greller Blitz schlug dieses zauberhafte Bild in seinen arglosen Gedanken ein. Waren es die langen Haare? Golden blond, leicht gewellt lagen sie auf einer zarten Schulter. Hat er das rote Kleid zuerst gesehen, das ihre zierliche, biegsame Gestalt umschmeichelte? Oder war es ihr schönes, weiches Gesicht, das sehnsuchtsvoll durch die klare Fensterscheibe blickte?

Seine Gedanken waren gar nicht auf eine so unverhoffte Begegnung eingestellt. Eine schwere Klausur erwartete ihn an der Universität. Und auf dem langen Weg dorthin, in der überfüllten Straßenbahn, wollte er seine wirren Gedanken ordnen, klar, logisch und zielsicher denken.

Plötzlich trafen ihn die braunen, tiefen Augen des Mädchens, leicht blinzelnd, herausfordernd, ihn zärtlich einladend. Bernd war von Natur aus schüchtern, ein zurückhaltender, eher leiser und rationaler Typ. Doch nun war alles anders. In seinen verwirrten, haltlos gewordenen Gedanken suchte er die treffenden, schmeichelnden Worte, die er an diese zarte Erscheinung liebevoll richten wollte.

„Fahrkartenkontrolle! Halten Sie bitte Ihre Fahrscheine bereit!" Eine tiefe, brutal und aufdringlich wirkende Stimme holte ihn aus seinen schwelgenden Träumen in die nüchterne Wirklichkeit zurück. „Wo habe ich diesen verfluchten Fahrschein? In welche dieser vielen Taschen habe ich ihn gesteckt? – Da ist er!" Die lange Suche hatte den gewünschten Erfolg. Bernd hielt seine Fahrkarte dem ernst und humorlos wirkenden Kontrolleur hin. Ein kurzer prüfender Blick. Mit geübten Fingern den zerknitterten Fahrschein in die richtige Position gebracht. Alles in bester Ordnung.

Bernd richtete seinen suchenden Blick wieder auf den zauberhaften Platz, auf dem das schöne Mädchen saß. Die aufdringliche Gegenwart des amtlichen Kontrolleurs hatte nicht nur seine träumerischen Gedanken restlos verscheucht. Auch das Mädchen war verschwunden. Und mit ihm? Bernds braune Augen wurden langsam feucht.

1. Wie wirkt der Text auf dich?
2. Wodurch wird diese Wirkung erzielt?

Reiseprospekte

1

Der (unwiderstehliche, große, geheimnisvolle) Reiz des Orts liegt in seinem (weißen, hellen, ca. 600 m breiten und von Pinien gesäumten, aufgeschütteten) Sandstrand, der sich entlang der (felsigen, weiten, idyllischen) Bucht erstreckt. Neben (verschiedenen, mehreren, zahlreichen) Wassersportangeboten bietet der Strand noch eine (gemütliche, ansehnliche, am Wasser entlangführende) Promenade. Ein (exklusiver, kleiner, neuer) Yachthafen lohnt einen Besuch. Im Norden befindet sich ein (verborgenes, kleines, gepflegtes) Siedlungsgebiet.

2

(Wilde, riesige) Gebirge und (weite, zerklüftete) Küsten beeindrucken den Naturliebhaber. Kulturfreunde schwärmen von der (außergewöhnlichen, ansprechenden, monumentalen) Schönheit der (alten, gotischen) Kathedralen. Kunstfreunde bewundern die (umfangreiche, kostbare) Sammlung (zeitgenössischer, zahlreicher, moderner) Künstler in den (gut aufbereiteten, hellen, zahlreichen) Museen. (Traumhafte, weiß-gelbe) Badestrände und (klares, türkis schimmerndes) Wasser im Südwesten und Nordosten entzücken den Sonnen- und Meersuchenden.

3

Tauchen Sie ein in das (natürliche, bäuerliche) Leben, schnuppern Sie den (gesunden, natürlichen, reizvollen) Duft (alter, unbekannter) Bräuche auf einem Bauernhof. Erleben Sie (gesunde, grüne, unverfälschte) Natur, (hofeigene, wohlschmeckende, biologische) Produkte, (freundliche, herzliche) Gastgeber und ein (unwiderstehliches, angenehmes, fesselndes) Ambiente. Genießen Sie die (riesigen, sonnigen) Hochebenen oder die (weiten, idyllischen) Täler. Die (natürliche, bäuerliche) Erlebniswelt ist ein (wahres, schönes, unvergessliches) Paradies für Kinder.

3. Schreibe die Werbeanzeigen ab. Entscheide dabei, welche Adjektive du verwendest. Sprecht über eure Entscheidung.
4. Bringt Werbeanzeigen in den Unterricht mit und überprüft, wie Adjektive gebraucht werden.

Der Taucher *Friedrich Schiller*

In der Ballade wirft ein König einen goldenen Becher ins Meer und fordert alle Edelleute dazu auf, nach diesem Becher zu tauchen. Wem es gelingt, den Becher aus dem Meer zu holen, darf ihn behalten. Kein Ritter erklärt sich bereit. Nur ein „Edelknecht" tritt hervor und nimmt das Wagnis auf sich:

Und wie er *tritt/geht* an des Felsen Hang
Und *blickt/sieht* in den Schlund hinab,
Die Wasser, die sie *hinunterschlang/hinunterzog,*
Die Charybde jetzt brüllend wiedergab,
Und wie mit des fernen Donners Getose
Entstürzen/entsteigen sie schäumend dem finstern Schoße.

Und es wallet und siedet und brauset und zischt,
Wie wenn Wasser mit Feuer sich *mengt/verbindet,*
Bis zum Himmel *spritzet/steigt* der dampfende Gischt,
Und Flut auf Flut sich ohn Ende drängt,
Und will sich nimmer erschöpfen und leeren,
Als wollte das Meer noch ein Meer *gebären/hervorbringen.*

Doch endlich, da legt sich die wilde Gewalt,
Und schwarz aus dem weißen Schaum
Klafft/zeigt sich hinunter ein gähnender Spalt,
Grundlos, als ging's in den Höllenraum,
Und reißend sieht man die brandenden Wogen
Hinab in den strudelnden Trichter gezogen.

Jetzt schnell, eh die Brandung *wiederkehrt, wieder da ist,*
Der Jüngling sich Gott *befiehlt/anvertraut,*
Und – ein Schrei des Entsetzens wird rings gehört,
Und schon hat ihn der Wirbel *hinweggespült/hinweggezogen,*
Und geheimnisvoll über dem kühnen Schwimmer
Schließt sich der Rachen, er zeigt sich nimmer.

Dem Jüngling gelingt es, den Becher zu holen. Er schildert die Schrecken der Tiefe und sein Glück, den Becher gefunden zu haben. Der König wirft den Becher nochmals ins Meer und verspricht dem Jüngling die Hand seiner Tochter, wenn er ihn erneut bringt. Der Jüngling taucht nach dem Becher und kehrt nicht mehr zurück.

1. Welches der beiden kursiv gedruckten Verben dürfte Schiller jeweils genommen haben?
2. Wie wirken die Verben? Beschreibe ihre unterschiedliche Wirkung.

Graffiti

Graffiti sollen originell sein. Doch bei manchen schleichen sich auch Wortwiederholungen ein. Besserwisser korrigieren sie dann zuweilen wie in dem folgenden Beispiel:

~~Ihr macht Umwege und geht mit der Welt um, als hättet ihr noch eine zweite Welt im Keller.~~	Ihr macht Umwege und behandelt die Welt, als hättet ihr noch eine zweite im Keller.

Dass Frieden ist, ist daran erkennbar, dass Kindern zum Wort FEIND nichts einfällt.

Wer zu Hause keine Ordnung hat, hat nur keine Lust zum Aufräumen.

Schon beim Anblick der Wunde sagte der Arzt: „Das kann schon wieder Eiter werden."

AUF KEINER LISTE IST DER BUCHSTABE DES GESETZES AUFGELISTET.

Ich fühle mich eher als Individualist als als Geisterfahrer.

Ich bin Meinungsforscher und will Ihre Meinung wissen: Was meinen Sie als Unbeteiligter zum Thema Intelligenz?

Wir haben den letzten Krieg verloren. Hoffentlich finden wir den Krieg nicht wieder.

Sei konsequent oder inkonsequent. Hast du gehört? Das ewige Hin und Her muss aufhören.

WIR WOLLEN FREIHEIT FÜR DIE TIERWELT UND WOLLEN KEINE PUDELMÜTZEN MEHR.

Politik ist die Kunst, die Menschen zu beeinflussen, dass sie das Gefühl haben, dass sie sich das schon immer gewünscht haben.

1. Welche Wörter werden in den einzelnen Graffiti wiederholt? Warum stören sie?
2. Schreibe die Graffiti ab und korrigiere sie so, dass keine Wortwiederholungen mehr auftreten.

Die Bürger Andorras – ein Interpretationsaufsatz

Du findest hier den Interpretationsaufsatz einer Schülerin zum Drama „Andorra“.

Die Andorraner haben ein positives Selbstbild von sich selbst. Für sie ist ihr Land ein „Hort des Friedens und der Freiheit und der Menschenrechte„ *(S. 68)**. Der Soldat, der stellvertretend für alle Andorraner spricht, spricht davon, dass die Andorraner „keine Angst“ *(S. 22)* vor der Übermacht der Schwarzen haben. Deshalb haben sie den Wahlspruch: „Lieber tot als untertan.“ *(S. 22)* Die Andorraner scheinen also mutig zu sein. Ferner beteuert der Tischler, dass die Andorraner großzügig sind und nicht feilschen *(vgl. S. 14, 31)*. Die Andorraner scheinen also nicht kleinkariert zu sein. Ferner betonen sie auch, dass sie „keine Bücklinge“ *(S. 38)* machen.

In Wahrheit sieht es aber anders aus: Die Andorraner sind genau das Gegenteil von ihrem Selbstbild. Die Andorraner sind geldgierig und geizig. Der Tischler gibt ungern Trinkgeld *(vgl. S. 8)* und fordert einen Wucherpreis für Andris Lehrstelle *(vgl. S. 13)*. Andris Vater, der für diesen Wucherpreis aufkommen muss, muss in seiner Not viel zu billig Land an den geldgierigen Wirt verkaufen. Dazu passt auch das Verhalten des Doktors, der angeblich ein bescheidener Mensch ist, der nichts von Titeln hält. Tatsächlich wird er von Ehrgeiz getrieben, denn er gibt jüdischen Wissenschaftlern die Schuld an seinem Versagen, denn die „hocken auf allen Lehrstühlen der Welt“ *(S. 40)*.

Der wirkliche Charakter der Andorraner wird am deutlichsten am Beispiel des Soldaten. Er stellt Andri hinterlistig ein Bein *(vgl. S. 20)*, vergewaltigt Barblin *(vgl. S. 51)* und schlägt Andri am Ende feige zusammen. Am schlimmsten ist seine Anbiederung an die Schwarzen. Er stellt sich in ihren Dienst und wird zum schlimmsten Unterdrücker, indem er brutal für Ruhe und Ordnung sorgt. Die früher beschworene Tapferkeit und die früher beschworene Vaterlandsliebe sind vergessen.

Seltsam wirkt auf den ersten Blick, dass die Andorraner Andri unterstellen, dass er geizig, ehrgeizig und feige ist. Juden sind von Natur aus feige und auch Andri muss feige sein, weil er eben „Jud“ *(vgl. S. 20)* ist. Der Pater meint, Juden seien Geschöpfe, „die mehr Verstand als Gefühl haben“ *(S. 64)* und so wie Andri in ihrem Ehrgeiz ihre Rolle nicht akzeptieren können. Außerdem denken so wie Andri alle Juden „alleweil nur ans Geld“ *(S. 21)*, also ans Geldverdienen oder wie der Tischler zu Andri sagt: „Das ist's, was deinesgleichen im Blut hat“ *(S. 35)*.

Wenn man bedenkt, dass Andri nur Sündenbock für die Andorraner ist, wenn sie ihm diese Eigenschaften zusprechen, dann wird klar, dass es sich um eine Projektion handelt. So können sie mit ruhigem Gewissen selbst diese Eigenschaften haben, die ja angeblich die Juden haben. Außerdem hat die Projektion eine weitere gute Folge: Aus der Abgrenzung von den Juden folgt, dass die Andorraner sich als einiges, harmonisches Volk fühlen.

* Die Seitenhinweise im Text beziehen sich auf die Ausgabe: Max Frisch. Andorra. Frankfurt/M.: Suhrkamp 1975.

3. Formuliere den ersten Teil des Aufsatzes so um, dass die unterstrichenen Wortwiederholungen verschwinden.

4. Suche im zweiten Teil die Wiederholungen und verbessere sie.

Bewusst wiederholt!

So *Günter Guben*

Da sitzt man so. Und da redet man. Und da betrachtet man sich. Und da lächelt man. Und da denkt man sich was. Und da redet man wieder was. Und das glaubt man vielleicht gar nicht. Und da sitzt man halt.

Da sitzt man also. Betrachtet sich gegenseitig. Lächelt. Nickt sich zu. Sagt etwas. Etwas, das stimmt. Etwas, das man vielleicht glaubt. Etwas, das man vielleicht nicht glaubt. So sitzt man da. So sitzt man. Sitzt herum und redet. Betrachtet das Gegenüber. Man lächelt. Man nickt, ist freundlich, zeigt die Zähnchen. So sie geputzt sind oder sonst irgendwie anschaulich. Dann redet man. Was man so annimmt. Oder glaubt. Vielleicht nicht glaubt. Davon, worauf man steht. Worauf man sitzt. Worauf man eben so sitzt. Und eben so sitzt man da. Sitzt so oder so. Na halt so. Da. Einfach so da.

Die gute alte Zeit *Uwe Timm*

da rollten noch die Räder für den Sieg
da gab es noch Kanonen statt Butter
da gab man noch Gold für Eisen
da gab es noch ein Volk
da gab es noch ein Reich
da gab es noch einen Führer
da waren wir noch schnell wie Windhunde
da waren wir noch hart wie Kruppstahl
da waren wir noch zäh wie Leder
da hieß unsere Ehre noch Treue
da gab es noch Kraft durch Freude
da machte Arbeit noch frei

Werbung für ein Videospiel

MORE STYLE IN FREESTYLE!!
Freestyle BMX mit den absoluten Pros der Szene
Dave Mirra freestyle BMX!

5. Wo treten in diesen Texten Wiederholungen auf? Welchen Zweck haben sie?

INFO

Nachschlagen → S. 326

- **Adjektive** und **Verben** sollten anschaulich sein. In bestimmten Texten (Werbetexte) werden häufig bewusst zahlreiche Adjektive aus Gründen der Wirkungsabsicht gewählt.
- In Sachtexten sollten **Wiederholungen** in der Regel vermieden werden.
- In manchen Texten (Werbung, Fachwissenschaft und Literatur) sind Wiederholungen häufig bewusst eingesetzte **Stilmittel.** Sie dienen einer bestimmten Absicht oder Aussage.

Nachschlagen → S. 326

Die richtigen Sätze

Weisheiten

Die folgenden Weisheiten sind nicht ganz angemessen formuliert, vor allem die kursiv gedruckten Sätze:

1 Der Staat ernährt seine Soldaten hundert Tage. *Er ernährt sie zuweilen auch tausend Tage. Er lässt sie aber einmal marschieren.*

2 Eine Vogelscheuche mag dumm erscheinen. *Sie spricht mit niemandem. Sie nimmt aber selbst vor dem Kaiser den Strohhut nicht ab.*

3 Arzneien mögen manchem gefährlich erscheinen. *Sie werden von manchem wegen der Nebenwirkungen nicht eingenommen. Sie können auf diese Weise aber niemals wirken.*

4 Der Meister kann dem Lehrling zwar seine Kunst zeigen. *Er kann ihn dabei führen und anleiten. Er kann ihn aber nicht Geschicklichkeit lehren.*

5 Die Menschen sprechen von vielem. *Sie sollten vielleicht nur von dem sprechen, das sie verstehen. Sie wären dann wahrscheinlich sehr schweigsam.*

6 Der Kaiser kann sich viel mit seinem Gelde kaufen. *Er kann sich aber nicht einen einzigen Lebenstag kaufen. Er muss sterben wie alle anderen.*

7 Bäume können sehr hoch werden. *Sie können aber niemals hoch genug werden. Ihre Blätter werden eines Tages doch zur Erde fallen.*

8 Menschen wollen viel erreichen. *Sie stolpern dabei nicht über Berge. Sie stolpern eher über Maulwurfshügel.*

9 Wagen, die hintereinander fahren, haben einen Vorteil. *Der erste Wagen kann während der Fahrt umstürzen. Er dient damit dem hinteren als Warnung.*

1. Schreibe diese Weisheiten anders, indem du die Wortstellung in den kursiv gedruckten Sätzen änderst. – Wie und warum hast du die Wortstellung verändert?
2. Wie wirken die unterschiedlichen Schreibvarianten auf dich?

Liebesfreude und Liebesleid

Du findest hier vier Texte, die Liebesleid und Liebesfreude zum Thema haben. Wenn du die Wortstellung in den Sätzen änderst, kannst du Gedichte daraus machen.

Anklage
Du hast mich nur einmal angesehen.
Gebrochen hast du mir das Herz.
Stehen werde ich eines Tages wieder.
Ich komme dann nie mehr gekrochen.

Heilung
Die Zeit heilt alle Wunden.
Ich weiß das in meinem Leid.
Tage oder Stunden sind es nicht.
Irgendwann aber ist es soweit.

Die erste Begegnung
Ich schaue dich mit zärtlichen Augen an.
Du blickst heimlich zurück zu mir.
Ich spüre einen Fieberwahn in meinem Kopf.
Ich ahne vorsichtig das neue Glück.

Dein Lachen
Dein Lachen verzaubert die ganze Welt.
Du verteilst deine Gaben mit ihm.
Ein jeder hält seine Hand hin.
Ein jeder will davon etwas haben.

3. Ändere die Wortstellung so, dass sich Gedichte ergeben. Du darfst auch einzelne Wörter weglassen oder hinzufügen.
4. Beschreibe deine Erfahrungen: Was bewirkt die veränderte Wortstellung bei den Texten?

Rekorde

In den folgenden Texten werden Rekorde beschrieben. Bei der Hälfte der Texte werden Satzgefüge, bei der anderen Hälfte Satzreihen verwendet.

1 Der dichteste Autoverkehr herrscht in Hongkong, weil sich auf dem 1400 km langen Straßennetz pro Meile 447 Kraftfahrzeuge befinden.

2 Das schwerste Baby brachte im Jahre 1954 eine Italienerin aus Aversa zur Welt. Das Baby wog bei der Geburt 10,2 kg.

3 Der in Schleswig-Holstein lebende Tierarzt Georg Lauermann entwickelte eine Kräutermischung als Tierfutter. Als Folge davon legten seine Hennen die ersten gewürzten Eier.

4 Die erste Brille entstand um 1290, als erstmals zwei Einzelgläser mit einem Holzscharnier verbunden wurden

5 Die meisten Zuschauer einer Fernsehsendung gab es am 6. September 1997, als über 2,5 Milliarden Menschen die Trauerfeierlichkeiten für Prinzessin Diana verfolgten.

6 Die kleinste Gemeinde besteht nur aus einer Frau. Die Gemeinde liegt in Frankreich in der Nähe von Verdun.

7 Das längste Lied ist die alte sowjetische Nationalhymne. Sie besteht aus 65 Strophen.

8 Der kürzeste Krieg der Weltgeschichte brach 1896 aus, als das Inselsultanat Sansibar bereits beim Aufmarsch der britischen Truppen kapitulierte.

9 Den längsten Vornamen erhielt ein englisches Mädchen mit 140 Namen. Die Eltern konnten sich nämlich nicht für einen dieser Vornamen entscheiden.

10 Als hundereichste Stadt Deutschlands gilt Berlin, wo mehr als 100 000 Vierbeiner leben.

1. Mache aus den Satzreihen Satzgefüge und umgekehrt.
2. Ändert sich etwas am Informationsgehalt der Sätze? Diskutiert darüber.

Gewaltdarstellungen in Medien

In der linken Spalte werden Satzgefüge verwendet, in der rechten Spalte sind die gleichen Texte als Satzreihen dargestellt. Kein Text ist stilistisch ganz gelungen.

1 a Zwischen Gewalt in den Medien und wirklicher Gewalt besteht ein Zusammenhang, weil in den Medien Gewalt vorgemacht wird, die dann von Jugendlichen imitiert wird, weil sie in den gewalttätigen Helden Vorbilder sehen.

1 b Zwischen Gewalt in den Medien und wirklicher Gewalt besteht ein Zusammenhang. Denn in den Medien wird Gewalt vorgemacht. Diese Gewalt wird dann von Jugendlichen imitiert. Denn sie sehen in den gewalttätigen Helden Vorbilder.

2 a Gewalt in den Medien hat keine Auswirkungen, vor allem wenn die Gewalt nicht real wirkt, wie es etwa in Science-Fiction-Filmen der Fall ist, bei denen die Jugendlichen sofort erkennen, dass es sich um eine Fiktion handelt, die kein Vorbild für ihr wirkliches Leben sein kann.

2 b Gewalt in den Medien hat keine Auswirkungen. Die Gewalt wirkt nicht real. Dies ist etwa in Science-Fiction-Filmen der Fall. Jugendliche erkennen sofort: Hier handelt sich um eine Fiktion. Diese kann kein Vorbild für ihr wirkliches Leben sein.

3 a Gewalt in den Medien hat schlimme Langzeitfolgen, weil wir uns daran gewöhnen, dass Probleme mit Gewalt zu lösen sind, obgleich erstrebenswert wäre, dass wir lernen, dass Probleme auf friedliche Weise zu lösen sind, wenn wir etwa den Dialog suchen.

3 b Gewalt in den Medien hat schlimme Langzeitfolgen. Denn wir gewöhnen uns an Folgendes: Probleme sind mit Gewalt zu lösen. Dabei sollte etwas anderes erstrebenswert sein:
Wir müssen etwas lernen: Probleme sind auf friedliche Weise zu lösen sind. So sollten wir etwa den Dialog suchen.

3. Wie unterscheiden sich die Texte a und b jeweils? Beschreibt deren Wirkung auf euch.
4. Schreibe die Texte 1–3 neu in der für dich stimmigen Version. Verwende dabei Teilsätze aus a und b.
5. Vergleiche deine Version mit der deines Nachbarn und diskutiert darüber.

INFO

Nachschlagen → S. 326

- Die Änderung in der **Wortstellung** in einzelnen Sätzen kann einen Text abwechslungsreicher machen.
- Mit **Satzreihen** und **Satzgefügen** kann grundsätzlich der gleiche Sachverhalt ausgedrückt werden.
- Zu lange Satzgefüge und zu lange Satzreihen sind in der Regel stilistisch nicht zu empfehlen.

Sprachkunde

Nachschlagen → S. 327

Gruppensprache – Beispiel: Jugendsprache

Jugendliche 1985

Die Zweierkiste *Claus Peter Müller-Thurau*

In den 80er Jahren hat Claus Peter Müller-Thurau das Sprachverhalten der Jugendlichen unter die Lupe genommen. Er führte Gespräche mit jungen Leuten und notierte ihre Antworten in ihrer Sprache.

M-T Hast du eine Freundin?

Bene Gehabt – mit meiner Alten läuft es nicht mehr. Die ist voll auf einen anderen Typen abgefahren – so einen mit reichlich Knete und geilen Klamotten. Wahrscheinlich auch noch mit 'ner echt abgefahrenen Wohnung, wie ich sie nicht bieten kann.

M-T Bist du drüber weg?

Bene Na ja – zunächst war ich ziemlich finster drauf, bin echt ausgeklinkt. Ich fand das von Susi einfach unheimlich abgespitzt. Kommt da einfach jemand, der unheimlich aufs Blech haut, und die Torte lässt sich antörnen.

M-T Ist es für dich schwer, 'ne andere kennen zu lernen?

Bene Weißt du – die echt zombigen Tanten sind nicht so leicht anzugraben. Ich bohr' mich zweimal die Woche in 'ne Disco ... seh zu, wie die sich da auf der Tanzfläche einen abhotten ... und bei Gelegenheit lass ich bei 'ner Tussi 'nen Spruch los. Obwohl – eigentlich nervt mich das.

M-T Was stört dich denn am meisten?

Bene Also, da gibt's immer so'n paar Aufreißer-Typen, die sich die echt tollen Bräute keilen. Die schmier'n denen unheimlich was vor, powern voll rein – und die Disco-Torten stehn da auch noch drauf. Das ist doch fuzzi, so was.

M-T Auf welchem Typ von Mädchen stehst du denn?

Bene Also auf keinen Fall auf so'n Teenie-Bopper. Ich wünsch' mir eine, mit der ich echt quatschen, auch mal rumflippen kann. Eine, die das durchtickt, was läuft ... die sich mal 'n Buch reintut und nicht nur den alten Kappes nachlabert. Wenn sie dann noch scharf ist – so eine würd' ich gern aufreißen.

1. Welche Ausdrücke waren wohl typisch für die Jugendlichen der 80er Jahre? Schreibe sie heraus. Inwieweit werden sie z.T. heute noch gebraucht?

Chat-Page

Auf der interaktiven Seite einer Jugendzeitschrift kommen Jugendliche zu Wort.

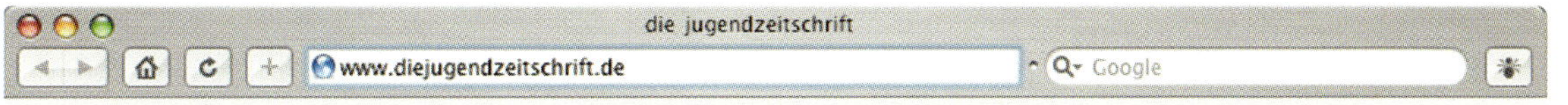

SONJA: Hi, Jungs, nach der Mathearbeit fühle ich mich ganz schön abgeeiert. Wer möchte mit mir heute Nacht alle Pisten abzappeln und den angestauten Dampf ablassen?

TORSTEN und PETER: Wir sind dabei!! Schwing dich mal rüber in den Crash, aber hoppeldihopp! Wir werden schon was Nettes händeln!

KATJA: Hi alle Sonntagsmuffel. Im Salsa-Club geht morgen um 10 Uhr die Post ab. Suche noch einen netten Tanzpartner. Wenn du auch gern das Tanzbein schwingst, melde dich!

MICHAEL: Salsa ist mein Lieblingstanz, bin also dabei!

BETTINA: Habe mit meinem Freund Schluss gemacht. Sein Blubber-blubber ödete mich an, allein dammele ich jedoch nur blöd um, suche daher labundige Leute zum Ausgehen!

CARSTEN: Hi, ich bin Carsten und würde dich gern in meine Klause einladen. Ich habe den ganzen Tag rumgemuddelt, freue mich auf etwas Superlustiges mit dir!

THOMAS: Bin absolut pleite und dazu noch in das hübscheste Mädchen verliebt. Wer kann mir einen Hunni borgen, damit ich sie ausführen kann?? Hoffe auf großzügige Spender!

TORSTEN: Quark nicht rum, Mann. Suchst wohl einen Trottel, was?

KATHRIN: Alle Frauen, die grottenschlechte Typen am Hals haben, meldet euch! Ich werde ständig von irgendwelchen Fuzzis blöd angesabbert. Was macht ihr gegen das bedönnerte Glotzen?

1. Welche Ausdrücke erscheinen dir typisch für die Jugendlichen von heute?
2. Schreibe einen eigenen Beitrag zu dieser Chat-Page.

Oberaffengeil, voll konkret oder megacool?

Hermann Ehmann

In Hermann Ehmanns „Lexikon der Jugendsprache" findest du folgende Erklärungen:

konkret jugendsprachliche Bedeutungsveränderung von „anschaulich, greifbar, gegenständlich, wirklich" (lt. DUDEN) in Richtung allgemeiner Superlativ: „super, klasse, toll", vgl. auch krass, korrekt, gültig, aldi, fundi, fett; etymologische Wurzel ist das lateinische „concretus" (= zusammengehörig, verdichtet von „con-crescere" = zusammenwachsen) – die Kids beleben die „tote" Sprache sozusagen neu! Vor allem bei 15- bis 20-jährigen Großstädtern beliebt, ursprünglich in der rechten Szene beheimatet.

hämmern hart arbeiten; jugendsprachliche Bedeutungserweiterung vom bloßen „hämmern" in Richtung „allgemeine Arbeiten erledigen" – auch ganz ohne Hammer.

Mega-Deal altgriechisch „mega" = sehr, groß/englisch „deal" = 1. Geschäft, Abkommen, Übereinkunft, Handel; 2. Handlungs(weise), Verfahren, System; Hybridkompositum mit Bedeutungsverengung auf „Riesen-Geschäfte", große (tolle) Sache.

muddeln vgl. engl. „mud" = Dreck; jugendsprachlich: langsam, ohne bestimmtes Ziel bzw. vorhersehbares Resultat vor sich hin arbeiten; die phonetische Affinität zu „buddeln" ist frappierend, lediglich der Anfangskonsonant wurde ausgetauscht – fertig ist der neue Begriff!

Toffel klingt nach Trottel und bedeutet es auch: Tolpatsch, Dummkopf; vgl. Dämeltier; eigentlich eine elliptische Neubildung von „Pan-toffel" (= jemand, der „unter dem Pantoffel" steht) oder „Kartoffel" (= Nachtschattengewächs); mit den Vorsilben „Pan-" bzw. „Kar" wird aus ökonomischen Gründen gleich der ganze Kerl vom Teller gefegt – ein Toffel verdient es nicht anders! Auch der Stoffel könnte bei diesem Neologismus mit Pate gestanden haben.

hoppeldihopp flink, schnell, geschwind, flott; natürlich vom Hasen abgeleitet, der bekanntermaßen besonders flink hoppelt.

1. Erläutere, wie die jugendsprachlichen Wörter entstanden sind.
2. Sammle weitere Beispiele für jugendsprachliche Ausdrücke. Versuche auch ihre Entstehung zu erklären.

Umfrage

Warum verwenden Jungendliche besondere sprachliche Ausdrücke?
Mit folgender Umfrage kannst du diesem Problem nachgehen.

1 Wie oft sprichst du Jugendsprache?
- täglich
- einmal die Woche
- ganz selten

2 Wo sprichst du am häufigsten Jugendsprache?
- in der Schule
- im Verein
- bei Unternehmungen mit Freunden

3 Wer aus deinem Freundeskreis spricht Jugendsprache?
- alle
- viele
- fast niemand

4 Was hältst du von Jugendlichen, die keine Jugendsprache sprechen?
- ich finde sie ziemlich spießig
- es geht mich nichts an, wie sie reden
- ich breche meistens den Kontakt ab

5 Warum sprechen Jugendliche deiner Meinung nach Jugendsprache?
- weil es cool ist
- um anders als Erwachsene zu sein
- um ein Wir-Gefühl zu stiften

6 Was hältst du von Erwachsenen, die Jugendsprache verwenden?
- finde ich blöd, weil sie sich meistens einschmeicheln wollen
- ist mir ziemlich egal
- finde ich Klasse, dass sie den Kontakt zu uns halten wollen

7 Welche Wörter sind deiner Meinung nach veraltet?
- cool
- oberaffengeil
- voll konkret

8 Welches ist *das* Wort der Jugendsprache von heute?

1. Führt die Umfrage in eurer Klasse und in einer Parallelklasse durch.
2. Wertet die Ergebnisse aus, indem ihr eine Liste mit den am häufigsten angekreuzten Antworten erstellt. Diskutiert dieses Resultat in der Klasse.
3. Welche Funktion hat die Jugendsprache?

Feridun Zaimoglu, geboren 1964 in Bolu, Türkei, lebt seit mehr als 30 Jahren in Deutschland, seit 1985 in Kiel. Er studierte Kunst und Humanmedizin. Er ist Schriftsteller, Drehbuchautor und schreibt regelmäßig für *Die Zeit, Spiegel Reporter* und die *Frankfurter Rundschau.* 1997 erhielt er den *civis* Hörfunk- und Fernsehpreis für den Beitrag „Deutschland im Winter – Kanakistan. Eine Rap-Reportage“ (zusammen mit Thomas Röschner). Sein wohl bekanntestes Buch „Kanak Sprak“ wurde verfilmt wie auch an verschiedenen Theatern (Hamburg, Mannheim) inszeniert.

Kanak Sprak *Feridun Zaimoglu*

Kanak Sprak ist die Sprache von Jungen und Männern türkischer Abstammung, die in zweiter und dritter Generation in Deutschland leben. Folgender Ausschnitt stammt aus dem gleichnamigen Roman von Feridun Zaimoglu.

In der schule lehrt der oberdeutsche was, dass ich null vorankomm, wenn ich's wissen nich hab. Ich mein wissen. Ich geh in der gegend auf und ab, und die hänger nicken mit'm kopf und wollen nich wissen, wie und wo's langgeht, das ist mein stil. [...] Die alten sagen: für jedes schloss ein schlüsssel. Für meine tür hab ich'n schlüssel, der passt, und mein wert is zum teil der schlüssel, zum teil, was da hinter der tür so übles wartet. Der deutsche kapiert das nicht, meine sorge soll das auch nich sein, dass sie das in'n kopf kriegen, ihnen gehört das land hier, [...] ich aber bin nicht mehr da, wo ich herkomme.

Demonstration türkischer Jugendlicher in Frankfurt

1. Welche sprachlichen Besonderheiten fallen euch im Text auf? Untersucht die Wortwahl, den Satzbau und die Orthografie.
2. Warum wird eurer Meinung nach die Kanak Sprak von den Jugendlichen gern verwendet?

SMS – Schnell mal schmeicheln

Mit dem SMS können kurze Nachrichten schnell und unkompliziert auf das Handy oder die Mailbox verschickt werden. So können sich Verliebte zu jeder Zeit, und ohne zu erröten, etwas Aufmerksamkeit schenken.

2×5 – 1×2 – 2×6 – 2×6 – 4×7 – 1×8 – 0 – 1×3 – 2×8 – 0 – 1×6 – 3×4 – 3×2 –
2×4 – 0 – 1×2 – 2×8 – 4×7 – 0 – 1×3 – 2×3 – 1×6 – 0 – 1×3 – 3×6 – 3×7 –
2×6 – 3×7 – 3×6 – 2×3 – 4×7 – 3×2 – 2×4 – 2×3 – 2×6 – 4×7 – 3×2 –
2×4 – 3×5 – 1×2 – 3×3 – 0 – 1×7 – 2×3 – 3×7 – 0 – 2×5 – 2×8 –
4×7 – 4×7 – 0 – 1×9 – 2×3 – 3×2 – 2×5 – 2×3 – 2×6 – 3×1

3×4 – 3×2 – 2×4 – 0 – 4×7 – 1×2 – 1×4 – 4×7 – 0 – 3×4 –
2×6 – 0 – 2×3 – 3×4 – 2×6 – 2×3 – 1×6 – 0 – 4×7 – 1×2 –
1×8 – 4×9 – 0 – 1×3 – 2×8 – 0 – 2×2 – 3×4 – 4×7 –
1×8 – 0 – 1×6 – 2×3 – 3×4 – 2×6 – 0 – 1×4 – 3×7 –
3×6 – 2×3 – 4×7 – 4×7 – 1×8 – 2×3 – 3×7 – 0 –
4×7 – 3×2 – 2×4 – 1×2 – 1×8 – 4×8

3. Entziffere die SMS-Sprüche mit Hilfe der Tastatur des Handys und schreibe sie in dein Heft ab.
4. Inwiefern verändert sich die Sprache der Jugendlichen durch den Gebrauch der SMS?

INFO

Nachschlagen → S. 327

- **Jugendsprache** ist dem Prozess des Sprachwandels unterworfen. Daher gibt es zu allen Zeiten Jugendsprachen, die sich vor allem durch altersspezifische Wortschätze auszeichnen.
- Jugendsprachliche Ausdrücke entstehen z. B. durch **Bedeutungsveränderungen** *(konkret)* oder Wortspielereien *(hoppeldihopp)*.
- Die Verwendung einer eigenen Sprache stiftet einerseits ein Zusammengehörigkeitsgefühl und führt andererseits zur Ab- und Ausgrenzung.
- Jugendliche sind offen für neue Sprachformen, z. B. den Jargon „Kanak Sprak".
- Die Jugendsprache verändert sich auch durch den Einfluss der neuen Medien. Sie wird kurz und pointiert in der SMS.

Nachschlagen → S. 327

Dialekt und Standardsprache

Verschiedene Dialekte

Das Kasermandl
Drunten am Hexenbichl hock das Kasermandl,
kocht sich sein Muserl in einem eisern Pfandl,
und wannst sehn willst, was drin ist,
hast's G'sicht voller Ruaß
und den bringst nimmer oba,
kannst mach'n was d' willst.“

Klopsgeschichte
Ick sitz an' Tisch und esse Klops, uff eenmal klopts. Ick kieke, staune, wundre mir, uff eenmal jeht se uff, de Tür! Nanu, denk ick, ick denk nanu, jetz is se uff, ers' war se zu. Ick jehe raus und kieke, und wer steht darußen? – Icke!

Un manschmool
un manschmool
da kom asch sealbst oo mai fensta
wäi'n fairte sumafuchel
faschroke un fol met angst
un trotzdeam im ze seange
un fläie dofoo wäi
geele härbstbläära däi
kee liara hu un fan merem
soifdsa zöum biare

Malöör in Hamborg
'n 44-Johr olen Radfohrer is güstern Obend op 'n Hammer Steendamm op'n Doot to Schoden komen. De Polizei vertellt, dor harr 'n Autofohrer de Döör vun sien Wogen opmookt un dorbi nich no den Verkehr keken. Dor is denn de Radfohrer gegen knallt, op de Stroot flogen un hett op'n Dood wat an'n Kopp afkregen.

Mann in de Tünn
Mann in de Tünn, gah mi ut de Sünn, ick bün wat ick bün, kumm mi nich anne Plünn. Doch kam fix mal rum, um di de Norden antokieken. Bi uns dor is jümmer wat los achter de Dieken. Set di eerstmal dal, nimm'n Kööm un'n Aal un smeckt di dat nich, is mi dat ok schietegal. *(Fettes Brot)*

Die Muettersproch
Isch d Muettersproch
en alte Huet?
Was tuets, no hilft si doppelt guet,
wenn' Hund un Chatze hagle tuet.

1. In welchen Dialekten wird hier gesprochen?
2. Welche Schwierigkeiten hast du beim Übersetzen?

Dialekte und ihre Verbreitung

Die Benrather Linie trennt die zwei großen Dialektbereiche: oberdeutsch und niederdeutsch.

3. Ordne die Dialekte von Seite 302 der Karte zu.
4. In welchem Dialektgebiet liegt deine Heimatstadt?

Grammatik und Wortschatz des Niederdeutschen

Nachfolgende Beispiele verdeutlichen den Unterschied zwischen dem niederdeutschen Dialekt und der Standardsprache.

Grammatik

	Niederdeutsch	Standardsprache
Artikel	*Sing.:* de *(m., f.)*, dat *(n.)* *Pl.:* de	der, die das die
Substantiv	*Sing.:* de Mann, de Fru *Pl.:* de Mannslü, de Fruunslü de Boom, de Bööm	der Mann, die Frau die Männer, die Frauen der Baum, die Bäume
Adjektive	lütt, lütter, lüttest vigelinsch, vigelinscher, vigelinschst	klein, kleiner, am kleinsten schwierig, schwieriger, am schwierigsten
Konjugation Verb	ik arbeed, du arbeedst, wi, ji, se arbeeden	ich arbeite, du arbeitest wir, ihr, sie arbeiten
Perfekt	Ik hebb arbeid.	Ich habe gearbeitet.
Futur	Ik schall hüüt noch to'n Koopmann loopen.	Ich werde heute noch zum Einkaufen gehen.
unregelmäßige Verben	gahn, güng, gahn	gehen, ging, gegangen
Possessivpronomen	Dat is mien Huus.	Das ist mein Haus.
Präpositionen	Wi sünd an de See. De Bessen is achter de Döör.	Wir sind am Meer. Der Besen ist hinter der Tür.
Nebensätze	Wenn de Klock veer slagen deit, dann gaht wi los. Weets du, wat dat heeten deit?	Sobald es vier Uhr ist, gehen wir los. Weißt du, was dies bedeutet?

Wortschatz

Der Regen: drisselt, drüppelt, druust, fisselt, gnibbelt, klatscht, kötert, mieselt, palscht, pisselt, pladdert, plötert, ruuscht ... usw.

Der Donner: bullert, dröhnt, gnascht, gnetert, grummelt, günst, rummelt ... usw.

Der Wind: blaast, brascht, brüllt, fleit, hullert, bullert, huult, juucht, knackt, ruust, süselt, tuut, weiht ... usw.

Der Lachende: gillert, blubbert, gluddert, gnuddert, grient, grifflacht, gniddert, gniefelt, gniest, gnuffgnieselt, gnuffgrient, gnuust, huchelt, kakelt, kullert, kiemlacht, schrachelt, smuustert, smuustergrient ... usw.

1. Was fällt dir bei den Beispielen zur Grammatik und zum Wortschatz auf? Kennst du weitere Wörter?

Plattdeutsch Besonderheiten

Aus einem Interview von Gesine Kellermann mit Ulf-Thomas Lesle, dem Geschäftsführer des Bremer Instituts für niederdeutsche Sprache:

Kellermann: Ulf, du arbeitst in dat nedderdüütsch Institut un hest up Platt studeert. Kannst du us maal verklaren, woans dat mit dit Verschuben is? ... Daar warrt doch jümmer seggt, daar is wat verschaben worrn vun Platt na Hooch oder ümgekehrt. [...]

Lesle: Ick weet nich recht, kann een seggen, wat hebbt se wohen schaben. Beter is villicht to seggen: Dat hett sick wohen schaben. Dat hett wat to doon mit de tweete hochdüütsche Lautverschiebung. Dat is all 'n lange Tiet her, weer in dat sößte bit achte Johrhunnert. Un daar is so vun Süden her, hett sick de Spraak verännert.

Kellermann: Keem dat denn vun de Römers oder weern dat Düütschen?

Lesle: Nee, dat weern de Düütschen. Man dat geev dat jo domaals noch nich so recht.

Kellermann: Gifft dat denn daar Bispille vör, wat sick wohen verschaben hett?

Lesle: Jo: *p* – *t* un *k*. De sünd denn to „Reibelauten" worrn. Nedderdüütsch *teihn* to neuhochdeutsch *zehn*. Nedderdüütsch *eten* to neuhochdeutsch *essen*.

Kellermann: Un, kann een dat nipp un nau utmaken, wo sitt dat nu, twüschen *s* un *t* un *t* un *d*?

Lesle: Jo, dat is ne teemlich faste Grenz. Dat is de „Benrather Linie". Dat is de „maken-machen-Isoglosse". Dat is de Lien „Benrath – Wuppertal – Olpe – Waldeck – Kassel – Eisleben – Merseburg". Un disse Grenz gifft dat ok hüüt noch. Dat is de Grenz mank Hochdüütsch un Plattdüütsch. Dat gifft een'n Perfesser, vun den ick weet, de is maal mit'n Fahrrad daar langs föhrt un hett up de een Siet un de anner Siet de Lüüd befraagt.

Kellermann: Un dat weer denn ok vun Dörp to Dörp anners?

Lesle: Dat weer ok vun Dörp to Dörp anners. Up de een Siet, in'n Norden, daar snackt se nedderdüütsch, un up de anner Siet, in'n Süden, hochdüütsch. [...]

Kellermann: Disse Grenz, vun de du snackt hest, is de denn nu in dat plattdüütsche Land överall gliek?

Lesle: Nee, dat gifft jo veele Mundarten in't Nedderdüütsche. Dat hett to doon daarmit, dat vun't Middeloller an Plattdüütsch jo ok verschaben worrn is vun't Hochdüütsche. Un dat is stark „binnendifferenziert". Wat heet dat? De Lüüd snackt allöverall anners Platt. Dat ännert sich vun Dörp to Dörp.

Einige Vokabeln
schuben: schieben, drängeln
verklaren: erklären, verdeutlichen
Bookstaav, -aven (m): Buchstabe
Utlänners, -s (m): Ausländer
ümgekehrt: umgekehrt
Römer, -s (m): Römer
teemlich: ziemlich, beinahe
Lien, -en (f): Linie
langs: entlang, längs, der Länge nach
Dörp, -er (n): Dorf
Middeloller (n): Mittelalter

Isoglosse = Linie auf Sprachkarten, die Gebiete gleichen Wortgebrauch begrenzt

2. Lies den Text laut vor und versuche ihn zu übersetzen.

Diskussion über Geltung und Gebrauch des Dialekts

In einer Zeitschrift wurden Leser dazu aufgerufen, zum Thema „Sei stolz auf deinen Dialekt“ ihre Meinung zum Dialektgebrauch zu äußern. Hier sind einige Leserzuschriften.

1 Das Hochdeutsch ist die zehnmal wichtigere Sprache. Wie soll sich ein zutiefst „schwäbelndes“ Kind, das es aus irgendwelchen Gründen nach Hamburg verschlagen hat, verständlich machen? Jede Region wird für einen eingefleischten Dialektsprecher zum sprachlichen Ausland. Nein, weg mit dem Dialekt, die Kinder wollen nicht mehr ihr Leben lang in ihrem Dorf bleiben.

2 Dialekte sind wichtige Kulturgüter und müssen erhalten werden. Auch viele alte Gebäude stehen unter Denkmalschutz. Deshalb haben wir die Pflicht, unsere Mundart vor dem Aussterben zu bewahren.

3 Seien wir doch ehrlich: Jeder, der Dialekt spricht oder stark dialektgefärbt, wird doch als nicht sehr hell angesehen. Der wird doch gar nicht richtig ernst genommen. Jemand, der nicht richtig sprechen kann, kann auch nicht richtig denken, heißt es oft.

4 Durch meinen Dialekt identifiziere ich mich mit all den anderen wichtigen Dingen meiner Heimat: mit ihrer Landschaft, ihren Menschen, ihrer Geschichte. Ich weiß, wohin ich gehöre, weil ich weiß, wie ich hier zu sprechen habe. Und darauf können wir nicht verzichten, wir müssen den Dialekt vielmehr fördern.

5 Macht euch doch nichts vor. Die Welt wird immer enger, Globalisierung heißt das Zauberwort, die Medien werden immer wichtiger, das Fernsehen kommt doch in den letzten Dorfwinkel hinein. Die Jungen sprechen mehr Englisch als Platt und auf den zig Privatkanälen möchte ich mal eine Dialektsendung sehen. Das könnt ihr vergessen. Dialekt ist ein Auslaufmodell, stirbt weg.

6 Das Hochdeutsch ist doch eine künstliche Angelegenheit, es atmet und lebt nicht. Hochdeutsch ist gut für geduldiges Papier. Wenn wir feiern und Lieder singen, dann lassen wir das Hochdeutsch dort, wo es hingehört, zwischen den Buchdeckeln.

7 Wer das Hochdeutsche in der Schule auf Teufel komm raus durchsetzen will, weiß wohl nicht genau, wie sozial ungerecht er ist. Wie fühlt sich wohl ein Kind aus den unteren Schichten, das zu Hause nur Dialekt hört und spricht, wenn es auf einmal von seinem Lehrer vor allen Schülern verbessert wird? Danach kommt es nach Hause und dort passiert das Umgekehrte, es wird ausgegliedert, wenn es „gebildet“ spricht. Denkt da niemand daran?

8 Dialektsprecher haben Nachteile in der Schule. Wer nur im Dialekt denkt und fühlt, wird es nicht leicht haben, sich in der Hochsprache auszudrücken, etwa bei einem Aufsatz. Dass sich das auf die Note auswirken kann, versteht sich von selbst.

9 Dialekt ist für mich sehr wichtig. Als ich letzten Sommer in Spanien war, habe ich plötzlich jemanden gehört, der meinen Dialekt spricht. Sofort kamen wir ins Gespräch und verstanden uns gut.

10 Die heutige Zeit wird immer schnelllebiger, jede Mode ist nach einem halben Jahr schon eine Antiquität. Nichts hat Bestand und gerade hier ist doch der Dialekt eine Chance. Die Menschen haben eine Orientierung in der hektischen Welt. In ihrem privaten Bereich üben sie etwas aus, was auch in vielen Jahren noch Bestand haben wird, und das gibt Sicherheit. Deshalb sollte der Dialekt in der Schule wieder gelehrt werden.

11 Der Dialekt ist viel natürlicher, persönlicher als das kalte Hochdeutsch. Das Gespräch wird in der Mundart gleich viel intimer, während das so anonyme Hochdeutsch sofort für mich Distanz schafft.

1. Gib den Kern der Argumente mit eigenen Worten wieder. Ordne sie nach Zustimmung oder Ablehnung.
2. Sucht weitere Argumente und diskutiert über das Thema in eurer Klasse.

Anna Nöst – eine österreichische Mundartautorin

Die österreichische Mundartautorin Anna Nöst, geboren 1961, äußert sich in einem Gespräch mit der Wiener Zeitung DER STANDARD über ihre Motive, den Dialekt in der Literatur zu verwenden:

Standard: Ist die Mundart eine Erweiterung der Hochsprache?

Nöst: Sie ist eine Erweiterung und Vertiefung, aber dennoch oft begrenzter als die Hochsprache. Der Dialekt erfüllt einen Zweck: Er ist direkt, präzise und dramatischer.

Standard: Vermittelt Ihnen die Sprache Heimatgefühl?

Nöst: Heimat bedeutet für mich ein vertrautes Bezugssystem, wo der Dialekt dazugehört. Die Mundart ist ein Weg für mich, einen völlig neuen Bezug zu den Leuten in meiner Heimat herzustellen.

Standard: Ist Dialekt etwas Traditionelles?

Litanei: Fürbittgebet

Nöst: Ja, sicher. Es wird in Litaneien mit ihm gearbeitet – dort ist er ganz normal. Ich denke, in Wien sind die Leute wesentlich entspannter als im ländlichen Raum.

Standard: Lässt der Dialekt der Literatur mehr Sprachspiel?

Nöst: Das ist denkbar. Bei elementaren Themen ist der Dialekt nahe liegend. Aber Themen, die mir eine neue Sicht abverlangen, bearbeite ich auf Hochdeutsch. Ich schreibe, und zufällig auch im Dialekt.

Standard: Sind die vielen verschiedenen Dialekte durch die Vereinheitlichung der Mediensprache bedroht?

Nöst: Ja, Wörter, die früher selbstverständlich waren, verwendet man heute nicht. Die jüngere Generation kennt unzählige Wörter nicht mehr. Das hat auch mit den veränderten Lebensumständen zu tun und führt zu einer Sprachverallgemeinerung.

Standard: Denken Sie, dass die Mundart bedroht ist?

Nöst: Sie wird zwar schwächer, aber ich weiß nicht, ob ich das bedauern soll. Ich sehe mein Schreiben im Dialekt nicht als ein „Bewahrenwollen", es ist vielmehr ein Festhalten des Moments. Die Sprache entwickelt sich eben mit der Zeit.

Standard: Führt der Dialekt zu Sprachbarrieren in Österreich?

Nöst: Vielleicht, aber die sind kein zentrales Problem, sondern Teil unseres Lebens.

1. Warum schreibt die Autorin Anna Nöst im Dialekt? Suche die entsprechende Textstelle heraus. Diskutiert darüber.

A Doda *Thomas Bernhard (Auszug)*

Einsame Landstraße in Oberbayern. Zwei Frauen nach dem abendlichen Rosenkranzbeten in der Kirche auf dem Heimweg. Es ist fast finster.

Erste Frau
ist stehen geblieben
Schaugn S schaugn S
Kemman S schaugn S
Da liegt was
A Doda
Zieht ihre Begleiterin an sich
Schaugn S
A Mensch
Segn S
Da liegt a Mensch
Da schaugn S
Da zwischen de zwoa Bam da
Schaugn S
Segn S da
Beide starren hin
Des muaß grad gschegn sean
Is da no nix glegn
Übahaupts nix
Übahaupts koa Verkehr

Zweite Frau
Aba der is ja zuadeckt

Erste Frau
Mit an Packpapier
Den hat scho wer zuadeckt
Sie will einen Schritt vorwärts machen,
aber ihr Gebetbuch hindert sie daran
Gehen S nehman S mei Betbuach
Kennan Ses net nehma
Nehman Ses da
Die zweite Frau nimmt das Gebetbuch
der ersten an sich

Thomas Bernhard, (geb. 1931 in Heerlen/ Holland, gestorben 1989 in Gmunden/Oberösterreich) ist einer der bekanntesten österreichischen Schriftsteller. 1963 gelang ihm nach der Veröffentlichung mehrerer Lyrikbände mit dem Roman *Frost* der literarische Durchbruch. In rascher Folge erschienen zahlreiche weitere Romane und Erzählungen: Ab 1970 wurde Bernhard auch zu einem der erfolgreichsten deutschsprachigen Dramatiker; insgesamt achtzehn Theaterstücke wurden uraufgeführt.

1. Spielt diesen Dialog einmal im Dialekt und einmal in der Standardsprache. Welche Unterschiede stellt ihr fest?
2. Welche Absicht hat der Autor?

Die Buddenbrooks *Thomas Mann (Auszug)*

In diesem Romanauszug demonstrieren aufgebrachte Hafen- und Lagerarbeiter in Lübeck vor der „Bürgerschaft". Der alte Konsul will vermitteln und spricht mit einem von ihnen.

„Nu red mal, Corl Smolt! Nu is Tiet! Ji heew hier den langen Namiddag bröllt."

„Je, Herr Kunsel ...", brachte Corl Smolt kauend hervor. „Dat's nu so'n Saak – öäwer ... Dat is nu so wied ... Wi maaken nu Revolutschon."

„Wat's dat för Undög, Smolt!"

„Je, Herr Kunsel, dat seggen Sei woll, – öäwer dat is nu so wied ... wi sünd nu nich mihr taufreeden mit de Saak. Wi verlangen nu ne anner Ordnung, un dat is ja ook gor nich mihr, dass dat wat is ..."

„Hür mal, Smolt, un ihr annern Lüd! Wer nu 'n verstännigen Kierl is, der geht naa Hus un schert sich nich mihr um Revolution und stört hier nich de Ordnung. [...] Nicht mal die Lampen sind angezündet. Dat geiht denn doch tau wied mit de Revolution!"

Corl Smolt aber hatte nun seinen Bissen verschluckt, und die Menge im Rücken, stand er breitbeinig da und hatte seine Einwände.

„Je, Herr Kunsel, dat seggen Sei woll! Öäwer dat is man bloß wegen das allgemeine Prinzip von dat Wahlrecht ..."

„Großer Gott, du Tropf!", rief der Konsul und vergaß, platt zu sprechen vor Indignation. „Du redest ja lauter Unsinn!"

Indignation = Entrüstung

„Je, Herr Kunsel“, sagte Corl Smolt ein bisschen eingeschüchtert, „dat is nu allens so, as dat is. Öäwer Revolutschon mütt sien, dat is tau gewiss. Revolutschon is öwerall, in Berlin und in Poris ...“

„Smolt, wat wull Ji nu eentlich! Nu seggen Sei dat mal!“

„Je, Herr Kunsel, ick segg man bloß: wi wull nu ’ne Republik, segg ick man bloß ...“

„Öwer, du Döskopp – Ji heww ja schon een!“

„Je, Herr Kunsel, denn wull wi noch een.“

Einige der Umstehenden, die es besser wussten, begannen schwerfällig und herzlich zu lachen, und obgleich die wenigsten die Antwort Corl Smolts verstanden hatten, pflanzte diese Heiterkeit sich fort, bis die ganze Menge der Republikaner in breitem und gutmütigem Gelächter stand. [...]

„Na, Lüd“, sagte schließlich Konsul Buddenbrook, „ick glöw, dat is nu dat beste, wenn ihr alle naa Hus gaht!“

Corl Smolt, gänzlich verdutzt über die Wirkung, die er hervorgebracht, antwortete: „Je, Herr Kunsel, dat is nu so, un denn möht man de Saak je woll up sick beruhn laten, un ick bün je ook man froh, dat Herr Kunsel mi dat nich öwelnehmen daut, un adjüs denn ook, Herr Kunsel ...“

Die Menge fing an, sich in der allerbesten Laune zu zerstreuen. „Smolt, töf mal ’n Oogenblick!“, rief der Konsul. „Seg mal, hast du den Krögerschen Wagen nich seihn, de Kalesch’ von Krögers vorm Burgtor?“

„Jewoll, Herr Kunsel! De is kamen. De is doar unnerwarts upp Herr Kunsel sin Hoff ruppfoahrn ...“

„Schön; denn loop mal fixing hin, Smolt, un seg tau Jochen, hei sall mal’n beeten rannerkommen; sin Herr will naa Hus.“

„Jewoll, Herr Kunsel!“ [...]

3. Welcher Dialekt wird hier gesprochen?
4. Warum spricht der alte Konsul Dialekt?
5. Untersuche die Stellen, bei denen der Konsul Hochdeutsch spricht. Wann wird diese Sprachebene eingesetzt?
6. Welche Funktion hat die Standardsprache im Vergleich zum Dialekt?

INFO

Nachschlagen → S. 327

- Die Dialekte unterscheiden sich durch die jeweilige geografische Lautverschiebung.
- **Dialekt** und **Standardsprache** unterscheiden sich u.a. durch Lautung, Grammatik und Wortschatz.
- Dialekt und Standardsprache unterscheiden sich auch in ihrer Funktion.
- Der Dialekt findet auch in der Literatur seine Verwendung.

Sprechen und Schreiben

Kapitel Praktische Rhetorik

Seite 21 Sprechspiele

Sprechübungen trainieren die Ausdrucksfähigkeit der Stimme. Sie verringern Vortragsängste und machen den Vortragenden selbstsicher. Auf diese Weise erreicht er sein Publikum. Mit Hilfe von Sprechübungen wird zugleich deutlich, dass **Mimik** und **Gestik** auf der nonverbalen Ebene eine große Rolle spielen.

Seite 24 Der Vortrag

In einer **Vortragssituation** spricht der *Vortragende* zu seinem *Publikum* über eine *Sache*. Dabei nehmen die Zuhörer die Sachinformation durch die Person des Redners auf. Deshalb ist es wichtig, eine **sichere Vortragshaltung** einzuüben. Diese zeichnet sich aus durch einen stabilen, ruhigen, zum Publikum gewandten Stand an zentraler Stelle. Die Beziehung zwischen Redner und Zuhörern wird durch Blickkontakt verstärkt.

Hilfsmittel geben Sicherheit in der Vortragssituation. Ein frei gesprochener Vortrag überzeugt weitaus mehr als ein abgelesener. Deshalb sollte möglichst nicht der ausformulierte Vortragstext als Hilfsmittel benutzt werden, sondern eine Stufengliederung oder ein Stichwortzettel. Karteikarten im DIN A5- oder DIN A6-Format sind dafür gut geeignet.

Die Wirkung eines Vortrags lässt sich durch den Einsatz verschiedener **Präsentationsmedien** steigern, wenn souverän mit ihnen umgegangen wird. Es ist wichtig, sich über Stärken und Schwächen der verschiedenen Medien klar zu werden (z. B. Folien, Flipchart, Tageslichtprojektor, computergesteuerte Präsentation).

Seite 29 Die Rolle der Zuhörer

Um die Inhalte eines Vortrags langfristig zu sichern, kann der Vortragende seinen Zuhörern ein sinnvoll gestaltetes **Thesenpapier** zur Verfügung stellen. Dies sollte die gedankliche Struktur widerspiegeln, wichtige Inhalte und Begriffe festhalten. Zugleich kann es Raum für die mögliche Mitschrift der Zuhörer bieten.

Ein **Beobachtungsbogen** sollte nicht von außen vorgegeben, sondern gemeinsam erarbeitet und dann fächerübergreifend eingesetzt werden. Beobachtungskriterien werden so transparent gemacht und das Bewusstsein für eine gute Vortragstechnik wird geschärft.

Rückmeldungsgespräche sind oft problematisch, weil Kritik persönlich und nicht sachlich geäußert und verstanden wird. Die Rückmeldung (Feedback) sollte aber für den Vortragenden hilfreich sein. Folgende **Regeln** und **Formulierungen** helfen dabei:

Genau beobachten und präzise beschreiben

- Immer von der eigenen Wahrnehmung ausgehen
- Ich- statt Du-Aussagen machen
  Mir ist aufgefallen, dass ...
  Das wirkt auf mich ...
  Deshalb würde ich empfehlen, dass ...
- Verallgemeinerungen und Bewertungen vermeiden
- Zunächst das Positive hervorheben („Lob-Sandwich“: Lob – Kritik – Lob)
- Der Vortragende verteidigt sich nicht, sondern bedankt sich für das Feedback.

Seite 33 Das Vorstellungsgespräch

Zentrale Gesichtspunkte eines Vorstellungsgespräches sind das **Berufsbild**, die **Qualifikationen** und die **Persönlichkeitsstruktur** des Bewerbers.

Beim Berufsbild sollten die wesentlichen Merkmale und Anforderungen des Berufs analysiert werden, d. h. eine gründliche Vorinformation über den Wunschberuf ist dringend geboten. Im Bereich der Qualifikationen sind schulische und außerschulische Qualifikationen zu beachten. Zur Persönlichkeitsstruktur zählen Charaktereigenschaften, Einstellungen und Verhaltensformen.

Für die Analyse eines **Vorstellungsgesprächs** bieten sich folgende Gesichtspunkte an:

- Das Auftreten des Bewerbers: Ist sein Auftreten höflich, freundlich, sicher?
- Das Sprachverhalten: Ist es positiv oder negativ zu bewerten? Warum? Sind z. B. seine Aussagen sachlich angemessen, logisch, nehmen sie Bezug auf das Gespräch? Ist der Sprachgebrauch dem Sachverhalt angemessen?
- Berufs- und Firmenkenntnisse des Bewerbers: Ist der Bewerber gut informiert, hat er konkrete Vorstellungen von Aufgaben, Anforderungen, Möglichkeiten in dem angestrebten Berufsfeld?
- Die Persönlichkeit: Ist Eigeninitiative des Bewerbers feststellbar (eigenständige Fragen, aktives oder passives Verhalten), lässt sich ein Bild der Persönlichkeit erkennen (Aussagen zu Werthaltungen, Charakterzügen)?

Kapitel Das Schreiben lernen

Seite 37 Schreiberfahrungen

Beim Schreiben spielt die **Schreibumgebung** eine wichtige Rolle. Zur Schreibumgebung gehören der Schreibplatz, das Schreibgerät, die räumliche Ausstattung, die Temperatur, ob es still oder laut ist, ob der Schreiber allein ist oder sich dort noch andere Menschen aufhalten. So kann sich der **Schreibort** positiv und produktiv, aber auch hemmend auf das Schreiben auswirken. Zu Beginn des Schreibens sollte man sich daher eine Schreibumgebung schaffen, die das Schreiben fördert.

Das **Schreiben aus dem Augenblick heraus** gehört zum Bereich des kreativen Schreibens. Der Schreiber setzt sich schreibend mit der Wahrnehmung eines Augenblicks oder mit einem spontanen Impuls (z. B. Zeitungsschnipsel) auseinander. Die entstandenen Texte – **Augenblickstexte** – halten einen kurzen Moment des Alltags fest, indem äußere Eindrucke mit Gefühlen, Gedanken, Erinnerungen oder inneren Bildern schreibend verknüpft werden.

Seite 39 Schreibstrategien

Schreibstrategien helfen bei der Planung und Lösung von Schreibaufgaben.

Verschiedene Formen der Kommentierung gaben Hinweise für die **Textüberarbeitung**. Dazu stehen verschiedene Methoden zur Verfügung: z. B. Schreibkonferenz, Zettellawine. Bei der Textüberarbeitung ist auf die Korrektur von inhaltlichen und sprachlichen Fehlern zu achten. Dabei sollen auch die Merkmale der Aufsatzart (z. B. Inhaltsangabe) berücksichtigt werden.

An vielen Schulen gibt es auch Schreibzentren, in denen Schreibberater Schülerinnen und Schülern bei der Textüberarbeitung helfen.

Seite 43 Schreibprozesse

Im Schreibprozess geht es um die Suche nach dem richtigen Ausdruck. Dazu gehören das Ausprobieren, das Verwerfen und Neuansetzen. Man kann mit Hilfe von gezielten Übungen **am eigenen Stil arbeiten**. Die Stilhaltung kann z. B. emotional-schildernd, sachlich-berichtend, nüchtern-beschreibend, neutral-darstellend oder argumentativ-erörternd sein. Man sollte grundsätzlich beim Überarbeiten des eigenen Textes typische Stilfehler wie z. B. umständlichen Satzbau oder auch abgedroschene Schlagworte vermeiden.

Das Entwerfen und Umsetzen eines **Schreibplans** kann von großem Nutzen bei der Bearbeitung einer Schreibaufgabe sein. Dabei wird festgelegt, in welchen Schritten die Arbeit verfasst wird; der Schreibplan ist also nicht mit der Gliederung eines Aufsatzes zu verwechseln. Diese kann aber durchaus Teil des Schreibplans sein. Der Schreibplan ist individuell verschieden und folgt keinem strengen Muster. Er kann außerdem ergänzt oder abgeändert werden.

Man sollte von Zeit zu Zeit eine kritische Einschätzung der eigenen Schreibkompetenz vornehmen und z. B. eine **Selbstdiagnose** (Bestandsaufnahme) stellen. Indem man sich schreibend mit den eigenen Schreibstärken und Schreibschwächen auseinandersetzt, wird der Blick für Fehlerquellen geschärft.

Kapitel Informieren

Seite 51 Bewerbung und Lebenslauf

Der gängigste Weg zu einem Ausbildungsplatz führt über das Arbeitsamt. Daneben lohnt es sich aber auch, die Stellenangebote einer Tagezeitung zu studieren. Dabei sollte man genau prüfen, welche Anforderungen an den Bewerber / die Bewerberin gestellt werden und ob das Angebot den eigenen Erwartungen entspricht.

Das **Bewerbungsschreiben** wird normalerweise mit dem Computer geschrieben. Da es ein **standardisierter Geschäftsbrief** ist, sollten die geltenden Regeln unbedingt eingehalten werden. Das Bewerbungsschreiben ist die erste Kontaktaufnahme mit einer Firma. Formfehler können zu Rückschlüssen auf den Bewerber führen und eine negative Wirkung haben.

Der **Lebenslauf** ist eine Anlage zum Bewerbungsschreiben und wird in der Regel auch am Computer geschrieben. Der Bewerber hat die Wahl, seinen Lebenslauf fortlaufend oder tabellarisch anzulegen. Oft wird wegen der besseren Übersichtlichkeit der tabellarischen Form der Vorzug gegeben. Da auch der Lebenslauf standardisiert ist, empfiehlt es sich, aus den gleichen Gründen wie beim Bewerbungsschreiben, die geltenden Regeln einzuhalten.

Seite 56 Das Protokoll

Mitschriften sind nützlich, weil sie als Gedächtnisstütze die Abfassung des Protokolls erleichtern. Bei der Mitschrift sollte man Kürzel benutzen, um die Schreibgeschwindigkeit zu erhöhen.

Man unterscheidet Verlaufs- und Ergebnisprotokoll. Das **Verlaufsprotokoll** zeichnet die Abschnitte, Themen und Ergebnisse von Vorgängen und Ereignissen in ihrem zeitlichen Ablauf genau nach. Das **Ergebnisprotokoll** nennt dagegen nur die wichtigsten Themen und hält lediglich die zentralen Ergebnisse fest. Beide Formen sind in sachlichem Stil verfasst. Das Verlaufsprotokoll erfolgt in der Regel in der Zeitform des Präteritums, das Ergebnisprotokoll wird häufig auch im Präsens abgefasst.

Seite 60 Das Referat

Informationsmaterial für das Referat kann auf vielfältige Weise beschafft werden. In erster Linie sind die herkömmlichen Printmedien (Bücher, Zeitungen) zu nennen. Aber auch Nachschlagewerke auf CD-ROM oder die Internetrecherche können zur Materialbeschaffung herangezogen werden. Bei lokalen Themen sind noch andere Informationsquellen denkbar, etwa Meinungsumfragen oder Interviews.

Die **Auswertung** des Informationsmaterials muss systematisch sein, da sie Grundlage für die Ausformulierung des Referats ist. Karteikarten haben sich als ein solches Ordnungssystem bewährt. Um nicht den Überblick zu verlieren, sollten die **Exzerpte** auf den Karteikarten nur Wichtiges im Hinblick auf die Themenstellung enthalten.

Die **Gliederung** des Referats ist abhängig vom Thema. Hilfreich kann sein, sich einen unwissenden Leser oder Zuhörer vorzustellen, der schrittweise in das Thema eingeführt werden muss.

Kapitel Argumentieren und Erörtern

Seite 68 Die einfache Erörterung

Um sich über ein Thema zu informieren, muss man sich auf vielfältige Weise Material beschaffen. Man kann im Internet recherchieren, Fachzeitschriften oder Umfrageergebnisse auswerten. Bei entsprechenden Themen kann man sich auch vor Ort erkundigen und geeignetes Material besorgen. Das auf diese Weise beschaffte Material wird stichwortartig aufgelistet. Unwichtiges kann sofort gestrichen werden. Das gefundene Material wird als Mind-Map oder als Dezimalklassifikation gegliedert.

Bei der **Mind-Map** steht das Thema im Mittelpunkt, Hauptgesichtspunkte breiten sich als Äste von diesem Mittelpunkt aus, Unterpunkte zu diesen Gesichtspunkten zweigen von den Ästen ab. Will man die Gliederung der Mind-Map als Dezimalklassifikation wiedergeben, so erscheinen die Äste als Nummern, also als Hauptgesichtspunkte, und die Zweige als Dezimalzahlen, also als Unterpunkte. Die Mind-Map ist anschaulicher als die Dezimalklassifikation, nachträgliche Ideen können problemlos eingefügt werden. Querverbindungen zwischen den Ästen lassen sich gut darstellen.

Die **Dezimalklassifikation** eignet sich dagegen besser als Orientierungshilfe bei der Niederschrift der Erörterung und bereitet das wissenschaftliche Arbeiten vor.

Es genügt nicht, die Stichwörter aus der Gliederung jeweils in Form eines Satzes wiederzugeben. In der Regel muss jedes **Argument** durch **Belege**, **Beispiele**, **Erläuterungen** und **Folgerungen** entfaltet werden. Das kann häufig nur in mehreren Sätzen geschehen. Die **steigernde Anordnung** der Argumente muss durch sprachliche Mittel verdeutlicht werden *(am wichtigsten ist ...)*. Auf diese Weise wird dem Leser klar, welchen Stellenwert der Schreiber dem jeweiligen Argument innerhalb der Erörterung beimisst.

Seite 76 Die dialektische Erörterung

Themen zu **dialektischen Erörterungen** verlangen, dass die in ihnen enthaltenen **Thesen** von zwei Seiten beleuchtet werden, d. h. nach pro und kontra erörtert werden. Es werden Argumente genannt, die die Thesen stützen, aber auch Argumente, die sie widerlegen. Dialektische Themenstellungen werden oft als eine Entscheidungsfrage formuliert, auf die man mit „ja“ und „nein“ antworten kann. Wichtig ist bei jeder Themenstellung, dass man sich klarmacht, worüber man schreiben muss. Die zentralen Begriffe des Themas müssen erkannt werden. Andernfalls besteht die Gefahr, das Thema zu verfehlen.

Außer der Internet-Recherche, der Auswertung von Fachliteratur und Umfrageergebnissen oder der Information vor Ort gibt es weitere Möglichkeiten der **Stoffbeschaffung**. Entweder werden Reaktionen zu einem provokanten Text notiert, oder es werden mit Hilfe der ABC-Methode spontan Einfälle notiert.

Aus der **Stichwortliste** der Stoffsammlung lassen sich Gruppen zusammengehörender Begriffe und Beispiele herauslösen. Oft enthalten diese Begriffe bereits einen Überbegriff, manchmal muss er noch gefunden werden. Er erscheint als Ziffer in der Dezimalklassifikation und ist damit der Kopf einer Gruppe von Unterbegriffen, die ihm in Form von Dezimalzahlen zugeordnet sind. Die aufsteigenden Ziffern zeigen an, welches Gewicht der Schreiber einem Argument zumisst.

Die **Dezimalklassifikation** dient somit als Schreibplan für den Hauptteil, die Abfolge der Argumentation wird sichtbar. Eine Mind-Map eignet sich für eine dialektische Erörterung weniger, da sich Pro und Kontra nicht so gut visualisieren lassen.

Im Allgemeinen wird man im **Hauptteil** einer Erörterung die Argumente, getrennt nach pro und kontra, hintereinander aufschreiben. Wichtig ist, dass die Begriffe aus der Dezimalklassifikation sprachlich sinnvoll miteinander verknüpft werden, sodass der Leser Beispiele, Erläuterungen und Schlussfolgerungen als solche erkennen kann *(das zeigt sich daran ..., damit ist gemeint ..., das führt zu ... usw.)*. Die Argumente der Pro- und Kontra-Seite verbindet eine Überleitung. Dabei kann man die Argumente der einen Seite bündeln und darauf hinweisen, dass es auch Gegenargumente gibt, die im Anschluss entfaltet werden.

Einleitungen können entweder an ein historisches Ereignis, an ein persönliches Erlebnis oder an ein Zitat anknüpfen. Denkbar ist auch eine kurze Erläuterung des Themas. Mit der Einleitung muss zum Hauptteil übergeleitet werden.

Beim Verfassen eines **Schlusses** stehen verschiedene Möglichkeiten zur Verfügung. Entweder wertet man das Thema aus, indem man die Themenstellung in einen größeren Zusammenhang rückt, oder man überdenkt noch einmal die Themenstellung, evtl. kritisch. Man kann auch erläutern, warum man sich für die Richtigkeit einer der beiden Thesen entscheidet bzw. warum man den Geltungsanspruch der anderen zurückweist, oder man kann die Argumentation noch einmal zusammenfassen. Häufig wird auch eine persönliche Stellungnahme formuliert.

Kapitel Interpretieren

Seite 91 Die Vorbereitung der analytischen Interpretation: Kurzprosa

Die Vorbereitung der analytischen Interpretation erfolgt in methodischen Einzelschritten: **Genaues Lesen** eines Textes ist die Grundvoraussetzung für die inhaltliche Erfassung.

Das **Rundgespräch** bereitet die Interpretation vor. Die Teilnehmer äußern sich frei über ihre Eindrücke und ihre Auffassungen zu einem Text. So wird der Inhalt des Textes im gemeinsamen Gespräch erfasst.

Bei den **Notizen** zum Text, die man sich unmittelbar nach der Lektüre oder nach einem gedanklichen Austausch macht, muss man Wichtiges von Unwichtigem trennen. Dabei darf der Blick nicht nur auf den **Inhalt** gehen, sondern muss auch auf die **Form** gerichtet werden. Denn beim Interpretationsaufsatz geht es darum, Inhalt und Form in eine Beziehung zu setzen.

Die **Interpretationsskizze** ist eine systematische Form der Textwahrnehmung in tabellarischer Darstellung. Wichtig ist, dass die Deutungen direkt auf die Analyse bezogen werden.

Seite 96 Der analytische Interpretationsaufsatz: Kurzprosa

Die **Gliederung** gibt die Schritte des Interpretationsaufsatzes vor, die der gängigen Dreiteilung in **Einleitung**, **Hauptteil** und **Schluss** folgt.

Auch bei dem Interpretationsaufsatz gibt es verschiedene **Typen der Einleitung**: Interpretationshypothese, persönliches Erlebnis, Verallgemeinerung des Themas, Wertung und kurze Inhaltsangabe. In allen Typen sollten Autor/Autorin und Textsorte genannt werden. Die Einleitung muss mit einem Überleitungssatz zum Hauptteil enden.

Der **Hauptteil** enthält die Deutungsschwerpunkte der Interpretation. Inhalt und Form in Bezug auf die Deutung müssen zusammenhängend und schlüssig dargestellt werden. Sinnvoll eingefügte Textbelege **(Zitate)** unterstützen die Argumentation. Aus stilistischen Gründen sollte die Zitiertechnik variieren.

Der **Schluss** rundet den Interpretationsaufsatz ab. Auch hier gibt es verschiedene Typen: Bestätigung, Differenzierung oder Korrektur eines ersten Eindrucks bzw. einer ersten Einschätzung, persönliche Wertung, offene Fragestellung, Ausblick oder knappe Zusammenfassung der wesentlichen Ergebnisse. Dabei sollte aber nicht bloß bereits Erwähntes wiederholt werden.

Der analytische Interpretationsaufsatz ist wie eine Erörterung **argumentativ**. Erkenntnisse müssen am Text belegt werden. Jegliche Spekulation sollte demnach vermieden werden.

Seite 102 Die Vorbereitung der gestaltenden Interpretation: Kurzprosa

Vor jeder gestaltenden Aufgabe muss der poetische Bezugstext analysiert werden, um sein **Verständnis** zu sichern. Man kann grundsätzlich zwei Gestaltungsmöglichkeiten unterscheiden: die **Ausgestaltung**, die sich in Inhalt, Sprache und Form eng an den Bezugstext anlehnt, und die **Umgestaltung**, die an den Inhalt des Bezugstextes anknüpft, sich aber in Sprache und Form von ihm unterscheidet.

Der **Wechsel der Erzählperspektive** kann zu einem tieferen Verständnis des Textes führen, da die dargestellte Situation aus einer anderen Perspektive gedeutet wird.

Der **allwissende Erzähler** (auktoriale Erzählperspektive) überschaut alles. Er stellt die äußere und innere Handlung sowie die Personen distanziert dar. Er kann vor- und zurückblicken und das Geschehen kommentieren und bewerten.

Der **personale Erzähler** erzählt das Geschehen subjektiv aus der Sicht einer Person in der Er-Form. Seine Wahrnehmung anderer Personen und deren Gefühle oder Gedanken ist eingeschränkt.

Der **Ich-Erzähler** muss nicht mit dem Autor identisch sein. Er erzählt ein Geschehen als sein Erlebnis.

Insgesamt unterliegt das gestaltende Schreiben dem Prinzip der gelenkten Fantasie. Auch wenn Kreativität und Freiheit dabei wichtig sind, sollten bestimmte **Kriterien** eingehalten werden:

- Figuren und Situationen müssen inhaltlich analog zum literarischen Text gezeichnet werden.
- Die Merkmale der für die Gestaltung gewählten Textsorte (z. B. Brief, Tagebuch, innerer Monolog, Dialog) sind zu berücksichtigen.
- Die Gestaltung erfordert Originalität und Ideenreichtum.
- Der gestaltende Text muss das Verständnis des literarischen Textes zum Ausdruck bringen.

Seite 107 Der gestaltende Interpretationsaufsatz: Kurzprosa

Grundsätzlich kann jede Textsorte für das gestaltende Schreiben genutzt werden. Beim Schreiben ist auf deren Besonderheiten zu achten:

Der **innere Monolog** gibt in Ich-Form und im Präsens die Sichtweise und Befindlichkeit der fiktiven Figur wieder. Er kann assoziativ und sprunghaft sein.

Briefe können z. B. Gedanken und Gefühle zum Ausdruck bringen, Situationen, Beziehungen, Entwicklungen aus der Figurenperspektive darstellen und reflektieren. Der Brief richtet sich immer an einen Adressaten.

In einem **Tagebucheintrag** wird aus der Ich-Perspektive über Situationen und Handlungen nachgedacht. Das Erlebte kann überdacht und bewertet werden, Gefühle lassen sich zum Ausdruck bringen. Stichwortartige Darstellungen sind zulässig.

Im **Dialog** müssen die unterschiedlichen Persönlichkeiten der Sprecher deutlich werden. Anzustreben ist, diese Unterschiedlichkeit auch in der Sprache deutlich zu machen.

Seite 113 Der gestaltende Umgang mit Gedichten

Besonders Gedichte eignen sich für einen handlungsorientierten Umgang. So kann durch die **Übertragung eines Bildes** in lyrische Sprache der Bildinhalt erfasst werden.

Lyrische Sprache hat viel mit der Musik gemein, weil sie vom **Klang** der Wörter und der **Melodie** im Satz bestimmt wird. Die Melodie in einem Gedicht ist geprägt durch das **Versmaß** und den **Rhythmus**. Mit Klang und Melodie macht der Dichter die Aussage seines Gedichts anschaulich.

Schließlich kann der Zugriff auf ein Gedicht auch assoziativ erfolgen. **Assoziationen** sind Einfälle, die unwillkürlich beim Lesen entstehen. So werden beispielsweise Rosen häufig mit Schönheit assoziiert. Anschließend sollte man prüfen, inwieweit die Assoziationen den Gehalt des Gedichts ausdrücken.

Seite 116 Die Vorbereitung der analytischen Gedichtinterpretation

Zunächst sollte das Gedicht mehrmals laut gelesen werden. Im Anschluss muss es genau wahrgenommen werden. Dazu gibt es mehrere Zugänge: **Notizzettel** mit den Kriterien eines Gedichts können genutzt werden für eine erste Orientierung beim analytischen Vorgehen. **Stolpersteine** lassen den Leser stutzen und im Lesen innehalten. Die **Arbeitshypothese** schafft die Voraussetzungen für die vertiefte Beschäftigung mit dem Gedicht und muss genau am Text überprüft werden. Mit der **Mind-Map** wird sichergestellt, dass alle wesentlichen Elemente des Gedichts berücksichtigt werden.

Danach muss eine **Analyseskizze** erarbeitet werden, die der Vorbereitung des Interpretationsaufsatzes dient.

Seite 120 Die analytische Gedichtinterpretation als Aufsatz

Auch der Interpretationsaufsatz eines Gedichts ist gegliedert in Einleitung, Hauptteil und Schluss. Es ist zweckmäßig, von einer **Interpretationshypothese** auszugehen, deren Tragfähigkeit sich in der genauen Analyse erweist bzw. die differenziert oder gar verworfen werden muss. Eine klare **Gliederung**, die nach einer Einleitung dem Gang der Strophen folgt, erleichtert das Schreiben. Dabei muss auf das **Zusammenspiel** von **Gehalt** und **formalen Elementen** in Bezug auf die Deutung geachtet werden.

Texte und Medien

Kapitel Erzählende Texte

Seite 125 Parabel und Satire

Die **Parabel** ähnelt der **Fabel**. Beide zeigen das Gleichnishafte des Erzähltextes (s. die jeweils am Schluss von Äsops *Löwe, Esel und Fuchs* sowie Bertolt Brechts *Freundschaftsdienste* herausgestellte Lehre oder Erkenntnis bzw. allgemeine Wahrheit).

Der Gleichnischarakter der Parabel (gr. „das Nebeneinandergestellte") wird durch die Anwendung der gleichnamigen mathematischen Figur deutlich (s. die zwei Ebenen ‚Erzähltext/Bildhälfte' und ‚Gleichnishaftes/Sinnhälfte'.

Beim gestaltenden und analytischen Umgang mit der Parabel muss das Gleichnishafte herausgearbeitet werden. Entsprechend sind die gestaltenden Aufgaben angelegt: Bei Monolog und Dialog zur Parabel *Der Herr und sein Knecht* von Edwin Hoernle muss das Aufbegehren der Sklaven gegenüber Unterdrückung und Ausbeutung durch die Herren demonstriert werden, eine Einsicht, die dann durch die Analyse des Textes bestätigt wird.

Auch der umgekehrte Weg kann das Verständnis der Parabel sichern. Der analytische Zugang zu Franz Kafkas *Auf der Galerie* etwa über die Untersuchung des Satzbaus signalisiert, in welche Richtung der gestaltende Auftrag (Brief des Psychologen) bearbeitet werden muss (das Gleichnishafte der Geschichte: z. B. ‚der Gegensatz von Wirklichkeit und Scheinwelt', den der Galeriebesucher erahnt).

Die **Satire** ähnelt der **Karikatur.** Beide verspotten auf unterschiedliche Weise (durch Erzähltext bzw. Bild) menschliche und gesellschaftliche Missstände. Die Satire *Rudis Vater war ein ganz normaler Mensch* entlarvt z. B. die menschliche Schwäche, sich von Werbung derart beeinflussen zu lassen. Die ironische Überzeichnung erweist sich darin, dass der Vater den Werbeslogan „Freiheit und Abenteuer" wortwörtlich nimmt.

Auch das Verständnis der Satire lässt sich über gestaltende und analytische Verfahren sichern. So bereitet etwa die Umgestaltung der Redeweise des Vaters aus Kurt Tucholskys *Herr Wendriner erzieht seine Kinder* die Analyse der verspotteten kleinbürgerlichen Denkungsart Herrn Wendriners vor.

Seite 134 Kurzgeschichten

In **Kurzgeschichten** (engl. short story) lassen sich in der Regel folgende Merkmale auffinden: Räume, Ereignisse und Personen werden nur sparsam ausgestaltet; detaillierte Ortsbeschreibungen, die Vorgeschichte der Figuren, komplizierte Handlungsstränge mit Nebenhandlungen o. Ä. findet der Leser nicht. Deshalb spricht man bei Kurzgeschichten auch von „blitzlichtartigen Momentaufnahmen", die eine einzelne Situation im Leben eines Menschen darstellen. Sie setzen meist unmittelbar mit dem Geschehen ein und enden oft abrupt mit einem offenen Schluss. So schildert die Kurzgeschichte *Eifersucht* von Tanja Zimmermann etwa nur den Discobesuch und die Eifersucht der Ich-Erzählerin auf eine andere Frau. Namen werden nicht genannt, man weiß auch nicht, woher und wie gut sich die Figuren kennen. Der Leser erfährt nicht, wie es weitergeht.

Die bewusst sparsame und oft lückenhafte Gestaltung von menschlichen Lebenssituationen in Kurzgeschichten (vgl. *Anna liebt Jens. Katharina liebte Georg* von Irmela Brender) kann man am besten erfassen, wenn man sie mit Geschichten aus dem „wirklichen Leben" vergleicht, die meist komplexer und offensichtlicher sind.

Gerade weil sie so knapp sind und vieles offen lassen, fordern Kurzgeschichten den Leser zum Nachdenken und Interpretieren auf. Es kann z. B. hilfreich sein, sich in die (Haupt-) Figuren hineinzuversetzen und durch eigenes Mitdenken und Mitfühlen die Leerstellen des Textes aufzufüllen. In der Kurzgeschichte *Ein netter Kerl* von Gabriele Wohmann erfährt man nichts darüber, wie sich die Hauptfigur Rita gerade fühlt und was sie denkt. Aber der Leser kann sich aufgrund von Ritas Verhalten am Tisch in sie hineinversetzen und ihre Gedanken sowie Gefühle nachvollziehen.

Weiterhin kann es hilfreich sein, bei Kurzgeschichten „zwischen den Zeilen" zu lesen und damit den **Subtext** zu erfassen. Manche Autoren (z. B. Ernest Hemingway) erzählen auf der Handlungsoberfläche nur unspektakuläre Ereignisse bzw. lassen ihre Figuren nur Banales reden. Aber gerade unter dieser scheinbaren Normalität brechen dann die Abgründe auf. So zeigt Hemingway z. B. bei Marjorie und Nick *(Das Ende von etwas)*, die so routiniert und scheinbar belanglos miteinander angeln, dass bei der Routine des gemeinsamen Tuns und in der Belanglosigkeit des Alltags die großen Gefühle füreinander abgestumpft sind und die Liebe erloschen ist. Die Trennung verläuft genauso belanglos wie das Angeln.

Kapitel Kriminalgeschichten

Seite 162 Kriminalnovelle – Theodor Fontane: Unterm Birnbaum

In der Kriminalnovelle *Unterm Birnbaum* konzentriert sich das Mordgeschehen auf wenige Örtlichkeiten, nämlich auf Abel Hradschecks Gasthaus und dessen Umgebung. Der **Tatort** ist ein Baustein des Mordgeschehens. Ein weiterer Baustein des Mordgeschehens ist das **Tatmotiv.** Oft findet es sich im persönlichen Bereich. Die Täter, in unserem Fall Abel und Ursel Hradscheck, wollen ihren materiellen und sozialen Status nicht verlieren.

Im **Tatplan** verknüpfen sich kühle Kalkulation und Zufall, etwa wenn sich Abel Hradscheck die Entdeckung des toten Franzosen für seine Zwecke zunutze macht. Das Gespräch, in dem die beiden Täter den Tatplan erörtern, wird zwar von Fontane nicht gestaltet, doch kann der Leser es im Rückblick erschließen. Hier zeigt sich Fontanes „Kunst des Verschweigens".

Dieselbe Technik der Andeutungen begegnet dem Leser bei der Darstellung des **Tathergangs**, denn der eigentliche Mord an Schulzki bleibt unerwähnt, sodass der Leser die Vorgänge in der Tatnacht rekonstruieren muss. Durch den Verzicht auf eine breite Entfaltung der Geschehnisse entstehen Fragen, die den Leser zum Mitdenken anregen.

Tatmotiv, Tatplan und Tathergang sind Puzzlesteine, aus denen sich das **Täterprofil** zusammensetzt. So wird deutlich, dass Abel Hradscheck seinen Plan kaltblütig umsetzt, um seine verzweifelte materielle Situation zu verbessern. Mit Hilfe des Täterprofils lässt sich auch beurteilen, ob er ein gewissenloser Verbrecher ist oder ob man ihm ‚mildernde Umstände' zubilligen kann, indem man z. B. auch auf die Rolle seiner Frau Ursel eingeht, die entscheidenden Einfluss auf ihren Mann hat.

Seite 170 Paralleltexte

Eine zusätzliche Möglichkeit, das Täterprofil zu untersuchen, besteht im **Vergleich** der Kriminalnovelle *Unterm Birnbaum* mit weiteren Texten, z. B. mit Friedrich Dürrenmatts *Der Richter und sein Henker* und Graham Greenes *Der dritte Mann*. Stellt man Abel Hradscheck den Verbrechertypen Tschanz und Gastmann aus *Der Richter und sein Henker* sowie Lime aus *Der dritte Mann* gegenüber, so kann man erkennen, dass Hradscheck und Tschanz zu ihrer Tat getrieben werden (Hradscheck aus Angst vor materiellem und sozialem Abstieg, Tschanz aus Neidgefühlen seinem Kollegen gegenüber). Gastmann und Lime morden aus freiem Entschluss und in vollem Bewusstsein ihres Unrechts (Gastmann stößt einen deutschen Kaufmann in den Fluss und Lime verkauft gepanschtes Penizillin).

Kapitel Schülerromane

Seite 175 Hermann Hesse: Unterm Rad

In dem Roman *Unterm Rad* wird die Lebensgeschichte von Hans Giebenrath erzählt, seine Entwicklung von der Kindheit bis zum Tod.

Junge Menschen wachsen in unterschiedlichen Erziehungssystemen auf, die sie positiv oder auch negativ prägen können. Hans Giebenrath z. B. leidet unter den autoritären Strukturen des schulischen Zwangssystems, die seine weitere Entwicklung entscheidend beeinflussen. Demgegenüber vertritt der Schuster Flaig eher eine Erziehungsauffassung, die den Menschen und die Entwicklung seiner individuellen Fähigkeiten in den Mittelpunkt stellt. So bemüht sich die **Reformpädagogik** um eine Erziehung junger Menschen, die das Lernen mit „Kopf, Herz und Hand" möglich macht (Grundlage z. B. der erzieherischen Auffassung der „Helene-Lange-Schule" in Wiesbaden).

Neben der Erziehung prägen auch Freundschaft und Liebe den jungen Menschen. Im Falle Hans Giebenraths sind es die Figuren Heilner und Emma, die sein Scheitern mit beeinflussen.

Der Romanstoff in *Unterm Rad* ist **autobiografisch.** So verarbeitet Hermann Hesse wirkliche Personen und verschiedene Erlebnisse aus seinem Leben in dem Roman. Es ist der Versuch, die eigene Lebenskrise schreibend zu bewältigen. Der Vergleich von Biografie und Dichtung zeigt, wie Erlebtes verarbeitet und in neue Zusammenhänge gebracht zu einem Roman gestaltet wird. Als Material für einen solchen Vergleich können die realen Handlungsorte und die Briefe Hesses herangezogen werden.

Seite 186 Benjamin Lebert: Crazy

Wie jedes andere Produkt unterliegt auch das Buch den Gesetzen des Marktes, d. h. der Verlag, der ein Buch auf den Markt bringen will, wird dieses Buch vor seinem Erscheinen so geschickt in die Werbung bringen, dass es möglichst viel gekauft wird. Die öffentlichen Medien wie Zeitung und Fernsehen oder auch Internet sind dabei die wichtigsten Werbeträger. Die Verfilmung eines Buches steigert die Verkaufszahlen um ein Vielfaches.

Das Thema Schule und Erziehung spielt in zahlreichen Romanen eine zentrale Rolle. Ein Vergleich der Erziehungsauffassungen von Schule sowie Elternhaus und der Identitätsprobleme von jungen Menschen (hier Hans Giebenrath und Benjamin) erweist sich dabei als sehr ergiebig.

Kapitel Lyrik – Thema: Liebe

Seite 192 Liebesgedichte von heute

Die Liebe ist ein Thema, das in Gedichten aller Zeiten vorkommt.

Liebesgedichte der Gegenwart weisen eine große Bandbreite an thematischen Aspekten auf. Solche thematischen Aspekte (wie z. B. Liebe als positiver gefühlsmäßiger Ausnahmezustand in Rose Ausländers *Das Schönste*, Sehnsucht und Trennungsschmerz in Seamus Heaneys *Abschiedswort*, aber auch enttäuschte Liebe und Entfremdung in Ursula Krechels *Liebe am Horizont*) lassen sich am besten wahrnehmen, wenn man mehrere Gedichte miteinander vergleicht. Dabei sollte man den **Gedichtvortrag** immer gut vorbereiten, z. B. durch Markierungen im Text und mehrfaches lautes Lesen.

Manchen Liebesgedichten von heute, deren Gegenstand häufig ausschnittartige Alltagssituationen sind, kann man sich mithilfe szenischer Verfahren nähern, etwa indem man die Gedichte dialogisiert oder auf der Grundlage eines **Drehbuchs** verfilmt. Diese Verfahren helfen, Leerstellen des Gedichts auszufüllen: etwa im Falle von Erich Kästners *Sachlicher Romanze* die enttäuschte Liebe und bei Bodo Morsheusers *Blues in der Mittagspause* die eigentümliche nonverbale Kommunikation.

Ein filmisches Drehbuch legt man möglichst detailliert und tabellarisch an. Mit filmtechnischen Mitteln kann man eine bestimmte Interpretationsweise zum Ausdruck bringen. In *Blues in der Mittagspause* könnte die Kamera z. B. abwechselnd aus der Perspektive des Mannes bzw. der Frau filmen.

Seite 196 Liebesgedichte aus verschiedenen Zeiten

Bei Liebesgedichten aus verschiedenen Zeiten lohnt sich ein Vergleich besonders dann, wenn die Gedichte thematisch ähnlich sind. So verbindet z. B. die beglückende Erfahrung von Zärtlichkeit und körperlicher Liebe die Gedichte *Unter der Linde* von Walther von der Vogelweide, *Liebeslieder I* von Bertolt Brecht und *vielleicht* von Thomas Klees. Dass die darin zum Ausdruck kommenden Gefühle bei aller Unterschiedlichkeit der sprachlichen und formalen Gestaltung ganz ähnlich sind, zeigt sich, wenn man zu den Gedichten alltagssprachliche Tagebucheinträge anfertigt.

Paul Flemings *Wie er wolle geküsset sein*, Johann Wolfgang von Goethes *Willkommen und Abschied* und Friederike Mayröckers *falsche Bewegung* sind durch ein gemeinsames Motiv, den Kuss, miteinander verbunden. Wie unterschiedlich die Verarbeitung des Motivs ist, kann man z. B. herausfinden, indem man die Gedichte mit passenden Klängen bzw. Musik unterlegt. So unterstreicht eine entsprechende klangliche Untermalung z. B. die Leichtigkeit und Verspieltheit in Flemings Gedicht, während sie in Mayröckers Gedicht eher unangenehme Gefühle und Abweisung zum Ausdruck bringen sollte.

Beim **Gedichtvortrag** mit unterlegter Musik sollte darauf geachtet werden, dass man besonders deutlich artikuliert und die Gestaltungsmittel eines Vortrags wie Dynamik, Tempo, Tonhöhe, Blickkontakt usw. sowohl auf die klangliche Untermalung als auch aufs Publikum abstimmt.

Kapitel Drama – Max Frisch: Andorra

Seite 210 Szenisches Interpretieren

Das Drama *Andorra* lässt sich wie jedes andere Drama szenisch interpretieren. Das **szenische Interpretieren** basiert darauf, Vorstellungen, die literarische Texte in uns entstehen lassen, durch szenische Gestaltungsformen sichtbar zu machen und so zur Verdeutlichung der dramatischen Handlung und zum besseren Verständnis des dramatischen Konflikts beizutragen. Voraussetzung für das Gelingen szenischer Gestaltungen ist ein genaues Hineindenken und Einfühlen in die Figuren und die Situationen.

Die **szenische Lesung** kann ebenso wie das Ausprobieren von **Sprech-** und **Körperhaltungen** oder die Arbeit mit **Figurinen** dazu beitragen, erste Vorstellungen von den Dramenfiguren zu entwickeln. Das eigene Verständnis einer Situation bzw. der Beziehung zwischen den Figuren kann im **Standbild** veranschaulicht und anschließend gemeinsam besprochen werden. Die Ortsangaben im Dramentext geben knappe Hinweise, wie man sich die Schauplätze vorzustellen hat.

Der **Bühnenbildentwurf** gibt vor allem Auskunft darüber, an welchem Ort auf der Bühne etwas vorgeht. Alles, was auf dem Bühnenbildentwurf erscheint, steht in Beziehung zu der Handlung und stellt eine Interpretation des Stückes dar.

Die Dramenfiguren werden lebendig, wenn man Gestik, Mimik, Körperhaltung und Sprechweise in verschiedenen Konstellationen mit **Rollensätzen** szenisch erprobt. Jeder Positionswechsel ist dabei auch ein Beziehungswechsel, bei dem die Sätze und die Art, wie sie gesprochen werden, etwas über die Figuren aussagen und sie dadurch charakterisieren.

In **szenischen Improvisationen** (Zusatzszenen) können sich das momentane emotionale Befinden einer Figur, ihre Absichten und Ziele sowie ihr Verhältnis zu anderen Figuren ausdrücken. Die entstandenen Szenen sollten anschließend im Rundgespräch bewertet werden.

Seite 219 Analytisches Interpretieren

Die analytische Interpretation stützt sich auf möglichst viele Beobachtungen am Text, die in einem weiteren Schritt systematisiert und gedeutet werden. Es gibt verschiedene analytische Bestandteile, die für die Interpretation hilfreich sind, wie z. B. die **literarische Charakteristik.** Sie beschreibt eine Figur aus den im Dramentext enthaltenen Aussagen.

Über die Beschreibung des äußeren Erscheinungsbildes hinaus werden auch Charaktereigenschaften dargestellt. Es verbinden sich also Aspekte der Personenbeschreibung mit denen der Charakteristik.

Die **Analyse eines Dialogs** lässt erkennen, wie die Figuren zueinander stehen und welche Bedeutung ihnen in der Gesamthandlung zukommt. Dabei wird der Gesprächsverlauf genauer betrachtet, z. B. die Häufigkeit des Sprecherwechsels, Kürze oder Länge der Äußerungen, Themenbezogenheit oder Themenwechsel, Ins-Wort-Fallen usw. Da gerade im Drama Sprechen eine Art des Handelns darstellt, ist die Verwendung von „Verben des sprachlichen Handelns“ (Sprechakte) notwendig. Schließlich gehört noch die Beachtung der rhetorischen Mittel, die im Gespräch eingesetzt werden, zu einer vollständigen Dialoganalyse.

Die Lektüre und Auswertung von **Zusatztexten** kann dazu beitragen, menschliche Konflikte und Verhaltensmuster von Figuren bzw. Figurengruppen etwa aus fachwissenschaftlicher Sicht genauer zu deuten. So bieten z. B. die beiden angeführten Zusatztexte auf S. 229 eine psychologische Erklärung für das Verhalten der Andorraner. Deren negative Eigenschaften werden auf Andri als Sündenbock projiziert mit dem Ziel, das Selbstbild der eigenen Gruppe nicht zu gefährden.

Die Anfertigung einer **Strukturskizze** macht Einzelaspekte des Dramas anschaulich. Dazu werden einfache Zeichen und Symbole verwendet: Pfeile, Linien, Tabellen oder geometrische Formen (z. B. Kreise). Auf knappe und überschaubare Weise kann so verdeutlicht werden, welchen Handlungsspielraum einzelne Figuren haben – z. B. Andris Prozess des Identitätsverlusts.

In der **Theaterkritik** wird eine Theateraufführung beschrieben, interpretiert und bewertet. Dabei mischen sich häufig beschreibende Darstellung und Wiedergabe von subjektiven Eindrücken des Kritikers, die abhängig sind von seinen Erwartungen an das Theater, seinen künstlerischen Vorstellungen und seinen weltanschaulichen Überzeugungen.

Kontexte – wie der Zeitungsbericht zu den Rostocker Ereignissen von 1992 – können Bezüge („Die Aktualität von Andorra“) zum Drama herstellen: hier die Aggression und Gewalt einer Gruppe von Menschen mitsamt ihren Mitläufern gegenüber Menschen aus anderen Kulturkreisen.

Kapitel Mit Sachtexten umgehen

Seite 229 Lesestrategien

Die sinnvolle Auswertung eines Sachtextes geschieht in drei Arbeitsschritten:

1. Zunächst sollte man, noch bevor man den Text liest, sein **Vorwissen aktivieren.** Dafür eignet sich ein **Ideennetz**, eine noch ziemlich ungeordnete Darstellung der Assoziationen und Vorkenntnisse zu einem Sachthema, gleichzeitig aber auch die Grundlage der folgenden Lektüre.
2. Dieses Ideennetz kann nach der Lektüre des Sachtextes mit Hilfe der hinzukommenden Informationen zu einer **strukturierten Mind-Map** erweitert werden, d. h. es werden nun abstrakte Überbegriffe eingeführt, die die Beispiele aus dem Ideennetz zusammenfassen und bündeln *(z. B. „Identifikation mit den Serienhelden“)*. Unter Umständen muss man auch Veränderungen gegenüber dem Ideennetz vornehmen und falsche oder ungenaue Begriffe tilgen.
3. In einem abschließenden Schritt überprüft man, ob man das neu gewonnene Wissen auch anwenden kann. Dies geschieht am besten mit Hilfe von **Fragen**, zu denen der Sachtext die richtigen Antworten bereithält. Möglich ist auch, den gesamten Text in ein Frage-und-Antwort-Spiel, d. h. in ein **Interview**, umzugestalten.

Seite 233 Sachtexte

Um die Informationen, die ein Sachtext enthält, zu erfassen, stehen mehrere Möglichkeiten zur Verfügung. Nachdem man in einem ersten Arbeitsschritt den gesamten Text in **Abschnitte** gegliedert hat, kann man jedem Abschnitt eine **Überschrift** geben, die den Inhalt zusammenfasst. Die weiteren Arbeitsschritte dienen der noch genaueren Erfassung der wesentlichen Textinhalte und können alternativ verwendet werden: Entweder wird der Inhalt eines jeden Abschnitts in einem vollständigen Satz paraphrasiert oder es werden Schlüsselbegriffe und Kernaussagen markiert. **Paraphrase, Schlüsselbegriffe** und **Kernaussagen** bilden das Gliederungsgerüst für die Textwiedergabe, die wie die Inhaltsangabe eines literarischen Textes aufgebaut ist und mit einem **Einleitungssatz** beginnt. *(Maria Mews und Anna Horn befassen sich in ihrem Artikel „Computersucht – Mythos oder ernst zu nehmende Abhängigkeit", den sie für den NDR geschrieben haben, mit der Tatsache, dass immer mehr Jugendliche ihren Computerkonsum nicht kontrollieren können.)* Die Zeitstufe einer Textwiedergabe ist das Präsens.

Im Unterschied zu **informierenden Sachtexten** enthalten **meinungsbildende Sachtexte** erlebnishafte Elemente: z. B. ausschmückende Adjektive *(zerklüfteter Canyon)*, wörtliche Rede *(Echter Nervenkitzel)*, Formulierungen, die Spannung erzeugen *(balancierten in luftiger Höhe)*, Lautmalerei *(Zitterklapfen)* und Wortspiele. *(Auf der Bogenbrücke ... hört für die meisten Manager der Spaß auf. Für manchen Zehntklässler fängt er an dieser Stelle erst an.)*

Seite 238 Grafiken

Der Text, mit dessen Hilfe man eine Grafik erläutert, gleicht in seinem Aufbau einer Inhaltsangabe. Man nennt im Einleitungssatz den **Titel** und das **Erscheinungsjahr** der Grafik. Ferner gibt man die **Quelle** und den **wesentlichen Inhalt** an. Im weiteren Verlauf wird dargelegt, aus wie vielen Diagrammen und aus welchen Diagrammformen die Grafik aufgebaut ist und welche Zahlen und Farben verwendet werden. Es müssen nicht alle Details, sondern lediglich **Tendenzen** und Eckdaten genannt werden. Doch müssen **auffällige Einzelbeobachtungen** erwähnt werden. Im letzten Abschnitt kann man eine **Interpretation** des vorliegenden Zahlen- und Bildmaterials versuchen.

Wenn ein Sachtext viele Zahlen enthält, ist es für die inhaltliche Erfassung günstiger, ihn in eine Grafik zu überführen. Dabei muss man vorab klären, welche Diagrammform am günstigsten ist. Will man eine Entwicklung über einen längeren Zeitraum darstellen, eignet sich ein **Verlaufsdiagramm** und damit ein Koordinatensystem, wobei die x-Achse in der Regel der Zeitachse entspricht. Soll ein Zustand dokumentiert werden *(z. B. die Aufteilung der Verkehrstoten im Jahr 1978)*, ist ein Balken- oder ein Kreisdiagramm günstiger. Beim Kreisdiagramm muss man darauf achten, dass absolute Zahlen in Prozentzahlen umgerechnet und diese als Kreissektoren dargestellt werden *(ein Beispiel: 25 % entsprechen 90°)*.

Kapitel Neue Medien: Computer und Internet

Seite 242 Computer als Mittel der Information

Der Computer ist ein Medium mit vielfältigen Möglichkeiten. Neben den ursprünglichen Intentionen des Rechnens, der Daten- und Textverarbeitung kann man den Computer heutzutage zu vielen anderen Zwecken nutzen, z. B. zum Ein- oder Verkaufen, Spielen, Fernsehen, Musikhören, Recherchieren und Kommunizieren.

Eine der wichtigsten Aufgaben des Computers ist die **Informationsvermittlung.** Das Internet (World Wide Web) hat eine fast unendliche Vielzahl von Daten gespeichert und vernetzt, auf die der Nutzer zugreifen kann. Die Recherche erfolgt meist über **Suchmaschinen.** Diese durchsuchen Webseiten nach Stichwörtern und legen diese in Datenbanken ab. Wenn man eines oder mehrere dieser Stichwörter in die Suchmaschine eingibt, zeigt sie alle Webseiten an, in denen diese Stichwörter vorhanden sind. Eine Suchmaschine zeigt folgende Informationen an:

- das Stichwort, das durch Anklicken zu der entsprechenden Seite führt
- Kurzinformationen / eine kurze Textstelle aus der Seite
- die Internetadresse
- Links (‚Verweise') zum Suchbegriff

Die Verknüpfung der Daten im Internet erfolgt über so genannte **Links** (engl., Verknüpfung, Verbindung, Verweis), hervorgehobene Verweise in einem Dokument, die auf ein anderes im Internet verfügbares Dokument oder einzelne Teile eines Dokuments hinweisen.

Daten aus dem Internet müssen wie andere Quellen auch sorgfältig ausgewiesen werden. Da das Internet ein schnelllebiges Medium ist und sich Webseiten häufig ändern, gehört neben der vollständigen Webadresse auch das Datum der Informationsbeschaffung zur **Zitiertechnik**, z. B.: *http://www.studentshelp.de/p/referate/02/3184.htm, 9.1.2006*

Seite 245 Computer als Mittel der Unterhaltung

Computerspiele sind heutzutag eine weitverbreitete und wichtige Form der **Unterhaltung.** Über das Internet ist es möglich, viele Spieler an einem Computerspiel zu beteiligen. Dabei wird das eigentliche Spiel auf einem Server berechnet und jeder Benutzer kann von einem vernetzten Computer aus am Spielgeschehen teilnehmen. Oft sind sie so konzipiert, dass die Spieler miteinander kommunizieren müssen, um erfolgreich zu sein. Das bisher erfolgreichste **Onlinespiel** ist *World of Warcraft*, welches 2005 weltweit 4,5 Millionen Spieler erreichte.

Seite 247 Computer als Mittel der Kommunikation

Der Nutzer kann mittels des Computers mit anderen kommunizieren, z. B. über **E-Mail** (elektronische Post), in Foren oder Newsgroups (Interessengruppen zu bestimmten Themen, z. B. Kochen, Taschenlampen, Stars, Bergsteigen usw.), oder über so genannte **Chat-Rooms** (Echtzeitkommunikation für viele Personen weltweit gleichzeitig, vergleichbar mit CB-Funk, nur eben nicht am Funkgerät, sondern am Computer).
Die **Sprache**, die in Mails oder Chats benutzt wird, unterscheidet sich deutlich von anderen Formen schriftlicher Kommunikation. Sie basiert auf der so genannten „Netiquette“, einem Verhaltenskodex für das Internet.

Typische sprachliche Merkmale von E-Mails und Chats sind:

- Verwendung von Abkürzungen: BWD (bin wieder da), LOL (Ich lach mich kaputt)
- veränderte Rechtschreibung: kleine Anfangsbuchstaben, keine Satzzeichen, Anglizismen, phonetische Schreibung, z. B. „locka bleibn“.
- Betonung / Schreien. Großbuchstaben („HALLOOO“), Leerzeichen zwischen einzelnen Buchstaben, ungewöhnlicher Gebrauch der Satzzeichen (!!!???)
- Gefühlsausdruck durch: Versprachlichung von Handlungen (*heulflennjubel*), Gebrauch von Emoticons (Smilies).

herkömmliche schriftliche Kommunikation	E-Mail	Chatroom
reflektierte Sprache	z. T. reflektierte, z. T. spontane Sprache	spontane Sprache
starre grammatische Regeln	Auflockerung der Regeln	„verschriftlichte Telefonate“ ohne feste grammatische Regeln
unterschiedliche Stile möglich	Gesprächsstil	Chat-Stil (Floskeln, Smilies)
gezielte Wortwahl, vollständige Sätze	oft unvollständige Sätze, Briefform oft aufgehoben	Chatsprache, Gedankenfetzen, unvollständige Sätze
kaum bis mäßiger Zeitdruck	mäßig bis hoher Zeitdruck	extrem hoher Zeitdruck
umständliche Korrektur	schnelle Korrektur	schnelle Korrektur

Sprache und Sprachgebrauch

Kapitel Rechtschreibung im Überblick

Die Regeln für die Groß- und Kleinschreibung, die Getrennt- und Zusammenschreibung sowie die Regeln für die Zeichensetzung finden sich auf den Seiten 254–261.

Kapitel Grammatik wiederholen

Eine tabellarische Übersicht über die gesamte Grammatik findet sich auf den Seiten 270 – 273.

Kapitel Grammatik und Text

Seite 274 Text und Thema

Ein **Text** ist eine Folge von gesprochenen oder geschriebenen Sätzen mit einem **Thema.** Deshalb gelten Bilder, Symbole, Verkehrszeichen *(Beispiel 7)* usw. nicht als Texte. Oft weisen die einzelnen Sätze eines Textes auch grammatische Verknüpfungen auf *(Beispiel 2).* Sobald aber ein Thema erkennbar ist, können die einzelnen Sätze auch zusammenhanglos dastehen *(Beispiele 3 und 4).* Dabei kann das Thema vielfältig sein, etwa Unsinn *(Beispiel 1).*

Fehlt hingegen ein im Text entwickeltes Thema, folgt also inhaltlich kein Satz aus dem anderen *(Beispiel 5),* wird man nicht von einem Text sprechen, auch wenn die Sätze sprachlich miteinander verknüpft sind. Strittig ist, ob Einwortsätze oder ein einzelner Satz *(Beispiel 6)* als Texte gelten können.

Seite 276 Formen der Textverknüpfung

Oft enthalten die einzelnen Sätze eines Textes sprachliche Elemente, die einen deutlichen Bezug zwischen diesen Sätzen herstellen. Ein häufiges Element ist die **Wiederaufnahme eines eingeführten Substantivs** im nachfolgenden Satz. So werden in den drei Sätzen *Vor dem Gesetz steht ein Türhüter ..., dass er ihm jetzt den Eintritt nicht gewähren könne* die Substantive *Türhüter* und *Eintritt* eingeführt und in den nachfolgenden Sätzen wiederholt. Auf diese Weise wird der Zusammenhang der drei Sätze sprachlich deutlich gemacht.

Neben der Wiederaufnahme von Substantiven gibt es noch andere sprachliche Mittel, die einen **Textzusammenhang** herstellen:

- der Gebrauch des bestimmten und unbestimmten **Artikels** *(ein außergewöhnliches Ereignis – das außergewöhnliche Ereignis),*
- das **Demonstrativpronomen** *(der Sturm auf die Bastille am 14. Juli 1789 – an diesem Tag),*
- **Bindeadverbien** *(dann, außerdem, schließlich),*
- **Konjunktionen** *(aber, und, denn)* und
- Wortgruppen mit expliziten Formulierungen *(An erster Stelle sind die Opfer zu nennen).*

Eine **Ellipse** ist die bewusste oder unbewusste **Auslassung** eines Wortes oder einer Wortgruppe innerhalb eines Satzes. Ellipsen stellen eine Textzusammenhang – was zunächst paradox klingen mag – durch fehlendes Wortmaterial her. Der Leser interpretiert die fehlenden Wörter als Suchanweisung. Er überprüft den vorausgehenden Satz auf syntaktische Einheiten, mit denen er die elliptischen Ausdrücke ergänzen kann.

Ellipsen werden häufig gebraucht, wenn es um die schnelle, einprägsame Vermittlung von Inhalten und Informationen geht, etwa in alltäglichen und literarischen Gesprächen, in Informationstexten wie dem Wetterbericht, auf Straßenschildern und in Werbetexten.

Oft sind die sprachlichen Informationen eines Textes nicht ausreichend, um einen Textzusammenhang zu garantieren. Die fehlenden sprachlichen Verknüpfungsmittel werden im Normalfall aber durch den Leser unbewusst ausgeglichen. Für diese Ergänzungen muss der Leser über ein **Vorwissen** verfügen. So wird in den beiden Sätzen *Der Schriftsteller muss dem Haus, an dem alle* *bauen, den Namen geben. Auch den verschiedenen Räumen* sprachlich nicht deutlich, in welcher Beziehung Haus und Räume stehen. Der Leser weiß aber, dass ein Haus aus mehreren Räumen besteht, und kann so einen Zusammenhang herstellen.

Kapitel Sprache und Stil

Seite 282 Bildhafte Ausdrücke

Bildhafte Ausdrücke sind **Sprachbilder**, in denen von einem Bildspender Bedeutungen auf einen Bildempfänger übertragen werden. In der Alltagssprache werden häufig bildhafte Ausdrücke verwendet, sei es in Gesprächen oder in Medien, etwa in der Sportberichterstattung. Die Herkunft der sprachlichen Bilder ist unterschiedlich; es kann z. B. die griechische Mythologie oder die Musik sein.

Bildhafte Ausdrücke können auch ein Qualitätsmerkmal literarischer Texte sein, wenn sie originell und überzeugend gewählt sind.

Seite 286 Die richtigen Wörter

Adjektive machen in der Regel Gegenstände und Sachverhalte anschaulich. Sie sind sparsam und mit Bedacht zu wählen. In manchen beschreibenden Texten allerdings, etwa in Werbetexten, werden Adjektive bewusst zahlreich gewählt, um die Produkte in ihrer Bedeutsamkeit deutlich hervorzuheben. Auch in erzählenden Texten – vor allem in der Trivialliteratur – können bewusst zahlreiche Adjektive gewählt worden. Damit soll eine größere Anschaulichkeit erzielt werden. In der Regel entstehen auf diese Weise aber kitschige Texte, vor allem wenn Adjektive die Wirkung von Substantiven unterstreichen sollen *(Wie ein greller Blitz schlug dieses zauberhafte Bild in seinen arglosen Gedanken ein).*

Wenn **Verben** ein Geschehen anschaulich ausdrücken sollen, dann müssen sie entsprechend gewählt werden. Beispielsweise kann *gehen* durch *treten, sehen* durch *blicken* ersetzt werden, um eine größere Anschaulichkeit zu erreichen.

Unbewusste Wiederholungen in Sätzen und Texten sind möglich bei **Lauten** *(Liste – aufgelistet)*, bei **Wörtern** *(Ich fühle mich eher als Individualist als als Geisterfahrer)*, beim **Satzbau** *(Die Andorraner sind genau … Die Andorraner sind geldgierig)* und bei **Sätzen** *(Dass Frieden ist, ist daran erkennbar, dass Kindern zum Wort Feind nichts einfällt.)*. Sie wirken gemeinhin störend, weil dadurch die Aufmerksamkeit des Lesers auf eine stilistische Besonderheit gerichtet wird, die vom Autor gar nicht beabsichtigt war. Eine inhaltliche Nebensächlichkeit wird sozusagen sprachlich zur Hauptsache gemacht.

Wiederholungen können als bewusstes **Stilmittel** eingesetzt werden, um eine inhaltliche Aussage sprachlich zu betonen und ihr so mehr Nachdruck zu verleihen. Häufig ist dies der Fall in literarischen Texten. Auch die Werbung arbeitet mit diesem Stilmittel, damit potenzielle Kunden auf ein Produkt aufmerksam werden und sich den Werbespruch besser einprägen. Wiederholungen sind ebenso in wissenschaftlichen Texten angebracht, etwa in einem Lexikonartikel zum Drama, weil es immer wieder um die Erklärung desselben Begriffes geht, der eine Verständnishilfe darstellt.

Seite 292 Die richtigen Sätze

Bei einer gewöhnlichen Satzstellung steht das Subjekt an erster, das Prädikat an zweiter Stelle, und anschließend folgen die Objekte und die Adverbiale. Sind alle Sätze eines Textes auf diese Weise gebaut, dann klingt der Text eintönig. Abwechslung und **stilistische Varianz** kann man erreichen, wenn man die Satzgliedstellung in den Sätzen ändert. So ist es unter anderem ein Merkmal lyrischer Texte, ungewöhnliche Satzgliedstellungen zu enthalten. In der Regel steht das Satzglied an erster Stelle, das betont und hervorgehoben werden soll oder das sich unmittelbar an den vorhergehenden Satz anschließt.

Ein Sachverhalt kann grundsätzlich mit Hauptsätzen (**Satzreihe**) sowie mit Haupt- und Nebensätzen (**Satzgefüge**) ausgedrückt werden. In der Regel ist auch der stilistische Unterschied gering. Bei längeren Satzgefügen empfiehlt es sich, einen oder zwei Nebensätze als Hauptsätze zu formulieren, um das Satzgefüge überschaubarer zu machen.

Kapitel Sprachkunde

Seite 296 Gruppensprache – Beispiel Jugendsprache

Jugendsprache gab es schon in den 80er Jahren. Sie zeichnet sich durch einen altersspezifischen Wortschatz aus *(voll abgefahren, echt ausgeklinkt)*. Jugendliche verwenden auch heute altersspezifische Ausdrücke, die sie in bestimmten Gesprächssituationen verwenden *(alle Pisten abzappeln)*. Jugendsprachliche Ausdrücke entstehen durch **Bedeutungsveränderungen** *(konkret = anschaulich toll)*, **Bedeutungserweiterung** *(hämmern ohne Hammer Arbeit erledigen)* und **Wortneuschöpfungen** *(muddeln)*. Jugendliche verwenden altersspezifische Ausdrücke, um sich von der Welt der Erwachsenen abzugrenzen und ein Wir-Gefühl zu stiften. In den Augen der Jugendlichen können diese Ausdrücke Gefühle und Wertungen stärker ausdrücken als Wörter der Standardsprache. Jugendliche sind offen für neue Sprachwelten. So wird z. B. die „Kanak Sprak", das Türk-Deutsche, von vielen assimiliert. Die Jugendsprache verändert sich ebenfalls durch den Einfluss der neuen Medien. So wird sie kurz und pointiert in der SMS.

Seite 302 Dialekt und Standardsprache

Unser Sprachgebiet lässt sich in zwei große **Dialektgebiete** einteilen: in das niederdeutsche und in das oberdeutsche (s. die Benrather Linie). Zum Niederdeutschen gehören kleinere Dialektgebiete wie z. B. das West- bzw. Ostniederdeutsche, zum Oberdeutschen z. B. das Alemannische und das Bairische. Die Dialekte (z. B. das Niederdeutsche) unterscheiden sich in Grammatik und Wortschatz von der Standardsprache.

Das Niederdeutsche hat im Gegensatz zum Oberdeutschen die zweite deutsche Lautverschiebung nicht mitgemacht (etwa die Verschiebung der Konsonanten *t z/ss: teihn* zu *zehn* oder *eten* zu *essen*).

Der **Dialekt** ist ein wichtiges Bindeglied zur jeweiligen Region. Er ist Ausdruck der Zusammengehörigkeit, ein Identifikationsmittel für die Sprecher eines Gebietes. Er ist auch sprachliches Mittel, um Emotionen zu äußern. Zudem ist er ein wichtiger Bestandteil der gewachsenen Tradition.

Die **Standardsprache** ist für die überregionale Verständigung unentbehrlich. Sie führt die verschiedenen Gruppen eines Gebietes sprachlich zusammen und ist deshalb auch die offizielle Sprache der Behörden. Ihr Erlernen ist unabdingbare Voraussetzung für die Teilnahme am öffentlichen Leben. Aus diesem Grund können reine Dialektsprecher unter Umständen benachteiligt sein, etwa beim Schreiben in der Schule, wenn in Aufsätzen die Standardsprache gefordert wird.

Es gibt den Dialekt nicht nur in der Mundartliteratur. Auch Dichter der Hochliteratur benutzen den Dialekt und setzen ihn häufig als künstlerisches Ausdrucksmittel ein. So kann der Dialekt in Situationen verwendet werden, in denen Schichtunterschiede bedeutsam sind (z. B. *Die Buddenbrooks*), und als sprachliches Ausdrucksmittel eine groteske Situation veranschaulichen (z. B. *A Doda*).

Methodenlexikon

ABC-Methode Seite 16, 79

Diese Methode dient dazu, Ideen zu einem bestimmten Thema zu sammeln. Man nimmt alle Buchstaben des ABC und schreibt sie untereinander. Dann versucht man, zu jedem Buchstaben ein Wort, das mit diesem Buchstaben anfängt und zu dem vorgegebenen Thema passt, zu ergänzen. Bei manchen Buchstaben kann das schwierig sein, z. B. bei X oder Y. Hier kann man Wörter suchen, die den Buchstaben enthalten, wenn auch nicht am Wortanfang, oder einfach ganz andere Wörter nehmen. Diese Methode kann alleine, aber auch in Partner- oder Gruppenarbeit durchgeführt werden.

Figurenbefragung Seite 141

Auf der Grundlage eines Textes soll versucht werden, weitere Informationen über eine Figur zu erhalten. Ein Spieler nimmt die Rolle einer Figur an (z. B. Rita) und antwortet auf Fragen, die ihm die anderen Spieler stellen. Um dem Befragten das Hineinschlüpfen in die Rolle zu erleichtern, sollten am Anfang einfache Fragen gestellt werden, z. B. nach Alter oder Interessen. Die weiteren Fragen zielen darauf, das Verhalten, die Gedanken und Gefühle der Figur näher zu beleuchten.

Auf der Basis der Figurenbefragung kann in einem weiteren Schritt eine Rollenbiografie geschrieben werden.

Figurengalerie Seite 213

Eine Figurine spiegelt äußere und innere Eigenschaften einer Figur sowie ihre Beziehungen zu anderen Figuren wider. Die Figurinen können in einer Figurengalerie aufgehängt werden. Durch Veränderung in der Anordnung der Figurinen ist es möglich, Nähe und Distanz zwischen den Figuren bzw. Veränderungen im Verlauf der Handlung deutlich zu machen.

Ideennetz Seite 229

Mit einem Ideennetz (auch Cluster) lassen sich Einfälle zu einem bestimmten Begriff oder Thema sammeln. Den Ausgangsbegriff schreibt man in die Mitte eines leeren Blattes und zieht einen Kreis darum. Alle weiteren Wörter, die einem nun spontan in den Sinn kommen, werden ungeordnet neben dem Ausgangsbegriff notiert und damit verbunden. Zu den neuen Begriffen können weitere Gedanken notiert und damit verbunden werden. Auf diese Weise entsteht ein Netz von Ideen, das man z. B. zum besseren Verständnis eines Textes nutzen kann.

Kugellager Seite 197

Die Teilnehmer bilden einen Innen- und einen Außenkreis. Diejenigen, die sich gegenübersitzen, diskutieren über ein vorgegebenes Thema. Nach einer gewissen Zeit gibt der Diskussionsleiter das Signal, dass das Kugellager sich verschieben soll. Dafür bewegt sich entweder nur der innere Kreis (Veränderung um einen Platz) oder die Kreise bewegen sich entgegengesetzt (Verschiebung um zwei Plätze). Sinn dieser Methode ist es, in Zweiergesprächen durch genaues Zuhören und den Austausch zwischen verschiedenen Personen eine größere Meinungsvielfalt zu erreichen.

Rundgespräch Seite 93

Das Rundgespräch dient dazu, einen Klärungsprozess voranzutreiben und subjektive Lesarten eines Textes im Gespräch zu überprüfen. Folgende Aspekte gilt es dabei zu beachten: Der Gesprächsleiter kann in einer ersten Phase allen Teilnehmern die Möglichkeit geben, sich frei zu äußern; eine weitere Möglichkeit besteht darin, dass der Gesprächsleiter die Diskussion mit einer gezielten Frage eröffnet (vgl. das Beispiel auf S. 93); im weiteren Verlauf achtet der Gesprächsleiter darauf, dass alle zu Wort kommen und dass am Thema diskutiert wird; er kann auch moderierend den Zwischenstand der Diskussion festhalten; sollte die Diskussion sich verlieren, achtet er darauf, dass die Teilnehmer sich wieder auf das Thema konzentrieren; auf jeden Fall ist es seine Aufgabe, auf die Zeit zu achten.

Schreibkonferenz Seite 123

Die Schreibkonferenz dient dazu, den Text einer Mitschülerin / eines Mitschülers gemeinsam in der Gruppe zu überarbeiten. Dafür eignen sich ganz verschiedene Methoden wie z. B. die Textlupe. Die Gruppe liest den Text, dann schreibt jeder einzelne seine Anmerkungen (Kritik, Verbesserungsvorschläge) an den Rand. Der Verfasser erhält auf diese Weise Anregungen, wie er seinen Text in der Überarbeitungsphase korrigieren bzw. weiter ausgestalten kann.

Simultanprotokoll Seite 18

In einem Simultanprotokoll werden die Ergebnisse bzw. der Verlauf einer Gruppenarbeit nicht erst nach Beendigung, sondern für alle Beteiligten sichtbar bereits während des Arbeitsprozesses festgehalten. Dazu wird ein großes Plakat an einer Pinnwand angebracht, auf dem der Protokollant jeweils das notiert, was inhaltlich erarbeitet wird, aber auch das, was ihm am Sozialverhalten der Gruppe auffällt. Auch kürzere Texte, Grafiken, Zeitungsausschnitte, Fotos etc. können aufgeklebt werden.

Alle Gruppenmitglieder haben das Recht, das Protokoll während bzw. nach der Erstellung durch weitere Anmerkungen zu ergänzen.

Standbild Seite 214

Ein Standbild zeigt eine Situation im Verlauf der dramatischen Handlung als Momentaufnahme, bei der die Darsteller in ihrer Bewegung, ihrer Gestik und Mimik für kurze Zeit „einfrieren“. Vor dem Aufbauen des Standbildes wird bestimmt, wer Baumeister und wer Modell ist. Die Modelle verhalten sich völlig passiv und werden vom Baumeister in die richtige Position gebracht. Wenn das Bild „steht“, verharren alle Spieler für ca. 30 Sekunden starr und geben so den Beobachtern die Möglichkeit, das Bild auf sich einwirken zu lassen, bevor sie es beschreiben. Sinn der Erstellung solcher Standbilder ist die Möglichkeit,

- das eigene Verständnis einer dargestellten Situation zum Ausdruck zu bringen,
- es durch Rückgriff auf das Textverständnis zu reflektieren und zu begründen,
- unterschiedliche Auffassungen in der Gruppe zu diskutieren und so zu einem Konsens über die Bedeutung des Dramentextes zu kommen.

Das Standbild kann auch ummodelliert oder ganz neu gestellt werden, um der eigenen Interpretation Ausdruck zu verleihen.

Szenische Lesung Seite 178

Das szenische Lesen ist eine Vorform des szenischen Interpretierens. Dabei wird eine Geschichte mit dem Text in der Hand nicht nur durch die Stimme, sondern auch gestisch, mimisch und unter Nutzung des Raumes (mit Stellproben) gestaltet. Anders als beim Lesen mit verteilten Rollen, das jederzeit aus dem Stand heraus geschehen kann, muss die szenische Lesung gut vorbereitet werden. Zum Vorgehen im Einzelnen:

- Aufteilung in Gruppen
- Stilles Lesen des Textes
- Verständigung über den Sinn des Textes
- Markierung des eigenen Leseteils sowie Leseanweisungen bzw. Lesezeichen im Text vornehmen
- Üben des Lesevortrags in der Gruppe mit Sprechproben (verschiedene Sprechhaltungen ausprobieren) und Anordnung der Leser im Raum.

Wandplakat Seite 15, 225

Auf einem Wandplakat (auch Lernplakat oder Wandzeitung) können Informationen und Meinungen zu einem Thema zusammenfassend und übersichtlich dargestellt werden. Es ist dabei sinnvoll, sowohl schriftliche Äußerungen als auch Fotos und Schaubilder zu verwenden.

Sachregister

Lösung zu Seite 13:

Offizielle Rangliste
- Kosmetikspiegel (um Signale zu geben und Feuer zu machen)
- Jacke (nachts ist es in der Wüste sehr kalt)
- 1/4 l Wasser pro Person
- Taschenlampe (um Signale zu geben)
- Fallschirm (als Zelt/Sonnenschutz/Signalfarbe)
- Taschenmesser
- Plastikregenmantel (damit kann Kondenswasser/Tau gesammelt werden)
- Pistole
- 1 Sonnenbrille pro Person
- Verbandskasten
- Magnetkompass (unnötig, wenn man beim Flugzeug bleibt)
- Flugkarte (unnötig, wenn man beim Flugzeug bleibt)
- Buch
- 1/2 l Wodka (Alkohol entzieht dem Körper zusätzlich Wasser)
- Salztabletten (Salz entzieht dem Körper zusätzlich Wasser).

Die besten Rettungschancen bestehen, wenn man beim Flugzeug bleibt.

Textquellen

Alle Texte, die nicht im Autoren- und Quellenverzeichnis aufgeführt sind, sind Eigentexte der Autorinnen und Autoren dieses Buches.

Äsop Löwe, Esel und Fuchs; S. 125.
Aus: Antike Fabeln, eingeleitet und neu übertragen von L. Mader. Zürich: Artemis 1961, S. 63.

Ausländer, Rose Dennoch Rosen; S. 115.
Aus: R. Ausländer: Regenwörter. Gedichte. Hrsg. von Helmut Braun. Stuttgart: Reclam 1994, S. 22.
Das Schönste; S. 192. *Aus: Nichts ist versprochen. Hrsg. von Hiltrud Gnüg. Liebesgedichte der Gegenwart. Stuttgart: Reclam 2003, S. 33.*

Bachmann, Ingeborg Freies Geleit (Aria II); S. 285.
Aus: I. Bachmann: Gedichte, Erzählungen, Hörspiele, Essays. München: Piper Verlag 1964, S. 59f.

Badanjak, Sascha Der Wirkstoff einer Serie; S. 230
Aus: S. Badanjak: Sitcoms, Soaps und Drama Series. Zur Publikumsbindung von Fernsehserien. In: Medienheft Dossier 23. 15. Juni 2005, S. 18f. Herausgeber: Katholischer Mediendienst, Charles Martig | Reformierte Medien, Urs Meier, Zürich. Internet: www.medienheft.ch

Bernhard, Thomas A Doda; S. 309.
Aus: Th. Bernhard: Der deutsche Mittagstisch. Dramolette. Frankfurt/M.: Suhrkamp 1988, S. 9f.

Borchert, Wolfgang Lesebuchgeschichten; S. 280.
Der Schriftsteller; S. 281.
Aus: W. Borchert: Das Gesamtwerk. Hamburg: Rowohlt 1949, S. 317, S. 120f.

Born, Karl Erich Das Großbürgertum; S. 165.
Aus: K. E. Born: Von der Reichsgründung bis zum Ersten Weltkrieg. In: Gebhardt: Handbuch der deutschen Geschichte, Bd. 16. München: Deutscher Taschenbuch Verlag 1978 (3. Aufl.), S. 45.

Brecht, Bertolt Freundschaftsdienste; S. 125.
Aus: B. Brecht: Kalendergeschichten. Reinbeck: Rowohlt 1964, S. 126.
Maßnahmen gegen die Gewalt; S. 149.
Aus: B. Brecht: Gesammelte Werke, Bd. 12, edition suhrkamp. Frankfurt/M.: Suhrkamp Verlag 1967, S. 375f.
Liebeslieder I; S. 197.
Aus: B. Brecht: Gesammelte Gedichte. Band 3. Frankfurt/M.: Suhrkamp 1976, S. 993.
Morgens und abends zu lesen; S. 205.
Aus: B. Brecht: Gesammelte Gedichte. Band 2. Frankfurt/M.: Suhrkamp 1976, S. 586.
Die Liebenden; S. 205.
Aus: B. Brecht: Gesammelte Gedichte. Band 4. Frankfurt/M.: Suhrkamp 1976, S. 1129f.
Lied einer deutschen Mutter; S. 262.
Aus: B. Brecht: Gesammelte Gedichte. Band 3. Frankfurt/M.: Suhrkamp 1976, S. 854.

Brender, Irmela Anna liebt Jens. Katharina liebte Georg; S. 136. *Aus: Die Stunden mit dir. Hrsg. von Jo Pestum. Würzburg: Arena Verlag 1976, S. 125.*

Buber, Martin Die fünfzigste Pforte; S. 150.
Aus: M. Buber: Die Chassidischen Bücher. Berlin: Schocken Verlag 1950, S. 560f.

Calvino, Italo Arbeiterehe; S. 157. *Aus: 25 Erzähler unserer Zeit. Übersetzt von Nino Erné. München Nymphenburger Verlagsbuchhandlung 1971.*

Dietrich, Marlene Ich bin von Kopf bis Fuß ...; S. 191.
Aus: F. Hollaender: Ich bin von Kopf bis Fuß auf Liebe eingestellt. Berlin/München: Ufaton-Verlagsgesellschaft 1930.

Dürrenmatt, Friedrich Der Richter und sein Henker; S. 170. *Aus: F. Dürrenmatt: Der Richter und sein Henker/Der Verdacht. Zürich: Diogenes Verlag AG 1998, S. 83 – 86 (1. Gastmann), S. 143–145 (2. Tschanz).*

Dulisch, Frank Die Einschätzung von Personen; S. 223.
© Frank Dulisch. http://www.personalbeurteilung.de/wirtschaft/asch1.htm

Ebert, Wolfgang Konsum-Terror; S. 153.
Aus: W. Ebert: Vor uns die Sintflut. Wien: Europa-Verlag 1976, S. 116f.

Ehmann, Hermann Oberaffengeil, voll konkret oder megacool?; S. 298.
Aus: H. Ehmann: Voll konkret. Das neueste Lexikon der Jugendsprache. München: Beck 2001.

Eichendorff, Joseph von Neue Liebe; S. 202. Aus dem Leben eines Taugenichts; S. 263. *Aus: J. von Eichendorff: Werke und Schriften. Hrsg. von Gerhard Baumann. Stuttgart: Cotta'sche Buchhandlung 1957.*

Filips, Christian geh aber sprich; S. 193.
Aus: Lyrik von jetzt. Hrsg. von Björn Kuhligk und Jan Wagner. Köln: DuMont 2003, S. 74.

Fleming, Paul Wie er wolle geküsset sein; S. 198.
Aus: Barock Lyrik. Hrsg. von Dietrich Steinbach. Stuttgart: Klett, 1984, S. 21.

Fontane, Theodor Auf der Suche nach Indizien; S. 164. Der tote Franzose; S. 166. Das Gespräch zwischen Abel und Ursel Hradscheck; S. 167. Die Mordnacht; S. 168. Öffentliche Bekanntmachung: Rätselhafter Tod! S. 169.
Aus: Th. Fontane: Unterm Birnbaum. Stuttgart: Reclam 1968. S. 7, 14 (Auf der Suche nach Indizien), S. 13 (Der tote Franzose), S. 19f. (Das Gespräch zwischen Abel und Ursel Hradscheck), S. 37, 39, 40, 41 (Die Mordnacht), S. 121f. (Öffentliche Bekanntmachung).

Fried, Erich Was es ist; S. 206. *Aus: E. Fried: Es ist was es ist. Liebesgedichte, Angstgedichte, Zorngedichte. Berlin: Klaus Wagenbach Verlag 1996.*

Frisch, Max Vorkommnis; S. 45.
Aus: Max Frisch: Tagebuch 1966–1971, Frankfurt am Main: Suhrkamp 1972, S. 366f.
Andorra (Textausschnitte); S. 208 ff. *Aus: M. Frisch: Andorra. Frankfurt/M.: Suhrkamp 1975.*

Ginsberg, Morris Das Vorurteil; S. 223.
Aus: Morris Ginsberg, Zur Psychologie und Soziologie des Vorurteil. In: M. Horkheimer/M. Ginsberg, Über Vorurteile, Schriften der Bundeszentrale für politische Bildung, Bonn 1963, S. 15–16.

Goethe, Johann Wolfgang von Freudvoll und leidvoll; S. 191. Willkommen und Abschied (frühe Fassung); S. 198. Nähe des Geliebten; S. 201. Neue Liebe, neues Leben; S. 201. *Aus: J. W. von Goethe: Sämtliche Werke, Briefe, Tagebücher und Gespräche, I. Abteilung, Bd. 1, Gedichte 1750–1799, Herausgegeben von Karl Eibel. Frankfurt/M.: 1988.*
Konjunktiv in Goethe-Zitaten; S. 264.
Aus: J. W. von Goethe: Götz von Berlichingen. In: Goethe. Sämtliche Werke. Hrsg. von V. Lange. Band 6.1. München: Hanser 1988, S. 348–461.

Greene, Graham Der dritte Mann; S. 172.
Aus: G. Greene: Der dritte Mann. Aus dem Engl. von Fritz Burger und Käthe Springer. Wien: Zsolnay 1994, S. 124ff.

Guben, Günter So; S. 291. *Aus: Neue deutsche Kurzprosa. Hrsg. von Fritz Pratz. Frankfurt/M.: Diesterweg 1979, S. 45.*

Hahn, Ulla Nie mehr; S. 116.
Aus: U. Hahn: Unerhörte Nähe. Stuttgart: Deutsche Verlagsanstalt 1988, S. 12.
Bildlich gesprochen; S. 123. *Aus: U. Hahn: Liebesgedichte. Stuttgart: Deutsche Verlags-Anstalt, 1993, S. 38.*

Heaney, Seamus Abschiedswort; S. 192.
Aus: Katharina von Savigny: Von Herzen. Liebesgedichte. München/Wien: Sanssouci im Hanser Verlag 2003, S. 122f.

Heckmann, Herbert Der Ball war weg; S. 151.
Aus: Herbert Heckmann: Netzer kam aus der Tiefe des Raumes, hrsg. von L. Harig und D. Kühn. München: Hanser 1974.

Hefner, Ulrich K. Das dreizehnte Bild; S. 161.
Aus: Ulrich K. Hefner: Mord (s) fälle. Pfalzfeld: Kontrastverlag 2003, S. 57f.

Heine, Heinrich Was Prügel sind ...; S. 191.
Aus: Von Herzen. Liebesgedichte. Hrsg. von Katharina von Savigny. München/Wien: Sanssouci im Hanser Verlag 2003, S. 9.

Hemingway, Ernest Das Ende von etwas; S. 144.
Aus: E. Hemingway: Das Ende von etwas. Stuttgart: Reclam 1978, S. 49–54.

Hesse, Hermann Meine Familie; S. 174.
Aus: H. Hesse: Gesammelte Werke in 12 Bänden. Frankfurt/M.: Suhrkamp Verlag 1987, Bd. 10, S. 212f.
Unterm Rad (Textausschnitte); S. 175 ff. *Aus: H. Hesse: Unterm Rad. Frankfurt/M.: Suhrkamp 1981.*
Der Schulverweis; S. 184. *Aus: Kindheit und Jugend vor Neunzehnhundert. Hermann Hesse in Briefen und Lebenszeugnissen 1877 – 1895. Ausgewählt und herausgegeben von Ninon Hesse. Frankfurt/M.: Suhrkamp 1984, S. 183f.; S. 189f; S. 267 – 269.*

Hiroshige Gedicht; S. 113. *Aus: W. Exner: Hiroshige. Mit einem Vorwort von Werner Speiser. Frankenau: Siebenberg Verlag 1959, S. 23.*

Hoernle, Edwin Der Herr und sein Knecht; S. 127. *Aus: E. Hoernle: Rote Lieder. Berlin/Weimar: Aufbau-Verlag 1968, S. 53f.*

Israel, Anne Josefine Die Sache mit der Muse; S. 154.
Aus: „Neben mir saß einer ...“ Texte junger Autoren. Hrsg. von Mirjam Pressler. Weinheim/Basel: Beltz & Gelberg 2004, S. 29ff.

Jerosch, Rainer Lächeln im Regen; S. 156.
Aus: Wie wir es sehen. Hrsg. von G. H. Noack. Baden-Baden: Signal Verlag 1964.

Kafka, Franz Auf der Galerie; S. 128.
Aus: F. Kafka: Die Erzählungen. Frankfurt/M.: S. Fischer Verlag 1961, S. 132.
Der Steuermann; S. 184. *Aus: F. Kafka: Sämtliche Erzählungen. Hrsg. von P. Raabe. Frankfurt/M.: Fischer Verlag, 1970, S. 319.*
Vor dem Gesetz; S. 276.
Aus: F. Kafka: Erzählungen. Frankfurt/M.: S. Fischer Verlag 1976, S. 120f.

Kannen, Marion schmerzherz; S. 207.
Aus: Seit du weg bist. Hrsg. von Jan Hans. Reinbek: Rowohlt 1982, S. 77.

Kaschnitz, Marie Luise Zu Hause; S. 126.
Aus: M. L. Kaschnitz: Steht noch dahin. Frankfurt/M.: Insel Verlag 1970.

Kästner, Erich Sachliche Romanze; S. 194.
Aus: E. Kästner: Lärm im Spiegel. Zürich: Atrium Verlag 1929. Neuauflage 1985.

Kazantzakis, Nikos Die Blinden; S. 150.
Aus: N. Kazantzakis: Griechische Passion, übersetzt von W. Kerbs Berlin: Herbig Verlag 1957.

Kilian, Susanne Rudis Vater war ein ganz normaler Vater; S. 131. *Aus: G. Stiller und S. Kilian: NEIN-Buch für Kinder. Weinheim/Basel: Beltz Verlag 1973.*

Kiwus, Karin So oder so; S. 207.
Aus: aber besoffen bin ich von dir. Hrsg. von Jan Hans. Reinbek: Rowohlt 1979.

Klees, Thomas vielleicht; S. 197.
Aus: Lyrik von jetzt. Hrsg. von Björn Kuhligk und Jan Wagner. Köln: DuMont 2003, S. 297.

Krechel, Ursula Liebe am Horizont; S. 193. *Aus: Nichts ist versprochen. Hrsg. von Hiltrud Gnüg. Liebesgedichte der Gegenwart. Stuttgart: Reclam 2003, S. 93.*
Warnung; S. 207. *Aus: U. Krechel: Nach Mainz. Darmstadt/Neuwied: Luchterhand 1977.*

Kruppa, Hans Lebenszeitmaß; S. 191. *Aus: H. Kruppa: Für immer du. Liebesgedichte. Freiburg/Breisgau: Herder 2001, S. 39.*

Kühle, Petra Höflichkeit; S. 266. *Originalbeitrag.*

Kürenberg, Der von Ich zôch mir einen valken; S. 200. *Aus: Deutsche Lyrik des Mittelalters. Hrsg. von Hans Wehrli. Zürich: Manesse 1955, S. 42.*

Kunert, Günter Amtliche Verlautbarung; S. 148. *Aus: G. Kunert: camera obscura. München: Hanser Verlag 1978, S. 195.*

Kusenberg, Kurt Nihilit; S. 151. *Aus: Gegen-Zeitung. Deutsche Satiren des 20. Jahrhunderts. Hrsg. von H. Arntzen. Heidelberg: Wolfgang Rothe Verlag 1964, S. 86.*

Lebert, Benjamin Leseprobe aus Crazy; S. 186. Der Lehrer Falkenstein; S. 188. Der Rausschmiss; S. 189. *Aus: B. Lebert: Crazy. Köln: Kiepenheuer & Witsch 1999, S. 84, 123ff., 171ff.*

Lichtenstein, Alfred Die Dämmerung; S. 274. *Aus: A. Lichtenstein: Gedichte. Lyrisches Flugblatt bei A. R. Meyer. Berlin- Wilmersdorf 1913*

Mann, Thomas Die Buddenbrooks (Auszug); S. 310. *Aus: Th. Mann: Die Buddenbrooks. Verfall einer Familie. Frankfurt/M.: Fischer 1969, S. 131f.*

Marti, Kurt Happy End; S. 107. *Aus: K. Marti: Dorfgeschichten. Darmstadt/Neuwied: Luchterhand 1960.*

Mayröcker, Friederike falsche Bewegung; S. 199. *Aus: F. Mayröcker: Gute Nacht, guten Morgen. Gedichte 1978–1981. Frankfurt a. M.: Suhrkamp 1982, S. 42.*

Meyer, Conrad Ferdinand Zwei Segel; S. 202. *Aus: C. F. Meyers Werke. Hrsg. von Helmut Brandt. Berlin: Aufbau Verlag 1983.*

Mörike, Eduard Um Mitternacht; S. 114. *Aus: E. Mörike: Gesammelte Werke. Hrsg. von Gerhart Baumann. Band 2. Stuttgart 1954, S. 123.*

Morsheuser, Bodo Blues in der Mittagspause; S. 195. *Aus: Nichts ist versprochen. Hrsg. von Hiltrud Gnüg. Liebesgedichte der Gegenwart. Stuttgart: Reclam 2003, S. 76.*

Moura, Paulo Der virtuelle Seitensprung; S. 142. *Aus: Süddeutsche Zeitung, Beilage Nr. 45, 23. 02. 1995.*

Müller, Heiner Ich kann dir die Welt nicht zu Füßen legen; S. 192. *Aus: H. Müller: Werke I. Die Gedichte. Frankfurt a. M.: Suhrkamp, 1998.*

Müller, Roland Tödlicher Bombast; S. 226. *Aus: Stuttgarter Zeitung vom 3. März 1997.*

Müller-Thurau, Claus Peter Die Zweierkiste; S. 296. *Aus: C. P. Müller-Thurau: Lass uns mal eine Schnecke angraben. Düsseldorf/Wien: Econ 1983, S. 30f.*

Nena Liebe ist; S. 191. *Text: Nena Kerner. © 25% Arabella Musikverlag GmbH (BMG UFA Musikverlage), München. 75% Universal Music Publ. GmbH, Berlin.*

Rilke, Rainer Maria Die Liebende; S. 203. *Aus: R. M. Rilke: Gesammelte Gedichte. Frankfurt/M.: Insel Verlag 1962, S. 377f.*

Schädlich, Hans Joachim Apfel auf silberner Schale; S. 102. *Aus: H. J. Schädlich: Versuchte Nähe. Reinbek: Rowohlt 1977, S. 198.*

Schiller, Friedrich Der Taucher (Ausschnitt); S. 288. *Aus: F. Schiller: Sämtliche Werke. Hrsg. von G. Fricke und H. G. Göpfert in Verbindung mit H. Stubenrauch. München: Hanser 1962.*

Schnitzler, Arthur Gefühle; S. 44. *Aus: A. Schnitzler: Leutnant Gustl. In: Gesammelte Werke. Die erzählenden Schriften, 1. Band. Frankfurt/M.: S. Fischer Verlag 1961.*

Schopenhauer, Arthur Stachelschweine; S. 148. *Aus: A. Schopenhauer: Sämtliche Werke. Bd. 2. Hrsg. von Arthur Hübscher. Wiesbaden: Brockhaus Verlag 1947, S. 690.*

Schubert, Mark Welche Anforderungen werden an die Spieler gestellt?; S. 246. *Aus: MultiMediaSpielwiese, Stadtbibliothek Bremen. Zitiert nach http://snp.bpb.de/.*

Schwitters, Kurt An Anna Blume; S. 204. *Aus: K. Schwitters: Das literarische Werk. Bd. 1: Lyrik. Hrsg. von Friedhelm Lach. Köln: DuMont Schauberg 1973, S. 86.*

Sprothen, Vera Klassenfahrt in die Gefahr; S. 236. *Aus: Süddeutsche Zeitung vom 23. Juni 2003.*

Theobaldy, Jürgen Gedicht; S. 207. *Aus: Deutsche Liebeslyrik. Stuttgart: Reclam 1984, S. 356.*

Timm, Uwe Die gute alte Zeit; S. 291. *Aus: U. Timm: Widersprüche. Hamburg: Neue Presse 1971.*

Tucholsky, Kurt Was darf die Satire? S. 130. *Aus: K. Tucholsky: Gesamtausgabe. Texte und Briefe. Hrsg. von A. Bonitz, D. Grathoff, M. Hepp, G. Kraiker. 22 Bände. Reinbek: Rowohlt 1996ff., Band 3. Texte 1919, S. 82ff.* Herr Wendriner erzieht seine Kinder; S. 132. *Aus: K. Tucholsky. Ausgewählte Werke, Bd. 2. Reinbek: Rowohlt Verlag 1965, S. 458f.*

Tümpel, Astrid Ein Liebesgedicht; S. 207. *Aus: Seit du weg bist. Hrsg. von Jan Hans. Reinbek: Rowohlt 1982, S. 15.*

Walther von der Vogelweide Unter der Linde; S. 196. *Aus: P. Wapnewski (Hrsg): Walther von der Vogelweide, Gedichte. Frankfurt/M.: Fischer 1962, S. 80.*

Wohmann, Gabriele Wachsfiguren; S. 91. Ein netter Kerl; S. 140. *Aus: G. Wohmann: Habgier. Erzählungen. Reinbek: Rowohlt 1978, S. 43–46; S. 68ff.*

Wolf, Friedrich Die Drei; S. 148. *Aus: F. Wolf: Frühe Romane und kleine Prosa. Hrsg. von E. Wolf und E. Polatschek. Berlin/Weimar: Aufbau Verlag 1959, S. 441.*

Wondratschek, Wolf Mittagspause; S. 110. *Aus: W. Wondratschek: Früher begann der Tag mit einer Schusswunde. München: Hanser 1969, S. 52f.*

Zaimoglu, Feridun Kanak Sprak; S. 300. *Aus: F. Zaimoglu: Kanak Sprak. Berlin: Rotbuch Verlag 1995, S. 95.*

Zimmermann, Tanja Eifersucht; S. 155. *Aus: Total verknallt. Hrsg. von Marion Bolte. Reinbek: Rowohlt 1984.*

Texte ungenannter und unbekannter Verfasserinnen und Verfasser

Gruppenspiele; S. 11. *Aus: 99 Theater-Spiele. Übungen für die theaterpädagogische Praxis, von Barbara Müller und Helmut Schafhausen. Paderborn: Schöningh 2003, S. 9/19/36.*

Spaß hoch im Kurs – Ideale zerfallen; S. 79. *Aus: Stuttgarter Zeitung vom 11. April 2001.*

Aus einem Rechtschreibwörterbuch; S. 253. *Aus: Duden. Die deutsche Rechtschreibung, 23. Auflage. Mannheim: Bibliografisches Institut & F. A. Brockhaus AG 2004.*

Liebesgeschichten-Puzzle; S. 136.
Die Puzzleteile sind folgenden Büchern entnommen:
(Textausschnitt K) Aus: J. W. von Goethe: Die Leiden des jungen Werther. Stuttgart: Reclam 1948, S. 29.
(Textausschnitt M) Aus: Gottfried Keller: Romeo und Julia auf dem Dorfe. Stuttgart: Reclam 1981, S. 46.
(Textausschnitt Z) Aus: Milan Kundera: Die unerträgliche Leichtigkeit des Seins. Fischer TB Verlag, Frankfurt/Main 1987, S. 141.
(Textausschnitt V) Aus: Margaret Mitchell: Vom Winde verweht, Claasen Verlag, Düsseldorf 1937, S. 916.
(Textausschnitt X) Aus: Bernhard Schlink: Der Vorleser. Zürich: Diogenes Verlag 1997, S. 6f.
(Textausschnitt Y) Aus: Erich Segal: Love Story, Hoffmann und Campe, Hamburg (Lizenzausgabe für Bertelsmann, o. J.), S. 153.
(Textausschnitte L – I – E – B – E) Tanja Zimmermann: Eifersucht. Aus: Marion Bolte (Hrsg.): Total verknallt. Reinbek: Rowohlt 1984.

Zeitungsgeschichten; S. 138. *1) Aus der Shell-Jugendstudie 2002. © 2002 Shell in Deutschland. 2) Heirat im Fronturlaub und viele Stationen. Aus: Heilbronner Stimme, 19. 01. 2005. 3) Brad Pitt und Jennifer Aniston geben Trennung bekannt. Aus: Heilbronner Stimme, 08. 01. 2005. 4) Scheidungsrate in Deutschland ab 1960. Quelle: Bundesministerium für Familie, Statistisches Bundesamt, Stand 11. 2004.*

Der jüngste Autor der Verlagsgeschichte; S. 186. *© Verlag Kiepenheuer & Witsch, Köln.*

Helene-Lange-Schule Wiesbaden 2004; S. 173. *Aus: Spiegel Special. Heft 3, 2004, S. 14.*

Lektüreschlüssel; S. 186. *Aus: Georg Patzer: Hermann Hesse. Unterm Rad. Lektüreschlüssel für Schüler. Stuttgart: Reclam 2004, S. 5f.*

SMS-Spruch; S. 191. *Aus: SMS-Sprüche. http://www. sms. at/fun/sprueche/4. Stand: 31. 12. 2004.*

Dû bist mîn, ich bin dîn; S. 200 *Aus: Deutsche Lyrik des Mittelalters. Hrsg. von Hans Wehrli. Zürich: Manesse 1955, S. 42.*

Die Aktualität von Andorra; S. 227. *Aus: Frankfurter Allgemeine Zeitung, 25. August 1992.*

Computersucht – Mythos oder ernst zu nehmende Abhängigkeit? S. 233. *Quelle: http://www1.ndr.de/ndr_pages_std/0,2570,OID881460_REF2308,00. htm*

Freizeit der Jugend; S. 238. *© 2002 Shell in Deutschland.*

Mediennutzung nimmt weiter zu; S. 241. *Aus: ZDF Presseinformation.*

Motive der Internetnutzung – Medien im Vergleich; S. 241. *Aus: TNS Infratest: (N)Onliner Atlas 2005. TNS Infratest Holding GmbH&Co.KG 2005.*

Finster war's; S. 274. *Mündlich überliefert, verschiedene Varianten.*

Lexikonartikel; S. 274. *Aus: Joseph Ackner. Knaurs Lexikon der Naturwissenschaften. München/Zürich: Droemer Knaur 1968, S. 51.*

Fußballweisheiten; S. 284. 1) *Aus: Frankfurter Rundschau, 21. 2. 2005. 2) Aus: Sonderbeilage der Ruhr-Nachrichten zum Saisonstart des VfL Bochum, August 2004.* 3) *Aus: taz, 4. 7. 2003, S. 19. 4) Aus: Frankfurter Rundschau, 19. 6. 2002, S. 18. 5) Aus: General Anzeiger Bonn, 28. 5. 2002. 6) Aus: Süddeutsche Zeitung, 12. 11. 2001. 7) Aus: Westfälische Rundschau, 3. 8. 2001.*

Das Kasermandl; S. 302. *Aus: http://www.bair-sprache-chiemgau.de/*

Malöör in Hamborg; S. 302. *Aus: Nochrichten op platt. Norddeutscher Rundfunk. Hamburg 2005.*

Klopsgeschichte; S. 302. *Aus: http://userpage.chemie.fu-berlin.de/diverse/doc/berlinisch.html/klops*

Mann in de Tünn; S. 302. *Aus: Fettes Brot: nordisch by nature.*

Un manschmool; S. 302. *Aus: http://www.highmatt.de/111.88.html*

Die Muettersproch; S. 302. *Aus: http://www.alemannisch.de/*

Grammatik und Wortschatz des Niederdeutschen; S. 304 *Aus: http://www.plattmaster.de/. http://www.e-andersen.de/erawort.1htm.*

Plattdeutsch Besonderheiten; S. 305 *Aus: Plattdeutsch Kurs, Lektion 16. Radio Bremen, Plattdeutsche Redaktion.*

Anna Nöst – eine österreichische Mundartautorin; S. 292. *Aus: DER STANDARD, 17. 05. 2005.*

Lösungen zu S. 242
1c • 2b • 3a • 4b • 5a

Bildquellen

S. 10, 28, 64 (o. l., u. r.), 71,: Fotos von Klaus G. Kohn, Braunschweig. **S. 12, 15, 17, 20, 22, 24, 29, 232, 255, 256, 278, 287, 294, 307:** Illustrationen von Niels Schröder, Berlin. **S. 21, 34:** Fotos von Michael J. Frühsorge, Hannover. **S. 36, 37:** Fotos vonHerlinde Koelbl, Neuried / München. **S. 45, 50, 90, 92, 103, 104, 107, 108,110, 132, 136, 140, 143, 145, 147, 163, 166, 178, 277, 285, 310:** Illustrationen von Christiane Grauert, Milwaukee, USA. **S. 54:** Foto: Ulrike Köcher, Hannover. **S. 66:** Artothek, Weilheim. **S. 68:** Foto (o. r.): Verlagsarchiv. **S. 76:** Foto: picture-alliance /dpa / Reiner Jensen. **S. 87:** CCC, www-c5-net. / Gerhard Mester. **S. 113:** Aus: Walter Exner. Hiroshige. Mit einem Vorwort von Werner Speiser. Frankenau: Siebenberg-Verlag 1959, S. 23. **S. 114:** V. van Gogh: Sternennacht, 1888. Paris, Musee d'Orsay © 2003 Foto: Archivio Scala, Florenz, Italien. **S. 124:** L. Knight: Sommer in Cornwall. © The Estate of Dame Laura Knight/VG Bild-Kunst, Bonn 2005. **S. 128:** G. Seurat: Der Zirkus (1891). Musée du Jeu de Pau. **S. 130:** A. Paul Weber-Museum, Ratzeburg. **S. 138, 144:** Foto: akg-images, Berlin. **S. 139:** Foto: Mauritius-images, Mittenwald. **S. 141:** Foto: picture-alliance / akg-images / Bruni Meya. **S. 160:** R. Magritte: Der bedrohte Mörder, 1926. The Museum of Modern Art, New York. Foto: Archivio Scala, Florenz, Italien. © VG Bild-Kunst, Bonn 2005. **S. 165:** Foto: Staatliche Museen zu Berlin – Preußischer Kulturbesitz, Nationalgalerie / NG 845 / Jörg P. Anders. **S. 170, 171, 172, 173, 187:** Fotos: defd-pwe Verlag GmbH, Hamburg. **S. 174:** Foto: Suhrkamp Verlag, Frankfurt/M. **S. 179 (o.):** Foto: Landesmedienzentrum Baden-Württemberg / Albrecht Brugger. **S. 179 (u.):** Foto: Helene-Lange-Schule, Wiesbaden. **S. 183 (o.):** Fotos: Stadtarchiv, Maulbronn. **S. 183 (u.):** Foto: Stanislaus Kandula. Architektur-Bilderservice Kandula, Witten. **S. 186:** Foto: picture-alliance / dpa / Erwin Elsner. **S. 189:** Foto: Verlag Kiepenheuer & Witsch, Köln. **S. 190:** © The Estate of Keith Haring. **S. 194:** E. Hopper. Nighthawks / akg- images. **S. 196:** Der Schenk von Limburg. Codex Manesse, fol. 82v. Universitätsbibliothek Heidelberg. **S. 197:** E. Bach. Untitled Green, 2002. Galerie Edition Copenhagen. © VG Bild-Kunst, Bonn 2005. **S. 203:** M. Chagall: Der Hahn und die Liebenden. Christie's London. Foto: artothek, Weilheim. © VG Bild-Kunst 2005, Bonn. **S. 206:** P. Picasso: Liebende. Chester Dale Collection, Washington, National Gallery of Art. Foto: akg-images / Erich Lessing. © Succession Picasso/VG Bild-Kunst, Bonn 2005. **S. 208, 220, 221, 227:** Theater Erfurt. Fotos: Lutz Edelhoff. **S. 212:** Foto: Schauburg, München. **S. 214:** Foto: Gudrun Bublitz, Stuttgart. **S. 216, 219:** Fotos: Sabine Haymann, Stuttgart. **S. 224:** Foto: Eric Laufenberg / Eva Maria Götz, Potsdam. **S. 228:** Alexander Barsky, The Stock Illustration Source, New York. **S. 236:** Foto: pictue-alliance / dpa / Frank Mächler. **S. 240:** Mario Cossu / Illustration Cource / Picture Press, Hamburg. **S. 244, 273:** © DIZ München GmbH. **S. 245:** Foto: Blizzard Entertainment, Langen. **S. 249:** creative-collection, Freiburg. **S. 250:** Illustration von Marei Schweitzer, Hamburg. **S. 252, 266, 301:** Illustrationen von Charlotte Wagner, Dortmund. **S. 269:** (Einstein), **309:** Ullstein Bilderdienst, Berlin. **S. 268, 269:**(Galilei, Newton) Deutsches Museum, München.**S. 280:** Foto aus: Emil Waas. Spaß im Schilderwald. freiburg: Herder, 1975. **S. 296:** Foto: picture-alliance / KPA / Chris. **S. 300 (u.):** Foto: action press / Peter Juelich, Hamburg. **S. 303:** © Westermann Kartografie, Braunschweig 2005. **S. 308:** © Anna Nöst, Klagenfurt.